미학적 불안감

Aesthetic Nervousness
Disability and the Crisis of Representation

미학적 불안감

장애와 재현의 위기

아토 퀘이슨 지음 / 손홍일 옮김

한국장애인재단　디오네

다리를 절었고, 이야깃거리가 많았던 나의 아버지,
엠마누엘 라우드 퀘이슨을 기리며

차례

삶의 방식을 전환하는 데 도움이 되길

이 성 규
(한국장애인재단 이사장)

색색이 흐드러진 꽃들이 서로의 우아한 자태를 뽐내는 눈부신 계절입니다. 각각의 꽃들마다 개성 있는 꽃향기를 지녔기에 더욱 아름다운 숲이 되듯, 장애의 다름이 인정되고 다름이 또 다른 힘이 되는 세상이 되었으면 합니다. 추위에 움츠렸던 어깨를 따스한 봄기운이 활짝 펴게 해 주는 이 봄날, '자세히 읽기' 방식으로 『미학적 불안감: 장애와 재현의 위기』를 탐독하며 인문학적 장애학에 한 발 더 다가갈 수 있기를 바랍니다.

2011년부터 시작된 한국장애인재단 번역출간사업은 장애인·비장애인·학계·장애계현장에서 모두 유용하게 사용될 수 있지만 판매수익 우선순위에 밀려 번역되지 못하고 있는 도서를 발굴·번역·출간하고 있는 사업입니다. 또한, 이를 통해 대중의 장애 관련 정보접근성을 높이고, 장애 정책, 제도, 인식의 변화를 위한 학문적 자료로 활용될 수 있도록 하고 있습니다.

그렇게 지난 5년간 발간된 「WHO세계장애보고서」(2012년) 「장애 문화 정체성」(2012년) 「장애인 중심 사회서비스 정책과 실천」(2013년) 「장애인과 전문가의 파트너십」(2014년)에 이어 「장애와 사회 그리고 개인」(2015년) 총 5권을 발간하게 되었고, 2016년에는 여섯 번째 기획총서인 「미학적 불안감: 장애와 재현의 위기」를 발간하게 되었습니다.

이번 기획총서인 『미학적 불안감: 장애와 재현의 위기』는 인문학적 관점에서 서구사회의 문학작품 속에서 장애가 어떻게 재현되고 있는지를 한 권에 담아냈습니다. 이 책을 통해 기존의 사회과학적 관점에서만 바라보던 장애를 인문학적 관점으로 재해석하여 모든 사고의 기반이 되는 문학에서부터 장애와 비장애, 그리고 우리 자신을 바라보는 삶의 방식을 재정의하고 전환하는 데도 도움이 될 것으로 생각됩니다.

끝으로 여섯 번째 기획총서가 나오기까지 긴 시간 번역에 수고를 아끼지 않으신 손홍일 교수님께 수고의 인사를 드립니다.

앞으로도 한국장애인재단은 인식의 기반이 되는 장애학에 꼭 필요한 우수도서를 번역·출간하여 장애인에 대한 인식개선에 앞장서 나가겠습니다. 많은 관심과 격려 부탁드립니다.

인문학적 장애학의 진수를 보여 주는 책

조 흥 식
(서울대 사회복지학과 교수,
세계장애인재활협회 한국(RI KOREA) 의장)

이 책은 캐나다 토론토 대학의 영문학 교수이자, 디아스포라와 초국
가적 연구센터의 창립 이사를 맡고 있는 아토 퀘이슨(Ato Quayson) 교수
가 쓴 『미학적 불안감: 장애와 재현의 위기(Aesthetic Nervousness: Disability
and the Crisis of Representation, 2007)』을 번역한 책이다. 이 책은 서론, 결
론을 포함하여 전체 8장으로 구성되어 있다.

1장 서론에서 미학적 불안감이라는 용어에 대하여 저자는 나름대로
개념 정의와 인문학적 장애학과의 관련성을 논하고 있다. 장애학은 일반
적으로 우리 사회에서 장애가 신체적인 장애와 손상에만 머물 수 있게
하는 인문학적 인식의 틀을 바꿔 줄 뿐만 아니라, 장애와 장애인을 제약
하고 억압하는 사회구조와 환경에 주목하면서 사회문화적·정치적·경제
적·역사적 조건과 장애의 생산, 구성이 어떤 관계에 있는지를 규명하는

학문 가운데 하나이다. 그래서 장애학은 장애인에 대한 사회의 일반적인 처우, 즉 장애인에 대해 갖는 장애관이나 장애인을 대하는 태도 등에서 반복되는 관행적 특성들을 잘 설명해 준다. 특히 이러한 반복되는 특성들은 장애의 문학적, 미학적 재현에 대한 논의와 직접 연관된다. 그런 점에서 저자는 "문학 영역이 이 특성들의 일부를 환기시키지만 그 (환기된) 것들을 재현이라는 (여러 가지 색실로 그림을 짜 넣은) 융단으로 녹여 낸다는 것을 보여 주려고 시도"하였다. 그리고 저자는 "미학적 불안감은 문학적 텍스트 내에서 지배적인 재현의 규칙들이 장애와 관련하여 우회 (short-circuit)되는 경우에 볼 수 있다"고 강조하면서 장애 담론의 역사와 함께 저자의 문학적 논의와 연관되는 두드러진 특성들을 세밀하게 고찰하고 있다.

2장 장애 재현의 유형 부분에서는 아홉 가지 장애 재현의 유형들에 대해 설명하고 있다. "장애가 두드러진 역할을 하는 작품에서 독자의 시각은 또한 텍스트를 통제하는 지배적인 규칙들의 우회 — 장애의 재현에 의해 촉발된 우회 — 에 의해서도 영향을 받기" 때문에 저자는 미학적 불안감이 장애에 대한 편견과 선입견이 검토되지 않은 상태로 있는 독자들의 사회적 태도들의 유형에 주목하고 있다. 저자가 심혈을 기울여 분류한 장애 재현의 유형들은 1) 공집합과 도덕적 시험 둘 다 또는 그중 하나로서의 장애 2) (인종, 사회계급, 섹슈얼리티와 사회적 정체성 같은) 타자성과의 접점으로서의 장애 3) 주제적 궤도와 내러티브적 궤도 사이의 분리 상태에 대한 표현으로서의 장애 4) 도덕적 결함/악으로서의 장애 5) 현현으로서의 장애 6) 의례적 통찰력을 나타내는 기표로서의 장애 7) 말로 표현하기 어렵고 수수께끼 같은 비극적 통찰로서의 장애 8) 해석적 난관으로서의 장애 9) 정상 상태로서의 장애 등이 그것이다.

3장부터 6장까지는 위의 아홉 가지 장애 재현의 유형 가운데 해석적 난관으로서의 장애 유형을 잘 보여 준 사무엘 베케트(Samuel Beckett, 3장), 장애, 애매성과 관점의 변조를 잘 보여 준 토니 모리슨(Toni Morrison, 4장), 장애, 불구가 된 의식과 체계상의 기묘함을 잘 보여 주고 있는 월레 소잉카(Wole Soyinka, 5장), 말, 침묵, 자폐증과 대화 유형을 잘 보여 주고 있는 존 쿳시(John M. Coetzee, 6장)의 작품들을 중심으로 하여 장애 재현의 독특한 면을 잘 풀어낸 네 사람의 작품들을 선택하여 인문학적 장애학의 측면에서 잘 분석하고 있다. 물론 이 네 사람은 노벨상 수상자들이었지만, 이를 염두에 둔 것은 아니었다.

그리고 7장 반복하는 섬 부분에서는 인종, 다름, 장애 그리고 아프리카 남단에 위치한 남아프리카공화국의 로벤 섬이 가진 식민적 만남 그리고 질병과 범죄와 장애가 교차하는 독특한 역사의 이질성을 분석해 냄으로써 장애 재현의 한 유형을 잘 보여 주고 있다. 즉 식민지적 접촉과 그 뒤에 그것에 의해 촉발된 일련의 대량 이주가 장애 담론이 인종적 다름(difference)과 연결되어 있는 타자 담론으로 옮겨 가는 데 기여한 측면을 잘 고찰하고 있다. 그럼으로써 어떻게 미학적 불안감이라는 개념이 문학적-미학적 영역을 넘어 더 확장될 수 있는지를 잘 보여 주고 있다.

마지막 결론에서는 '윤리적 핵심을 찾아서'라는 소제목에서 알 수 있듯이, 저자가 강조하고 있는 "미학적 불안감 전체가 이상으로 하는 것은 미래의 문학적 그리고 사회정치적 영역 둘 다에 대한 읽기와 해석을 가능케 하는 프로그램 마련"에 필요한 윤리적 필요성에 대해 설득력 있게 서술해 주고 있다.

이 책이 갖는 장점과 우리에게 던져 주는 함의를 간략히 정리하자면 다음과 같다.

첫째, 무엇보다도 인문학적 장애학의 진수를 너무나 잘 보여 주고 있다는 점이다. 즉 문학 작품에서 장애인이 어떻게 묘사되고 재현되어 있는지를 통해 장애인의 정체성이 사회문화적으로 어떻게 규정되는지를 매우 상세하게 고찰해 주고 있는 것이다.

둘째, 저자는 텍스트의 상세한 부분들과 문학적 장르들에 대한 읽기로부터 특정 역사적 문맥 내에서의 장애에 대한 관심을 뒷받침한 사회적, 정치적 상황들에 대한 탐구로 확대해 나가고 있다는 점이다. 장애·장애인을 사회·문화의 시점에서 다시 인식하고, 기존의 의료, 재활, 특수교육 같은 의료적 모델에서 벗어나 사회적 모델로 가는 기본적인 장애·장애인을 대하는 사고방식을 바꾸도록 설득력 있게 이끌어 가고 있는 것이다.

셋째, 인문학적 관점에서 장애 재현의 유형을 잘 분류하여 제시하고 있다는 점이다. 저자가 규명해 낸 장애 재현의 아홉 가지 유형은 다양한 장애 관점을 연구하는 데 커다란 길잡이가 될 수 있다.

넷째, 저자가 미학적 불안감을 규명하기 위해 제시한 '자세히 읽기' 방법은 문학적 재현이 미학적 불안감의 파라미터들을 드러내 보이는 미묘한 신호들을 아주 공정하게 다루기 위해 너무나 필요한 것임을 잘 보여 주고 있다는 점이다.

마지막으로, 인문학적 장애학에서 윤리가 갖는 핵심의 중요성을 잘 제시하고 있다는 점이다. 저자는 "비평의 성격은 비평적 선택으로부터 나오고, 비평적 선택의 본질은 문학 비평이 불가분하게 윤리와 연결되어 있다는 사실을 보여 준다. …… 윤리적으로 비평하는 것은 비평가를 특별한 행동 영역, 즉 인간적 행동과 인간적인 것에 관계되는 믿음의 영역으로 인도한다"는 지버스 책의 첫 문단을 인용하면서까지 윤리의 중요성을 강조하고 있다.

인문학적 장애학에 관심이 있거나, 새로운 당사자주의 장애관의 입장을 존중하는 사람이라면 누구든지 일독하기를 서슴없이 권한다.

장애가 삶에서 공유되는 시대를 바라며

이승기

(성신여자대학교 사회복지학과 교수)

장애는 우리의 일상 속에 폭 넓고 깊이 있게 내재하여 우리의 사고와 행동을 지배하고 있다. 때로는 장애에 대한 외면을 통해, 때로는 장애에 대한 동정을 통해, 때로는 장애에 대한 사회적 인식 변화의 촉구를 통해 우리는 각기 대응한다. 이 책『미학적 불안감』은 장애에 대한 우리의 시각을 미학적 작품의 분석과 해석을 통해 조망하고, 장애가 우리와 우리가 속한 사회에 얼마나 깊숙이 영향을 미치고 있는지를 파노라마적으로 보여 준다.

장애에 대한 인식과 이해가 결국은 사회의 구조와 체계라는 프레임을 통해 해석되어진다고 할 때, 우리에게 유산으로 남겨진 미학적 작품들보다 시대적 변화를 더 유용하게 파악할 수 있는 자료는 없을 것이다. 이 책은 그리스 로마시대부터 현대에 이르기까지 인류가 남긴 미학적 족적을 통해 장애에 대한 우리의 인식을 폐부 깊숙이 파헤쳐 민낯을 드러낸다.

이 책이 이야기하고자 하는 것은 각 시대가 설정한 규범체계와 이상적 모델 속에서, 장애가 그토록 장대한 세월 동안 주변적 역할과 지위를 담당함으로써, 사회를 더욱 공고히 하는 기제로 활용된다는 것이다. 신체와 정신적 완결성에 대한 끊임없는 추구가 바람직한 것으로 설정된 현대 사회에서 장애에 대한 불안감은 여전히 유효하며 오히려 강화되기까지 한다. 미학적 불안감이 우리의 실생활에 짙게 잔영을 드리우고 있는 것이다. 길거리에 넘치는 신체적 아름다움에 대한 추동과 이를 성취하기 위한 끊임없는 노력들은 장애에 대한 불안한 시각이 앞으로도 해소되지 않을 것임을 반증하고 있다. 이 책은 언어적 그리고 문화적 스테레오타입들이 사람들의 인간성을 부정하는 가장 치명적 도구라는 말로 이를 대변한다.

이 책은 장애에 대한 불안한 시각을, 이론적이고 추상적으로 추론하는 것이 아니라, 각 시대가 화석처럼 남겨 놓은 시대적 자료들을 통해 실증적으로 드러내고 있다. 음침하게 드리워진 장애에 대한 부정적 인식과 태도의 근거가 미학적 본능에 기인하는 불안감의 발로라면 우리는 그 불안감 자체를 없앨 수는 없다. 그러나 불안감으로 인해 파생되는 장애에 대한 억압과 차별 그리고 장애를 죄의 결과로 연결시키는 미신과도 같은 굴곡된 오해를 해소하고, 장애가 또 하나의 삶의 형태라는 것을 공유하는 것은 얼마든지 가능한 일이다.

미학적 불안감이 불안감에서 그치지 않고 사회적으로 표출되어 장애에 대한 속박으로 이어지는 것이 얼마나 큰 오류인지를 깊이 있게 인식한다면, 장애를 바라보는 우리 사회의 시각이 불안감이 아니라 장애인의 삶을 존중하는 것으로 귀결될 수 있다는 희망을 이 책은 보여 주고 있다.

장애에 관심이 있는 사람뿐만 아니라 사회를 보다 깊이 있게 성찰하고자 한다면 시간을 두고 정독할 필요가 있는 책이다.

이 책 저자의 아버지는 장애인이다. 그리고 이 책이 기술되어진 잠재된 동기는 저자가 장애인이었던 아버지에 대해 늘 궁금했던, 그러나 물어보지 못한 다음과 같은 질문이었다. 그 질문으로 이 책의 추천사를 마무리하고자 한다.

"식민지로부터 독립한 아프리카, 엘리트들에게 기회를 약속한 그러나 암묵적으로 엘리트를 육체적 흠이 없는 완벽한 존재로 상상한 그런 아프리카의 환경 속에서 육체적 장애를 가진 대단히 명석하고 똑똑한 사람으로 사는 것은 어떤 느낌이었을까?"

사유와 비평을 통한 사회에 대한 통찰과 변화를 도모하는 생산적인 책

전 지 혜

(인천대학교 사회복지학과 교수)

이 책의 원제는 Aesthetic Nervousness: Disability and the crisis of representation로, "미학적 불안감: 장애와 재현의 위기"로 번역된다. 이 책의 제목을 처음 보았을 때, 미학적 불안감이란 무얼까 하는 궁금증이 앞섰다. 아마존 등에 소개된 리뷰를 접하고 나서야 인문학적 장애학 서적이구나 하는 생각이 들었다. 장애가 서구의 문학작품 속에서 어떻게 재현되고 있는지를 매우 면밀하게 분석한 책인데, 사실 그 서술방식은 사회과학을 공부한 내게 매우 어렵기만 하다.

하지만 장애인과 비장애인이 만났을 때 그 사이에서 발생하는 미묘한 긴장과 불안, 비장애인 중심의 사회 혹은 세상이라는 정형 또는 무정형의 세계에서 장애인이 위치하는 설명하기 어려운 미묘하고도 모호한 경계와 긴장감, 그런 것들이 이 책에서는 미학적 불안감이라고 표현되고 있었다. 굳이 '미학'을 끌어들일 필요가 있었을까 싶지만, 손상이라는 것이 온전함/완전성으로부터의 일탈인데 이 손상이 우리가 살고 있는 세계와 직면할 때 미학적 불안감으로 읽히거나 보여질 수 있기 때문에 저자는 Aesthetic(미학적)이라는 용어를 끌어들인 것 같다.

하지만 『미학적 불안감』이라는 제목으로 인해 이 책이 인문학적 서사 중심의 분석을 한 인문학 책이라고만 한정할 수는 없다. 이 책은 인문학적 장애학의 속성을 잘 보여 준다. 그동안 국내에 소개된 장애학 관련 서적들이 사회과학 내지는 사회학적 성격이 짙은 책들이었던 데 반하여, 본 도서는 인문학을 하는 장애학자들이 어떤 작업들을 하고 있는지 잘 보여 주는 것이다. 장애인을 억압과 차별과 배제의 대상이 되도록 만드는 이 사회의 구조, 제도, 문화, 역사 등에 초점을 두는 것이 장애학이라면, 이 책은 서구사회의 문학작품을 통해서 장애의 이미지가 어떻게 재현되고 있는지 매우 낱낱이 섬세하게 분석하고 있기에, 인문학적 장애학의 대표적인 책이라고 할 수 있다. 특히 이 책의 저자는 문학이 사회적 태도를 반영하고 현실 속에서 그 태도를 강화시키는 기제로 작용한다고 전제하면서, 서구사회의 문학작품 속에 투영된 장애의 재현방식을 분석하였고 앞으로 문학 컨텐츠를 비평하거나 제작할 때에 어떤 관점과 고민이 제기되어야 하는지 언급하고 있다. 즉 인문학적 서술과 분석을 통해 사회변화를 도모하는 운동성을 지니는 장애학에 충분한 함의를 던지고 있는 것이다.

일리노이주립대 박사과정 1년차에 있을 때 '철학자들의 관점에서 읽는 장애'를 주제로 한 수업을 들은 적이 있다. 이 책에도 종종 등장하는 미첼과 스나이더 교수의 수업이었는데, 장애의 문학적 재현이라든가 장애와 철학 또는 역사를 다루던 분들인 데다가 수업에서 사용하는 용어의 난해함으로 인해 매우 힘든 한 학기를 보냈었다. 이 책을 읽을 때, 마치 그분들의 수업을 다시 듣는 기분이었다. 난해함과 나의 이해력 내지는 지적 수준에 대한 의구심이 든다고 할까. 그럼에도 불구하고 나는 이 책을 추천한다. 어렵지만 공유하고 싶은 내용과 서술방식을 담고 있는 책이기 때문이다.

우선 저자가 분석한 내용에 따르면 장애는 작품 속에서 다양하게 재현되는데, 비장애인 등장인물들의 도덕적 지위를 상대적으로 높이거나, 사회계급·섹슈얼리티·인종과 같은 타자성과의 접점을 이루는 기능을 하거나, 모순된 가치관을 형성하는 수단으로 나타나거나, 수수께끼 같은 비극으로 통찰되거나, 정상 상태의 또 다른 표현으로 읽히기도 한다. 그 밖에도 저자는 다양하고 복잡한 방식으로 기능하고 표현되는 작품 속 장치로서의 장애를 분석하고 있다. 우리네 삶속에서 장애는 사회와 사람 관계 속에서의 상호작용 등등에 얽혀 있고, 그 의미와 역할은 단편적으로 설명하기 힘든 다양하고 중첩된 논의거리인데, 저자는 이를 작품분석을 통해 낱낱이 파헤치고 있는 것이다.

또한 분석 내용과 더불어 이 책에서 주목할 부분은 '자세히 읽기'라는 독서 행위를 통해 문학작품을 분석한다는 점이다. 게다가 이러한 독서 행위는 세상을 바꾸는 시작점이 될 수 있다고 저자는 말한다. 책의 말미에서는 문학하는 사람으로서의 윤리성과 우리가 지지하고 상상하는 사회를 만들어 가기 위한 시도로서, 이 책의 사회과학적 유용성까지 논의를 확장하고 있다. 때문에 드러내 놓고 쓰지는 않았지만 저자는 독자들에게 "소비하는 읽기"보다는 "사유와 비평을 통한 사회에 대한 통찰과 변화를 도모하는 생산적 읽기"를 권하고 있는 듯하다.

강의하고 연구하는 일을 업으로 삼고 있는 입장에서는 이러한 '자세한 읽기'라는 독서 내지는 분석방식이 얼마나 지루하고 힘든 일인지 잘 안다. 하지만 SNS를 통한 단문으로 소통하는 시대, 스마트폰으로 정보를 삽시간에 찾아낼 수 있는 이 시대에, 이 책은 '자세히 읽기'를 통한 사유의 확장이 얼마나 가치 있는지를 보여 준다고 생각한다. 이 책을 읽는 독자들도 '자세히 읽기'를 통한 분석이 갖는 가치와 독자에게 던지는 그 힘을 느껴 보길 바란다.

누구에게 이 책을 권할지 생각해 보자면, 좁게는 문학평론가 또는 비평문학을 연구하는 분들, 장애에 관심 있는 문화 콘텐츠 생산자들, 장애와 문학 그리고 사회의 관계에 관심 있는 연구자들에게 추천하고 싶다. 넓게는 인문학과 사회학에 관심 있는 이들에게 추천한다. 하지만 앞서 밝혔듯이 쉽게 읽히는 책도 아니고 대중적인 교양서로 보기도 어렵기에, 자세한 읽기의 작업에 흥미를 가질 만큼 마음의 준비가 된 사람들에게 읽기를 권하는 바다.

마지막으로 본 책을 번역하신 대구대 손홍일 교수님의 노고와 한국장애인재단의 지원에 감사드린다. 무엇보다 은유적 문학적 표현들이 많고, 저자의 영어 글쓰기의 특유성으로 인해 번역이 매우 힘들었을 것이라 생각된다. 손 교수님의 노고와 한국장애인재단의 지원이 아니었다면, 출판 시장이 어려운 이때에 이와 같은 인문학적 장애학 책이 출판되기는 매우 어려웠을 것이다. 의미 있는 책을 세상에 새롭게 탄생시킨 작업이 소수의 독자에게라도 영향력 있는 서적으로 활용되길 바란다.

　이 책에 관심을 갖고 표지를 넘긴 이라면, 책이 읽히고 또 읽히는 세상, 사유가 확장되고 공유되는 세상, 그 확장이 사회를 바꾸는 에너지가 될 수 있는 세상 만들기에 동참하는 차원에서 마지막 장까지 용감하고 굳세게 그리고 자세히 읽어 보길 권한다.

서문

    내가 아홉 살인가 열 살 무렵 시각 장애인인 나의 친할아버지가 우리와 함께 살기 위해 오셨다. 나는 할아버지가 시각 장애가 있었음에도 불구하고 언제나 허리를 꼿꼿이 세우고 걸었던 당당했던 분으로 기억하고 있다. 이름이 나나였던 할아버지는 가끔 군인들이 자기를 잡으러 오고 있다고 소리를 지르셨고, 그 때마다 우리 아버지는 집 대문과 네 모퉁이에 군인들을 세워 놓았다고 말씀하셨다. 나나를 안심시키기 위해 한 이 말 덕분에 그가 잠시 진정되기도 하였지만, 이 같은 불안 장애 증상의 발현 그리고 그것을 안심시키는 의식 행위가 전부 다시 반복되어야만 하는 데는 그리 오랜 시간이 걸리지 않았다. 시간이 지나면서 나와 내 형제자매들은 그 당시 재미난 놀이로 생각했던 일을 맡게 되었다. 나나 할아버지가 불안 장애 증상을 보일 때마다 우리는 집 밖으로 뛰어나간 다음 우리 집을 지키고 있는 군인들이 어떤 옷을 입고 있는지 그리고 무슨 말을 했는지에 대한 정교한 이야기를 갖고 집으로 돌아오곤 하였다.

　나나 할아버지는 거의 2년 동안 우리와 함께 지내시다가 그가 평생을 보낸 바닷가 어촌으로 되돌아가셨다. 할아버지는 애틋한 마음으로 바다에 대해 이야기하셨다. 할아버지가 어촌으로 되돌아가신 지 얼마 되지 않아 한 심부름꾼이 넋이 나간 듯한 얼굴로 나나가 어두운 방 대들보에 목을 맨 채로 발견되었다는 비극적인 소식을 들고 왔다. 자살하신 것이었다.

　나는 20여 년이 지나고 나서야 비로소 나나 할아버지가 어떤 일들을 겪고 있으셨는지를 조금이나마 이해할 수 있게 되었다. 그 시절 할아버지가 기분이 좋으실 때면 아이들을 모아 놓고 이야기를 해 주셨던 것이 생각난다. 할아버지는 이야기를 하다가 가끔 갑자기 노래를 부르곤 하셨는데, 그가 가장 좋아하신 노래를 우리는 민간 설화에서 온 것으로 잘못 알았다.

우리 동아프리카로 간다[1]
우린 아무도 두렵지 않아
우리 동아프리카로 간다
우린 아무도 두렵지 않아

후렴 : 우리 동아프리카로 간다. 우리 동아프리카로 간다,
　　　우리 동아프리카로 간다. 우린 아무도 두렵지 않아.

할아버지는 이 노래를 양팔을 힘차게 흔들면서 그리고 우렁찬 목소리로 좌향좌, 우향우, 뒤로 돌아, 쉬어 등의 구령을 붙이면서 부르셨다. 나와 내 여자 형제들은 즐겁게 이 노래에 맞추어 행진하였다. 여러 해가 지나고 나서야 나는 할아버지가 2차 세계대전 때 동아프리카 지역으로 파병되어 영국을 위해 싸우셨다는 사실을 알게 되었다. 그러니까 분명히 우리 집으로 오시기 오래전부터 할아버지는 외상 후 스트레스성 장애로 고통을 받고 계셨던 것이다. 일개 식민지 부대의 군인에 지나지 않았던 나나 할아버지는 비슷한 처지에 있었던 다른 군인들과 마찬가지로 유럽계 군인들이 받았던 진단과 치료를 받지 못하셨다. 식민지 참전 용사들을 위한 재활 치료란 사실상 존재하지 않았고, 대부분의 참전 용사들은 가족의 책임이 되었다. 따라서 나나 할아버지의 불안 장애 증상은 단순히 그의 시각 장애 때문에 일어난 것만이 아니라 그의 어둠 속 세상이 전쟁에서 경험한 끔찍한 모습들로 채워졌기 때문에 일어난 것이기도 하였다.

그러나 문학과 장애에 대한 나의 관심에 있어서 (할아버지보다) 더 복잡한 수수께끼와 계기를 제공한 것은 나의 아버지였다. 오른쪽 다리가 왼쪽 다리보다 짧았던 아버지는 걸으실 때 몸이 오른쪽과 뒤쪽으로 심하게 기울었다. 아버지가 다리를 절게 된 이유를 우리는 확실히 알지 못하였는데, 그것은 상대방을 불쾌하게 만들까 두려워 장애에 대해 언급하지 않는 문화에서 자랐기 때문이었다. 그래서 우리는 그것에 대해 말을 꺼내 본 적이 없었다. 아버지도 그것에 대해 말씀하신 적이 없었다. 우리는 아버지가 어렸을 때 끔찍한 사고를 당하셔서 대퇴골이 골절되었는데, 그것이 제대로 접합되지 않았다는 것을 다른 집안사람한테서 알게 되었다.

이 사실이 그분이 특이하게 걸으신 이유를 설명해 주었다.

　나의 아버지는 다른 면에서도 특이한 분이셨다. 내가 일곱 살일 무렵 어머니와 이혼하신 후 아버지는 결혼 생활을 기피하셨다. 이 상태를 여러 여성들이 고쳐 보려 하였지만 뚜렷한 성공을 거두진 못하였다. 아버지는 이상한 사람으로 널리 알려졌다. 아버지는 사나운 성격의 소유자로, 가끔 갑자기 불같이 화를 내곤 하셨다. 또한 아버지는 집에서 요리할 식재료를 사러 시장에 가는 유일한 분이시기도 했다. 아버지는 요리에 서투르셨지만 자식들 먹이는 일은 소홀히 하지 않으셨다. 나와 내 두 여자 형제들은 자주 부엌에 들어가 음식이 실제로 요리가 된 것인지 아니면 식중독을 일으키지 않고 겨우 먹을 만한 것인지를 함께 논의해 보았다. 이 같은 논의는 종종 결론이 나지 않았다. 요리했다는 증거는 먹어 봐야 찾을 수 있다는 생각 때문이었다. 이 시기에 나는 아버지가 석탄불 위에 위태롭게 놓여 있는 푸푸fufu가[2] 끓어 넘치지 않도록 애쓰시면서 동시에 꺼낸 푸푸를 한 손으로 다루시는 모습을 보았는데, 이때부터 나의 요리에 대한 사랑이 시작되었다. 그러나 내가 좋든 싫든 아버지를 기억해 내는 방식을 결정한 것은 이분이 지니고 있던 스토리텔링storytelling에[3] 대한 대단한 재주였다. 아버지는 종종 토요일 저녁에 동네 거리에 있는 아이들을 푸푸와 생선 또는 고기 수프로 된 식사에 초대하곤 하셨는데, 식사 후에는 놀랍고도 다채로운 이야기들을 해 주셨다. 아버지가 들려주신 이야기들 중 다수에는 아칸Akan족 설화, 사사본삼Sasabonsam 귀신 이야기 그리고 다른 여러 전통에서 온 다양한 이야기에 나오는 거미 형상의 트릭스터trickster인 아난세Ananse가 등장하였다.[4] 아버지는 모든 이야기를 우화와 농담과 교훈적인 알아맞히기를 사용하여 생생하게 만드셨다. 어린아이들이었던 우리는 나중에 아버지가 지독한 낙천주의 때문에 실생활에서 사실과 허구를 혼동하기에 이르셨고, 그 때문에 그가 진지하게 이야기하는 것인지 아니면 꾸며 내는 것인지를 알기 어려울 지경에 이르렀다는 것을 깨닫게 되었다. 시간이 흐르면서 나는 아버지가 자신의 환상적인 이야기 속에서 존재하고 계시는 것을 알게 되었다. 자신의 이야기 속에서 아버지는 때로는 대단한 영웅이 되었고, 때로는 다른 사람들이 부리는 간계의 희생자가 되었다.

때때로 아버지의 이야기들은 우리로 하여금 평범해 보이는 것에 대해 기억에 남을 만한 해석을 할 수 있는 기회를 제공하였다. 이를 보여 주는 예 중에서 내가 지금도 또렷이 기억하고 있는 하나가 내가 열한 살인가 열두 살일 때, 중학교에 다니기 직전에 일어났다. 아버지는 가끔 우리를 산책에 데리고 가셨다. 어떤 때는 우리 모두가 함께 갔고, 어떤 때는 아버지가 우리 중 한 사람만 특별히 데리고 가셨다. 이번에는 내 차례였다. 아버지와 나는 돌 하나를 차기 시작했다. 아버지가 차시고, 내가 차고, 아버지가 차시고 내가 찼다. 한 10분 이렇게 하고 있는데 느닷없이 아버지가 "이 조그만 돌의 나이가 몇 살이라고 생각하니?"라고 물으셨다. 나는 깜짝 놀랐다. 이전에 나는 돌에 나이가 있다는 생각을 해 본 적이 없었다. 그런데 이 질문 뒤에 지구 형성, 화산 형성과 산사태, 마그마와 화산암의 생성에 대한 숨 막히는 이야기가 이어졌다. 이 이야기의 교훈은 우리가 차는 돌 모두가 거리상으로 그리고 시간상으로 매우 먼 길을 왔다는 것이다. 이후 나는 이전과 같이 돌을 바라본 적이 없다.

아버지는 어떤 글이든지 열심히 읽는 분이셨다. 어떤 글에는 신문, 불교 경전, 소설, 여성 잡지, 냉장고 사용 설명서와 셰익스피어를 포함하였다. 아버지가 다음에 무엇을 읽으실지는 알 수가 없었다. 이는 곧 독서가 자연스럽게 생활의 일부가 된 가정환경에서 우리가 자랐다는 것 그리고 우리의 어린 시절 독서가 아주 다양했다는 것을 의미했다. 나는 방과 후 오후를 아버지의 침실에서 아버지의 책과 서류를 뒤지면서 보내곤 하였다. 아버지는 자신을 위해서나 남을 위해 언쟁을 벌이는 데 뛰어난 재주를 갖고 계셨다. 이런 언쟁은 여러 관공서에 열정적인 편지를 자주 써 보내는 일로 이어졌다. 공무원이셨던 아버지는 후에 내가 "관료들의 특이한 어법"으로 인식하게 된 그런 어법에 통달하셨는데, 종종 이 어법에 다양한 독서에서 얻은 특이한 문학적 어조를 가미해 자신만의 독특한 어법으로 만드셨다. 아버지는 잠시 가나의 외무부에 근무하셨는데, 1960년대 말과 1970년대 초 정부가 자행한 외무부 숙청 작업의 일환으로 그만두셔야만 했다. 이어 불안정한 시기가 이어지는 동안에 아버지는 자신의 해고에 맞서 대단한 투쟁을 벌여 결국 승리했다. 아버지는 5년 정도 뒤에 다른 부서로 복직되셨고, 여러 해 동안 공무원 가치관의 충실한 지지자로 근무하셨다. 아버지는 효율성의 표본이셨고, 천성적으로 매우 경쟁심이 강하셨다. 아버지는 1980년대 후반 명예퇴직을 하시고서는 이전에 기분 좋게 외무부 파견 근무를 한 적이 있는, 그래서 나와 내 여자 형제들이 어린 시절의 한때를 보낸 적이 있는 브라질로 이주하셨다. 아버지는 완벽한 브라질식 포르투갈어를 구사하셨고, 브라질을 너무나 좋아하셔서 여생을 본인이 좋아하고 존경하는 브라질 사람들과 보내기로 결정하셨다.

　글과 문화에서의 장애 재현representation에 대해 내가 관심을 갖게 된 직접적인 첫 번째 계기는 케임브리지 대학교에서 나로부터 탈식민주의 문학postcolonial literature에 대해 일련의 교수 개인 지도를 받던 학생 조 에메니가 던진 악의 없는 질문 때문이었다.[5] 이 일은 1995~1996학년도에 일어났다. 6주간의 개인 지도가 끝난 후, 이 여학생은 왜 내가 토론을 위해 부과한 텍스트들 거의 모두에 장애를 지닌 인물들이 포함되어 있을까라고 큰 목소리로 혼잣말을 하였다. 그녀의 질문은 전혀 뜻밖이었다. 왜냐하면 나는 장애 인물들을 의식하지 않았기 때문이다. 나는 텍스트들을 다시 읽었고, 아주 분명하게 그 텍스트들에는 가벼운 또는 그리 가볍지 않은 역할을 맡은 장애 인물들이 등장하고 있었다. 더욱이 처음에는 장애를 지닌 것으로 보이지 않던 인물들이 장애라는 프리즘prism을 통해 다시 읽자, 갑자기 더 의미 있는 색깔을 띠었다. 이것이 나의 마음을 크게 사로잡았다. 나는 자세히 읽기close reading의 전통 속에서 훈련을 받았고, 따라서 당연히 내가 갖게 된 의문은 내가 이 인물들의 존재를 보지 못한 것은 무엇으로 설명될 수 있을까였다. 이 과제에 대한 연구를 시작하면서 나는 나의 아버지와 할아버지에 대해서도 더 생각해 보게 되었다. 이 시기에 나의 관심은 그분들이 어떻게 장애를 입게 되었는가를 알아내는 것보다는 장애에 대해 언급하지 않는 문화 속에서 장애인으로서 그분들이 어떻게 느꼈을까를 알아내는 데에 있었다. 이 관심은 할아버지보다는 아버지와 더 관련이 있었다. 아버지에게 물어보고 싶은 몇 가지 질문들이 마음속에 떠올랐다. (내가 아는 한) 수영하는 법도 몰랐던 아버지가 (수영, 낚시, 그물 짜기 등과 같은) 특정한 형태의 남성성과 남성다운 기량이 규범인 해변가 어촌에서 자라난다는 것은 어떠한 것이었을까? 장애인들에 대한 은밀한 때로는 그리 은밀하지 않은 편견들이 많았던 시절인 1940년대와 1950년대에 학교에 다니면서 자신을 독립 국가의 후계자 중 한 사람으로 생각한다는 것은 어떠한 것이었을까? 왜 아버지는 그렇게나 투지가 넘치고 모든 것에 완벽주의자이고자 하셨을까? 그리고 그는 왜 다른 사람들에게는 아주 사소하게 보이는 일에서조차 자신의 말이 반박당했다고 생각하면 불같이 화를 내신 걸까? 여자는? 여자들이 자신에 대해서 어떻게 생각한다고 생각하셨기에 아버지는 그렇게나 비위 맞추기가 힘든 사람이 되었을까? 간단히 말하자면, 식민지로부터 독립한 아프리카, 엘리트들에게 기회를 약속한 그러나 암묵적으로 엘리트를 육체적 흠이 없는 "완벽한" 존재로 상상한 그런 아프리카의 환경속에서 육체적 장애를 가진 대단히 명석하고 똑똑한 사람으로 사는 것은 어떤 느낌이었을까?

불행하게도 나는 내 마음속에서 맴도는 많은 질문들을 아버지에게 여쭤 볼 기회를 갖지 못하였다. 아버지는 1996년 리우데자네이루에서 심각한 심장마비를 일으켜 돌아가셨다. 이때가 내가 케임브리지 대학교에서 전임 강사로 첫해를 보내고 있을 때였다. 막 떠오른 그러나 절실한 (아버지에게 여쭤 보고 싶었던) 이런 질문들을 우주에게 묻고 싶은 것이 이 책을 쓰는 배후에 자리 잡고 있는 충동이다. 이 질문들에 대한 답을 찾기 위하여 나는 다양한 텍스트와 견해 들을 조사해야만 했다. 왜냐하면 내가 만나는 장애를 지닌 사람들 모두에게서 나의 아버지를 발견하긴 하지만, 동시에 나는 모든 사람이 손상이란 사실과 협상하는 자신만의 양식을 완벽하게 갖춘다는 것을 알기 때문이다. 즉 각자가 그들을 만들고 종종 오해하는 세상에서 "잔혹한 운명의 돌팔매와 화살"(아버지가 매우 좋아하신 구절 중의 하나)을 견디며 살아가기 때문이다.[6]

이 책을 나나, (아버지) 엠마누엘, 그리고 그분들과 같은 모든 사람들에게 바친다.

감사의 말

내 감사의 노래에 넣어야 할 분들이 많다. 우선 이 책의 여러 장들이 형태를 갖추어 가는 과정에서 도움과 조언을 주신 안잘리 프라부, 아난야 카비르, 스튜어트 머레이, 테주몰라 올라니얀, 아비올라 이렐레, 마크 워말드, 드루 밀른, 메리 제커버스, 시몬 바론-코헨, 조앤나 루이스, 그레이엄 페셰이, 해리어트 디콘, 베니타 패리, 딕슨 에요, 앨리사 트로츠, 세라 에이브러햄, 피이피 예후-아피아 같은 분들의 이름을 넣어야 하겠다. 브라이언 코먼은 본인은 알지도 못한 채로 대화 상대 겸 조력자가 되었다.

또한 이 책에서 논의되는 생각들 중 다수를 시험 삼아 제시해 본 펨브룩 대학의 학생들과 케임브리지 대학 영문과 교수들도 감사의 노래에 넣고 싶다. 그리고 2004년 즐거운 안식년을 보낼 수 있도록 해 준 하버드 대학의 헨리 루이스 게이츠와 미국 흑인 연구소 직원들에게는 특별히 감사드려야 하겠다. 이 연구소에서 정기적으로 열린 수요 콜로키엄이 미학적 불안감이란 나의 생각을 처음 시험해 본 곳이었다. (또 언급하는) 아비올라 이렐레, 엠마누엘 아키암퐁과 존 무가네는 나를 초대해 주고 벗이 되어 준 대단한 분들로, 내가 하버드 대학에 체류하는 동안 즐겁고 생산적으로 보낼 수 있도록 도와주셨다.

미시간 대학에서 이 책의 J. M. 쿳시에 관한 장의 초기본을 발표할 기회를 마련해 준 수닐 악나니 그리고 2005년 클로닝cloning 문화 학술대회에서 이 책의 첫 장을 토대로 한 발표를 하도록 초대해 준 데이비드 씨오골드버그와 필로미나 에세드에게 특별히 감사를 드린다. 2006년 5월 취임 기념 강연으로 내 연구의 핵심 사항들을 발표할 수 있도록 해 준 가나의 예술과학 아카데미에 (그리고 취임 기념 강연을 하는 날 때맞추어 커프스단추를 마련해 준 아기아 아피아에게) 깊은 감사의 마음을 전하고 싶다. 가나 장애인법의 역사적인 통과와 관련된 시민 단체들 그리고 기타 관심을 갖고 있던 단체들과의 만남을 주선해 준 가나 민주발전센터 Ghana Center for Democratic Development의 보아포-기이마와 압둘 와합 무사에게도 감사드린다.

컬럼비아 대학교 출판부에서 이 책을 읽은 익명의 분들은 내 생각의 두 마침표 사이에 흩어져 있는 점들을 이어 주고, 내가 원고에서 제기한 질문들에 대해 더 깊이 연구하도록 만드는 놀라운 일을 하셨다. 이들이 한 지적들은 비판적이면서 동시에 매우 생산적이었다. 이분들에게 감사드리고 싶다. 그리고 이 저술 작업이 시간 내에 유종의 미를 거둘 수 있도록 부드러우면서도 끈질기게 밀어붙인 편집인 제니퍼 크루에게도 감사드리고 싶다.

전환의 시기에 너그러움을 보여 준 발렌티나, 대화와 유쾌함과 큰 우정을 전해 준 배리 로즌, 그리고 환대해 준 안토넬라 로즌에게 큰 소리로 고마움을 표하고 싶다. 지조와 바에나와 카마우는 나의 일과에서 나와 함께 노래를 부르지만, 이들의 어린 시절 그리고 나의 부모님의 어린 시절과 나의 어린 시절을 연결하기 위해 내가 사용하는 스토리텔링에 대한 충동의 주요 관객이 되어 주는 이들의 이름을 내 감사의 노래에 넣고 싶다.

1

서론

: 미학적 불안감

[표1]

나는 장애인입니다.

못 본 척할
존재가
아닙니다.

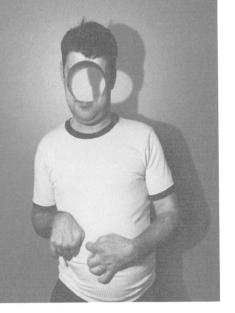

평등해질 시간.

저를 보이지 않는 사람인 것처럼 보지 마세요. 저를 평범한 사람, 장기 두기를 좋아하는 사람,
포장마차 가길 좋아하는 사람, 학위가 있는 사람, 당신과 꼭 같은 사람으로 보세요.
저를 그냥 저로 봐주시고…… 평등하게 대해 주세요. **감사합니다.**

장애인들이 평등을 얻는 일에 지지를 약속하세요.
홈페이지 방문 : www.timetogetequal.org.uk   전화 : 0845 355 0700
문자 메시지 보내기 : **EQUALITY PLEDGE**(당신의 이름)을 **60003***으로 보내세요.

scope
뇌성마비 장애인의 평등을 위하여

1. 서론

: 미학적 불안감

    2004년 영국에서 뇌성마비 장애인을 위한 단체인 스코프Scope가 "평등해질 시간Time to Get Equal"이란 캠페인을 시작하였다.[1] 이 캠페인은 뇌성마비 장애인들이 전문 치료관리인들, 여러 치료관리 시설들과 일반 대중에게서 받는 다양한 형태의 차별을 부각시켰다. 이 단체와 관련된 웹사이트 www.timetogetequal.org.uk는 뇌성마비 장애인들이 매일매일 살아가는 방법에 대한 개인적인 경험담을 올리고 있다. 이 캠페인을 시작하는 데 도움을 주기 위하여 사용된 이미지 중의 하나(좌측에 있는 표1)는 문학적 메아리를 암시적인 방법으로 사용하고 있다는 점에서 흥미롭다. 포스터의 네모 상자 안에 있는 그림의 오른쪽에 얼굴 한가운데에 둥그런 구멍이 난 남자가 보이는데, 그 구멍으로 그의 뒤에 있는 벽이 보인다. 이 사람의 위쪽 왼편에 다음과 같은 말이 적혀 있다: "나는 장애인입니다. 못 본 척할 존재가 아닙니다." 이 말은 만화에서 사용되는 것과 비숫한 (그러나 풍선 윤곽이 지워진) 말풍선 또는 생각풍선처럼 작동하도록 위치하고 있다. 이 남자의 사진은 그의 등 뒤에 있는 배경에 그림자가 나타나도록 촬영되었다. 이 남자는 분명히 얼굴에 구멍이 나 있는 데 반해 그의 얼굴의 그림자는 마치 소리를 지르고 있는 사람의 얼굴처럼 보인다. 이 사진은 이중 언어행위를 시사하는 착시 현상을 유도한다.[2] 말이 위치한 방식과 남자의 뒤에 있는 소리 지르고 있는 듯 보이는 (그림자 같은) 반음영적 영상의 미묘한 문학성은[3] 그림 바로 아래에 인쇄되어 있는 텍스트의 첫 문장 "저를 보이지 않는 사람인 것처럼 보지 마세요"에 의해 더욱 증강된다. 이 사진의 사람과 이제 고전이 된 랠프 엘리슨Ralph Ellison의 소설 『보이지 않는 사람』Invisible Man의 화자 사이에 나타나는 유사성은 명백하다.[4] 왜냐하면 『보이지 않는 사람』에서처럼 이 포스터가 보여 주고 있는 사람의 문제점도 보여지지 않는 문제가 아니라 개인의 정체성을 지워 버리는 데 기여하는 스테레오타입과 기대의 담론 틀 안에 갇히는 문제이기 때문이다. 사람들이 일상적으로 "못 본 척하는" 동안 뇌성마비 장애인인 (포스터의) 이 사람은 (엘리슨의 소설에 등장하는) 보이지 않는 사람처럼 끊임없이 소리 지르고 싶어 한다. 다음 장에서 특히 엘리슨이 장애를 감추고 다니는 동지회Brotherhood의 우두머리 잭 동지 Brother Jack란 인물을 아이러니컬하게 다룬 것과 관련하여 엘리슨의 소설에 대해 더 논의할 것이다.[5]

스코프의 포스터와 웹사이트는 대단히 간결하면서도 효과적인 방법으로 장애학의 몇 가지 핵심적인 특징들을 부각시키고 있다. 적어도 1980년대 이후 장애학 학자들의 주요 관심사는 장애에 관한 논의를 이

전에 그 같은 논의를 지배했던 의학적 담론에서 벗어나 장애를 건축 환경, 대중교통 체계, 그리고 가장 중요한 것이라 할 수 있는, 장애를 지닌 사람들을 따라다니는, 종종 감춰지지 않는 사회적 태도와 연관된 일련의 문제들로부터 구성된 것으로 파악하는 것으로 옮겨 가고 있다. 이런 점에서 장애라는 용어는 더 이상 손상으로부터 발생하는 저하된 능력이란 개념을 가리키는 것이 아니라, 장애인이 완전하고 충족된 삶을 살 수 있는 능력을 방해하는 어려움들을 만들어 내는 인위적으로 구성된 사회적 환경을 말하는 것이 되었다(카커와 프렌치Corker and French 1999; 린튼 Linton 1998; 데이비스Davis 2002, 33~46). 이런 시각에서 볼 때, 장애는 더 이상 비극적인 상황의 산물로 파악할 수 없게 되고, 따라서 단순하게 개인의 슬픈 운명으로 치부할 수 없게 된다(올리버Oliver 1990). 장애가 개인적 비극이라는 생각은 (장애의 원인이 되는) 손상에 적응하는 문제를 전적으로 장애인들 또는 그들 가족의 책임으로 간주하는 내러티브narrative[6] 내에 장애인을 위치시킨다. 그러면 의학적 그리고 사회적 체제들은 교정하거나 개선하거나 질책하는 역할을 맡아, 장애인에게 "정신을 바짝 차리고" 자신을 개선하고 적응시키는 과정에 책임을 져야 한다고 상기시킨다. 실제로 의학적 모델medical model에서는 장애인이 건강 회복을 바라는 의무를 떠맡게 되어, 부모, 근로자, 배우자 등의 역할을 일시적으로 중단하고 개선을 향한 불굴의 노력을 기울이는 기색을 보여야만 한다(머피Murphy 1990; 웬델Wendell 1996, 87~109). 장애를 주로 사회적 환경의 산물로 보기 위해서 장애에 대한 시각의 초점을 바꾸는 것은 손상이라는 생각조차 복잡하게 만든다. 사회학자 마이크 올리버Mike Oliver가 언급하였듯이 특정 장애들이 압도적으로 많이 발생하고 확산되는 이유는 사회체제와 직결된다고 할 수 있다. 때문에 아프리카에서는 빈곤과 소아마비 같은 질환 사이에 직접적인 상관관계가 존재한다. 이뿐만 아니라, 길거리에서 구걸하거나 대중의 시야에서 감춰진 채 대체로 잊힌 삶을 살아가는 육체적 장애를 지닌 사람들을 흔히 볼 수 있다. 그리고 앙골라와 모잠비크에서 르완다와 시에라리온을 거쳐 라이베리아에 이르기까지 아프리카 대륙을 황폐화시킨 내전으로 말미암아 장애를 지닌 사람들의 숫자가 엄청나게 증가하였다는 사실을 지적하는 것도 쓸데없는 일이 아니다. 이 내전들 모두 이처럼 무질서를 도구처럼 활용하는 것을 사회적 갈등에 직면하여 선택할 수 있는 매력적인 해결책으로 만드는 불합리한 정치적, 사회적 구조의 탓으로 돌릴 수 있기 때문이다.[7]

반면에 현대 서구에서는 척수 부상이나 작업현장과 관련한 갖가지 손상 같은 비선천성 장애들은 자본주의 내에서의 생산관계로부터 발생한다. 특정 부상이나 손상들은, 예를 들자면, 사무실에서 근무하는 사람들보다는 공장 노동자나 공사 현장 인부들이 더 잘 당하게 된다. 1984년 인도 보팔에 있던 유니언 카바이드Union Carbide 공장에서 일어난 화학 가스 누출 사고와[8] 그로 인해 지역 주민들이 당한 끔찍한 장애 같은 대형 재난의 결과를 돌이켜 보면 세계 자본주의와 지구촌 곳곳에서 발생하는 장애 사이에 존재하는 우려스러운 관련성을 볼 수가 있다. 앙골라 같은 국가들의 땅에 설치된 지뢰들은 냉전 정치의 직접적인 산물이며, 따라서 서구 군수산업의 어두운 단면의 연장이라는 주장은 장애의 문제를 더 복잡한 것으로 만든다. "세계에서 가장 많은 지뢰가 부설되어 있는 나라 중의 하나로 오랫동안 언급되어 온 국가로서, 앙골라 땅에 1,000만 개 내지 1,500만 개의 지뢰가 부설되어 있다는 유엔의 초기 추정치가 여전히 널리 인용되고 있다." 이것이 1999년 『지뢰 감시 보고서』*Landmine Monitor Report*(117쪽)가 앙골라에 대해 보고한 것이다. 사회 구조와 국제적 조직이라는 더 큰 렌즈를 통해 볼 때 장애는 더 이상 손상을 지닌 사람이 조용히 참고 견뎌야 하는 개인적인 고통이 아닌 것이다. 그럼에도 불구하고, 사회 또는 국제 체제가 그런 손상과 얽혀 있는 관계를 드러내 보이는 경우 비장애인 측에서는 종종 죄책감과 당황과 부인이 뒤섞인 반응을 보인다.

 "손상"이 한 사람 삶의 모든 면을 충분히 실현할 수 있는 능력의 저하로 이어지는 특정한 육체적, 정신적 결여를 가리키는 용어인 반면에 "장애"는 손상의 결과를 악화시키는, 사회적으로 통제된 한계를 가리키는 용어다. 하지만 나는 "손상"과 "장애"를 서로 바꾸어 쓸 수 있는 용어로 사용할 것이며, 실제로 이 두 용어를 분리해서 사용하기란 거의 불가능하다. 왜냐하면 "손상"은 자동적으로 그것을 해석하는 사회적 담론 내에 위치하게 되고, 손상에 대한 해석에 의해서 그리고 애초에 무엇이 장애로 간주되는가를 규정하는 데 기여하는 다양한 사회적 담론에 의해서 "장애"가 생산되기 때문이다.

 장애를 의학적 담론이 아니라 사회적 담론 내에서 파악할 때 손상과 장애의 대조적 관계만 불안정해지는 것이 아니다. 선천적인 장애와 우발적인 장애 사이, 원인이 되는 질환과 질환의 결과로서 발생하는 손상 사이, 육체적 기형과 정신이상 사이, 그리고 시각 상실이나 청각 상실의 물리적인 결과와 눈에 보이지 않는 장애의 물리적인 결과 사이에서 확인할 수 있는 관계와 같이 다양한 대조적 관계들도 불안정해지는 것이다. 이같이 불안정해지는 핵심적인 이유는, 서구와 기타 다른 곳에서 제도적 진화의 변화와 흐름에 따라 다른 형태의 장애가 등장하였다는 것을 보여줄 수 있지만, 로즈메리 갈런드 톰슨Rosemarie Garland Thomson이 (문화적으로 구성된) 정상인normate이라고[9] 부른 것의 관점에서 볼 때 장애는 일반적으로 신체적인 정상 상태로 해석되는 것과 항상 부정적으로 비교되는 대상이었기 때문이다. 역사적으로 장애를 지닌 사람들을 따라다닌 태도들은 때에 따라 달랐지만, 그런 태도들이 많은 의미를 지니고 있어서 여러 해석적인 그리고 제도적인 프레임 만들기framing를[10] 지속적으로 불러온다는 생각은 모든 시대에 걸쳐 되풀이되었다. 기형 인간 전시라는 맥락 속의 논의를 통해 톰슨은 이 문제를 간결하게 설명하고 있다: "이례적인 몸은 그 존재만으로도 설명하도록 만들고, 재현representation하도록 자극하고, 통제하도록 부추기는 것 같다"(1996,1). 문화적으로 구성된 정상인이라는 관점에서 볼 때, 다양한 장애들을 구별하고 분리하기 위해 동원되는 경계들이 자주 모호해진다. 장애의 몸은 쟁점이 되고 있는 손상이 무엇이든 간에 관계없이 다양한 반응을 불러들이거나 일으켜 왔다. 서로 다른 손상들이 다른 역사적 시기에 신체적 서열화라는 강도 높은 사회적 과정의 기준이나 초점이 되지만, 주기적으로 어떤 특정한 상징적 재현이나 사회적 태도가 모든 장애인 집단들을 대상으로 취해졌다. 스티커Stiker는 중세 시대에 관한 글에서 다음과 같이 주장하였다: "중세 시대에 매우 중요했던 세 인물, 즉 거지, 괴물, 범죄인 너머에 장애인의 윤곽이 자리 잡고 있는데, 이 윤곽은 동시에 또는 연속적으로 그 세 인물들로부터 파생되는 특징들을 빌려 쓰면서도 아주 또렷하게 그려져 있어서 우리를 지금까지 생각해 본 적이 없는 사회적 생각들로 몰고 간다"(1997, 72). 서구 사회의 사회적 상상 속에서 장애인은 더 이상 괴물이나 범죄인과 직결되지 않고 있지만, 스티커가 주장하는 바의 요점은 역사적으로 사회의 주변에 위치하고 있는 장애인들이 역시 사회의 주변에 위치하고 있다고 인식된 다른 모든 사람(이나 사물)의 색채를 띠었다는 것이다. 바로 이런 이유로 뇌성마비에 대한 사회적 관심을 촉구함에 있어서 스코프가 그 같은 주변들이 상호 연결되어 구성되어 있다는 것을 강력하게 상기시키는 것으로서 "보이지 않는 사람"을 불러온 것이다.

계보와 변화

장애학은 장애인에 대한 사회의 일반적인 처우에서 반복되는 특성들을 모아 볼 수 있도록 해 준다(스티커 1997; 브래독과 페리쉬Braddock and Parish 2001). 이 반복되는 특성들은 장애의 문학적, 미학적 재현에 대한 논의와 연관될 것이다. 왜냐하면 내가 문학 영역이 이 특성들의 일부를 환기시키지만 그 (환기된) 것들을 재현이라는 (여러 가지 색실로 그림을 짜 넣은) 융단으로 녹여 낸다는 것을 보여 주려고 시도할 것이기 때문이다. 다음 이어지는 것은 서구 장애 담론의 역사에 대해 자세하게 살펴보려고 시도하는 것이 아니라, 그저 뒤에 오는 나의 문학적 논의와 연관되는 몇 가지 두드러진 특성들에 대해 검토해 보는 것이다. 이미 이 같은

(장애 담론) 역사에 대해 잘 알고 있는 장애학 학자들은 이 부분을 건너뛰어 내가 본 연구의 이론적 핵심들에 대하여 설명한 다음 부분으로 가도 좋을 것이다. 이 (몇몇 특성들에 대하여) 간략하게 검토해 보는 부분에서 나는 미학적 불안감이란 개념으로 내가 말하려는 것을 서술할 수 있는 방법을 준비하면서 곳곳에서 장애에 대한 사회적 처우를 특정한 텍스트나 특정 장르에서 적용되는 관습에 연관시킬 것이다.

고전고대classical antiquity에는 성경시대와 마찬가지로 다양한 형태의 장애가 영적 또는 초자연적 세계의 작동을 보여 주는 징표로 해석되었다.[11] 예를 들면, 구약성서의 많은 텍스트들이 나환자들은 보통 사람들의 세계로 받아들여질 수가 없다고 주장하였다. 구약성서에서는 법적으로 부정不淨이 장애인에게 부여되어 있어서, 장애인은 제의식에 참여할 수는 있었지만 제물을 바치는 사제는 될 수가 없었다(스티커 1972, 24). 그리스인들은 장애와 질환을 신이 내린 벌로 본 반면에, 고대 이집트인들은 장애와 질환을 죄지은 것에 대해 벌을 받은 사례로서가 아니라 형이상학적인 일의 징표로 받아들였다(스티커 1997, 39~46). 잉스타드Ingstad와 화이트Whyte가 함께 편집한 책 『장애와 문화』Disability and Culture(1995)에 포함된 민족지학적 논문들을 읽으면 많은 부족들이 장애와 관련하여 고대와 비슷한 시각을 갖고 있었다는 인상을 받게 된다(1995, 273~274). 화이트는 이 같은 현상들을 (문제의) 원인이 되는 요인들을 진정시키려는 충동에 의해 지배되는, 치료 목적의 일정표를 따라가는 것으로 설명하였다. 이 모든 경우에 있어서 신적 질서와 형이상학적 질서가 인간의 생활세계에[12] 가까이 있는 것으로 간주되었다. 그 당시의 장애는 다양한 방법으로 그런 가까움의 기능과 징표로서 해석되었다.

메리 더글러스Mary Douglas(2004, 142)가 그녀의 저서 『순수와 위험』 *Purity and Danger*에서 "몸은 복잡한 구조물이다. 몸의 여러 부분의 기능들과 그 기능들 사이의 관계가 다른 복잡한 구조들을 나타내는 상징의 원천이 되고 있다"라고 말하였다. 이 같은 더글러스의 관찰은 중세 시대가 아주 잘 보여 주고 있다. 중세 시대 초기에 세비야의 이시도르Isidore of Seville(560~636)[13] 같은 작가들은 기형 분류를 제시하였는데, 이런 분류에서 장애인은 괴물 옆에 위치하였다. 세비야의 이시도르가 제시한 12부분으로 이루어진 분류(격자)판은 (1) 신체의 비대肥大 (2) 신체의 위축 (3) 신체 부분의 이상 성장 (4) 신체 부분의 과다 (5) 신체 부분의 부족으로 시작하여, 동물과 인간이 다양한 정도로 혼합된 상태를 거쳐, 완전한 괴물에 이르는 것으로 되어 있다. 세비야의 이시도르의 기형 분류는 그런 분류를 위한 가장 유용한 본보기는 인간의 몸이다라는 생각에서 비롯된 것이다. 사실 신플라톤주의Neoplatonism의[14] 영향 때문에 중세 시대에 몸이 지니는 상징적 힘이 특히 강하게 발휘되었는데, 신플라톤주의는 몸을 우주를 내포하고 있는 "작은 우주"에 비유하였다(윌리엄스Williams 1996, 107~108). 세비야의 이시도르가 제시한 분류는 궁극적으로 규범(격자)판이기도 하다. 달리 표현하자면, 체화embodied된 상태의 기형으로서의 손상을 분류하는 등급은 본질적으로 육체와 그에 대해 사회가 관계하는 방법을 보여 주는 도덕적 지도의 일부이다. 현대인의 눈에 세비야의 이시도르가 제시한 분류가 지나친 것처럼 보일 수도 있지만, 손상이 함축적으로 지니고 있다고 (그의 분류가) 가정하고 있는 윤리적 의미들은 다양한 시대와 문화에서 생산된 문학적 텍스트에서도 찾아볼 수 있다. 2장에서 나는 미학적 영역 내에서 장애의 몸을 "이해하려는" 시도에서 비롯된 구분들과 그 같은 함축된 윤리적 의미들이 관련될 때 그 윤리적 의미들을 고려하는 유형 분류에 대해 설명할 것이다. 2장에서 논의되듯이, 문학적 글쓰기에서 장애가 재현되는 방법들이 그 같은 재현의 윤리적 **그리고** 문학적 측면을 반영하는, 여러 차별화된 미학적 경향을 낳는다.

중세 시대 후반기에 이르러 장애는 서로 맞물린 사회적 태도와 처우의 하부 체계들에 의해 규정되었다. 한편으로는 자선이 장애에 대한 지배적인 대응이 되었다. 장애가 하나님의 창조의 다양성을 보여 주는 징표로 간주되었고, 특정 손상은 인간의 자긍심과 자급자족에 대한 도전으로 읽혀졌다. 따라서 교회는 비장애인들로 하여금 장애인에게 자선을 베풀라고 권하였다. 장애가 질환과 밀접하게 연결되고, 질환은 종종 과거에 저지른 죄에 대한 역병과 처벌의 일종으로 해석되었기 때문에, 자선의 권고와 함께 장애가 하나님의 은총을 받지 못한 징표라는 생각이 지속되었다. 이 두 가지 형태의 태도, 즉 자선과 두려움은 절대로 상호배타적인 것이 아니어서 함께 공존할 수 있었다.

프랑스 같은 곳에서는 나환자들이 도시에서 수도원과 흡사한 독특한 공동체를 형성하였다(스티커 1997, 68). 반면에 14세기 영국에서는 시당국이 질환과 장애의 관리와 방지에 대해 복잡한 태도를 보였다. 이는 사회적 개입에 대한 의학적 이유와 종교적 이유 사이의 지속적인 관련성에도 불구하고 일어났다. 뿐만 아니라 장애인의 운명은 빈민의 운명과 불가분의 관계를 맺고 있었다. 중세 사회구조가 서서히 붕괴되고, 수도원이 쇠퇴를 거듭하다 결국 1536년에 폐지되면서 빈민 구호는 점차 전통적인 자원봉사 체계에서 벗어나 교구 차원에서 부과하는 특별 조세가 되었다. 1500년대부터 시작되어 두 세기 동안 주기적으로 제정된 구빈법Poor Law들이 점점 입법됨과 동시에 지방 행정 활동의 초점이 병든 빈민과 장애인 사이의 관계에 — 그리고 장애인이 처한 상황과 가난 사이의 인과 관계를 완화하려는 시도에 — 맞춰지도록 하였다.[15] 예를 들면, 영국 노리치Norwich시의 1571년 인구조사는 병든 빈민을 병든, 병약한, 또는 중병에 걸린 자들로 부르며 그 수를 셌다. 이들은 "허약하거나, 병에 걸렸거나, 몸져누워 있거나, 다리를 절거나, 등이 굽거나, 또는 신장 결석이나 통풍을 앓고 있거나, 언어장애나 청각장애가 있거나, 다리가 골절되거나, 입에 병을 앓고 있거나, 늑골이 골절되거나, 궤양[?]을 앓고 있거나, 또는 한쪽 다리나 손이 없었다"(펠링Pelling 1998, 85). 프랑스에서 그러했던 것처럼 노리치에서도 나환자와 다른 전염병을 앓고 있는 사람들을 수용하는 나환자 격리 시설이 성벽 밖에 설치되었다. 그러나 나환자와 정신이상자뿐만 아니라 간질환 환자 그리고 때로는 병든 빈민까지도 같은 시설에 수용하는 것이 전통이었다. 따라서 남아프리카 공화국의 로벤 섬Robben Island에서 볼 수 있는 것처럼 이런 시설이 18세기와 19세기에 두드러지게 된 것은 어떤 의미에서는 특별할 것이 없는 것이다.

중세 시대 후기에 다양한 형태의 보건 관리가 실천되면서, 일부 요소는 중복되거나 심지어 모순되기도 하였다. 따라서 한편으로는 전염병의 경우 환자의 (그리고 빈민의) 노동 능력을 저해하는 질환을 치료하는 데 나환자 격리 시설이 이용되었다. 반면에 심각한 이동 장애가 있는 사람이나 정신이상자와 관련되는 병과 같이 "난치성"으로 간주된 질환들은 종종 무시되었다. 난치성 질환으로 야기된 상태들은, 즉 장애들은 "당국의 채찍질을 피할 수는 없었지만, 행인으로부터 격리, 구금이나 치료의 위험이 없는 반응을 불러일으켰다"(펠링 1998, 96). 질환과 (시설에 수용하는) 시설화institutionalization 사이의 경계가 정말로 흐릿했고, 사회적 태도가 관대한 자선심에서부터 도덕적 공황에까지[16] 걸쳐 있었음이 분명하였다.[17] 이와 동시에 중세 시대 후기에는 미학적 미의 개념에 대한 도전이 있었다.[18] 이 같은 도전은 피터르 브뤼헐Pieter Brueghel의 그림에서 가장 뚜렷하게 볼 수 있는데, 그의 가장 유명한 그림 중 몇 작품은 장애 인물을 그렸다. 미첼과 스나이더Mitchell and Snyder(2000, 4~5)가 주장하였듯이, 브뤼헐의 걸작들은 "고전주의에서 억압된 육체적 삶을 드러내 보이기 위하여 기형과 장애의 재현적 힘에 의존"하면서, "흠 하나 없는 몸에 대한 시각적 경험을 방해하고 변화를 주기 위해 장애의 힘을" 이용하였다. 미첼과 스나이더 그리고 그들의 시각적 경험의 방해와 변화주기에 관한 생각은 뒤에서 더 자세히 논의될 것이다.

육체적 장애에 대해서는 다양한 반응이 있었던 것처럼 보이지만, 그와는 대조적으로 정신이상은 중세 시대 전반에 걸쳐 그리고 르네상스 시대까지도 한결같이 천벌로 간주되었다. 정신이상과 천벌과 귀신들림이 분명히 연결되어 있었음을 보여 주는 예들은 앨프릭Aelfric, 버리 세인트 에드몬드 수도원장 레오프스탄Abbot Leofstan of Bury St. Edmunds, 존 머크 John Mirk 등과 같은 교훈적인 작가들의 작품에서 많이 찾아볼 수 있다(하퍼Harper 2003, 29~74). 하퍼(2003)가 보여 준 것처럼, 이 같은 (정신이상과 천벌과 귀신들림 사이의) 연결은 중세 영국 로맨스와[19] 제프리 초서Geoffrey Chaucer와 같은 작가들의 글에 반영되었는데, 초서의 방앗간 주인과 법정 소환인 둘 다 그런 연결에 대한 믿음을 이용한 이야기를 해 준다.[20] 정신이상은 마법에도 연결되었는데, 피비린내 나는 지나친 마녀 사냥과 이교도 탄압은 결국 정신이상과 귀신들림 사이의 관련성에 대해 당국과 대중이 의심을 하도록 만들었다. 1563년에 이르러 요하네스 베이어Johannes Weyer는 종교적인 동시에 의학적인 기발한 논의를 동원하여 정신이상과 귀신들림의 관련성에 대한 시각이 얼마나 허황된 것인지를 보여 주는 의학적 논문을 발표하게 되었다. 베이어에 뒤를 이어 많은 작가들이 이 일반적으로 받아들여진, 마녀 사냥을 지배한 믿음에 대해 경멸을 표시하였다(포터Porter 2002, 25~33). 그런데 이 같은 논의들에서 관련이 있는 것은 앞서 고대의 그리스인, 이집트인 등과 관련하여 언급한 것, 즉 장애가 (여기서는 정신이상이) 신의 세계 또는 형이상학적 세계와 인간의 생활세계가 가까이 있음을 보여 준다는 생각이 지속되고 있다는 사실이다.

그러나 18세기와 19세기에 이르러 두드러진 변화가 일어났다. 과학적인 의학 담론이 대두되면서 장애인이 과학적인 측정과 정리에 의한 분류의 대상이 된 것이다. 장애인의 교육 또는 재교육이란 발상이 계몽주의 시대에 대두되었다. 그러나 이것과 동시에 일어난 일이 감옥이나 병원 같은 감금을 목적으로 하는 기관들이 강화되었다는 것이다. 여기서 병원은 중세 시대 이후 존재해 온 정신이상자나 다른 장애를 지닌 사람들을 위한 구호기관에서부터 발전한 것이었다. 이 시기에 질병과 장애를 낳는 데 있어서 섹슈얼리티sexuality가[21] 갖는 역할의 중요성에 대한 관심이 점

차 증가하였다. 『시각 장애인, 청각 장애인, 언어 장애인 등에 관한 1889
년 (영국) 왕립위원회 보고서』*The 1889 Report of the Royal Commission on
the Blind, the Deaf, and the Dumb et Cetera*는 육체적 장애를 지닌 사람들
사이의 성관계 결과로 장애를 지닌 자식이 생기게 되고, 이것이 "궁극적
으로 빈민이라는 거대한 급류를 더 강력한 것으로 만드는 데 기여하는 작
은 개천 하나를 더 만들게 된다"고 걱정하였다(xii). 이 시기에 매독과 시
각 장애 같은 질병 사이의 직접적인 관련성에 대한 생각이 확립되어, 시
각 장애와 성행위 사이에 직접적인 상관관계가 있다고 생각할 정도가 되
었다. 시각 장애가 의심스런 것으로 추정된 성행위와 도덕적 결함을 보
여 주는 징표로서 받아들여진 것이다. 이 같은 상관관계가 특이하게도 빅
토리아 시대의 문학에서 관심의 초점이 되었다(홈즈Holmes 2002 참고할
것). 다른 한편으로 오페라에서는 장애와 (그 장애가 생기게 했다고) 추정
된 성행위 사이의 연관이 비극적 결함을 손쉽게 보여 주는 상투적인 수단
이 되었다. 오페라와 질병의 관계에 대한 흥미로운 연구에서 허천과 허천
Hutcheon and Hutcheon(1996, 22)은 "유럽에서 1495년 이후 매독의 역사
는 이전의 전염병 모델을 토대로 하여 이루어진 이 질병에 대한 기독교적
해석의 역사였다. 즉 매독이 천벌로 해석되었는데, 이번에는 특별히 성적
으로 죄를 지은 자들에게 내려진 천벌로 해석된 것이다"라고 주장하였다.
이어서 허천과 허천은, 바그너Wagner의 오페라 「파르지팔」*Parsifal*에 대한
논의에서, 바그너가 (「파르지팔」을 만드는 데 이용한) 원자료를 수정함에
있어 재치 있게 성기 부위에서 가슴 부위로 위치를 변형시킨 수치스런
상처 때문에 성배Grail를 보호하고 있는 왕국의 왕 암포르타스Amfortas[22]

그가 사회적, 도덕적 임무를 다하지 못하는 것을 보여 주었다. 그런데 암포르타스는 그의 장애를 초래한 (수치스런) 상처를 아름다운 쿤드리 Kundry의[23] 팔에 안길 때 받게 된 것인데, 쿤드리 같은 인물은 "매독에 걸린 매춘부에 관련된 19세기 문화적 어휘에 지속적으로 등장하였다"(허천과 허천 1996, 2). 성병과 이 질병이 주인공 암포르타스에게 준 비극적인, 장애를 일으키는 영향 사이의 관계가 암시적으로 형성되고 나서야 쿤드리는 그 대가로 오페라의 마지막 부분에서 죽게 된다.

역사적으로 서구에서 수많은 전쟁이 치러졌고 그 결과 장애의 급증으로 이어졌지만, 오늘날 우리가 느끼는 분노의 일부는 — 그리고 그 분노가 장애인들이 필요로 하는 것들을 해결하기 위한 특정한 법적 행위나 제도에 반영된 것은 — 주로 1차 세계대전과 2차 세계대전에서 생겨난 것이었다. 전쟁에 직접 참가한 자들이 쓴 문학적 글들이 전쟁이 실현 불가능한 이상들을 내세워 손상과 장애를 급증시킨 정도를 증언해 주었다. 영국에서는 지그프리드 새순Siegfried Sassoon과 윌프레드 오웬Wilfred Owen 같이 널리 알려진 1차 세계대전에 참전한 군인 시인들은 전쟁으로 야기된 정신적, 육체적 장애를 묘사하였다(흥미로운 예로, 새순의 시 「그들」They과 오웬의 시 「장애」Disabled를 보라). 이 두 시인은 오웬이 다른 150명의 영국 장교들과 함께 참호전에 관련된 정신 질환을 치료받고 있던 크레이그로커트 전쟁 병원Craiglockhart War Hospital에서 만났다. 새순은 런던의 한 신문에 전쟁을 비판하는 글을 썼다는 이유로 정신병을 의심받아 이 병원으로 보내졌다.

두 차례의 세계대전이 전쟁 신경증을 앓는 군인들과 연결되어 외상 후

스트레스 장애와 같은 개념들이 적절하게 이해되는 등 정신 분석의 강화로 이어졌을 뿐만 아니라 오늘날 우리가 알고 있는 것과 같은 장애 재활과 보상의 주요 범위들을 형성하였다. 미국에서는 두 차례의 세계 전쟁중 부상으로 장애를 갖게 된 사람들을 위한 의학적 치료와 직업 교육 및훈련이 합쳐지면서, 재활이라는 본질적인 이상이 하워드 러스크Howard Rusk, 메리 스위처Mary Switzer, 헨리 케슬러Henry Kessler 등과 같은 인물들의 활동을 통해 추진력을 얻기 시작하였다(오브라이언O'Brien 2001, 31~45). 군인들을 위한 보정 장치가 발전하면서 대체, 보상, 재활과 같은개념들도 광범위하게 확산되어 장애를 지닌 모든 사람들을 돌보기 위하여 시행된 제도적 장치들의 일부가 되었다. 오늘날의 특수 교육 프로그램은 이처럼 두 차례의 세계대전에서 시작된 재활에 관한 의학적 담론의직계 자손인 것이다.

서구에서의 장애에 대한 태도는 또한 다른 인종들과의 교류에 대한 반응으로부터도 발전하였다. 식민지적 접촉과 그 뒤에 그것에 의해 촉발된 일련의 대량 이주가 장애 담론이 인종적 다름difference과 연결되어 있는 타자 담론으로 옮겨 가는 데 기여하였다. 식민주의는 중산층 정중함bourgeois civility, 여성 섹슈얼리티 그리고 범죄와 치안 유지의 본질과 관련되는 담론들의 발달을 위한 유럽 밖의 "사회적 실험실"을 제공하면서, 더불어 그와 같은 외적 식민지 현실들이 서양의 사회적 발전의 리듬과맞물리도록 하였다. 일부 이 같은 맞물림 때문에 식민지와 유럽 양쪽 모두에서 점점 더 많은 유럽인과 이방인이 혼합되면서, 주기적으로 한 사회의 내부를 구성하는 것과 외부를 구성하는 것을 분리하는 분명한 선이 제시되었다.[24] 질병이 유럽과 미국에서 식민지 시대에 인종 간의 접촉을 둘러싸고 발생한 사회적 불안의 일부를 조절할 수 있는 매우 유연한 일련의 은유들을 제공하였는데, 이 시기의 나병에 대한 논의가 특히 많은 은유를 만들었다. 이 병이 유럽에서 사라지면서 르네상스 시대가 끝날 무렵에 이르러 핵심적인 신학적 개념으로의 나병이 사라진 반면에, 19세기 제국주의 시대에 서구 국가들이 합병하고 식민지화한 지역에서는 나병이 흔히 발견되었다. 그리고 가장 중요한 의학적 발전 중의 하나로, 일부 질병이 세균에 의해 발생된다는 세균설germ theory이 대두되면서 인종 관계에 대한 새로운 불안이 자리 잡게 되었다. 본Vaughan(1991)은 영국인들이 "아프리카에 강력한 기독교적 질병 상징을 투사한 것과 특정한 식민주의적 상황에서 사회적으로 '나환자 정체성'을 만들려고 시도한 것"에 대해서 기술하였다(77). 반면에 미국에서는 세균설이 "열등한" 인종과의 접촉이 "우수한" 인종의 안전과 미래를 위협한다는 두려움을 고조시키면서, 이 새로이 인지된 위협을 고려하기 위하여 새로운 이민법이 제정되었다(굿소Gussow 1989, 19~20). 어떤 지역에서는 외국 이민자들, 질병의 전염성, 그리고 이런 것들이 미국에 가하는 위험을 피해 망상적으로 연결하는 일이 증가하였다.

현재 루이지애나는 중국인과 말레이인들의 쇄도, 불결함과 쌀[원문 그대로임]과 나병의 위협을 받고 있다. 매우 뜨거운 아프리카에서 온 열등하고 야만적인 인종이 이미 100만이 넘는 미국 백인 거주자들의 피를 흘리게 하는 계기가 되었고, 흑인 노예 문제의 해결에 따른 전쟁의 충격 그리고 그 후 일어난 혼란과 혼돈으로 이 나라의 자유가 거의 다 파괴되었음으로, 애국자라면 그들의 나라가 부도덕하고, 포악하며, 나병 환자 같은 아시아에서 온 무리들로 넘쳐 나는 것을 두렵게 생각해야 한다. 우수한 인종과 열등한 인종 간의 접촉은 궁극적으로 두 가지 결과를 낳을 수밖에 없다. 두 인종 중 하나가 전멸하거나 두 인종이 혼합되는 것이다. 고귀한 인종의 피가 정신적 그리고 도덕적으로 열등한 부류의 피와 섞이는 것은 전자를 후자의 수준으로 떨어뜨리기는 하지만, 절대로 앵글로 색슨족의 지적 능력, 자립심, 자유 사랑, 창의력과 도덕적 가치를 아프리카인이나 아시아인의 머리와 가슴에 부여할 수는 없다.

(굿소 1989, 56~57쪽에서 재인용함.

원전은 조세프 존스Joseph Jones, "The Leprosy Question in Louisiana.")

이 글에서 당시의 미국 역사에 대한 언급 속에 뒤엉켜 자리 잡고 있는 도덕적 공황을 보라. "부도덕하고, 포악하며, 나병 환자 같은 아시아에서 온 무리들"이란 문장에 이미 분명하게 외국인들이 도덕적으로 위험한 존재로 그려져 있어서 인종 혼합에 대한 전체 논의가 다른 인종 간의 결혼에 대한 (그리고 그에 따른 출산에 대한) 공포에 의해서만이 아니라, 보다 근본적으로 도덕이 부정되는 위협이 가해지고 있다는 생각에 의해서 굴절된 논의가 되었다. 이런 언급 그리고 이와 비슷한 언급들에서 분명해지는 것은, 식민지 모험을 통한 서구의 다른 세상과의 지속적인 접촉 그리고 그에 수반된 사람들의 국가 간 이동이 장애에 대한 태도의 (서구 내에서의 발전 상황만을 관찰함으로써 제시될 수도 있는) 간단한 발전 궤도를 문제화problematize하고 깨뜨리는 데 기여하였다는 것이다. 나는 7장 로벤 섬과 관련된 논의에서 식민적 만남 그리고 질병과 범죄와 장애가 교차하는 상황에 대해 좀 더 살펴볼 것이다. 잉스타드와 화이트가 1995년 장애에 대한 논문들을 편집하여 펴낸 책(즉 『장애와 문화』 — 옮긴이)에서 설득력 있게 보여 주고 있듯이, 많은 비서구권 문화들에서 장애가 규범적인 명령에 결부되었었고 형이상학적 믿음의 강한 실행에 결부되었었다면, 비서구권 사람들의 서구로의 끊임없는 이주로 인하여 그와 같은 해석과 믿음이 전이되었을 수도 있다는 것을 인정해야만 한다. 이 책의 결론으로 화이트가 쓴 글이 장애인에 대한 비서구권과 서구권 태도 사이의 대화적 관계를 주장하는 데 특히 유용하다. 그녀의 설명에서 화이트가 명백하게 밝힌 것은 아니지만, 그로부터 서구와 그 외 다른 지역에서의 장애에 대한 태도들을 동시에 읽어 낼 수 있는 공시적인 모델을 얻어 낼 수 있다. 따라서 우리는 오늘날 서구에서 작동하고 있는 복수의 장애 담론, 즉 하나는 스스로를 전적으로 과학적이고 이성적인 것으로 내세우는 담론 그리고 다른 하나는 원인이 되는 요소들의 달래기를 포함하는 다양한 치료적 여정에 여전히 매어 있는 담론을 이야기할 수도 있다. 이 두 담론이 꼭 모순되는 것만은 아니다. 이 두 담론은 오늘날 질병과 장애를 둘러싼 반응들이 이루고 있는 연속체의 일부로 보아야만 한다.

신적 질서 그리고 형이상학적 질서와 인간의 생활세계가 가까이 있다는 생각은 현대 세계에서는 더 이상 지배적인 생각이 아니지만, 그 같은 생각은 다양한 문맥 속에서 계속 대두되어 오곤 하였다. 그 두 영역이 가까이 있다는 생각은 다른 것으로 완전히 대체된 것이 아니라 그저 잔여화residualized된 것이다. 잔여와 출현 사이의 관계는 순환으로 간주될 것이 아니라, 종종 다양한 옛 생각들과 새로운 생각들이 재배열되어 새로운 시각과 현실을 생산해 내는 변증법적 변화로 간주되어야 한다(윌리엄스 1977). 장애와 관련된 그 같은 재배열이 히틀러의 제3제국에서 유태인들과 함께 장애인들을 말살하려는 시도로 이어진 것이다.[25] 독일에는 항상 장애를 지닌 사람들이 있었고, 그들이 역사적으로 유럽의 다른 지역에 있는 장애인들과 비슷한 처우를 받았지만, 제3제국 동안 일어난 강렬한 국수주의적 재정의에 의해 장애의 현저성salience이 사회적으로 의미 있는 표시로 바뀌었다. 장애가 더 이상 형이상학적 영역과 인간의 생활 세계 사이의 가까움을 나타내는 단순한 암호가 아니고, 그 같이 국가의 순수성에 대한 위협을 보여 주는 신호가 되었다. 떼려야 뗄 수 없는 것으로 간주된 유태인의 인종적 타자성과 결합된 장애가 국가의 품격을 위협하는 것으로 간주된 도덕적 결핍의 책임을 지게 되었고, 그 결과 유태인과 함께 확실하게 제거되어야만 했던 것이다.

개화된 사고방식을 지니고 있다고 생각할 수 있는 사람들이 오늘날 장애에 대해 보이는 반응조차도 여전히 옛날의 검증되지 않은 정서로 되돌아간다. 따라서 아직도 사람들이 손상이 어떤 특별한 형이상학적 무질서를 나타내는 표시라고 생각하거나 장애인들은 그들이 과거에 저지른 잘못 때문에 손상을 지니게 되었다고 생각하는 일이 결코 드물지 않다. 이런 경향을 보여 주는 전형적인 예를 글렌 호들Glen Hoddle의[26] 발언에서 볼 수 있다. 그는 "장애를 지닌 사람들은 그들의 업보 때문에 그렇게 태어난 것이다"라고 말한 것으로 알려졌다. 그는 곧 영국 축구팀의 매니저 자리에서 해고되었지만, 중요한 것은 그의 발언에 뒤따른 소동이었다. 기독교인이면서 동시에 환생을 믿는 호들이 한 말에 대해 여론은 뚜렷하게 나뉘었다. 장애인 단체와 정치인들은 그의 발언에 격분하였지만, 영국 이외의 국가들을 포함한 여러 지역의 논객들은 서둘러 그의 변호에 나섰다.[27] 그러나 장애를 지닌 사람들에 대한 대체로 의식되지 않은 사회적 태도에 대해 말해 주는 것은 언론 매체에서 호들을 묘사하기 위해 사용한 장애 차별적 이미지들의 폭이다. 영국 일간지 「가디언」*The Guardian*에 보내진 한 통의 편지가 조용히 지적하고 있듯이,

> 글렌 호들을 미친놈, 천치, 또는 바보로 묘사하고 있다. 우리의 지도자는 호들을 지적 장애를 가지고 있는 자라고 말한다. 우리는 사람들을 더더욱 주변화하는 장애 차별적인 이미지를 사용하여 (호들의) 차별적인 언어 사용을 비판하는 것을 피해야만 한다. 아마도 우리는 장애 문제에 그에 대한 전문가들, 즉 장애인들을 참여시키는 것을 배워야만 할 것이다.[28]

달리 말하자면, 언론에서 호들을 비난하기 위하여 사용된 언어가 장애를 지닌 사람들에 대한 태도들이 좋게 말하자면 신중히 검토되지 않는다는 것, 최악의 경우로 말하자면 완전히 과거로 되돌아간다는 것을 보여 주었다는 것이다.

장애의 사회적 처우에 대한 이 간략한 역사적 설명에서 내가 강조하고

싶은 세 가지 핵심 요소가 있다. 그 첫째는 장애가 형이상학적이나 다른 종류의 해석을 필요로 하는 "과도한"excessive 표시라는 암묵적인 가정이다. 이 책에서 접하게 될 다양한 작가들의 작품에서 분명하게 볼 수 있듯이 "형이상학적인 것"의 범주가 미학적 문제틀problematic의[29] 범주로 변하여, 때로는 해석적인 어려움 또는 궁지의 형태로 나타나고 때로는 보이지 않지만 인물들 간의 관계가 이루어지는 방식에 심각한 영향을 주는 것으로 나타난다. 이 첫 번째 요소를 뒤따르는 것이 잠재의식적 두려움과 도덕적 공황의 문제이다. 이미 여러 장애학 학자들이 장애인의 몸이 비장애인에게 몸의 온전함의, 그리고 몸의 정상 상태에 대한 가정들을 뒷받침하고 있는 사회적 체계의 잠정적이고 임시적인 성격을 뚜렷하게 상기시켜 주는 정도에 대해 논의하였다. 그러나 나는 이 같은 잠재의식적인 불안감이 문학에서는 문학적 담론 자체의 구성 안에 나타나 재현의 규칙에 있어 일련의 위기들을 만들어 낸다고 주장하려는 것이다. 마지막으로 나는 장애에 대한 사회적 처우가 역사적으로 다면적이었던 정도 때로는 모순적이었던 정도를 강조하고자 한다. 반복하자면, 문학이 사회적 태도들을 굴절시켜 반영하고, 때로는 그런 태도들을 현실에서보다 더 복잡한 것으로 만들기 때문에 그 같은 모순들이 문학적-미학적 영역에서는 특히 두드러지게 된다. 이미 언급한 바와 같이, 장애를 지닌 사람들의 현실에서는 비장애인들로 이루어진 세상의 가정과 암묵적인 사회적 태도가 씌워져 있어, 장애인들의 "현실"을 일상적인 (일상적인 것을 장애 상태에 관련시킬 수나 있다면) 사실의 산물로 만드는 것만큼이나 과도한 해석의 산물로 만든다. 문학은 단순하게 이미 사회적으로 해석된 현실을 반영하는 것이 아니고, 문학적-미학적 영역에 의해 정해진 용어 내에서만 이해 가능한 또 다른 해석의 층을 추가하는 것이다. 다음 장에서 나는 이 세 가지 관찰 사이의 상호 연결에 관한 임시 지도를 제공하기 위하여 문학에서 이루어지는 장애 묘사의 유형을 다룰 것이다. 그러기에 앞서 우선 주요 용어에 대한 정의가 필요하다.

미학적 불안감이란 무엇인가?

정형화된 표현으로 시작하기로 하자. 미학적 불안감은 문학적 텍스트 내에서 지배적인 재현의 규칙들이 장애와 관련하여 우회short-circuit되는[30] 경우에 볼 수 있다. 미학적 불안감이 포착되는 일차적 단계는 다양한 긴장 상태가 파악되는 장애 인물과 비장애 인물 사이의 상호작용에 있다. 그러나 대부분의 텍스트에서 미학적 불안감은 이 일차적 단계에 한정되지 않고, 상징과 모티프의 배열, 총체적인 서술적 또는 극적인 관점, 플롯 구조의 형성과 역전 등과 같은 텍스트의 다른 단계들에 굴절되어 있는 긴장 상태에 의해 증대된다. 미학적 불안감의 마지막 단계는 독자와 텍스트 사이에 존재하는 단계이다. 특정 텍스트 내에서의 독자의 지위는 특정 인물의 삶의 변천과의 동일화 또는 독자와 화자의 변화하는 위치 사이의 동조 또는 다양한 플롯 요소들의 변조에 의해 요구되는 독자가 지닌 시각의 불가피한 재구성 등과 같은 여러 상호작용하는 요소들의 관계에 의해서 결정된다. 이 책의 전반에 걸쳐 내가 보여 주려 하는 것처럼, 장애가 두드러진 역할을 하는 작품에서 독자의 시각은 또한 텍스트를 통제하는 지배적인 규칙들의 우회 — 장애의 재현에 의해 촉발된 우회 — 에 의해서도 영향을 받는다. 독자에게는 미학적 불안감이 장애에 대한 (종종 그 편견과 선입견이 검토되지 않은 상태로 있는) 사회적 태도들에 겹쳐진다. 이 설명에서 독자는 대부분 비장애인이지만, 미학적 불안감에 관한 통찰은 장애를 지닌 독자에게도 관련된다. 왜냐하면 미학적 불안감은 그 기반이 (이 책에서 대체로 쟁점이 되고 있는) 검토와 도전을 필요로 하는 문학적 텍스트의 안과 밖에서 표면적인 신체적 규범성의 세계를 구성하고 있는 것이기 때문이다. 미학적 불안감의 다양한 차원들이 사무엘 베케트Samuel Beckett, 토니 모리슨Toni Morrison, 월레 소잉카Wole Soyinka, 존 쿳시John M. Coetzee의 작품에서 개별적으로 그리고 더 큰 텍스트적 구성의 일부로 다루어질 것이다. 남아프리카공화국 로벤 섬에서의 장애 역사를 다루는 마지막 장에서는 관심의 초점이 문학적-미학적 영역에서 장애와 식민주의와 아파르트헤이트apartheid[31] 사이의 역사적인 교차 영역에 맞춰질 것이다. 이것이 어떻게 미학적 불안감이라는 개념이 문학적-미학적 영역을 넘어 확장될 수 있는지를 볼 수 있도록 해 줄 것이다.

미학적 불안감이란 개념의 두 가지 주요 근원이 있는데, 여기서 그에 대해 자세히 설명하고자 한다. 그중 하나는 로즈메리 갈런드 톰슨에 의해서 제시된 시사하는 바가 큰 (문화적으로 구성된) 정상인이라는 개념인데, 이 개념은 이미 간략하게 언급하였다. 다른 하나는 레너드 데이비스Lennard Davis 그리고 미첼과 스나이더가 장애학적 시각에서 문학사를 재구성한 것에서 얻은 것이다. 톰슨(1997)이 낙인stigma에 대한 어빙 고프

먼Erving Goffman(1959)의 통찰에 대해 흥미로운 확대 설명을 하면서 주장한 것처럼, 비장애인과 장애인 사이의 첫 사회적 접촉은 종종 손상이 해석되는 방식에 의해서 우회되어 버린다. 이 문제를 톰슨은 다음과 같이 설명하였다.

다른 사람과의 첫 교류에서는 어마어마한 양의 정보가 정리되고 동시에 해석되어야 한다. 만나는 두 사람 각자가 암시적인 것에 대한 명시적인 것을 찾고, 특별한 목적을 위하여 무엇이 중요한지를 결정하고, 여러 미세하거나 확실한 단서들에 따르는 반응을 준비한다. 그러나 한 사람이 시각 장애를 지니고 있는 경우, 이 시각 장애가 정상적인 사람이 인식을 정리하고 반응을 형성하는 과정을 지배하고 왜곡한다. 이러한 상호작용은 비장애인이 사회적 의례 때문에 표현할 수 없는 공포, 연민, 매력, 혐오, 또는 단순한 놀라움을 느끼기 때문에 불편한 것이 된다. 경험한 반응과 표현한 반응 사이의 편치 않은 불협화음 외에도 비장애인은 종종 장애인에게 어떻게 행동해야 할지, 도움을 주어야 하는 것인지, 도움을 준다면 어떻게 주어야 하는 것인지, 장애를 알고 있다는 표시를 해야 하는 것인지, 어떤 말, 몸짓, 또는 기대를 해야 하는 것인지 또는 피해야 하는 것인지를 모른다. 아마도 지속적인 관계를 맺을 수 있는 가능성을 가장 파괴하는 것은 흔히 정상인이 장애가 다른 특성들을 말살시킨다고 생각해 복합적인 사람을 단 하나의 특성으로 축소시키는 일일 것이다.

(톰슨 1997, 12)

이와 관련하여 우리는 브뤼헐의 그림들이 그림 속 몸에 대한 시각적 경험을 교란시키고 변화를 주는 데 성공한 정도에 대한 미첼과 스나이더의 주장을 기억해 낼 수 있어야 한다. 분명히 방해와 변화 주기가 현실 세계에서의 비장애인과 장애를 지닌 사람들 사이의 만남의 특징이기도 하다. 톰슨은 비장애인들의 자신에 대한 인식 그리고 그들과 다른 다양한 신체적 규범성의 "타자들"과의 관계를 지배하는 한 무리의 태도들을 설명하기 위하여 "정상인"이란 개념을 제시하였다. 그녀가 설득력 있게 보여 주었듯이, 신체적 다양성의 형태들이 문화적 의미를 얻게 되는 (그리고 이렇게 부여된 문화적 의미는 특권과 지위와 권력의 분배를 결정하는 인정된 육체적 특징들의 서열을 뒷받침해 준다) 복잡한 과정이 존재한다. 달리 표현하자면, 신체적 다름이 권력 구조의 일부를 이루는데, 그 같은 신체적 다름의 의미는 정상인의 무표적unmarked[32] 규칙성에 의해 지배되는 것이다. 그러나 앞서 인용한 문장이 보여 주듯이, 이 복잡한 관계에는 다양한 요소들이 그 모습을 그렇게 권력의 요소로서 드러내는 것이 아니라 불안, 부조화, 또는 무질서의 형태로 드러낸다. 대인 접촉에 있어서 흔히 일어나는 범주화 충동은 그 자체가 우주에 내포되어 있다고 상정되는 이상적인 질서에 대한 생각의 일부라서, 어딘가에 존재한다고 생각하는 질서를 찾는 탐색의 암묵적인 부분을 위해 그처럼 분명한 것을 찾는 것이다. 앞에서 보았듯이, 바로 이것이 장애의 몸이 어쨌든 형이상학적 또는 신적인 의미를 나타내는 암호라는 생각으로 집요하게 이어지는 것이다. 그러나 종종 손상이 질서의 정반대를 나타내는 육체적 현상인 것으로 받아들여져 그 같은 충동을 재평가하도록 하며, 나아가 근본적인 우연성이 지배하는 이 세상에서 인간으로 살아간다는 것이 무엇을 의미하는지에 대해 다시 생각해 보도록 한다. 손상의 원인은 충분히 예상하거나 대비할 수 있는 것이 아니다. 모든 몸이 우연과 우발적인 사건의 대상이 된다. 이 같은 근본적인 우연성에 대한 인식이 우리가 몸에 대한 통제를 상실하는 것에 대해 느끼는 (거의 인정되지 않는) 아찔한 두려움에 그 뿌리를 내리고 있는 극단적인 불안감을 보여 주는 원초적 장면의 특징들을 생산해 낸다(그로츠Grosz 1996; 와서맨Wasserman 2001; 라캉Lacan 1948, 1949).[33] 존 던John Donne의 시 「죽음이여 으스대지 마라」 Death Be Not Proud에 나오는 표현을 빌리자면, 물질적 몸은 "운명과 우연과 왕과 절망적인 자들"의 희생물이며 또한 "독약과 전쟁과 질병"에 시달린다. 이용할 수 있는 사회적 규칙들을 통하여 적절히 표현될 수 없는 부조화와 불안감이 우연성에 대한 인식의 정서적, 감정적 경제학(경제성)을 결정한다. 달리 표현하자면, 우연성의 갑작스런 인식이 오로지 철학적인 인식인 것만은 아니고 — 사실 (장애인과 비장애인의) 사회적 접촉의 순간에는 거의 철학적이지 않다 — 동시에 그리고 어쩌면 주로 감정적, 정서적인 인식인 것이다. 장애의 사회적 모델의 유용성은 바로 그 모델이 이제 장애인에 대한 잠재의식적인 문화적 추정들이 공개되도록 하여 검토해 볼 수 있도록 한다는 것, 그리하여 궁극적으로 비장애인이 정상인의 구성성의 근원과 그로부터 발생하는 편견을 인식할 수 있도록 하는 가능성을 제공한다는 사실에 있다.

무표적인 규범성이란 특정한 개념을 염두에 두고 세상이 구성되었기 때문에 장애를 지닌 사람들은 그들이 깊이 느낀 존재감을 표현함에 있어 우연성에 대한 이 같은 생각의 일부에 맞서야만 한다(머피 1990, 96~115). 현실적이고 물리적인 차원에서는 또한 대체로 무심한 세상에의 적응이란 문제도 있다. 우드Wood와 브래들리Bradley(1978, 149)가 말하는 것처럼, "물리적인 차원에서 장애인은 …… 환경의 요구에 적응하는 능력이 한층 떨어진다. 장애인은 근본적으로 적대적인 환경의 공격으로부터 자신을 보호할 능력이 약화되어 있다. 그러나 그가 경험하는 불리한 점은 그가 처해 있는 사회의 성격과 관련하여 달라진다." 모순되는 감정들은 바로 장애인들이 지속적으로 복수의 그리고 모순되는 의미의 프레임들 내에 위치하게 되기 때문에 일어난다. 그러한 프레임들 내에서 장애인들은 한편으로는 물리적으로 불리한 위치에 있고, 다른 한편으로는 정상인의 문화적으로 통제된 시선gaze에 대처해야 한다. 여기서 내가 "프레임"이란 단어를 아무렇게나 사용하고 있는 것이 아니다. (처음에 논의한) 스코프 포스터로 되돌아가서, 마치 사진 촬영에서의 프레임을 생각하듯이, 물리적인 조정이란 관점에서 그 프레임들을 생각하는 것이 도움이 된다. 정상인이 지속적으로 장애인을 위치시키는 프레임들은 온전함, 아름다움, 경제적 경쟁력 같은 다양한 개념들이 장애인들을 구성하고, 그들을 여러 가지 이해들로 이루어진 특이한 결합의 한가운데에 위치시키는 프레임들이다.

정상인과 장애인 사이의 관계에 대한 톰슨의 생각은 궁극적으로 상징적 상호작용symbolic interactionism 모델에서 온 것이다. 간략하게 말하자면, 해석에 대한 상징적 상호작용 모델은 "사람들이 세상에 직접 반응하는 것이 아니고 세상에 사회적 의미들을 부여하고, 체계화하고, 그런 사회적 의미들을 근거로 하여 세상에 반응한다"는 가정을 토대로 운용된다(알브레히트Albrecht 2002, 27). 상징적 상호작용이란 개념은 앞으로 다루어질 문학 텍스트들에 대한 논의에 적절하다. 왜냐하면 등장인물들이 주어진 상징적 가정을 근거로 하여 서로에 대한 인식을 체계화할 뿐만 아니라, 등장인물들 자체가 허구적인 인물들로서 상징들의 연결망에서 만들어진 것이고, 기호sign의 상징적 중계를 통하여 (등장인물들이) 상호작용하기 때문이다. 더욱이, 내가 각 장chapter에서 점차 보여 주고, 특히 존 쿳시를 다루는 6장에서 좀 더 상황에 맞는 형태로 보여 주려 하는 것처럼, 상징적 상호작용론은 또한 내재된 대화자의 존재를 암시하는데, 이 대화자와 등장인물 또는 실제 사람이 일련의 대화 관계를 형성하며, 그 결과 자아의 여러 형태들을 예행 연습해 볼 수 있는 기대지평의[34] 형성을 돕는다. 톰슨이 제시한 선례를 따르면서 내가 명시하고 싶은 미학적 불안감의 첫 번째 측면은 장애인들이 온전함과 규범성이라는 상징적 개념의 대상으로서 위치하고 있는 프레임들에 내재된 분열에 의해 미학적 불안감이 촉발된다는 것이다. 장애는 미학적 영역이 재현의 표면을 깨뜨리는 (그리고 적극적으로 작동하는) 윤리적 핵심ethical core으로 돌아가도록 만든다. 장애학의 시각은 장애 재현이 장애를 지닌 사람들에 대한 사회적 시각에 (장애 재현이 다른 문학적 세부 사항, 비유와 모티프의 재현이 제공하지 않는 방법으로) 직접적으로 영향을 주는 것으로 보기 때문에, 장애학의 시각에서 읽을 때 적극적으로 작동하는 이 윤리적 핵심이 분명하게 드러난다. 달리 표현하자면, 장애의 재현은 궁극적으로 문학적 영역을 초월해서 그 영역에 흡수되지 않으려 하는 효력을 갖는 것이다. 이말이 문학에서 오로지 도구주의적[35] 해석을 통해서만 장애를 읽을 수 있다는 것을 의미하는 것은 아니다. 재현에 제시될 수 있는 그 어떤 개입도 (문학) 밖에 놓여 있는 무력하고 안정적인 장애의 "현실"에는 끼어들지 않는다. 왜냐하면 앞에서 보았듯이, 실제 세계에서의 장애는 이미 그 자체로 해석을 하도록 하기 때문이다. 그럼에도 불구하고 도구주의적 측면을 쉽사리 중단할 수도 없다. 이 문제를 약간 정형화된 형태로 표현하자면, 장애인이 재현되어 있는 미학적 현장들에 대한 읽기가 미학적 구조에 쉽사리 포함시킬 수 없는 윤리적 측면을 항상 갖도록 만드는 방식으로, 장애의 재현이 미학적 영역과 윤리적 영역 사이를 불안하게 오락가락한다. 결국 미학적 불안감은 실제 세계에서의 장애인에 대한 불안감과 동일 선상에 있는 것으로 보아야만 하는 것이다. 일상의 현실에서 장애인을 따라다니는 당황과 공포와 혼란이 문학과 미학 분과에서는 장애 재현을 비장애인의 규범적인 위치에서가 아니라, 장애인의 시각에서 보았을 때 주로 모습을 드러내는 일련의 구조적 장치들로 바뀐다.

「누가 The Novel에 정관사 The를 붙였는가?」Who Put the *The* in The Novel?라는 제목의 논문에서 레너드 데이비스는 문학사에서 대체로 당연한 일로 생각하고 있는 소설의 형태, **영국**, 그리고 18세기와 19세기에 발생하여 소설의 기본 구조를 결정하는 데 도움을 준 여러 번에 걸친 등장인물의 사회적 지위의 불안정화 사이의 연관성을 분석하였다. 이 두 세기 동안 사실주의적 소설은 "평균적인"average 시민의[36] 구성을 토대로 전개되었다. 평균적인 시민은 영웅이 아니고 중산층이다. 그런데 평균적인 시민은 "미덕"이라는 개념과도 연결되어 있다. 데이비스가 주장하였듯이, "미덕은 한 등장인물이 택할 수 있고 또 택하여야만 하는 특정한 그리고 인식 가능한 도덕적인 길과 자세가 있다는 것을 암시하였다. 다른 말로 하자면, 소설의 등장인물들에게 일련의 규범적인 행동들이 요구된 것이다"(94). 이 같은 평균적인 시민과 미덕이라는 이중의 개념과 얽혀 있었던 것이 온전함에 대한 암묵적인 생각이어서, 두 세기에 걸쳐 주요 주인공 중 신체적 장애를 지닌 인물은 하나도 없었다. 이 당시 소설의 성공을 뒷받침한 것이 정상/비정상의 이항 대립이었고, 이 같은 이항 대립은 다양한 플롯들을 생성해 냈다. 근본적으로 그러한 플롯들의 핵심 요소는 처음에 등장인물의 사회적 환경이 불안정해지고, 이어서 이 인물이 손실을 바로잡으려고 애쓰며, 결국 단련된 상태로 그의 이전 위치로 돌아가는 것이다. 그러나 결정적으로 19세기가 진행되면서 부정적인 것 또는 부도덕한 것이 신체화somatize되면서[37] 그것이 장애로 재현되었다. 데이비스가 그의 논의에서 내린 결론 중의 하나가 18세기와 19세기에 플롯은 "인위적으로 구성된 규범들인 국가, 사회 계급, 그리고 젠더 행동에 대한 환상을 일시적으로 변형시킴으로써 또는 환상에 장애를 초래함으로써 그 기능을 행하였다"는 것이다(97).

데이비스의 주장을 더 논의함에 있어 여러 단서를 달고 싶다. 그의 설명에서 독특한 것이 국가, 평균적인 시민, 미덕, 그리고 특정한 소설의 플롯 형성의 형태 사이의 관련성을 설득력 있게 제시하였다는 것이다. 이에 대해 이의를 제기할 수는 없다. 하지만 정상/비정상의 이분법이 18세기와 19세기 소설에서 시작되었다는 것 또는 18세기와 19세기 소설이 사회적 지위의 변형에 대한 플롯을 시작하였다는 것은 전적으로 정확한 것은 아니다. 그와 반대로, 전 세계의 민간 설화에 대한 조사에서 확인할 수 있듯이, 육체적 변형과 사회적 변형 둘 다 또는 그중 어느 하나와 관련된 플롯은 대부분 이야기의 플롯에 있어서 가장 흔한 출발점 중의 하나이며(프롭Propp 1958; 자이프스Zipes 1979 볼 것), 사실 너무 흔해서 육체적 지위의 변형과 사회적 지위의 변형 둘 다 또는 그중 어느 하나와 관련된 플롯이 내러티브의 플롯 구성에 있어 거의 보편적인 출발점이 된다고 할 수 있을 정도이다. 데이비스가 지적하였듯이, 소설에 대한 기존 학문에서 주장되고 있는 것처럼, 소설 형태가 그 틀 밖에 있는 있을 법한 세상을 굴절해 반영한다는 개념을 나타내는 "사실주의"가 18세기와 19세기에 소개된 대단히 중요한 용어이다. 그러나 그리스인들에게 그들의 신화도 일종의 사실주의 형태를 지니고 있었기 때문에 사실주의 자체도 문화적으로 구성되었다고 할 수 있는 것이다. 데이비스의 설명에서 받아들일 필요가 있는 것은 국가에 관한 사회적 이미지와 특정한 형태의 육체적 그리고 성性적 사실주의의 생산을 결합시키는 것이 소설이 현실을 재현하는 것으로 생각하는 방식에 준 영향이다. 각각의 경우에 있어서, 상정된 현실 재현은, 사회 계급 간의 관계에 대한 이해로부터만 나오는 것이 아니라 신체적 다름에 대한 암묵적인 서열화에서도 나오는, 사회 질서에 대한 (인지되지 않는) 관점에 달려 있었다. 데이비스가 18세기와 19세기 소설에서 장애인이 차지한 특이한 위치에 주목한 유일한 사람은 아니지만(예를 들어 홈즈 2000을 볼 것), 문학사에 대한 그의 두드러진 기여는 소설에 있어서의 사실주의의 유지에 필수적인 구조적 요소로서 장애의 몸의 지위를 명확히 했다는 데 있다.

그러나 변형의 형성적 기능의 중요성을 소설로부터 다른 문학 형태로

까지 확장하려 할 때, "변형"을 데이비스가 주장하는 것처럼 오로지 사회적, 즉 사회 계급적 위치의 변형에만 국한시킬 수는 없다는 것을 지적하지 않을 수 없다. 20세기 초의 소설 이후로 젠더, 민족, 섹슈얼리티, 도시 정체성, 그리고 특히 장애를 포함하는 다양한 궤도들의 교차점으로부터 변형이 나타났는데, 이 같은 궤도들이 다양한 **플롯 형성 과정을 구성하는 지점들이** 되었다. 사실 다른 문맥에서 데이비스 자신도 조세프 콘래드Joseph Conrad의 작품에 장애가 반복되어 나타난다는 것을 언급하였다. 이와 비슷한 견해가 제임스 조이스James Joyce(『율리시스』*Ulysses*, 『피네간의 경야』*Finnegan's Wake*), 버지니아 울프Virginia Woolf(『댈러웨이 부인』*Mrs. Dalloway*), 토마스 만Thomas Mann(『마의 산』*The Magic Mountain*)과 T. S. 엘리엇T.S Eliot(「황무지」*The Wast Land*) 등에 대해서도 제시될 수 있다. 나는 사회적 변형이 항상 플롯의 시작 부분에 나타나는 것은 아니라는 사실을 나타내기 위하여 시작 지점이라는 말 대신에 구성하는 지점이라는 말을 택하였다. 앞으로 보게 될 베케트와 소잉카에서부터 모리슨과 쿳시에 이르는 작가들의 작품 중 다수에 사회적 변형감에 대한 다양한 표현이 들어 있다. 그러나 그런 변형이 항상 시작을 알리거나 또는 실제로 (이야기 속의) 사건 또는 그 같은 내러티브의 시작 지점에 위치되어 있는 상태로 모습을 드러내는 것만은 아니다. 변형은 흔히 등장인물들의 마음속에서 점진적으로 또는 단편적으로 그 모습을 드러내거나 심지어 플롯 내의 사건들의 중요성을 다시 정리해 주는 플래시백flashback으로서 그 모습을 드러낸다. 사회적 변형이 공개되는 다양한 양식은 궁극적으로 그 같은 플롯 검토와 공개의 도화선 또는 장치로서의 장애 지위와도 관련된다. 이런 의미에서, 앞으로 살펴보게 될 범위 내의 문학은 오로지 정상/비정상의 이항 대립에 의해서만 뒷받침되는 것이 아니고, 인정되지 않는 사회적 가정들과 장애를 지닌 사람의 몸에 반영되어 있는 우연성을 상기시키는 것들 사이의 **변증법적 상호작용**에 의해서 뒷받침되는 것이다.

변증법적 상호작용이란 개념은 나의 해석 모델에 있어 중대한 것이다. 왜냐하면 변증법적 상호작용이 (1인칭 또는 3인칭) 화자와 등장인물들의 시각의 변조로부터 줄거리를 구성하는 주요 모티프leitmotif와 상징적 이야기의 시간적 배열과 정돈에 이르기까지 문학 텍스트의 모든 단계에 영향을 끼친다는 것을 보여 줄 수 있다는 것이 이 책 전반에 걸쳐 내가 반복할 주장 중의 하나이기 때문이다. 데이비스가 정확히 지적하였듯이, 사회적 변형의 플롯이 18세기와 19세기의 소설을 지배하였지만, 이런 견해가 오로지 소설 담론에만 한정될 수는 없다. 그러한 플롯이 거의 보편적이었다는 조금 전의 주장에 이어 나는 어떤 신체적 그리고 정신적 변형과 결부된 상태로의 사회적 변형의 플롯이 **모든** 문학 텍스트 논의에 유의미한 것으로 간주되어야 한다고 주장하고자 한다. 이는 어쩌면 논란의 소지가 많은 주장일 수도 있다. 그러나 다양한 문화와 시대의 텍스트에서 장애인이 하는 역할이 도처에 있음을 고려해 볼 때, 장애가 그렇게 미학적 영역의 표지라는 견해를 떨쳐버리기 어렵다. (영국 시인) 키츠Keats의 말을 반복하자면 장애는 우리로 하여금 생각을 멈추게 한다. 이는 장애가 재현에 저항해서가 아니라, 장애가 재현됨에 있어서 현실적인 것과 형이상학적 또는 비현실적인 것 사이의 경계를 환기시킴과 동시에 자동적으로 윤리적 핵심이 문학적-미학적 영역으로 복귀하도록 하기 때문이다. 장애는 완전한 이해와 재현에 저항하고 심지어 좌절시키면서 그리고 현실적인 것과 형이상학적인 것 사이의 경계에 위치하면서, 숭고한 것the sublime의 범주와 함께, 언어와 내러티브성narrativity을 이끌어 낸다. 장애가 미학적 영역의 "시작을 알린다"는 나의 말은 장애 인물과 비장애 인물 사이의 첫 만남이 지니는 "일차성"firstness, 즉 "최초성"을 특별 대우 하려는 것이 아니다(사실 이것이 내가 톰슨에 기대는 것에 암시되어 있기는 하지만). 그보다는 나는 "시작을 알린다"라는 용어를 특히 이 책에서 주로 다루어지는 두 문학 형태인 내러티브와 연극에서 서로 맞물려 있는 재현의 궤도들의 윤곽을 설정한다는 의미로 사용한다. 나의 입장이 데이비스의 입장과 공통되는 부분이 있다. 그러나 나의 입장은 그의 통찰을 확장하여 문학적 글쓰기에서 장애가 차지하고 있는 지위를 이해하려는 목적으로 다양한 것으로 이루어진 방법론을 수용하는 것이다.

숭고한 것이 시작을 알리는 상황과 장애가 시작을 알리는 상황 사이의 비교는 문학 형태에 관하여 장애가 지니는 구조상의 형성적인 기능을 탐색해 볼 수 있는 많은 길을 열어 놓는다. 칸트Kant는 『판단력 비판』 Critique of Judgment에서 아름다운 것 그리고 그것이 무목적성 또는 자율성과 갖는 관계에 대해 논의한 후 이어서 숭고한 것 그리고 그것이 갖는 무질서의 원칙과의 내재적 관련성에 대해서 논의하였다. 칸트에게 있어 **"미가 목적의 제시 없이 대상에서 인식되는 한에 있어서 미는 대상의 합목적성의 형태이다"**(1987, 31). 이것이 의미하는 것은 오로지 확정적인 또는 수단적인 목적이 결여되어야만 미에 대한 주관적인 감정이 가능하다는 것이다. 반면에 숭고한 것은 한정과 조직에 저항하는 것처럼 보이는, 말로는 표현할 수 없는 것에 직면했을 때의 지성understanding의 한 측면이다. 숭고한 것은 상상력과 이성 사이의 투쟁을 드러내 보인다. "[무슨 일이 일어나는가 하면] 우리의 상상력은 무한을 향해 나아가려고 하는 반면에 우리의 이성은 실제 이념idea으로서 완벽한 총체성을 요구한다. 그래서 감각계에서 사물의 크기를 추정하는 우리의 능력은 [즉 상상력의] 그 이념에 부적당하다. 그런데 이 부적당 자체가 우리가 우리 안에 초감각적 능력을 갖고 있다는 느낌을 불러일으키는 것이다"(108; 괄호는 칸트 책의 번역자가 사용한 것임). 숭고한 것은 재현을 생성해 내기는 하지만, 동시에 숭고한 것은 그것을 재현해 내는 상상적 능력을 초월한다. 이 같은 투쟁의 성격에 대해 설명하면서 크로켓Crockett(2001, 75)이 언급하였듯이, "숭고한 것은 반목적적contra-purposive이다. 왜냐하면 숭고한 것은 그것을 재현하려는 우리의 의도적인 능력과 상충하기 때문이다." 『판단력 비판』에 내재되어 있는 숭고한 것과 아름다운 것의 이분법에 대해서 그 같은 이분법이 제시된 이후 지금까지 350년 동안 학자들이 여러 방향으로 탐구하였는데, 이들이 대체적으로 의견을 같이한 것은 숭고한 것이 완벽한 재현에 저항한다는 (후에 이 같은 저항이 그 같은 재현의 동기부여에 포함되지만) 것이었다.[38] 개념적 범주로서 숭고한 것과 겹치기도 하고 구별되기도 하는 장애의 재현이 시사하는 것은 그것이 비분절성 inarticulacy과 분절articulation이란 모순되는 기호학을 생산하면서도, 직접적으로 그리고 특별하게 사회적 서열화의 형태들에 결부되어 있다는 것이다. 장애에 있어서, 문학적 영역 내에서 인지될 수 있는 분절/비분절의 기호학은 장애가 비장애인의 세계에 대하여 갖는 현저성과 관련된 어려움을 반영한다. 이 점은, 이미 언급한 잉스타드와 화이트가 함께 편집한 책에서도 도출해 낼 수 있는 것처럼, 다양한 문화에 나타나는 보편적인 것이다. 따라서 문학적 재현과 관련하여 장애가 지니는 양면적인 지위가 숭고한 것의 지위와 관련되지만, 문학적 담론에 대하여 숭고한 것이 갖는 영향과는 달리 장애의 양면성은 실세계 내에서 사회적으로 중재된 닫힘closure의 형태로 나타난다. 그래서 장애는 문학적-미학적 영역에서는 숭고한 것의 유사체이지만, 실세계 내에서는 사회적 서열화와 닫힘에 대한 시도를 낳는다고 말할 수 있겠다.

또한 장애가 순수한 추상과 일련의 물리적인 환경이나 상태 사이를 오락가락한다는 면에서 숭고한 것과 연속선상에 있다고 생각하는 것이 생산적일 수 있다. 이런 식으로 고려하였을 때, (판단의 심리적 효과를 생산하고, 그 판단을 물리적 형태로 재현하려는 충동에도 불구하고 순수한 추상인) 숭고한 것이 스펙트럼의 한쪽 끝을 차지하고 있는 반면에 장애가 다른 쪽 끝을 차지하고 있으면서 추상적인 것과 물리적인 것 사이를 다른 방식으로 오가는 것으로 정의될 수 있는 것으로 생각할 수 있다. 왜냐하면 숭고한 것과는 달리, 장애는 (일련의 담론적 프레이밍, 형이상학적 변환, 사회적으로 구성된 [무]반응 양식 등을 통한) 순수한 추상 과정과 (손상, 접근성과 이동 장애, 경제적 고려 등과 같은) 일련의 물리적 상태 사이를 오가기 때문이다. 많은 손상들이 다른 수준의 고통과 함께 살아야 하는 것을 수반한다는 것, 그래서 통증과 장애의 범주들이 서로를 시사하는 일이 드물지 않다는 사실도 무시되어서는 안 된다. 장애가 순수한 추상 과정과 일련의 물리적 상태 사이를 빠르게 오락가락하는 것이 바로 절대로 장애에 대한 재현의 윤리적 핵심이 문학적-미학적 영역으로 완전하게 동화될 수 없도록 하는 것이다. 그래서 장애는 재현과 윤리 사이의 간극을 좁혀서, 실세계에서 장애를 지닌 사람들이 처한 사회적 상황에 대하여 미학적 영역이 갖는 관계를 볼 수 있도록 해 준다. 이것은 우리가 반드시 문학적 재현을 곧바로 도구주의적 방법으로 읽어야 한다는 것을 의미하는 것은 아니다. 앞에서 언급하였듯이, 문학적 재현의 간섭은 이미 장애를 계속적인 프레이밍과 해석 내에 위치시켜 놓은 세상에 대한 간섭이다. 문학적 영역은 우리가 그 같은 프레이밍의 복잡한 과정들 그리고 그런 과정들이 제시하는 윤리적 함축성에 대해 이해하도록 도와준다.

미학적 불안감이란 개념으로 내가 무엇을 의미하려는 것인지를 설명함에 있어 마지막으로 살펴보고자 하는 것이 미첼과 스나이더의 저서 『내러티브 보정 장치』*Narrative Prosthesis*(2000)이다. 데이비드 윌스David Wills(1995)를 따라 미첼과 스나이더는 문학 담론이 본질적으로 어떤 보정 기능들을 행하고 있는 것으로 정의하였다. 이 같은 보정 기능들 중에는 장애인들을 도덕적 무질서를 나타내는 신호로 사용하는 것과 같이 명백한 기능, 그래서 비장애인들이 장애를 지닌 사람들과의 접촉으로부터 윤리적 가치를 얻을 수 있는 그런 기능들도 있다. 내러티브 보정 장치를 장애 체험에 중요한 것으로 고려하려는 미첼과 스나이더이기 때문에 그들은 자신들이 텍스트적 보정 장치라고 부르는 것이 본질적으로 실용적인 성향을 지니고 있다고 주장하였다: "실제 보정 장치는 항상 좀 불편하지만, 텍스트적 보정 장치는 시야에서 흉한 것을 없애 버림으로써 불편을 완화한다. …… 손상된 신체나 지적 능력의 '급조된 해결'을 통한 장애 지우기가 관객이 걱정하거나 계속 조심해야 하는 필요성을 제거해 준다"(8). 미첼과 스나이더는 장애를 지닌 사람들이 예술 영역 내에서 그들의 어려움을 어떻게든 극복해서 행복한 삶을 사는 것을 보여 주는 영화나 내러티브의 상황 속에서 이 같은 언급을 하였다. 이 경우에 장애의 재현은 관객과 독자를 위해 실용적인/카타르시스catharsis적인 기능을 행한다. 그러나 이보다 더 중요한 것은 미첼과 스나이더가 다양한 작품에서 장애가 정상적인 것과 온전한 것에 대한 문화적인 견해에 도전하는 강한 세력으로 반복적으로 제시되고 있긴 하지만, 장애가 또한 "**결말 미확정성의 문학적 작동이 닫히거나 더듬거리게 하는 텍스트적 장애물로 작동하기도 한다**"는 점에 주목하였다는 것이다(50).

미첼과 스나이더가 비미학적이라고 할 수 밖에 없는 용어로 이 방해 기능에 대하여 상술한 점을 제외하고는 이 마지막 관찰이 그들의 내러티브 보정 장치에 대한 논의를 나의 미학적 불안감이라는 개념에 근접시킨다. 방해 기능에 대해 미첼과 스나이더는 다음과 같이 설명하였다.

다른 면에서 보면 투과적이고 역동적인 내러티브 형태의 이 같은 "닫힘"이 역사적인 장애의 수수께끼를 보여 준다. [문학에 등장하는 다양한 장애 인물들이] 그들 각각이 온 문화의 정상화normalization[39] 기능을 하는 진리, 특히 일탈deviance의 구성에 대하여 그리고 일반적으로 지식 체계의 고착fixity에 관하여 정상화 기능을 하는 진리에 대해 강력한 대조를 제공한다. 그리고 또한 이 인물들 각각의 성격 묘사가 장애 책략이 장애 인물들을 프로그램화된programmatic (심지어 결정론적인) 정체성에 결부시켜 버린다는 것을 입증한다.

(미첼과 스나이더 2000, 50)

따라서 미첼과 스나이더의 문학적 작동이 닫히거나 더듬거린다는 생각은 문학 분야 자체와 관계가 없으며, 장애의 문학적 재현들을 사회문화적 이해들에 대조시킴으로써 결정되는 것이다. 장애 재현의 현저성에 대한 궁극적인 시험대는 사회문화적 이해들이 영향을 미칠 수도 있다고 생각되는 다양한 사회적 그리고 문화적 맥락이라는 점에 대해서 미첼과 스나이더에 동의하지만, 나는 문학 체계 자체 **내에서** 미학적 붕괴collapse를 일으키는 장치들에 주목하고자 한다. 또한 나는 장애인에게 부여된 프로그램화된 정체성에 대하여 미첼과 스나이더에 동의하지 않는다. 왜냐하면 내가 앞으로 텍스트의 여러 단계들 사이에 존재하는 관계들의 전반적인 담론 구조 내에서 장애 인물을 읽음으로써 보여 주려고 하는 것처럼, 애초에 프로그램화된 역할들이 부여된다 하더라도 그 역할들이 갑자기 바뀌어서 미첼과 스나이더가 말하는 "더듬거림"으로 이어지기 때문이다. 나는 텍스트적인 "더듬거림"을 미학적 불안감이라는 면에서 설명하고자 하는 것이다.

그들의 특정한 읽기 방식과 관련하여, 미첼과 스나이더는 월스로부터 영감을 받아 다음과 같은 잠정적인 분류를 자세히 설명하였다.

내러티브 보정 장치라는 우리의 개념은 다음과 같은 특정 인식에서 진화한 것이다: 내러티브는 사회적 맥락에 부적절한 것으로 유표된 일탈을 해결 또는 바로잡는다 ― 데이비드 윌스의 말로 하자면 "보정한다". 내러티브 구조의 흐름을 다음과 같은 간략한 도식으로 나타낼 수 있겠다. 첫째, 일탈 또는 유표된 다름이 독자에게 제시된다. 둘째, 그런 일탈의 기원과 형성적 결과에 대한 설명을 요구함으로써 내러티브가 자신의 존재 필요성을 확고히 한다. 셋째, 그 일탈을 관심의 주변에서 전개될 이야기의 중심으로 가져온다. 그리고 넷째, 이야기의 나머지 부분이 어떤 방식으로든 이 일탈을 복원, 즉 바로잡는다. 일탈을 수리함에 있어 네 번째 단계는 멸시받는 대상을 사회적 비난으로부터 구제하기, 또는 사회체social body를 정화하기 위한 일탈자의 말살, 또는 대안적인 존재 방식에 대한 재평가 등과 같은 "치료"를 통해 다름을 말소시키는 과정을 포함하기도 한다. 내러티브가 문화적 일탈의 징표를 텍스트적으로 유표된 몸으로 전환하는 것이다.

(미첼과 스나이더 2000, 53~54).

다시 한 번 미첼과 스나이더의 방법은 내러티브적 실용주의 또는 도구주의의 가정에 의해서 정의되었다. 즉 문학적 텍스트가 오로지 어떤 사회적 맥락에 적절치 않다고 생각되는 일탈을 해결하거나 바로잡으려 한다는 것이다. 그들과는 달리 나는, 실세계에서 장애의 효과를 지우는 것이 어렵기 때문이 아니라 미학적 영역 자체가 장애와 접촉할 때 우회되기 때문에, 이러한 보정 기능이 실패할 수밖에 없다고 주장하려 한다. 앞서 언급한 것처럼, 장애는 미학적 재현의 구성점들을 표시함으로써 숭고한 것에 합류한다. 텍스트와 관련하여 지금까지 지배적이었던 재현의 규칙들이 정지되거나 붕괴되거나 또는 일반적으로 우회되면서 뒤이어 나타나 확인할 수 있는 것이 미학적 불안감이다. 내 생각에 앞에 인용한 문장에서 미첼과 스나이더는 특정 텍스트 내에서 연재 형태로 일어날 뿐만 아니라 (개별적이고 구별할 수 있는 텍스트들에 걸쳐) 따로따로 일어나는 재현 과정들을 정의하려 하였다.

나의 핵심 주장 중의 하나는, 장애 인물이 프로그램화된 방식으로 재현된 것처럼 보는 경우에도, 재현에 관계하는 지배적인 미학적 규칙들이 우회될 때 불안해진 재현의 변증법이 그 장애 인물을 프로그램화된 장소로부터 분리시켜 그 이외 다른 곳에 위치시킨다는 사실이다.

미학적 불안감의 핵심 파라미터parameter를 밝히기 위해서는 많은 것들이 고려되어야 한다. 첫째가 문학에서 장애인들은 언어로 창조된 허구적 인물들이라는 것이다. 언어의 사회적 효력을 인정해야 하는 책임을 피하기 위해 이 점을 강조하는 것이 아니다. 그보다는 문학에 등장하는, 언어적으로 창조된 장애인들은 비장애인들과 일련의 특성들을 주고받는데, (장애인들이) 일부 특성들의 의미작용signification을 비장애인들에게 전하고 또는 그 반대로 그것들을 비장애인들이 장애인들에게 전하기도 한다는 것을 나는 주장하려는 것이다. 뿐만 아니라 나는 장애와 장애 재현에 대한 언급들을 한 개별 작가의 작품 전반에 걸쳐 넓게 살펴보는 것이 글쓰기에 있어서 지금까지 의식하지 못한 측면들을 전경화foreground하는 데 도움을 주고, 어떤 경우에는 이것이 비평의 주안점에 대한 재평가로 이어질 수 있다고 주장하려 한다. 이와 관련하여, 예를 들어, 장애학에서 널리 논의되고 있는 셰익스피어의 극 『리처드 3세』Richard III를 생각해 보라. 그러나 셰익스피어 작품에서 장애는 또한 이복형제와 서자 같은 이례적인 사회적 상태를 나타내는 은유로서의 기능을 하기도 한다. 사실 셰익스피어 작품에는 서자를 내면적으로 기형이고 악한 사람으로 간주하는 세심하게 계획된 패턴이 있어서, 서자 신분은 도덕적 결핍과 직접적으로 연결되었다. 그래서 이복형제 간의 거친, 거의 살인적인 경쟁이 『존 왕』King John에서 로버트 팰콘브리지Robert Falconbridge와 그의 이복형제인 필립Philip 사이에서, 『헛소동』Much Ado about Nothing 에서 돈 페드로Don Pedro와 돈 존Don John 사이에, 『리어 왕』King Lear에서 에드먼드Edmund와 에드거Edgar 사이에, 그리고 『리처드 3세』에서 리처드 3세Richard Ⅲ와 에드워드Edward 사이에서 반복되고 있다. 물론 여기서 마지막으로 언급한 작품 『리처드 3세』는 기형인인 주인공의 마키아벨리즘 Machiavellism뿐만[40] 아니라 질투와 형제애가 갖는 울림도 토대로 하고 있다. 이 극에서는 장애가 처음부터 사건action의 전경에 위치하고 있어서, 리처드 3세가 지닌 장애가[41] 그가 저지르는 악행을 나타내는 징표인지 아니면 그런 악행을 일으키는 원인인지의 문제에 초점을 맞추는 여러 이야기 가닥들을 함께 묶어 주고 있다.[42] 따라서 리처드 3세를 적절히 이해하기 위해서는 셰익스피어의 작품들의 더 넓은 구도 속에서 그의 장애와 서자 신분에 동일한 주의를 기울여야만 한다. 이렇게 하는 경우, 이 인물에 대한 우리의 해석이 이 극이 주로 (우리가 관심을 갖도록) 유도하는 그의 악행만을 인지하는 것보다 더 복잡해질 수밖에 없다는 것을 알게 된다. 베케트, 소잉카, 모리슨과 쿳시를 선택한 이유 중 일부는 각 작가의 전체 작품 속에서 장애와 기타 다른 재현의 궤도들 사이의 관계를 형성해 보려는 것이다. 하지만 개별 작가의 작품 내에서 또는 작가들의 작품들 사이의 비교와 대조는 연대순으로, 즉 장애 재현에 있어서의 진화와 변화를 제시하는 식으로는 이루어지지 않을 것이다. 그렇게 하기보다는, 미학적 불안감의 파라미터들이 다양한 재현들에 걸쳐서 그리고 개별적 텍스트 내에서 어떻게 작동하는지를 보여 주기 위하여 다양한 텍스트들에 나오는 주제를 구분하여 다발로 묶는 일 그리고 서로 관련이 없는 인물들과 장면들을 연결하는 일에 집중할 것이다. 나아가 이 작가들은 다른 작가들의 작품과 연결해 주는 교점交點nodal point으로 이용될 것이다. 따라서 각 장은 논의의 대상인 개별 작가에 주로 집중하지만, 동시에 개별 작가들을 장애에 대하여 할 말이 있었던 다양한 다른 작가들과 연결하는 관문이 될 것이다. 각 장이 본 연구의 대상인 주요 작가들의 작품 사이의 관계들에 관하여 비교하고 그리고 동시에 이 작품들과 이들에 대한 논의 과정에서 다루게 되는 장애에 대한 다른 여러 재현들 사이의 관계들에 관하여 비교하는 것으로 구상된 것이다.

미학적 불안감의 적절한 윤곽을 그려 내기 위해서는 장애가 여러 단계에서 동시에 지니는 울림을 이해해야만 한다는 나의 생각을 강조하고 싶다. 장애는 텍스트의 다양한 궤도들을 검토할 수 있는 문턱 또는 초점으로 작동한다. 때문에, (4장의) 토니 모리슨에 대한 논의에서 보게 되겠지만, 그녀가 제시한 신체적 장애를 지닌 여성 인물들이 강하고 권능화된empowered 것처럼 보이긴 하지만, 종종 내러티브적 관점의 단계들, 상징적 함축성, 그리고 (단순하게 모리슨의 텍스트에서 장애 여성 인물들이 하는 것 또는 하지 않는 것에 초점을 맞춤으로써 우리가 얻을 수도 있는) 아무도 의심치 않는 힘의 느낌을 결국 흔들어 버리는 인물들 간의 관계를 결정하는 요소들 사이에 모순이 나타나는 것이다. 반면에 베케트는 존재론적 범주의 안정성을 무너뜨리기 위한 장치들을 만들어 냄으로써 결국 그의 텍스트에서 자주 재현되고 있는 여러 형태의 장애들을 해석할 수 있는 수단들도 약화시켰다. 베케트에 대한 방대한 연구가 보여 주고 있듯이, 베케트가 제시하는 손상된 인물들이 가지고 있는 장애는 너무도 눈에 띄어 무시하기가 불가능한데도 불구하고 그런 손상된 인물들이 장애 인물로 읽혀지는 경우는 매우 드물다. 비평가들은 상투적으로 베케트의 손상된 인물들을 철학적 범주로 흡수한 다음 그렇게 읽어 내렸다. 이같은 현상은 베케트의 소설과 극작품이 지니고 있는 특이하게 스스로를 약화시키는 구조 탓이다. 샌드블롬Sandblom(1997)이 질병과 창조성 사이의 불가분의 관계라고 묘사한 중요한 특징을 실현하고 있는 것 같다는 점에서 베케트는 본 연구에서 다루어지고 있는 작가들 중에서도 특이한 작가라고 할 수 있다. 베케트의 작품을 논의함에 있어서 관련되는 사항이 베케트 자신이 불규칙한 심장 박동과 식은땀에서부터 손가락, 왼손바닥, 입천장, 음낭, 그리고 (말년에 생겨 가장 고통스러웠던) 왼쪽 폐에 난 낭종과 농양에 이르기까지 끊임없이 질병에 시달렸다는 것이다. 종종 낭종과 농양을 절개하거나 수술을 통해 제거해야만 했는데, 이는 곧 극심한, 주기적인 불편으로 이어졌다. 따라서 악화되고 손상된 몸이 베케트에게 특별한 매력을 지녔었다는 것은 충분한 이유가 있었던 것이다. 그는 적어도 부분적으로는 자신이 직접 그리고 다른 사람들이 겪은 고통과 일시적 장애에 대한 경험을 접하게 됨으로써 촉발된 다양한 생각들을 가리키는 복합적인 지시체referent로 장애를 지닌, 훼손된, 그리고 쇠락해 가는 몸을 사용하였던 것이다. 이런 사실은 대체로 베케트에 관한 비평에서 주목받지 못하였는데, 나는 바로 그 사실에 초점을 맞추고서 (사실상 "고통스러운" 것인데 그렇게 받아들여지지 않는) 『승부의 끝』*Endgame* 과 『몰로이』*Molloy* 같은 작품에서 그가 장애와 고통에 부여한 특이한 지위에 대하여 논하려 한다.

어떤 면에서 월레 소잉카의 작품은 본 연구의 대상인 다른 세 작가들의 작품과는 상당히 다르다. 그의 글은 전통적인 요루바족Yoruba과[43] 아프리카의 문화적 감수성에서 나온 일련의 의식儀式적인 성향들에 더욱 확실하게 초점을 맞추었다. 이 같은 감수성이 강한 정치적 의식과 결합하였기 때문에 소잉카의 극들은 각각 부분적으로 나이지리아와 아프리카의 식민지로부터 독립한 후의 상황에 대한 우화로 읽을 수도 있다. 의식적인 것과 정치적인 것을 결합한 것이 소잉카를 현저하게 유명해지도록 하였다. 장애가 의식적인 것과 정치적인 것 둘 다를 나타내는 표시물marker로 작동하는 방식, 그런데 장애가 이 두 영역을 차단하여서 우리로 하여금 이 두 영역 사이의 개념적 이동에 대해 다시 생각해 보도록 하는 방식이 소잉카의 작품과 관련하여 내가 보여 주려는 것이다. 마지막 장, 즉 로벤 섬에 대한 장에서는 베케트에 대한 장에서 제시되고, 모리슨과 소잉카에 대한 논의에서 더욱 상세하게 설명된 다음, 쿳시에 대한 장에서 다시 심화될, 특정한 해석의 궤도가 끝을 맺을 것이다. 나는 이 궤도를 다양한 형태로 논의할 것이지만, 이 작가들은 모두 **의심의 대화 구조**structure of skeptical interlocution라는 개념적 기준 아래 함께한다. 이 (의심의 대화 구조라는) 생각은 본질적으로 바흐친Bakhtin이 제시한 화행speech acts의 내재적인 대화dialogism(즉 대화의 맥락이 정확히 정하고 있지 않은 것 같은 상황에서도 대화자를 예상하는 것)로부터 온 것이다. 하지만 의심의 대화 구조와 관련하여 내가 생각하고 있는 것은 단지 극 텍스트에서만 포착할 수 있는 것보다 약간 더 복잡하다. 내가 주장하려는 것은 문학에 있어서 장애 인물이 지각知覺되거나 상상된 지평horizon 내에는 항상 의심을 예상하게 되는데, 이 의심이 장애 인물의 재현에 포함된다는 것이다. 이것은 장애 인물이 베케트의 몰로이Molloy처럼 1인칭으로 재현되든 쿳시의 『마이클 K의 삶과 시대』Life and Times of Michel K에서 볼 수 있는 것처럼 3인칭으로 재현되든 일어난다. 쿳시를 논의하는 장(즉 6장)에서는 말과 자폐증 인물들의 선택적 침묵 사이의 차이 그리고 이것이 문학적 글쓰기에 있어서 의심의 대화가 차지하는 지위에 특이한 문제를 일으키는 방식에 초점이 맞춰질 것이다. 6장에서 자폐증은 장애의 한 단면으로서만이 아니라, 그 같은 내러티브성에 의문을 제기하는 것에 대한 이론적 패러다임으로서도 제시된다. 그러나 의심의 대화 구조가 (앞으로 보여 주게 될 것처럼, 말 그대로 그리고 은유적으로) 활기를 띠게 되는 것은 로벤 섬에 관한 장(즉 7장)에 이르러서이다. 로벤 섬의 역사와 관련된 대화 구조가 어떻게 미학적 불안감을 문학적-미학적 영역의 논의로부터 역사적인 저명인사와 실제 사건들의 분석으로 확장할 수 있는지를 밝히는 데 도움을 줄 것이다.

이 서론에서 발생할 수 있는 한 가지 혼란스러울 수도 있는 점에 대해 이야기해야만 하겠다. 지금까지 나는 마치 장애인들의 문학적 재현과 그에 따르는 미학적 불안감을 전반적인 사회가 실생활에서 장애를 지니고 있는 사람들에게 보이는 반응과 유사한 것으로 간주할 수 있는 것처럼 논의를 진행해 왔다. 이 같은 (문학적과 실제적) 단계들의 결합은 일부만 의도된 것이다. 왜냐하면 앞서 언급한 것처럼, 다양한 방식으로 장애의 문학적 재현이 실생활에서의 장애인들에 대한 처우와 어느 정도 대응한다subtend는 것은 의심의 여지가 없기 때문이다. 하지만 나는 문학적-미학적 영역의 미학적 불안감이 현실에서의 장애인들에 대한 실제 반응과 동등하다고는 절대 말할 수 없음도 언급하고자 한다. 문학적 모델이 현실에 대한 유사체를 제시한다고 말하는 것이 문학적 모델이 현실과 동일하다는 것을 의미하는 것은 아니다. 재현이 갖는 인식론적인 효과는 실세계에서 오해와 스테레오타입이 갖는 정서적 효과와는 다른 것이다. 따라서 문학적 모델을 현실의 단면들을 밝히기 위해 사용할 수는 있지만, 문학적 모델이 현실을 샅샅이 다루고 있는 것으로 생각하거나 현실을 대신하는 것으로 생각해서는 안 된다. 우리는 그저 세상을 읽고 평하는 것에 그치는 것이 아니라, 궁극적으로 세상을 변화시키는 데 헌신하여야만 한다.

내가 미학적 불안감의 파라미터들을 규명하기 위해 제시한 방법들에 있어서 가장 중요한 것이 자세히 읽기 방법이라는 것을 이 시작 부분에서 밝히는 것도 중요하다. 나에게 있어서 이것은 문학적 텍스트가 (미첼과 스나이더의 표현으로 되돌아가자면) "더듬거리는" 그리고 문학적 재현이 미학적 불안감의 파라미터들을 드러내 보이는 미묘한 신호들을 아주 공정하게 다루기 위해 필요한 것이라고 할 수 있다. 본 연구에서 다루어지는 작가들 중 모리슨을 제외하고는 그 누구도 이전에 장애학의 시각에서 읽혀진 적이 없다. 내가 하는 작업의 일부는 논의의 대상인 작품들에서 발견할 수 있는 장애의 재현들을 분류하는 상당히 지루한 과정을 포함하게 될 것이다. 이 작가들에 의한 장애인들의 다양한 이용을 보여 주는 지도를 제시해 우리가 그들의 작품 전반에 걸쳐 상술되거나 반복된 패턴들을 파악할 수 있도록 하기 위해 이 (지루하게 장애의 재현들을 분류하는) 작업이 행해질 것이다. 네 작가 모두가 노벨상 수상자라는 것, 따라서 문학 교육 과정에서 널리 채택될 가능성이 높다는 것은 행복한 우연일 뿐이다. 이 사실이 내가 이 작가들을 선택하는 데 영향을 주지 않았다(사실 쿳시는 그가 노벨상을 받기 오래전부터 내 연구 대상이었다). 내가 이 작가들로 결정한 것은 다양한 상황에서 그들의 작품을 가르치고 그에 대해 생각해 보았다는 사실 그리고 그들의 작품이 장애와 기타 문학적 재현의 다른 부분들과 관련하여 폭 넓은 담론들을 볼 수 있도록 해 준다는 사실 때문이었다. 나는 연구자와 독자들이 비록 장애에 초점을 맞추고 출발하였더라도 그것을 넘어서 모든 문학적 재현의 미묘한 부분들에 세심한 주의를 기울이는 모습을 보고 싶다. 장애에 초점을 맞춘 것은 두 가지 연관된 효과를 거두기 위해서 의도된 것이다. 하나는 필연적으로 장애에 관련되고 그리고, 바라건대, 문학에 충분히 윤리적인 읽기를 부활시키는 데 도움을 줄 수 있는, 적극적으로 작동하는 윤리적 핵심을 더욱 부각시키는 것이다. 다른 하나는 자세히 읽기의 가능성을 열기 위해 장애를 이용하는 것을 통하여 나는 우리가 문학 작품을 읽는 것으로부터 우리의 눈을 들어 우리 주위를 둘러싸고 있는 사회적 세계의 영향에 좀 더 면밀하게 주의를 기울이라고 권하고 싶다는 것이다.

2

장애 재현의
유형 분류

2. 장애 재현의 유형 분류

1971년에 출판된 저서로 우리에게 잘 알려지지 않은 『다리 저는 영웅 : 문학에서의 그로테스크』*The Limping Hero : Grotesques in Literature*에서 피터 L. 헤이스Peter L. Hays는 고전 시대로부터 20세기 초에 이르기까지 서구 문학에서 이루어진 다리를 저는 영웅들의 재현을 모두 설명하려는 대단히 야심찬 프로젝트를 시도하였다. 헤이스의 주장은 간단하면서도 복잡하다. 그는 오로지 남성 인물들에게만 초점을 맞추고, 성경, 토라Torah,[1] 호머의 작품, 기타 다른 성서나 고전 텍스트로부터 의미를 이끌어 내면서, 다리 저는 영웅들 모두가 불모를 상징적으로 나타내는 변종들로 간주될 수 있다고 주장하였다. 이러한 전제로부터, 다리 저는 인물들을 의식ritual의 잔존 기표들로 간주할 수 있다. 그리고 다리 저는 영웅이 자연적인 불모에만 연관되는 것이 아니라 정서적 그리고 영적인 불모와도 연관된다는 주장으로 옮겨 가는 것은 그리 어려운 일이 아니다. 이 같은 자신의 주장을 펼치기 위하여 헤이스는 대단히 다양한 예들을 모았다. 이 예들은 헤파이토스Hephaestus, 아킬레스Achilles와 오이디푸스Oedipus 같은 그리스 신과 영웅들 그리고 허먼 멜빌Herman Melville, 존 바스John Barth, 제임스 조이스, 윌리엄 서미싯 몸William Somerset Maugham, 기타 많은 19세기와 20세기 작가들의 소설에 등장하는 인물들에 이르기까지 다양하였다. 헤이스의 저서 뒤에 첨부된 "병원"이란 제목이 붙은 부록에는 다리 저는 영웅들에 대한 흥미롭고 긴 목록이 들어 있다. 이 목록에는 308명이 들어 있다. 이 대단한 시도가 서구 문학에 등장하는 다리 저는 인물들을 샅샅이 모두 다룬 것은 결코 아니다. 그러나 이 시도는 적어도 우리가 할 수 있는 것과 피해야 하는 함정들과 관련한 파라미터를 형성해 주었다. 헤이스 자신은 인정하지 않지만, 그가 시도한 것은 노드롭 프라이Northrop Frye와 에리히 아우어바흐Erich Auerbach 같은 비평적 종합을 시도한 학자들의 앞서 내놓은 저술들이 보여 주는 폭넓은 문학적 개관과 비교된다.[2] 이 모든 저술들의 야심은 같다. 그 야심은 방대한 범위의 문학 텍스트들을 전체 역사에 걸쳐 반복되는 전의轉義trope를 보여 주는 것으로 읽을 수 있는 모델을 제시하는 것이다. 프라이와 아우어바흐의 경우에 있어서는 특정 전의들의 출현과 변화를 역사화하려는 시도를 하였는데, 이 같은 시도도 텍스트적 사례들에 대한 상세한 읽기를 통하여 그런 문학적 역사를 이해하는 넓은 파라미터를 확립하는 과제 아래 포함되었다. 헤이스는 두 앞선 학자들이 가지고 있던 것과 동일한 역사화 충동을 갖고 있지는 않았지만, 그도 그들처럼 보편적인 문학사의 윤곽을 그려 내는 일에 몰두하였다. 뉴크리티시즘New Criticism의 전성기 시절에는 오로지 전의론적인tropological 읽기가 흔히 이루어졌다. 뉴크리티시즘에서는 문학적 텍스트가 자주적이고 자급적인 것으로 간주되었고, 비평가가 할 일은 오로지 특정한 문학의 세부사항들을 부각시키는 데 역설, 모순과 아이러니가 기여하는 과정을 밝혀내는 것이었다. 뉴크리티시즘 비평가들이 정밀하게 조사하는 문학적 텍스트의 윤리적 성향에 대한 문제가 시적 진실성에 — 이것도 일련의 문학적 장치들로 간주되었는데 — 관한 개념들과 연결 지을 수 있는 경우를 제외하고는 독자적인 문제로 제기되는 경우는 드물었다. 결국 텍스트 읽기는 내재적인 것이었고, 주로 문학적-미학적 영역을 아름다운 것과 숭고한 것으로 규정하는 일에 집중하였다.[3]

헤이스는 이런 전통에 입각하여 글을 썼지만, 장애의 이미지들을 자연, 탐구 그리고 부활에 대한 문학적 전의들에 비유했다는 — 그런 비유의 근거에 대해 의심해 보지 않은 채 — 점에서 특별한 비평을 받아들였다. 그의 논지는 만족스럽지 못하다. 왜냐하면 한편으로는 거세emasculation와 무력impotence을, 다른 한편으로는 (다리를 저는) 신체적 장애를 놓고 이 둘 사이에 완벽한 그러나 검토되지 않은 관계를 설정함으로써 신체적 장애가 구성 요소상의 결여를 나타내는 표시라고 주장하였기 때문이다. 헤이스가 제시한 예들이 모두 남성 인물들에 집중되어 있지만, 그가 그로부터 이끌어 낸 결과들은 전반적인 신체적 장애와 관련된다. 이 같은 그의 주장은 의아스런 주장이며, 역사적으로 장애인들과 비장애인들 사이의 사회적 접촉에서 발생하여 종종 문학 담론에서 굴절되어 정상화되고 아무 의심 없이 받아들여지는 도덕적 공황을 수용하는 것이다. 다른 말로 하자면, 『다리 저는 영웅』이 결국 신체적 손상에 대한 의심스런 반응, 즉 손상이 도덕적 결핍deficit 또는 다른 결핍의 표시라는 것을 합리화하였다는 것이다.

헤이스의 야심만만한 그러나 궁극적으로 대단히 문제가 있는 프로젝트는 장애에 대한 학문적 반응의 한 양식을 보여 준다. 여기서는 이에 대한 논의를 하지 않겠다. 그 대신 나는 문학적 텍스트에서 발견되는 미학적 우회의 표시들이 오늘날 세상에 널리 퍼져 있는 장애에 대한 태도들에 대응한다고 주장하려 한다. 하지만 헤이스의 저서로부터 그리고 분명히 그의 그런 노력의 영감이 되었던 뉴크리티시즘 비평가들의 글로부터 한 가지 건져 낼 수 있는 것이 있다. 세계 문학에 나타나는 모든 장애를 설명할 수 있는 완벽하고 뛰어난 전의론적 서술을 제공하려는 야심만만한 시도를 버리긴 하지만, 나는 장애의 재현과 관련된 파라미터를 구축함에 있어서 문학적 텍스트 중 그저 장애 인물들에게 배정된 곳만을 읽는 것이 아니라 그 전체를 자세히 읽으려고 노력하는 것이 중요하다는 시각을 갖고 있다. 왜냐하면, 1장에서 이미 언급했고 앞으로 계속 보여 주려 하는데, 문학 영역에서 장애 인물들은 문학적 관계들의 구조 내에 위치되어 있기 때문이다. 핵심은 그러한 문학적 관계들의 구조가 우리로 하여금 오로지 다른 인물들과의 관계 그리고 텍스트 내에 나타나 있는 이미지, 사회적 배경과 넓은 시공간적 개념들과의 관계 내에서 확립되는 의미작용의 뒤엉킨 입구로 다시 끼워 넣기 위한 예비 단계로서 검토하기 위해 장애 인물을 분리하도록 만든다는 것이다. 달리 표현하자면, 장애가 문학-미학적 분야 내에서 다양한 담론적 세부 사항들이 드러나고, 부각되어, 궁극적으로 변형되는 지렛목 또는 중심축으로 읽혀지게 된다는 것이다. 이 중심축으로서의 장애라는 생각은 토니 모리슨에 대해 논하는 4장에서 가장 깊이 있게 탐구될 것이다.

문학에 등장하는 장애에 대한 자세한 읽기는 장애를 지닌 인물들에게 부여된 위치가 반드시 단일한singular 것만은 아니라는 것을 보여 준다. 그들의 위치가 대부분 한쪽 방향으로 기울어져 있긴 하지만, 내러티브 과정에서 변하거나 또는 아예 완전히 변해 모순되는 의미를 지니게 되기도 한다. 여러 텍스트들을 비교하면 더욱 복잡한 양상이 드러난다. 예를 들자면, 가브리엘 가르시아 마르케스Gabriel Garcia Marquez의 『백년의 고독』*One Hundred Years of Solitude*에 나오는 호세 아르까디오 부엔디아 Jose Arcdop Buendia의[4] 정신이상과 윌리엄 포크너William Faulkner의 『소음과 분노』*The Sound and Fury*에 등장하는 벤지Benjy의 인지적 손상은 그들의 사회적 환경에 대한 완전하지 않으나 뛰어난 통찰력을 공유하고 있기는 하지만 서로 매우 다른 것이다. 더욱이 호세 아르까디오 부엔디아의 성격이 마술적 사실주의magical realism의[5] 문맥 내에서 묘사되고 있는데, 마술적 사실주의에서 사실적인 세부사항과 환상적인 세부사항의 관계가 (불안정한 것이 아니라면) 별로 중요한 것이 아니다. 이 두 개별적 텍스트 내에 형성된 문학적 관계들 전체 내에서 이 텍스트들에 등장하는 장애가 독특성을 얻게 되는 것이고, 따라서 이 두 텍스트에 대한 논의는 그 같은 전체에 세심한 주의를 기울일 필요가 있는 것이다. 뿐만 아니라 신체 장애와 인지 장애를 명확하게 구분하는 것은 대단히 어려운 일일 것이다. 쉽게 볼 수 있듯이, 문학적 글에서 신체적 손상은 종종 인지적 또는 정신적인 상태와 연관되어 있다. 이것은 텍스트가 장애의 두 번째 심지어 세 번째 측면을 전경화하기 위한 예비 단계로서, 장애의 한 측면에 초점을 맞추는 경우에서조차도 그러하다. 3장에서 논의되는 것처럼, 사무엘 베케트의 『몰로이』에서 작품명과 동일한 이름의 인물이 자신을 다양한 신체적 손상들을 지니고 있는 것으로 묘사하고 있지만, 우리에게 이 인물을 규정해 주는 것은 1인칭 의식의 흐름 수법으로 이루어지는 서술 양식에서 나오는 복잡하면서도 특이한 인지적 성향의 흐름인 것이다. 뿐만 아니라 장르와 관련된 관습들이 장르에 따라 장애 인물들을 다르게 위치시킨다. 예를 들자면, 희극에서는 장애가 무언극 성격을 띠며, 웃음을 자아내도록 되어 있다. 따라서 시각 장애와 청각 장애가 극적인 아이러니를 형성하는 데 사용된 작품에는 언제나 효과적인 희극적 잠재력이 내재되어 있는 것이다. 잘 알려진 예로는 에르제Hergé의 『땡땡』*Tintin* 연속극을[6] 들 수 있다. 이 연속극에서 청각 장애가 있는 과학자 커스버트 캘큐러스Cuthbert Calculus는 그의 장애 때문에 말하려던 단어와 음은 비슷하지만 뜻은 다른 단어를 내뱉음으로써 범하게 되는 우스운 실수를 연발한다.[7] 반면에 베케트의 작품에서는 장애 인물들이 지니고 있는 희극적 성향이 그들의 신체적 손상과 관련된 고통과 고뇌로부터 주의를 분산시키기 위해 사용되고 있다. 따라서 장애 인물을 창조하는 데 이용된 장르상의 관습들에 주의를 기울이는 것이 장애의 재현을 둘러싸고 있는 모순들의 성격을 부각시키는 데 도움을 준다. 자세히 읽기 충동이 본 연구의 많은 부분을 지배하는데, 그것은 텍스트의 자율성을 확립하려는 것이라기보다는 문학적-미학적 영역 내에서 장애 인물들의 위치를 확보하는 미묘한 관계들을 전달하기 위해서이다. 또한 무엇이 미학적 불안감인 가에 대한 나의 주장이 그 같은 장애의 형상을 둘러싸고 있는 것으로 추 정되는 텍스트의 체계를 붕괴시키고 분해하려는 것으로 읽히는 것이 아 니라 특정한 형태의 미학적 질서를 체계화codification하려는 것으로 잘못 읽힐 수도 있겠다. 오로지 세심하게 주의를 기울인 자세히 읽기만이 우 리로 하여금 장애 인물을 통하여 또는 가운데 두고 초점이 맞춰지는 미 학적 불안감의 정확한 성격을 파악할 수 있도록 해 준다.

잠정적으로 정한 장애 재현의 유형 분류

그 어느 역사적인 시기에도, 심지어 비교적 잘 계몽되었고 진보적으 로 보이는 상황에서조차도, 장애를 지닌 사람들에 대한 태도는 다양하다 는 사실을 유념하는 것이 중요하다. 다른 그 어느 것보다도 문학이 바로 장애에 대한 이 같은 다변적인 태도들을 굴절시켜refract 보여 준다. 반영 과 굴절 사이의 대립은 매우 중요한 대립이다. 문학적-미학적 영역은 실 제로 우리에게 현실을 상기시켜 주긴 하지만, 당연하게 받아들여질 수도 있는 것을 다르게 강조하기 위해 현실에 대한 우리의 기억이나 인식을 방해하는 방식으로 상기시켜 준다. 실제 사회에서 장애는 이미 해석을 불러오기 때문에 장애의 문학적 재현은 단순히 장애를 반영하는 것이 아 니다. 장애의 문학적 재현은 다양하게 미학적 또는 윤리적인 강조를 하 면서 그 현실(즉 장애)을 굴절하는 것이다. 1장처럼 여기 2장도 조망과 개관으로 이루어지지만, 2장의 조망과 개관은 문학에 존재하는 신체적 그리고 그 외 다른 형태의 장애와 관련된 수많은 재현들의 주제적 유형을 개괄적으로 서술하기 위해 의도된 것이다. 유형의 범주들이 결코 상호 배타적인 것이 아니다. 종종 한 특정 장애 인물을 통하여 하나 이상의 범주들의 양상이 초점 맞춰져 있거나 또는 그 특정 장애 인물이 다른 인물들과 다양한 상호작용을 하는 과정에서 서로 다른 범주들이 연속적으로 관련되는 것을 볼 수 있다. 대체로 한 장애 인물의 중요성이 증가할수록, 그 장애 인물은 다수의 범주에 대한 실례實例로 사용될 가능성이 높다. 그러나 곧 분명해지겠지만, 이 책에서 접하게 될 대단히 복잡한 텍스트들 중 그 어느 것에도 여기서 설명된 범주들을 기계적으로 적용하는 것은 절대 가능치 않다. 여기서 마련하려는 잠정적인 유형 분류는 그저 이 책에서 내가 가끔 돌이켜 보는 효과적인 발견적heuristic 지도로서의 역할을 할 뿐이다.[8] 이 같은 잠정적인 유형 분류는 여러 가지 다른 텍스트들을 서로 연결 짓고 궁극적으로는 어떤 방식으로 그러한 문학적 재현들이 사회적 태도들과 연관되는지에 대해 일반화generalization하는 방법을 염두에 둘 수 있도록 해 준다. 이 점은 결론을 맺는 장에서 다시 더 충분히 논의될 주제이다.

첫 번째 그리고 아마도 가장 명백한 장애의 문학적 재현은 장애가 다른 등장인물들의 행위에 대한 윤리적인 배경의 형태, 즉 다른 등장인물들의 도덕적 지위를 시험하거나 높이는 수단으로 작동하는 재현이다. 마사 스토다드 홈즈Martha Stoddard Holmes(2002, 228)는 이런 종류의 재현을 "비평적 공집합,[9] 장애인들 주위에 있는 비장애인들에게 요구되는 필수적인 인간적인 정서를 담아내는 편리한 그릇"이라고 하였다. 이 특별한 형태의 장애 재현은 거의 보편적이라 할 수 있을 만큼 아주 흔한 것이다. 예를 들자면, 중세 문학에서 보통 등이 굽고 혐오스런 얼굴 모습을 하고 있는 추한 귀부인Loathely Lady이 의협심 강한 기사가 가는 원정길에 등장한다. 전형적으로 이 추한 귀부인은 기사가 생사가 걸린 심각한 문제에서 빠져나올 수 있는 정보를 주는 대신에 결혼 약속을 받아 내는데, 그 후 기사는 기사의 명예 규정에 묶여 마지못해 결혼 약속을 지킨다. 이 이야기의 여러 변형된 버전들 대부분에서 추한 귀부인이 기사와 잠자리를 같이한 후 예쁜 아가씨로 변해, 추한 귀부인이 말한 지식의 유용성에 내재된 불가해성과 여자가 남자에게 보여 주는 여성 섹슈얼리티sexuality의 본질이 지니고 있는 문제 둘 다를 나타낸다. 사실 그 유용성은 여성성femininity을 나타내는 은유로 읽을 수도 있다. 왜냐하면 이 불운한 기사가 답을 찾아야만 하는 질문이 다름 아니라 "여자가 진정으로 원하는 것이 무엇인가?"이기 때문이다. 추한 귀부인이 속삭여 주는 대답은 "주권sovereignty"인데, 이것은 문맥상으로 해석하여 결혼 상대를 선택할 수 있는 추한 귀부인의 능력이란 의미로 해석할 수도 있고, 동시에 존재론적으로 해석하여 남성적인 세상의 가부장적 규정에 지배당하지 않으려는 여자들의 본질적인 욕망으로 해석할 수도 있다. 이 두 가지 해석 중 어느 것이 옳은 것인지는 이 이야기의 여러 변형된 버전에서 분명치가 않아서, 추한 귀부인의 혐오스런 외모와 그 외모가 숨기고 있는 명백한 아름다움 사이의 다름이 그 같은 윤리적 난제를 나타내게 하는 것이다.[10] 이 추한 귀부인이 그 뒤 서양 문학에 직접 등장하진 않지만, 이 인물의 흔적을 다양한 설화에서 찾아볼 수 있다. 이와 관련한 최근의 좋은 문학적 예가 토니 모리슨 『솔로몬의 노래』Song of Solomon에 나오는 서시Circe라는 인물이다. 이런 부류의 재현을 **공집합과 도덕적 시험 둘 다 또는 그중 하나로서의 장애**라고 부르기로 한다.

15세기 후반부터 18세기와 19세기에 걸쳐 장애 재현은 다른 문제들을 제기하기 위하여 이용되었는데, 때로는 제국주의와 다양한 타자other의 형성이 만나는 접점을 다루기 위하여 사회적 서열과 관계에 대한 관심을 넘어서기도 했다. 이매뉴얼 월러스틴Immanuel Wallerstein의 세계 체계 world-system[11] 접근법을 통하여 셰익스피어의 『폭풍우』The Tempest를 다시 읽은 폴 브라운Paul Brown(1994)은 이 극이 전반적으로 영국이 제국으로서 먼 곳에 보유하고 있는 것들에 대한 것만큼이나 영국의 준지엽적인 관심 대상으로서의 아일랜드에 관한 것이라고 주장하였다. 따라서 미개인이고 야만인이며 등이 굽은 캘리밴Caliban은 타자화된 아일랜드인 인물로 읽을 수 있다는 것이다. 이 같은 특이한 읽기의 두드러진 예를 19세기 「펀치」Punch 같은 영국 신문이나 기타 런던의 주간지에서 볼 수 있는 아일랜드인들에 대한 묘사에서 찾을 수 있는데, 이 묘사에서 스테레오타입적인 아일랜드계 인물인 패디Paddy는 판에 박힌 듯 원숭이 같은 이목구비와 얼굴과 구부정한 등을 지니고 있는 것으로 묘사되었다.[12] 장애와 제국주의와 타자성의 투사 접점은 이 시기 다른 텍스트에서도 분명하게 드러난다. 가야트리 스피박Gayatri Spivak은 탈식민주의 학계에서 잘 알려진 논문에서 얼마만큼 『제인 에어』Jane Eyer의 "영혼 만들기"soul-making 프로젝트가 근본적으로 제인Jane과 다락방에 갇혀 있는 미친 여자 버사 메이슨Bertha Masosn 사이의 대조에 의존하고 있는지를 보여 주었다. 흥미롭게도 스피박은 버사 메이슨의 정신이상을 후자의 식민지 타자로서의 지위에 포함시켰지만, 버사의 정체성의 두 궤도를 동일하게 강조하는 것이 우리로 하여금 그녀와 제인 사이에 형성된 이항대립 내에서 그녀의 정신이상이 얼마나 중요한 역할을 하는지를 알 수 있게 해 준다. 그녀의 소설 『드넓은 사르가소 바다』*Wide Sargasso Sea*에서[13] 버사의 정신이상의 근원을 서인도제도에서 이루어진 버사와 로체스터Rochester의 "식민지적" 만남으로 추적해 올라간 진 리스Jean Rhys는 버사의 신체적 이상에 뒤이은 정신이상으로의 진행을 성급하게 무시해 버리는 읽기를 바로잡았는데, 샬럿 브론테Charlotte Bront의 소설 『제인 에어』에는 (신체적 이상은 제시되지 않고) 정신이상만 제시되고 있다.[14]

빅토리아시대 문학에 대한 논의에서 홈즈(2002)도 보여 주었듯이, (한쪽은 장애인이고 다른 한쪽은 아닌) 쌍둥이 조가 종종 섹슈얼리티와 그것이 결혼에서 실현되는 것의 다양한 궤도를 보여 주기 위해 사용되었다. 이 같은 글쓰기에서는 일반적인 여성의 섹슈얼리티 행사에 대한 불안감뿐만 아니라 장애 여성의 생식 능력에 대한 극심한 불안감을 피하는 방식으로 여성 장애 인물들이 제시된다. 몇몇 예를 제외하고, 이 시기 장애 여성들은 질병과 섹슈얼리티와 장애에 대한 극심한 사회적 불안감을 유발하는 초점이 되었다. 이와는 대조적으로 아동들을 위한 남성적 모험 내러티브의 장르에서는 장애가 타자성 겸 도덕적 시험의 암호로서 작동하는데, 그 방정식의 두 부분이 동등하게 강조가 된다. 예를 들자면, 로버트 루이스 스티븐슨Robert Louis Stevenson의 『보물섬』*Treasure Island*에서는 집을 떠나 낯선 지역의 풍경을 누비고 다니는 주인공에게 주어진 복잡한 도덕적 선택의 문제를 그려내는 데 장애 인물들이 이용되고 있다. 짐 호킨스Jim Hawkins가[15] 경험하는 한 모험에서는 그가 만나는 거의 모든 선원들이 특징적인 손상을 지니고 있다. 에드미럴 벤보 여관에 투숙하고 있고 그가 가지고 온 지도가 보물찾기의 시발점이 되는 그 해적은 그의 오른쪽 뺨에 끔찍한 상처가 나 있다. 퓨Pew는 시각 장애인이고, 블랙 도그Black Dog는 손가락 두 개가 없는 새 발톱 같이 생긴 손을 가지고 있으며, 마지막으로 스테레오타입적이고 이제는 전설이 된 외다리 롱 존 실버Long John Silver가 있다. 선원들인 이 인물들은 모두가 다양한 손상을 지니고 있을 뿐만 아니라 분명히 반가정적이고 타자이다. 짐은 두드러진 타자성과 도덕적 결핍을 나타내는 표시인 장애를 지니고 있는 사람들로 채워진 이국적인 세계에 던져진 것이다. 이것은 그에게 있어서 통과 의례, 즉 자신의 강인함에 대해서 스스로 발견하는 것뿐만 아니라 또한 자신 안에 그들의 도덕적 결핍이 얼마나 반영되어 있는지를 스스로 발견하는 과정인 것이다. 19세기 작가들 중 특히 J. M. 밸런타이어J. M. Ballantyre, H. 라이더 해가드H. Rider Haggard, 러디어드 키플링Rudyard Kipling 등이 쓴 모험 내러티브들과 비슷한 종류인 이 남성적인 모험 내러티브 『보물섬』은 남성 주인공을 본국이 아닌 배경에 위치시키고, 그곳에서 그가 접하게 되는 다름은 궁극적으로 그의 우수성을 확인해 주는 자기 발견의 과정을 촉발하는 것이다. 이 두 번째 부류의 재현은 **(인종, 사회계급, 섹슈얼리티와 사회적 정체성 같은) 타자성과의 접점으로서의 장애**라고 부를 것이다.

아동을 위한 장르들은 또한 좀 더 복잡한 문학적 재현 내에서 이루어지는 장애 인물의 이용에 있어서의 미묘한 변화를 이해하는 데 도움을 준다. 2003년에 개봉한 디즈니 해양 만화 영화 「니모를 찾아서」*Finding Nemo*에서 상당히 놀랍고도 모순되는 장애의 이용을 발견할 수 있다. 실종된 니모의 아버지로서 니모를 찾아 바다를 헤매는 피해망상적이고 성마른 말린Marlin에게 건망증이 심한 도리Dory는 분명히 훌륭한 안내자이다. 바로 이 도리가 절박한 위기감에 압도당하지 않는 대단한 힘 그리고 동시에 뛰어난 기지로 말린이 아슬아슬한 위기를 여러 번 넘기도록 해 준다. 도리의 삶은 가까운 과거나 가까운 장래에 신경 쓰지 않는 그 순간순간을 살아가는 삶이다. 그런데 이 영화의 중요한 전환점에서 특이한 일이 일어난다. 말린과 도리가 독을 쏘는 해파리가 모여 사는 숲을 뚫고 동오스트레일리아 해류로 나아가는데, 이 해류가 이들을 영화 첫 부분에서 니모를 잡은 잠수부들이 니모를 데려갔다고 믿고 있는 시드니 항구로 데려다 주게 되어 있다. 해파리 숲에서의 사고를 당한 후 말린과 도리가 동오스트레일리아 해류에서 사는 큰 무리의 일부를 이루는 거북이들 등에서 깨어난다. 말린이 깨어날 때 도리가 심하게 다쳤다고 생각하는데, 항상 그렇듯이 그건 완전히 잘못 생각한 것이다. 도리는 이미 깨어나 여행 중인 어린 거북이들과 숨바꼭질을 하고 있다. 어린 거북이들이 말린을 보고 몰려들어 그가 경험한 모험 이야기를 해 달라고 조른다. 말린은 처음에는 망설이다가 이야기를 시작하는데, 이 이야기는 이미 영화에서 이때까지 벌어진 것들에 대한 이야기이다. 그가 해 주는 이야기를 들은 어린 거북이들은 그 이야기를 구어적인 신화 만들기 형태로 중계를 거쳐 황새치, 게, (바다 밖으로 나왔다 다시 잠수하는 사이에 말을 하는) 돌고래에게 전달하고, 이어서 새에게로 전달되고, 새는 다시 시드니 항구를 떠나는 갈매기에게 전달한다. 이처럼 말린의 이야기는 전설로 유통되고, 그는 그의 시대의 신화가 된다. 그러나 확실하게 이 영화의 "회상"으로 의도된 것을 구어로 전달되는 서사시적 이야기 형태로 만든 이것이 분명히 악의 없는 그러나 매우 중요한 한 가지 부재absence를 보여 준다. 말린의 이야기나 바다 전체에 그 이야기가 퍼지고 변해 가는 길고도 복잡한 과정 그 어디에도 모험에 있어서의 도리의 역할이 전혀 언급되지 않는다. 달리 말하자면, 이 신화 만들기는 모종의 기억상실에 걸린 기억인 것이다. 그러나 이 기억상실이 영화에서 기억상실증에 시달리는 유일한 장애인인 도리의 기억된 지위에 영향을 주고 있기 때문에 이는 마치 이 신화 만들기 과정이 도리를 위해 도리의 건망증을 흉내 내고 있는 것이라고 주장하는 것 같다. 따라서 도리의 장애가 그녀를 주인공 말린이 모험에서 도움을 받게 되는 과정의 중심으로 만듦에도 불구하고 바로 그 장애가 도리를 그 행위에 대한 기억으로부터 담론적으로 지워지도록efface 하는 것이다. 이 같은 특별한 장애의 이용에서 우리는 효과가 두 갈래로 나누어지는 것을 보게 된다. 한편으로는 분명히 도리가 말린의 동기를 명확하게 해 주는 도구이며, 말린이 영화 시작 부분에서 아내가 죽은 다음에 생긴 바다에 대한 극심한 피해망상의 영향을 극복하도록 도와주는 도구이다. 그러나 다른 한편으로는 영화가 다양한 등장인물들을 원근법적으로 보는 데 동원되는 더 넓은 내러티브적 담론에는 비장애 인물의 행위를 기념하는 반면에 장애 인물의 행위는 주변화하는 미묘한 디자인이 자리 잡고 있다. 그리고 비장애인은 남성이고, 장애인은 여성이라서 기억상으로 지우기의 실행이 젠더gender와 관련된 함축성을 갖는다는 사실도 사소한 사항이 아니다. 이 지우기에 의해 도리는 이 영화의 미묘한 의미에 있어서 중요한 존재인 동시에 주변적인 존재, 내부자인 동시에 국외자가 되는 것이다. 물론 표면적인 읽기는 그녀의(즉 도리의) 상당히 중요한 역할을 확인해 줄 것이지만, 그보다 더 자세한 읽기는 모든 것이 표면적 해석의 주위에 올바르게 응집되지 않는다는 것을 보여 주는 것이다.[16]

이 영화에서 확인되는 것과 비슷한, 내용과 전반적 내러티브 디자인 사이의 이중성이 뱁시 시드화Bapsi Sidhwa의 『영국 쪼개기』Cracking India 에서도 나타난다. 여기서 장애인이며 어린아이인 화자의 중심적 역할이 그녀(즉 화자)의 조숙함이 오로지 그녀와 독자 사이의 관계에 있어서의 특징이지, 그녀와 다른 등장인물들 사이의 관계에 있어서의 특징이 아니라는 사실에 의해 약화되고 있다. 따라서 받아들이기 어려울 정도의 모순이 나타나는데, 그녀가 독자인 우리에게는 성인처럼 행동하는 데 반하여 내러티브 내에서는 평범한 아이일 뿐이다. 『영국 쪼개기』의 경우 화자인 레니Lenny가 아주 오래된 역사를 지닌 인도의 분할로부터 생겨난 신생국이면서 망가진 나라 파키스탄에 대한 유추로 제시되고 있다는 것이 문제인 것 같다. 결국 그녀의 장애는 유추를 위한 장치이며, 장애를 지닌 사람들의 경험에 내재되어 있는 모방적인 복잡성을 허용치 않는다. 이런 면에서 그 같은 장애 인물들의 재현이 비장애 인물들의 재현과 다른 것이다. 비장애인들은 보여 줄 수 있는 많은 예에서 종종 다른 사람들과의 관계에 있어서의 그들의 섹슈얼리티, 교육, 감정적 선호, 그리고 그들 경험의 다른 측면들에 대해서 곰곰이 생각해 본다. 여기서 볼 수 있듯이, 이 경우들에 있어서 장애는 다수의 때로는 모순되는 가치관을 형성하는 수단으로 이용되고 있다. 형태를 내용으로부터 완전히 분리하는 것이 불가능하다는 사실에 주의하면서, 발견 목적을 위하여 이 범주를 **주제적 궤도와 내러티브적 궤도 사이의 분리 상태에 대한 표현으로서의 장애**로 부르기로 한다.

지금까지 논의한 범주들의 연속선상에 장애 자체가 직접적으로 도덕적 결핍과 악을 떠맡는 범주가 있다. 이것이 장애가 또한 장애 인물이 접하는 다른 인물들을 시험하는 수단으로서의 역할을 하는 것을 막는 것은 아니다. 그러나 이 재현 양식에서는 그들이 도덕적 결핍함의 형태나 악의 형태를 취한 도덕적 문제틀을 은유적으로 압축해 제시하는 것으로 간주된다. 맥베스가 5막 5장에서 그의 아내의 죽음에 대해 듣고서는 많이 인용되는 "내일도 내일도 내일도" 연설을 하는데, 이 연설에는 뜻하지 않은 장애에 대한 언급이 포함되어 있다. 특히 맥베스는 삶이란 "이야기, 백치에 의해서 말해지는, 소음과 분노로 가득 찬, 아무 의미도 없는 이야기"라고 말한다. 왜 백치에 의해서 말해진 이야기일까? 요점은 그가 해석하기 어려운 삶에 직면해 있다기보다는 그가 생각하고 있는 대로의 인생은 총체적으로 기형이고 괴기스럽다고 주장하는 것이다. 바로 이것을 위해 백치가 언급이 된 것이다. 즉 삶은 동시에 기형 **그리고** 이해불가의 표시인 것이다. 그러나 주목해야 할 것은 주인공 맥베스에게 있어 행위의 전환점, 즉 그가 모든 지원을 상실하고서 참으로 보잘 것 없는 자아라는 자원에 의존해야만 한다는 것을 인식할 수밖에 없었을 때, 이 언급이 이루어졌다는 것이다. 어떤 면에서는 은유의 선택이 주인공이 처해 있는 환경보다는 자기 스스로 만든 괴물로서의 주인공 자신을 더 고려한다. 그러나 기형 **그리고** 악이 맥베스의 성격에 내재되어 있는 것으로 간주되든 아니면 극에서 그가 낳은 도덕적 퇴락의 반영이든 간에, 그런 기형과 악에 대한 통찰을 압축해 제시하도록 의도된 것이 백치에 대한 언급인 것이다.

1장에서 보았듯이, 셰익스피어 작품에서는 장애가 또한 은유로 작동하여 아버지나 어머니가 다른 형제와 사생아가 관련되는 상태와 같은 변칙적인 상태를 표시한다. 『리처드 3세』가 기형의 주인공이 지닌 마키아벨리즘뿐만 아니라 질투와 형제애가 주는 여운에 근거한 본보기가 되는 극이다. 이 극에서는 장애가 처음부터 사건의 전경前景에 위치하고 있으며 리처드의 기형이 그의 악행을 나타내는 휘장이냐 아니면 악행의 주된 원인이냐의 문제를 또렷하게 만들어 주는 다양한 가닥들을 함께 묶는다. 리처드 자신도 자신이 지니고 있는 손상을 그 자신을 다른 모든 사람들과 거의 근본적으로 다르게 만드는 것으로 해석한다: "나는 몸 색깔을 카멜레온보다도 더 많이 변하게 할 수 있으며 / 모습 바꾸는 일에는 바다의 신 프로테우스를 앞설 수 있으며 / 잔인함에 있어서는 마키아벨리를 가르칠 수도 있다"(『헨리 6세』*Henry VI* 3부 3막 2장, 191~193).[17] 이와는 대조적으로 『줄리어스 시저』*Julius Caesar*에서 카시우스Cassius는 줄리어스 시저가 한쪽 귀가 들리지 않고 뇌전증을 앓고 있기 때문에 통치하는 것이 적절치 않다고 지적한다. 이것이 그의 암살에 대한 정당화의 일부가 된다. 그리고 『폭풍우』에서 캘리밴은 타자성과 도덕적 난제로서의 장애의 초점이다. 애리얼Ariel이 다정스럽고 양성적이며 자기 모습을 자유자재로 바꾸는 자로서 약속된 대로 자유를 찾는 반면에 캘리번은 "야만스럽고 **기형**인 노예"로 묘사되고 있다. 캘리번이 선천적으로 사악한 것인지, 즉 아버지 시코랙스Sycorax로부터 그렇게 태어난 것인지 아니면 섬을 잃은 것과 프로스페로Prospero가 학대한 것 때문에 성격이 비뚤어진 것인지는 아직도 해결되지 않은 문제이다. 이 범주의 재현을 **도덕적 결함/악으로서의 장애**로 부르기로 한다.

장애가 도덕적 난제를 나타내는 표시인 텍스트에서 때때로 손상은 텍스트 내에서 특정한 윤리적 난관에 이를 때까지 감춰진다. 『리처드 3세』의 경우처럼, 도덕적 또는 결핍에 대한 기표로서의 손상의 이용이 장애 인물이 가지고 있는 자신의 정체성에 대해 가지고 있는 문제의식을 서서히 펼쳐 보여 주는 과정을 통해서보다는 비장애인에게 있어서의 현현epiphany[18] 방식으로 이루어진다. 이것은 손상이 (장애 인물의 특수성의 표시를 제공하거나 비장애 인물들을 위한 차별화 수단으로서 쓰이지만 곧 텍스트로부터 없어지는) 성격 묘사의 한 사항으로서 언급되는 예들과는 구별되어야 한다.[19] 장애의 현현적 이용의 좋은 예를 랠프 엘리슨의 『보이지 않는 사람』에서 찾을 수 있다. 보이지 않는 사람을 동지회로 끌어들이는 잭 동지는 처음부터 "왜소하고, 시시해 보이는 얼굴에 짙은 눈썹을 하고, 조용한 미소를 짓고 있는 사람"(287)으로 묘사되고 있다. 그에게 한 가지 특이한 점은 걸음걸이로서, "빠르고, 굴러가고, 통통 튀고, 경보하듯 걷는" 걸음걸이로 묘사되고 있다(288). 전반적으로 그는 다정스런 사람이고, 그에게 대해 의심할 만한 것이 없다. 소설의 화자를 끌어들인 후, 잭 동지는 동지회의 다른 회원들이 그들이 생각하기에 화자가 행하는 처음 연설이 지니고 있는 후진성에 대해 비판하자 화자를 옹호한다. 보이지 않는 사람이 동지회에서 점점 더 유명해지면서 지금까지 숨겨 온 그와 다른 회원들 사이의 이념적 차이가 드러나기 시작한다. 할렘에서 동지회 전 회원의 정치화된 장례식이 치러진 후 전체적인 전략 문제가 위기에 이르게 된다. 잭과 동지회는 일반 사람들이 제대로 된 혁명이 일어날 수 있도록 "과학적"으로 관리할 필요가 있는 아무 생각 없는 격정만 가지고 있다고 생각하는 반면에, 보이지 않는 사람은 대단히 의식적인 사람들에게만 주어져야 마땅한 그런 대우가 일반 사람들에게도 주어져야 하며, 이들은 인종 차별과 불의의 경험을 통하여 그들에게 무엇이 최선인지에 대하여 동지회가 상상하는 것보다 훨씬 더 깊은 통찰을 하고 있다고 주장한다. 소집된 특별회의에서 화를 내기 시작하고, 책상 치는 소리가 들리며, 동문서답식으로 주고받는 목소리들이 높아지다가 갑자기 다음 장면이 전개된다.

그가[잭 동지가] 벌떡 일어나 탁자로 기대면서 "보세요"라고 말했다. 그가 나와 전깃불 사이로 왔을 때 나는 의자를 뒷다리를 이용해 반쯤 돌렸고, 이제 내가 발로 균형을 잡으면서 앞으로 달려 나갈 자세를 취하고 있을 때, 그는 탁자 모서리를 잡고 씩씩거리면서 알 수 없는 말을 해 대고, 숨이 막혀 기침을 하면서 머리를 가로저었다. 그가 나와 그의 뒤에 있는 다른 사람들 위에 있는 것이 보였을 때 갑자기 그의 얼굴로부터 무엇인가가 튀어나온 것 같았다. 그의 얼굴이 탁자에 세게 부닥치는 소리를 듣고, 그의 팔이 갑자기 튀어 올라 큰 구슬 크기의 물체를 잡아서 그의 유리잔 속으로 퐁당하고 떨어뜨렸을 때 나는 환영을 보고 있는 거겠지라고 생각했다. 그러고 나서 나는 유리잔의 물이 빠르게 움직이는 물방울이 되어 들쑥날쑥 빛을 차단하는 형태를 만들면서 튀어 올라 매끄러운 탁자 위로 쏟아지는 것을 보았다. …… 나는 유리잔을 보고, 빛이 투과되어 탁자의 나뭇결에 투명한 그리고 정확하게 결이 진 그림자가 만들어진 것을 쳐다보고 있는데, 유리잔의 바닥에 눈이 놓여 있는 것이 보였다. 유리로 만든 눈. 버터우유 색깔 같은 하얀색의 눈이 빛에 의해 일그러져 보였다. 마치 우물 안의 어두운 물속으로부터 노려보는 것처럼 나를 똑바로 노려보고 있는 눈…….

나는 모욕감을 느끼면서 그의 얼굴을 노려보았다. 그의 왼쪽 눈 부분이 푹 꺼져 있고, 눈꺼풀이 감기지 않은 부분에는 몹시도 붉은 선이 보였으며, 그의 시선은 상대방을 압도하는 힘을 잃고 있었다. 나는 그가 오로지 나를 어리둥절하게 만들 목적으로 할복했다고 생각하면서 그의 얼굴을 쳐다보고 잔을 쳐다보았다.

(473~474)

화자가 말하는 것처럼, 이 갑작스런 할복의 신비스러움이 이 시점까지 잭 동지가 유리로 된 의안을 하고 있었다는 암시가 전혀 없었다는 사실의 중요성을 간과하도록 해서는 안 된다. 잭의 눈에 대한 언급을 찾아보기 위해 그가 텍스트에 등장하는 맨 처음으로 돌아가 보아도 그의 손상에 대한 표시는 전혀 찾을 수 없다. 손으로 그의 눈이나 얼굴을 닦는 것에 대한 언급 또는 대화 상대자를 뚫어지게 쳐다보는 것에 대한 언급은 많이 있지만, 이 언급 중 그 어느 것도 그의 눈에 뭔가 잘못된 것이 있다는 사실을 드러내지 않는다. 사회 계급투쟁에 대한 그의 생각과 화자가 대중 사이에서 개인적으로 겪은 경험 사이에 진지한 윤리적 구분이 이루어지는 현재 시점에 와서야 그의 장애가 사전 준비 없이 갑자기 우리에게 주어지는 것이다. 이 순간의 섬뜩함이 화자의 마음속에서 벌어지는 그 사건에 대한 인식이 빨라졌다 느려졌다 하는 과정에 기록되어 있다 ― "빠르게 움직이는 물방울이 되어 들쑥날쑥 빛을 차단하는 형태". 반복되는 눈이란 단어가 빛에 의해 일그러진, 버터우유 색처럼 하얀 프리즘으로부터 우물 안에서 노려보고 있는 으스스한 눈에 이르기까지 다양한 은유들과 연결되어 있다. 그리고 이 불쾌한 눈은 마치 개인적 주체성이 있는 것처럼 잭 동지의 얼굴로부터 "튀어나온" 것 같다. 이 같은 방법으로 다채로운 은유들이 붙어 있는 손상의 갑작스런, 예상치 못한 등장이 이 사건 전체의 비정상상태를 강조하는 수단이 된다. 손상의 공개가 흡사 담론상의 구두점 같은 역할을 하고 있어 텍스트의 이 시점에서 아주 명확해진 윤리적 모순들을 극대화하는 수단을 제공한다.

이와 비슷하게 하퍼 리Harper Lee의 『앵무새 죽이기』*To Kill a Mockingbird* (1960)에서 백인 여자를 성폭행했다는 누명을 쓰고 기소된 톰 로빈슨Tom Robinson의 장애가 흥미진진한 법정 장면에 이를 때까지 숨겨진다. 화자로 나오는 어린아이인 루이스 스카우트 핀치Louis Scout Finch의 시각에서 말해지는 이 이야기는 이 여자 아이에게 열려 있는 발견들을 하게 되는 형식으로 진행된다. 그렇지만 톰 로빈슨의 장애가 밝혀지는 것은 그녀에게나 독자에게 있어서 다면적인 현현이다. 소설에서 재판 장면에 앞서 이 기소된 자가 여러 번 언급되는데, 언급될 때마다 무고한 이 근면하고 경건하게 살아가는 흑인의 (서서히 드러나는) 모습에 추가될 정보가 조금씩 주어진다. 하지만 스카우트의 측근들, 그녀의 오빠 젬Jem 그리고 그녀의 변호사 아버지 애티커스Atticus 밖에 있는 나머지 마을 사람들이 집요하게 톰의 유죄에 대하여 확신하고 있기 때문에 이 어린아이 화자에게는 여전히 의구심이 남아 있다. 『보이지 않는 사람』에서처럼 장애가 밝혀지기까지에 이르는 과정에 긴장이 형성된다. 이 긴장은 재판에서 견디기 어려울 정도가 되어 거의 손에 잡힐 듯해진다. 이 길지만 대단히 흥미진진한 법정 드라마에서 피고인 측의 증인들이 호명되어 심문받고, 마지막으로 톰이 호명된다. 그가 서서히 일어나고, 비밀이 드러난다.

톰 로빈슨의 강한 어깨가 그가 입고 있는 얇은 셔츠 아래서 들썩이었다. 그가 일어나 의자 뒷부분에 오른손을 얹은 채로 섰다. 그는 이상하게도 균형을 잃은 것처럼 보였지만, 그것은 그가 서 있는 방식 때문이 아니었다. 그의 왼쪽 팔이 오른쪽 팔보다 족히 12인치는 짧았고, 그의 몸 한편에 죽은 채로 매달려 있었다. 그 팔 끝에는 작은 쪼그라든 손이 달려 있었는데, 멀리 법정 발코니에서 보았을 때 그것은 그에게 쓸모가 없었다.

(188)

톰 로빈슨이 몸을 돌려 왼쪽 팔 밑으로 손가락을 넣어 들어 올렸다. 그가 팔을 성경 쪽으로 가져갔고, 고무 같은 그의 손이 성경책 표지 위에 닿았다. 그가 오른손을 들자 그 쓸모없는 손이 성경으로부터 미끄러져 내려와 서기가 앉아 있는 탁자를 쳤다. 그가 다시 손을 얹어 놓으려고 애를 쓰자 테일러 판사가 "그만 됐어, 톰" 하고 으르렁거리듯 말했다. 톰이 선서를 하고 증인석으로 걸어갔다.

(192)

잭 동지에서 본 것과는 달리 이곳에서는 장애를 갑작스럽게 밝히는 일이 장애 인물의 도덕적 위상에 의문을 제기하기 위해서가 아니라 그런 의문을 없애기 위해 의도된 것이다. 제시된 모든 증거에도 불구하고 배심원들이 만장일치의 유죄 평결을 내렸을 때 루이스 핀치와 그녀의 오빠 젬과 함께 우리는 그들의 세계관에 파열이 일어났음을 감지하게 된다. 톰 로빈슨의 여위고 약한 팔은 이 소설에서 발견하게 되는 칼퍼니아 Calpurna, 부 래들리Boo Radley, 돌퍼스 레이먼드 씨Mr. Dolphus Raymond 가 지닌 장애 같은 다른 장애들의 목록에 합해진다. 이 장애들 모두가 다양한 각각의 인물들을 평가함에 있어 판단을 조심스럽게 유보할 필요가 있음을 보여 준다. 왜냐하면 편견의 희생자는 톰만이 아니기 때문이다. 편견은 내부와 외부를 구별하려는, 받아들일 수 있는 행위와 받아들일 수 없는 행위를 구별하려는 부족적인 욕망의 산물이며, (소설 속의 마을) 메이콤 사람들의 인종, 사회 계급, 젠더에 대한 이해에 영향을 미치고 있다. 이 같은 범주의 장애 재현을 유용하게 **현현으로서의 장애**라고 이름 붙일 수 있겠다.[20] 이에 관해서는 4장에서 토니 모리슨의 『술라』*Sula*, 『빌러비드』*Beloved*, 『낙원』*Paradise*을 다룰 때 더 논의가 될 것이다.

내가 강조하고 싶은 다음 주요 장애 재현의 범주는 장애 인물이 신성한 과정 또는 의례 과정을 나타내는 기표로 사용되는 범주이다. 그 예는 그리스 문학에 많이 있으며, 오이디푸스, 필록테테스Philoctetes(다리를 절음)와 아약스Ajax(정신 장애) 같은 인물들을 포함한다. 오이디푸스와 필록테테스 두 경우 모두 그들이 오염으로 간주되는 위반transgression을 범하고 나서야 그들의 장애가 드러나게 된다. 오이디푸스의 경우에 오염은 많이 언급된 부친살해와 근친상간인 반면에 필록테테스의 경우에 있어서는 오염이 제물로 바쳐진 뱀을 무심코 밟아 그리스인들이 트로이 전쟁으로 나아가기 위해 행한 신성한 제물 바치기 의례를 모독하게 된 것이다. 두 경우 모두에 있어서 이들이 범한 위반이 이들을 의례상의 위험으로 규정하고, 따라서 공동체의 총체적인 파멸을 피하기 위해 이들은 쫓겨나야만 한다. 이와 동시에 이 장애 인물들이 소유하고 있는, 사회의 안녕에 매우 중요한 유용성을 획득하거나 적어도 그에 근접할 수 있기를 원하는 사회의 바람도 있다. 이 두 경우에서 주목할 것은 순수에서 의례상의 위반을 거쳐 신성함으로 나아가는 변화를 보여 주는 구도의 시간성이다. 오이디푸스의 경우에, 우리가 테베와 아테네 사람들이 오이디푸스에게 축복을 호소하는 것을 보게 되는 것은 추방되고 여러 해가 지난 다음의 그를 보여 주는 극 『콜로누스의 오이디푸스』*Oedipus at Colonnus*에 이르러서이다. 반면에 극 『필록테테스』*Philoctetes*에서 작품명과 동일한 이름의 주인공은 처음에 렘노스 섬에 유배당하는데, 나중에서야 헤라클레스Heracles가 그에게 물려준 마술의 활을 갖기 위해 오디세우스Odysseus와 그리스 군대가 찾아 나선다. 필록테테스를 속여서 활을 빼앗는 일을 맡은 네오프톨레모스Neoptolemus와 고뇌에 차 고향을 그리워하는 필록테테스의 만남 전체가 양심과 고통의 만남, 의무를 다하려는 사명감과 말로 표현할 수 없는 조국의 상실로부터 오는 우울감에 대한 목격의 만남이다.

다른 신화적 전통에서는, 예를 들면 요루바Yoruba[21] 전통에서는, 네거리에 자리 잡고 있는 다리를 저는 트릭스터 신 에슈Eshu는[22] 그 같은 전염을 하는 것으로 보지 않는다. 그의 의례적 역할은 매우 다르다. 트릭스터 신으로서 에슈는 종종 인간의 지각에 대한 시험을 상징하여, 인간 생활세계의 궁극적인 불가해성 앞에서 겸손이 필요하다는 것을 보여 주기 위하여 자명한 듯 보이는 것이 틀렸음을 보여 준다. 로버트 패리스 톰슨Robert Farris Thompson(1983)은 미국 흑인 음악의 핵심인 즉흥성improvisation이 노예들이 아프리카로부터 가지고 온 이 신의 즉흥적인 공연 특성의 유산이라고 주장하였다. 반면에 헨리 루이스 게이츠Henry Louis Gates(1988)는 미국 흑인 설화에 등장하는 말장난하는signifying 원숭이와 요루바 설화의 에슈 사이에 직접적인 계보를 추적할 수 있다고 주장하였다. 에슈의 다리 저는 것은 따라서 현실 세계와 신의 세계의 여러 현실들에 접근하는 패러다임이다. 그는 현상계에 대한 뛰어난 통찰력을 제공하는 장애 인물/신을 나타내는 것이고, 이런 점에서 그는 그리스 신화에 나오는 헤파이스토스, 티레시아스Tiresias와 카산드라Cassandra 같은 인물들과 비슷하게 연결된다고도 할 수 있다. 신세계에서 에슈-엘레그바라Elegbara 숭배가 확산된 것과 함께 고려할 때 요루바 신화의 이 다리 저는 신은 분명히 그가 탄생한 전통적인 요루바 신전에서 그에게 주어진 의례상의 지위를 초월하는 보편적이고 현대적인 의미를 가지고 있는 것으로 해석된다. 이 부류의 장애 재현은 **의례적 통찰력을 나타내는 기표로서의 장애**라고 부를 수 있을 것이다. 이 부류에 대해서는 월레 소잉카의 극에 대한 5장에서 더 충분히 논의할 것이다.

눈이 먼 남녀양성체의 티레시아스는 소포클레스Sophocles의 『오이디푸스 왕』*Oedipus Rex*과 에우리피데스Euripides의 『주신 바쿠스의 시녀들』*The Bacchae*에서의 역할 때문에 서구 문학에 잘 알려져 있고 그래서 어쩌면 소개가 불필요할 수도 있다. 그러나 종종 주목받지 못하고 있는 것은 올림푸스 산 신들의 변덕 때문에 정신이상을 앓고 있는 카산드라와 이오Io 같은 다른 장애 인물들이 티레시아스와 대단한 통찰력을 가진 자의 역할을 함께하고 있는 정도 그리고 그들이 살고 있는 세계를 적시고 있는 비극적 에토스ethos의[23] 감을 표현하는 도관이 되고 있는 정도이다. 아폴로Apollo로부터 예언의 능력을 받았으나 아무도 그녀의 예언을 믿지 않는 저주를 받은 카산드라는 그녀가 예언하는 것을 전적으로 의심하며 서 있는 사람들에게 그녀 자신의 죽음을 예언한다. 이것이 우리가 아이스킬로스Aeschylus의 『아가멤논』*Agamemnon*으로부터 받게 되는 가슴 아픈 모습이다.

카산드라가 아르고스의 장로들로 구성된 합창대에게 그 순간 일어나고 있는 아가멤논의 살해에 대하여 말할 때 카산드라는 진행되고 있는 사건에 대한 비극적 에토스를 그녀 자신의 몸에 담아 표현해 낼 수 있는 능력에 대해서도 밝힌다. 이와 비슷한 관찰을 이오에 대해서도 할 수 있다. 그녀에 대한 제우스Zeus의 성적인 관심 때문에 헤라Hera에 의해 암소

로 변한 이오는 아이스킬로스의 『포박된 프로메테우스』*Prometheus Bound*
에서 프로메테우스와 대조되는 역할을 한다. 이오는 카산드라가 가지고
있는 예지적 통찰력이 없지만, 쇠파리가 그녀를 쏠 때 내는 그녀의 울부
짖음은 비극적 에토스의 포화점을 나타낸다. 왜냐하면, 제우스의 처벌
에 대한 반항적인 반응의 궤도 때문에 확실하게 비극적이라기보다는 서
사적 영웅이 된 프로메테우스*Prometheus*와 달리, 이오는 그런 웅대함이
전혀 없지만 발설하지 말아야 하는 비극적 인식의 멍에를 지고 있다. 프
로메테우스와 이오 사이에 관한 아이스킬로스의 극에 제시된 다른 대조
들이 이 의미를 심화시킨다. 극 전체를 통하여 프로메테우스는 움직일
수 없고(어쨌든 그는 바위에 매어 있는 것으로 되어 있다), 따라서 이 극적 재
현에서 안정의 중심을 나타내는 반면에 이오는 극에 등장하기 전에 여
러 지역과 기후대를 돌아다녔다. 그녀의 방랑은 쇠파리의 고통스런 괴
롭힘으로부터 벗어나기 위한 것이었다. 그러나 그녀의 울부짖음을 오로
지 고통으로 인한 울부짖음으로 간주해서는 안 된다. 그녀의 울부짖음
은 쇠파리의 괴롭힘 때문에 적절하게 말로 표현되지 못하는 그녀의 상
황에 대한 혼란스런 인식을 구체화하고 있는 것이다. 따라서 많은 것에
관련된 예언 범위와 짝을 이루는 프로메테우스의 지리적 안정성은 그녀
의 의식의 축소와 분열에 의해 약화되는 이오의 지리적 폭과 뚜렷한 대
조를 이룬다. 이오는 그녀가 겪는 고통과 방랑할 때 그녀가 본 것에 대
한 인식을 충분히 표현할 수가 없다. 그녀는 꿰뚫어 보는 듯하고 간절
한 질문들을 해야만 하는데(그녀에게 주어진 첫 50줄의 대사 중 무려 16줄이
나 차지하고 있음), 이 질문들이 점차 프로메테우스로 하여금 다가오고 있

는 제우스 통치의 종말론적 최후와 이 최후와 관련한 이오 자손들의 기여에 대한 예언을 누설토록 만든다.[24] 달리 말하자면 이오의 괴로움은 끊임없이 질문하는 데에서 나오는 것이다. 그녀의 질문 일부만 프로메테우스가 대답할 수 있고, 프로메테우스는 그의 대답을 그의 서사적 영웅 지위를 더욱 부각시켜 주는 예언에 비유한다. 비극적 에토스를 분명하게 표현할 수 없는 멍에란 면에서 읽었을 때, 장애에 대한 카산드라-이오 콤플렉스complex라고[25] 칭할 수 있는 이것은 셰익스피어의 오필리아Ophelia, 베르톨트 브레히트Bertolt Brecht의 카트린Kattrin,[26] 마르케스의 레베카Rebeca(『백년의 고독』에 등장), 이사벨 아옌데Isabel Allende의 클라라Clara(『영혼의 집』House of Spirits에 등장), 이본 베라Yvonne Vera의 마즈비타Mazvita(『이름이 없는』Without a Name에 등장) 그리고 토니 모리슨에 관한 장에서 더 보게 될 베이비 석스Baby Suggs와 콘솔라타Consolata 같은 다양한 여성 인물들에 되풀이되고 있다. 이렇게 말한다고 이 범주가 여성 인물에게만 적용된다고 주장하는 것은 아니다. 하지만 여성 인물들이 여자라서가 아니라 비극적 통찰이 표현하지 못하는 것과 변증법적으로 짝을 이루는 것이 (인종과 사회 계급의 프리즘과 대조되는) 젠더 프리즘을 통하여 발생되는 구조적 특징인 것 같아서 나에게는 여성 인물들이 이 범주의 예를 가장 잘 보여 주는 것 같다. 인종과 사회 계급을 통한 공정工程이 지금까지 열거된 것과 같은 시적이고 강렬한 인물을 보여 주는 일은 드물다. 하지만 젠더는 기이한 존재론적 어려움들을 (특히 일정 형태의 폭력 또는 장애 여성 인물의 성폭행과 짝을 이룰 때) 보이게 하는 형판template을 제공하는 것 같다. 이 같은 경우들 모두에서 장애 여성 인물이 비극적 에토스를 인식하는 것은 정확하게 그 인물이 입증하는 끔찍한 비극적 인식에 대해 이야기할 수 없는 상황과 동시에 일어난다. 남아 있는 것이라고는 자아에 대한 일련의 파편화된 공연이라서 독자와 관객뿐만 아니라 (이 장애) 인물들 주위에 있는 인물들에게도 수수께끼가 된다. 이런 형태의 장애 재현은 좀 더 흔한 형태의 장애 재현, 즉 장애 인물들이 뛰어난 통찰력의 소유자로 제시되는 장애 재현의 형태와 대조를 이룬다. 나는 이 부류를 말로 **표현하기 어렵고 수수께끼 같은 비극적 통찰으로서의 장애**라고 부르고 싶다. 이에 관해서는 코이코이Khoikhoi족으로서는 처음으로 기독교로 개종한 크로토아Krotoa와 관련하여 더 논의될 것인데, 크로토아의 파편화된, 비극적인 삶이 로벤 섬에 대해 논하는 장의 주제의 일부가 될 것이다.

비극적 통찰로서의 장애의 재현이긴 하지만, 훨씬 더 설명키 어려운 영역에서 이루어지는 재현과 밀접하게 연관되는 것이 장애를 해석적 난관의 장소로 간주하는 경우이다. 이런 종류의 재현에 암시되어 있는 닫힘의 부재는 윤리적인 함축을 지닐 수 있지만, 무엇보다도 중요한 것은 해석의 문제이다. 따라서 블라디미르 나보코프Vladimir Nabokov의 단편 소설 「기호와 상징」Signs and Symbols에서 자살 충동을 보이는 젊은 환자의 — 자연적인 요소들이 그의 존재에 직접적으로 관련 있는 무엇인가를 품고 있다고 해석하려는 충동에서 보여지는 — 이상한 정신적 증상을 한 학자가 기호분석 조광증referential mania으로 명명하였는데, 이것이 이 환자의 병뿐만 아니라 이 단편 소설의 핵심에 설치되어 있는 추론의 과정을 이해하는 데 있어서의 열쇠이다. 그런데 기호분석 조광증은 바로 장애 때문에 생긴 해석하려는 광적인 충동이다. 하지만 이 충동은 그 어떤 깨달음으로도 이어지지 않는 것이다. 이 같은 경우들에 있어서 보통 말하는 의미의 폭로와 대조되는 열려 있는 해석의 과정이 두드러지게 된다. 이 과정을 보여 주는 다른 좋은 예를 마이클 온다체Michael Ondaatje의 소설 『영국인 환자』*The English Patient*에서 찾을 수 있다.[27] 2차 세계대전 중 이집트의 사막을 배경으로 하고 있는 온다체의 소설에서 우리가 알마시 백작Count Almasy을 발견하게 되는 상황은 등장인물들과 독자 모두에게 난해한 해석의 문제들을 양산해 내는 상황이다. 이 영국인 환자가 입은 극심한 화상이 그가 이 내러티브 전체에 걸쳐 "피부가 없고" 때문에 신분이 없는 존재로 남아 있게 만든다. 그리고 바로 이것 때문에 그는 상당한 해석적인 관심의 한가운데에 자리 잡게 된다. 폭격으로 파괴된 빌라에 갇혀 있는 다른 세 등장인물들 각자가 이 자와 관련하여 의미를 부여하거나 읽어 내려고 시도한다. 이 자가 사막 지도를 제작하는 데 관련된 해박한 지식인 것처럼 보이는 것을 지니고 있다는 사실이 문제를 복잡하게 만든다. 이 자는 자신에 대하여 "지도상에 주어진 골격만으로도 이름이 주어지지 않은 마을을 알아볼 수 있는 사람"이라고 말한다. 그는 "바다 같이" 자신 안에 정보를 가지고 있으며 책으로부터 역사를 마치 그와 하나가 되는 것처럼 흡수한다(18). 이 영국인 환자에 의해 암시된 해석적인 망상은 그와 그로부터 그의 진짜 신분에 관한 정보를 캐내려는 카라바조Caravaggio 사이의 관계에서 최고조에 이른다.

하루 종일 두 사람은 여러 병의 모르핀을 함께 맞았다. 그에게서 이야기를 뽑아내기 위해 카라바조는 기호의 규칙code of signals 내에서 여행하였다. 이 화상을 입은 사람이 말하는 속도를 늦췄을 때 또는 그가 ― 연애 이야기, 매독스Madox의 죽음 등 ― 전부를 따라잡지 못한다고 카라바조가 느꼈을 때 그는 콩팥 모양의 에나멜 주석 상자에서 주사기를 집어 들고, 앰플의 목에 힘을 주어 꼭지를 딴 다음 주사기에 모르핀을 채웠다. 그는 해나Hana가 있는 데서 이 일을 드러내 놓고 하면서, 왼쪽 팔을 옷소매에서 완전히 빼 버렸다. 알마시는 회색 러닝셔츠만 입고 있어서 그의 검은 팔이 아무 것도 걸쳐지지 않은 채 침대 천 밑에 놓여 있었다.

그의 몸이 모르핀을 흡수할 때마다 문이 하나 더 열렸다. 즉 그는 동굴 그림이나 파묻혀 있는 비행기로 돌아가거나 선풍기 아래서 그의 배에 뺨을 대고 있는 그 여자 주위를 한 번 더 맴돌았다.

카라바조는 헤로도토스 책을 집어 들었다. 페이지를 넘겨 모래 언덕이 있는 부분에 이르러 길프 케비르Gilf Kebir, 우웨이나트Uweinat, 게벨 키수Gebel Kissu를 발견하였다. 그는 알마시가 이야기할 때 옆에 머물며 이야기된 사건들의 순서를 다시 정리하였다. 오로지 욕망만이 그 이야기를 잘못된 것으로, 나침반의 바늘처럼 깜박거리도록 만들었다. 어쨌든 이것은 유목민들의 세계였고 허구적인 이야기였다. 모래폭풍으로 변장하여 동서로 여행하는 마음.

문, 통로, 동굴, 모래 폭풍, 유목생활과 방랑. 이 같은 용어들이 불안정하고 쉽게 바뀔 수 있는 ― 정신적이기도 하고 육체적이기도 한 ― 정보의 사막을 나타내면서 카라바조에게 있어 심각한 해석적 위기를 불러온다. 그는 영국인 환자가 하는 이야기에 의해 펼쳐진 "기호의 규칙 내에서" 여행해야만 한다. 이것이 요구하는 것은 해석을 위한 카라바조 능력의 극대화이지만, 그렇다고 그것이 그가 절실하게 찾고 있는 진실을 그에게 반드시 보여 주는 것도 아니다. 왜냐하면 진실이 영국인 환자가 전달하는 메시지의 내부에 있는 것이 아니기 때문이다. 그보다는 조롱하고 있는 수수께끼처럼 진리가 그 환자의 메시지의 불안정한 표면에 있다고할 수 있다. 이 같은 범주의 장애 재현을 **해석적 난관으로서의 장애**라고부를 것이며, 3장에서 사무엘 베케트의 작품과 관련하여 더 상세하게 논의될 것이다.[28]

유념해야 할 마지막 범주는 장애 인물들이 완전히 정상화되어 다른 인물들과 똑같이 인간적 감정, 모순, 희망, 공포와 막연한 생각 같은 전 영역에서 존재하는 범주이다. 장애인 자신들에 의한 삶의 글쓰기life writing[29]덕분에 그와 같은 이야기가 수적으로 증가하였지만, 그 같이 복잡한 이야기들이 오로지 장애를 지닌 사람들의 펜에서 나온 것만은 아니다. 이 범주에 속하는 텍스트들의 범위를 확인하는 데 있어서 한 가지 어려움은 작가가 자신이 손상을 지니고 있다고 밝히지 않는 경우 그 작가의 글에서 장애를 보여 주는 표시를 찾아내기가 거의 불가능에 가깝다는 것이다.[30] 이 무리의 장애 재현에 있어서의 미학적 불안감의 본질과 관련하여 중요한것은 전기 또는 자서전적인 종류의 텍스트들과 분명하게 허구적인 텍스트들을 구분하는 것이다. 1장에서 이미 머피의 『말 없는 몸』*The Body Silent*(1990)에 대해 언급하였다.[31] 이 머피의 자서전은 전문적인 인류학자였던 머피가 몸을 마비시키는 병에 그의 몸이 점차 굴복하는 과정을 자세히 관찰하면서 동시에 그의 주변에 있는 사람들이 보이는 반응의 변화에 주목했다는 점에서 중요하다. 결국 이 책은 동시에 자신의 장애에 대한 그의 주관적인 태도와 그의 주변 세상 사람들의 반응에 대한 기록인 것이다. 그리고 다운증후군을 앓는 아이 제이미의 양육에 대한 감동적인 이야기에서 베르베Bérubé(1996, xii-xv)는 그 같은 상황에 내재되어 있는 견디기 힘든 인지 부조화cogntive dissonnace에[32] 대해서 썼다. 인지 부조화가 발생한 까닭은 한편으로는 그가 다른 사람들의 눈을 통해서 자신의 (다운증후군을 앓고 있는) 아들을 보는 것이 어떤 것일지를 생각해야만 했고, 다른 한편으로는 제이미의 일상생활에서 일어나는 사건들과의 씨름을 통해 부모에게는 이 아이가 단 하나 밖에 없는 독특한 개인으로 보일 수밖에 없었기 때문이었다. 이 두 가지 경우에 대한 이야기 모두가 장애에 대한 반응의 복잡성을 충분히 의식하면서 써졌다. 즉 장애라는 것은 쉽사리 어떤 본질화된 범주로 편입시킬 수 있는 스테레오타입이나 상황이 아니라는 것이었다. 따라서 장애를 지니고 살아가는 것이 지니는 결과나 영향에 대한 어느 정도의 불안감과 염려가 있지만 우리가 문학적 이야기에서 발견하게 되는 그러한 미학적 불안감은 전혀 없다. 그리고 미학적 불안감에 대해 내린 정의 중의 하나가 재현을 통제하는 지배적인 규칙들의 붕괴였다는 사실을 기억해야 한다. 장애를 지닌 사람들에 대한 전기/자서전에서의 재현은 일관성 있게 장애를 지닌 사람이나 그를 돌보는 사람의 관점에서 이루어지기 때문에 지배적인 규칙들의 "붕괴" 기회가 축소된다. 텍스트상으로 우세한 것은 장애를 지니고 사는 것의 복잡성에 대한 탐구와 관련되는 것이다. 정상 상태로서의 장애의 재현이란 기준에 맞는 문학적 텍스트에서 장애는 사회적 위선 그리고 그런 사회제도에 대한 날카로운 비판으로 사용된다. 이는 플로베르Flaubert의 『보바리 부인』Madam Bovary, D. H. 로렌스D. H. Lawrence의 『채털리 부인의 연인』Lady Chatterley's Lover, 존 스타인벡John Steinbeck의 『생쥐와 인간』 Of Mice and Men과 윌리엄 서머싯 몸의 『인간의 굴레』Of Human Bondage 에서와 같은 개인의 위기에 대한 묘사에서 또는 토마스 만의 『마의 산』 이나 켄 키지Ken Kesey의 『뻐꾸기 둥지 위로 날아간 새』One Flew over the Cuckoo's Nest에서 볼 수 있는 것과 같은 의료화의 감금의 경제학 전체에 대한 비판에서 볼 수가 있다. 이 같은 텍스트들에서 미학적 불안감의 징표들을 발견할 수 있을 것이다. 그러나 중요한 것은 그 같은 글에 핵심 강조점을 부여해 주는 통렬한 사회적 비판에 맞춰진 초점이다. 이 마지막 부류를 **정상 상태로서의 장애**라고 부를 것이다.

지금껏 논의한 범주들을 요약해 보면 다음과 같다.

1. 공집합과 도덕적 시험 둘 다 또는 그중 하나로서의 장애
2. (인종, 사회계급, 섹슈얼리티와 사회적 정체성 같은) 타자성과의 접점으로서의 장애
3. 주제적 궤도와 내러티브적 궤도 사이의 분리 상태에 대한 표현으로서의 장애
4. 도덕적 결함/악으로서의 장애
5. 현현으로서의 장애

6. 의례적 통찰력을 나타내는 기표로서의 장애

7. 말로 표현하기 어렵고 수수께끼 같은 비극적 통찰로서의 장애

8. 해석적 난관으로서의 장애

9. 정상 상태로서의 장애

이 아홉 가지 범주는 오로지 이 분야에 대한 잠정적인 지도 만들기로 간주되어야만 한다. 분명히 다른 범주들의 연합이 다른 강조점을 낳게 되고, 따라서 다양한 범주들을 만들게 되는 것이 가능할 것이다. 이 책의 진행 과정에서 보게 되겠지만 장애 재현의 특정 범주들은 (다른 작가들의 작품에 비해) 특히 일부 작가들의 작품에서 더 우세하게 나타난다. 따라서 순전히 예비적인 (앞으로 특정 장에서 더 상세하게 논의될) 방식으로 베케트의 작품이 7번 범주와 8번 범주(수수께끼 같은 비극적 통찰로서의 장애와 해석적 난관으로서의 장애)의 결합 쪽으로 기울어지는 경향을 보인다고 말할 수 있는 반면에 5번, 7번, 9번 범주(현현으로서의 장애, 말로 표현할 수 없고 수수께끼 같은 비극적 통찰로서의 장애 그리고 정상 상태로서의 장애)는 토니 모리슨 논의에 더 적절하다고 말할 수 있겠다. 나아가 월레 소잉카의 극은 의례 쪽으로 굴절이 크게 되겠지만 분명히 4번 6번 8번 범주(도덕적 결함/악으로서의 장애, 의례적 통찰력을 나타내는 기표로서의 장애, 그리고 해석적 난관으로서의 장애)를 통한 탐구가 가능할 것이다. 자폐성과 쿳시에 대한 논의에서는 쿳시의 글이 1번, 2번, 8번 범주(공집합과 도덕적 시험 둘 다 또는 그중 하나로서의 장애, 인종, 사회계급, 섹슈얼리티와 사회적 정체성 같은 타자성과의 접점으로서의 장애 그리고 해석적 난관으로서의

장애)의 결합의 예를 보여 준다는 것을 알게 될 것이다. 로벤 섬에 대한 장은 주로 2번과 7번 범주를 설명하는 데 이용될 것인데, 이때는 문학적 등장인물들이 아니라 식민주의 그리고 뒤따라온 아파르트헤이트와의 대립에 의해 그들의 정체성이 결정된 역사적 인물들의 시각에서 설명될 것이다. 본 연구의 마지막 부분에서 나는 텍스트의 상세한 부분들과 문학적 장르들에 대한 자세히 읽기로부터 특정 역사적 문맥 내에서의 장애에 대한 관심을 뒷받침한 사회적 그리고 정치적 상황들에 대한 탐구로 옮겨갈 것이다. 따라서 이 장에서 개략적으로 설명된 잠정적인 개념적 지도가 이상으로 하는 것 그리고 미학적 불안감 전체가 이상으로 하는 것은 미래의 문학적 그리고 사회정치적 영역 둘 다에 대한 읽기와 해석을 가능케 하는 프로그램 마련이다. 본 연구는 그 같은 정신에서 제시되는 것이다.

사무엘 베케트

: 해석적 난관으로서의 장애

3. 사무엘 베케트

: 해석적 난관으로서의 장애

이 장에서 나는 단순하지만 상당히 자극적인 질문을 하나 하려 한다. **장애의 불편discomfort이 설명되지 않는** 재현의 시스템 내에서 장애의 지위를 조사하는 경우 우리의 해석에 어떤 일이 일어날까? 여기서 내가 의미하는 "불편"은 장애 인물을 괴롭히는 다양한 종류의 동요를 가리키는 완곡어법으로서, 어색함부터 신체적으로 쩔쩔매는 것, 나아가 정신적인 그리고 신체적인 고통을 포함한다. 뒤에서 보게 되겠지만, 고통이 베케트의 글에서 적절히 설명되고 있지 않은 요소이고, 그렇게 때문에 베케트와 관련하여 고통이 장애를 논할 때 의의를 지닌다. 그의 글에서는 감정과 기억 같은 범주, 과거와 현재의 시간성 그리고 언어의 변천 같은 범주들이 끈질기게 의심을 받고 있어 이 모두가 규정하기 어렵고 부조리한 것으로 되는 지경에까지 이른다. 하지만 이 같은 부조리의 구조 의미를 적절히 평가할 수 있도록 하는 것이 하나 있는데, 그것이 바로 고통 그리고 장애에 대한 고통의 관계이다. 그곳에서 베케트 텍스트의 다루기 까다로운 빈틈을 발견할 수 있는데, 그 빈틈은 (베케트의 인물들이 때로는 고통에 대해 이야기하기 때문에) 고통이 완전히 존재하지 않기 때문에 발생하는 빈틈이 아니고, 고통이 그 인물들이 지니고 있는 의식의 어두운 부분으로서만 보여지는 방식과 관련되는 빈틈이다. 그러나 텍스트에서 이 고통이 지니는 지위가 손상과 장애가 지니는 지위와 동등한 것으로 받아들이게 되면, 고통은 부조리를 유지하고 있는 과정을 우회하도록 해 준다. 겉으로 보기에 명백히 손상을 지니고 있는 인물들의 설명되고 있지 않는 고통은 베케트적 방식으로 이루어지는 재현을 통제하는 지배적 담론 양식을 무효로 만드는 빈 공간을 만든다. 따라서 베케트의 작품에 있는 요소들 사이에 존재하는 담론적 관계들의 총체 안에서 고통이 차지하는 지위에 대해 그의 작품을 자세히 읽는 것은 그를 장애에 대해 쓴 작가로서 읽을 수 있도록 해 주는 과정을 비평적으로 검토해 보는 것이다.

2004년 런던 앨버리 극장Albery Theatre에서 공연된 『승부의 끝』에 대한 반응이 베케트가 일반적으로 받아들여지는 양상을 보여 준다.[1] 매튜 워츄스Mathew Warchus가 연출하고, 마이클 갬본Michael Gambon이 햄Hamm으로 그리고 리 에반스Lee Evans가 클로브Clov로 출연한 이 공연은 비평가들에 의해 "걸출하고 빈틈없이 판단된" 극(케이트 배시트Kate Basset) 그리고 "계시적인 보드빌vaudeville[2] 공연"(마이클 빌링턴Michael Billington)이라는 찬사를 받았다. 배우들은 대단한 칭찬을 받았다. 앨리스테어 맥컬리Alistair Macauley는 「파이낸셜 타임즈」*Financial Times*지에서 등장인물들의 바로 그 부동성不同性이 이 극을 확장하였고, 그 인물들이 서로에게 예민하게 집중함으로써 매순간 이 극에 직접성immediacy을 부여하였다고 평하였다. 수잔나 클랩Susannah Clapp은 (햄 역을 한) 갬본이 "폐위된 군주처럼 또는 좋아하는 공원의 벤치를 지키려는 부랑자처럼" 텅 빈 무대를 지배했다고 보았다. 그녀는 갬본이 어떤 때는 — 시력을 잃은 눈으로 피범벅이 된 수건을 들고 있는 — 눈이 먼 글로스터Gloucester처럼[3] 보이고, 다른 때는 동양의 통치자처럼 보였다고 하였다. 반면에 빌링턴은 "클로브가 마치 사물의 지배를 영원히 받는 것처럼 사다리와 망원경을 엉뚱한 곳에 두는" 그의 재주를 돋보이게 하였다고 (클로브 역을 한) 에반스를 칭찬하였다.[4] 햄의 눈이 보이지 않는 것과 움직이지 못하는 것 그리고 클로브가 걷는 데 어려움을 겪는 것이 자주 언급되고 있지만, 앞에서 언급한 평론들의 대체적인 취지는 이 공연의 문학성에 초점을 맞추거나 이 공연이 (셰익스피어나 부조리 극작가들 또는 둘 다 같은) 이전의 연극적 전통, 예술과 그림, 그리고 희극 공연 전통(리 에반스 본인도 유명한 영국 희극 배우였다)의 영향을 받고 있다는 점에 초점을 맞추거나 하였다. 그 어디에서도 에반스가 연기한 클로브가 인지 장애를 지닌 사람으로 제시되고 있다는 것 또는 갬본이 연기한 햄의 대사를 열렬히 내뱉는 방식이 근본적으로 그가 지니고 있는 손상이 강조되지 않도록 하고 있다는 사실은 주목받지 못하였다. 이런 점에서 앞서 언급한 평론들은 문학 비평가들에 의해 베케트가 이해되는 일반적인 방식을 되풀이하였다고 할 수 있다.

이 런던 공연의 평론가들이 손상된 몸의 현실과 불편을 거의 무의식적으로 **피하는** 것이 대체적으로 베케트에 대한 평의 주요 요소이다. 『고도를 기다리며』*Waiting for Godot* 『몰로이』『머피』*Murphy* 『극』*Play* 『행복한 날들』 *Happy Days* 등과 같이 다양한 작품에 신체적, 정신적 손상을 지니거나 이동이 불편한 인물들이 많이 등장하는데도 불구하고 오늘날까지 베케트의 연구에 있어서 참으로 이상한 것은 몸의 특이성을 없애 버려 몸을 다른 것을 나타내는 표시로 만드는 방법으로 신체적 장애가 다양한 철학적 범주로 흡수되는 정도이다. 따라서 베케트의 작품에 등장하는 장애 인물에 대한 논의는 종종 실존주의적 현상학existential phenomenology과 해체주의적 반인본주의deconstructive antihumanism의 두 가지 커다란 평가 기준을 중심으로 이루어진다.[5] 베케트의 무대에 등장하는 몸들의 지위에 주목한 피에르 샤베르Pierre Chabert, 조나단 칼브Jonathan Kalb, 로이스 오펜하임Lois Oppenheim, 기타 연출가들이나 비평가들의 대단히 예리한 분석도 그 몸들을 다양한 연극 공연 양식 내에서 파악하려는 경향을 보였다. 이같은 경향을 보여 주는 좋은 예가 베케트의 무대에 나오는 몸들의 다양한 "출현"에 대한 캐서린 M. 그레이Katherine M. Gray의 논문이다. 이 논문에서 그레이는 주디스 버틀러Judith Butler의 글에 기대어 베케트의 무대 위의 몸들이 그들의 "관례적인 통일성을 벗어나 급진화된 다양성으로 변해서" 보통의 지시성을 갖고 있는 것으로 간주할 수 없다는 것을 설득력 있게 보여 주었다(1996, 1). 그러나 그녀의 논의에는 베케트의 장애를 지닌 몸들을 그들의 특정한 현상학적 물질성materiality 측면에서 고려해 볼 여지가 없다. 그레이의 논의에서는 "물질성"이란 말조차도 공연에서 체액과 몸에서 나오는 가스가 겉으로 보기에 닫혀 있는 몸의 표면을 깨뜨림으로서 범하게 되는 (관습에 대한) 위반을 지적해 내는 것을 목표로 하였다: "물질적인 몸이 땀을 흘리고, 침을 튀기고, 침을 흘리고, 침을 뱉고, 기침하고, 트림하고, 울고, 재채기하고, 딸꾹질하고, 눈물 흘리고, 오줌 누고, 피 흘리고, 상처가 곪아 진물이 흐르고, 또는 위장 질환을 앓을 때 이것이 그 실제의/수행적인 몸이 구멍이 많은 공연자의 몸이라는 것을 보여 주고 있다"(8). 따라서 여기서 결렬된 것은 실제적 그리고 수행적인 측면에서 몸을 재현하는 것이다. 그리고 실제적과 수행적 측면은 보통 무대 위의 몸을 담론의 예측 가능한 측면 내에 위치시키는 경향이 있다. 그레이의 관찰에 대해 몇 가지 간단한 질문을 던질 필요가 있다. 고통은 어떻게 되는가? 고통을 겪는 몸은? 베케트의 작품에 몸이 악화되는 것에 대해 많은 언급이 이루어지고 있는데도 불구하고 왜 비평가들은 몸이 겪고 있는 고통의 현상학에 대해서는 말하지 않는 것일까? 뒤에 나는 이처럼 장애를 집요하게 철학적 범주로 흡수하는 이유에 대해 추측해 볼 것이다. 이때 나는 그 이유를 베케트의 작품에서 고통이 차지하고 있는 지위가 지닌 문제점으로 그리고 그의 작품에서 신체적 손상에 대한 많은 묘사에도 불구하고 고통이 다른 범주들과는 다르게 취급되고 있는 방법으로 직접 추적해 갈 것이다. 베케트의 작품에서 확실성을 허물어뜨리는 강력한 과정 때문에 고통의 궤도가 다른 철학적 범주들과 유사하거나 동일한 것으로 잘못 간주되기 쉽고, 이 때문에 고통이 그의 글에서 수행하고 있는 독특한 우회의 기능을 이해하는 잠재적인 요인으로서 파악되지 못하고 누락되게 된다.

베케트의 작품에 등장하는 장애를 지닌, 훼손된, 또는 (다른 형태의) 제약을 받는 인물들의 목록을 작성하는 일은 장애에 대한 베케트 태도의 복잡성을 분명하게 보여 주기보다는 애매하게 만든다.[6] 이런 목록이 하는 일이라고는 신체성에 대한 다수의 서로 다른 이미지들을 함께 모아 놓는 것이기 때문인데, 정확히 말하자면, 이 각각의 이미지는 작가의 체험뿐만 아니라 미학적 그리고 철학적 관심 내에 문맥화시켜 그 이미지가 주는 영감과 연결되어야만 하는 것이다. 하지만 목록이 빨리 보여 주는 것도 있는데, 그것은 손상과 제약의 이미지들이 베케트의 작품에서 지속적으로 두드러진 특징을 형성하고 있는 정도이다. 베케트에게 있어서 장애는 거의 미학적 반복 충동, 달리 표현하자면, 일련의 창조적 그리고 철학적 종류의 관심들을 프레이밍하는 수단으로서 손상된 인간의 몸으로 향하는 그런 성격을 지니고 있다. 베케트의 삶의 세부 사항과 그의 글에 등장하는 인물들의 삶 세부 사항 사이를 지나치게 연관 지으려는 시도를 하지 않는다 하더라도 베케트가 평생 좁은 공간에서 다양한 장애인들을 주기적으로 접촉했다는 것에 주목하는 것은 흥미로운 일이다. 『머피』의 정신병원Mercyseat 장면들을 쓰기 위해 한 배경 연구에서 그는 1935년 2월 켄트의 베켄헴에 위치한 정신 질환을 치료하는 왕립병원Royal Hospital에서 입주 내과 주치의로 일하기 시작한 그의 친구 지오프리 톰슨Geoffrey Thompson에게 자세한 질문들을 하였다. 그리고 베케트는 1945년 8월부터 12월까지 상로S. Lo의 노르망디 병원Normandy Hospital에서 "병참장교 겸 통역관"으로 일했다. 더욱이 베케트의 고모 씨씨 싱클레어Cissie Sinclair가 햄의 모델이었다고 알려져 있다. 베케트는 씨씨가 관절염으로 장애인이 되었을 때 그녀를 휠체어에 태워 밀고 다니곤 했는데, 그녀는 자주 그에게 "조각상을 똑바로 해 줘"라고 부탁하였다. 씨씨는 또한 망원경을 가지고 더블린 만에 있는 배들을 염탐하기도 하였다(놀슨Knowlson 1996, 367; 헤인즈Haynes와 놀슨 2003, 52). 뿐만 아니라 암으로 고생하던 형 프랭크Frank의 죽음은 베케트에게 커다란 충격이었는데, 『승부의 끝』은 프랭크의 사망 직후에 완성되었다. 놀슨(1996, 367)은 『승부의 끝』의 "부싯돌 같은 희극"이 "어둠과 고통으로부터 (불꽃이 튀듯) 튀어나온" 것으로 묘사하였다. 그러나 1장에서 언급되었듯이 아마도 베케트와 장애의 논의에 더욱 관련 있는 것은 베케트 자신이 부정맥, 식은 땀, 낭종을 포함한 끝없는 질병에 시달렸다는 사실일 것이다. 이 같은 질병들 때문에 그는 주기적으로 신체적 불편을 경험하였다(놀슨 1996). 따라서 그의 몸이 그에게 쇠락해져 가는 몸의 고통과 결국 죽는다는 사실을 강하게 상기시켜 주었기 때문에 베케트가 쇠락해져 가는 몸에 특별히 끌렸던 것 같다. 그 결과 그는 적어도 일부는 다른 (장애를 지닌) 사람들과의 접촉 그리고 그 자신의 개인적인 고통과 일시적 장애의 경험에 의해 촉발된 여러 생각들에 대한 다양한 지시체로서 장애를 지닌, 훼손된, 또는 쇠락해 가는 몸을 사용할 수 있었던 것이다.[7]

이 장에서 나는 세 가지 문제를 다루려 한다. 첫째, 베케트에게 있어서 고통은 설명키 어려운 그리고 문제적인 지위를 지니고 있지만, 그런 고통이 그의 작품에서 부조리극을 우회할 수 있는 길을 마련해 준다고 주장하려 한다. 둘째, 그의 작품에서 장애 재현의 구성 형태가 대체적으로 2장에서 소개한 "해석적 난관으로서의 장애"라는 범주에 의해 뒷받침되는 것을 보여 주려 한다. 셋째, 이 두 문제에 뒤이어 그의 작품에서 보게 되는 미학적 불안감의 본질을 신체적 그리고 정신적 손상의 재현, 고통의 결여와 관련지어 정의하려 한다. 나는 베케트의 전체 작품으로부터 온 광범위한 텍스트들을 언급할 것이지만, 이 장에서의 논의를 위해서는 주로 『몰로이』와 『승부의 끝』에 집중할 것이다.

『몰로이』와 풍부한 즉각성

몰로이는 여러 가지 병을 앓고 있는데, 그중에서도 가장 심각한 것이 다리의 경직이다. 이것이 그로 하여금 목발에 의지해 움직이도록 한다. 그러나 그것이 결코 문제의 전부가 아니다. 경직된 짧은 다리 외에도(그는 이것이 왼쪽 다리인지 오른쪽 다리인지 확신하지 못한다), 그는 이가 전혀 없고, 시력이 나쁘고, 방광이 약하고, 몸에서 심한 악취가 난다(51, 81). 또한 그는 천식을 앓고 있고, 종기가 많이 나 있으며, 관절염을 앓고 있다(79, 81, 90). 그는 자신을 "추악한 외모"를 가진 자로 묘사한다. 그가 앓고 있는 다양한 질병이 단순히 나이 탓인지 아니면 다른 발생 원인이 있는 것인지 확실하지가 않다. 이뿐만 아니라 몰로이의 내러티브에 손상을 지니거나 병을 앓고 있는 인물들이 다수 나온다. 그가 자전거로 치여 죽이는 루스Lousse의 개는 "늙고, 눈이 멀고, 귀가 먹고, 류머티즘으로 다리를 절고, 늘 대소변을 실금하는" 것으로 묘사되고 있다(33). 이 개에 대한 묘사는 묘하게도 몰로이가 자신의 어머니에 대해 "전혀 못 알아듣고," "귀먹고 눈먼 무력한 늙은 여자"로서, "자주 대변과 소변을 실금한다"고 말한 것을 반향하고 있다(19, 17). 그러나 이 모든 신체적 손상과 질병에 대한 언급에도 불구하고 이 소설은 이들에 대한 언급에 의해서가 아니라 주인공 몰로이의 시각과 회상의 성격에 의해서 설명된다. 몰로이는 그의 마음에 있는 범주들의 현실 그리고 이 범주들이 그의 주변에 있는 자연적, 사회적 환경과 상호작용하는 법과 관련된 확증적 난관을 주장하기 위하여 모든 것을 묘사하는 것이다.

몰로이는 설명하기 어려운 풍부한 즉각성에 몰두하고 있다고 말할 수 있겠다. 다시 말해서 그는 그에게 일어나고 있는 모든 것을 그의 마음속으로부터 그리고 그를 둘러싼 외부 환경으로부터 아주 자세하게 묘사해야만 한다고 생각하고 있지만, 그가 묘사하는 모든 것이 불분명한 채로 남아 있다. 이러한 설명키 어려운 풍부한 즉각성을 이해할 수 있는 한 가지 열쇠를 그가 그의 정체성과 사물들의 이름 없음namelessness 사이의 관계에 대해 말한 것에서 찾을 수 있다: "내 생각에 우리가 방금 본 것처럼, 심지어 나의 정체성조차도 종종 꿰뚫기 어려운 이름 없음으로 싸여 있었다. 그리고 나의 감각을 어지럽히는 다른 것들도 모두 그랬다. 모든 것이 파장과 입자로 사라지고 있는 그 때조차도, 오로지 이름 없는 사물들만, 사물 없는 이름들만 있었다"(31). 이것은 사물들이 명명되지 않았다거나 이름이 없다고 말하는 것이 아니라 그 반대이다. 사물들은 명명되었다. 그러나 명명되었음에도 불구하고 항상 공간과 시간상의 그들의 특정 정체성의 진실성에 대한 의심을 하기 위하여 그 사물들은 회의懷疑의 지평선 위에 놓여진다. 몰로이가 묘사하는 모든 것은 그것들에 강렬한 그리고 거의 감각적인 특질을 부여하는 일련의 촉각적, 시각적, 청각적 환기 속에서 모습을 드러낸다. 그와 동시에, 그들의 정체성에 대해 의심을 하도록 구성된 언어로 전달되기 때문에 각각의 사물이나 생각에 부여된 감각적인 특질이 되풀이하여 허물어진다. 이것은 그다음 몰로이가 우리에게 주는 모든 상세한 묘사들이 — 그것들이 외부 환경으로부터 나타나는 것이든 또는 그의 기억으로부터 나오는 대상이든 — 해체되고 있다는 느낌으로 이어진다. 그 자신의 밖에 존재하는 대상이든 또는 종종 그러하듯이 그의 기억이나 상상력이 만들어 낸 것이든 간에 몰로이의 시야 내에 있는 모든 대상은 이 철저한 이름 지우기unnaming 과정을 거친다.

이 같은 설명하기 어려운 풍부함은 몇 가지 효과를 지닌다. 무엇보다도 먼저, 몰로이가 정말로 증오한다고 묘사하는 사람인 그의 어머니를 찾는 문제의 타협의 여지가 없는 상황만 제외하고는 모든 형상形相적인 정체성의 실재론essentialism이 폐지되었기 때문에, 근본적인 인식론적 회의라는 문제가 대두된다. 도중에 내러티브의 이유로서의 어머니 찾기가 내팽개쳐졌지만, 사실 그의 어머니를 찾아 만나 보려는 욕망이 애초에 그의 긴 여행을 정당화하는 틀을 제공한 것이다. 그런 의미에서 몰로이는 그의 어머니 찾기 한 가지만 제외하고 모든 실재론을 폐지해 버렸다고 할 수 있다. 그에게 있어 어머니 찾기는 가언적 명령hypothetical imperative처럼[8] 작동한다. 이 가설적인 명령 자체가 때로는 약해져 그가 "좌초된" 것처럼 만든다(86~87). 이 특별한 어머니와 관련된 가설적 명령을 중요하게 다룰 수 있지만, 어머니를 찾아가려는 그의 목적은 사랑도 애정도 아니고 그녀에게서 다시 한 번 돈을 얻어 내야 하는 현실적인 필요성일 뿐이다.

몰로이가 자신에게 일어나는 모든 일을 세세히 묘사하는 일에 전념하는 것의 두 번째 효과는 정상 상태의 표면에 나타나는 것에 특전을 주는 대신에 외부 세계를 자신의 체험에 맞추려는 것이다. 소설 속에서 정상 상태는 궁극적으로 폭압적이며, 특별히 몰로이의 의식의 가장자리에서 맴도는 감시 계획에 의해 시사된다.[9] 이 계획은 텍스트에서 자전거를 타다 범한 사소한 교통 법규 위반을 구실로 몰로이를 체포해 경찰서로 데려간 경사에 의해 직접적으로 제시된다. 이와 동시에 그리고 상당히 불안하게 몰로이의 인식의 주변, 즉 정상 상태의 바깥쪽 끝은 잠재해 있는 폭력의 근원이다. 경사에 의해 취조받은 것과 관련하여 몰로이는 그가 "평생 동안 항상 두려움, 얻어맞는 두려움 속에서 살았다, 모욕, 욕설 이런 것들은 쉽사리 참아 넘길 수 있지만, 얻어맞는 것에만은 익숙해질 수가 없었다"라고 말한다(22). 몰로이가 자전거로 늙은 개를 치었을 때 모여든 군중들이 그에게 린치를 가하겠다는 의도를 노골적으로 드러낼 때에도 폭력의 위협이 반복되고 있다. 그가 사고로 개를 죽이는 것 자체가 이 전체적인 전의의 일부분이다. 마침내 몰로이가 그의 순환적인 찾기의 마지막 부분에서 숲에서 마주친 숯가마를 부숴 버렸을 때 텍스트 아래서 텍스트를 떠받치고 있던 폭력이 폭발한다. 이처럼 정상 상태의 주변은 폭력이나 폭력의 위협으로 둘러싸여 있어, 다양한 손상을 지니고 있는 노인으로서의 몰로이가 (그가 겪는) 즉각적인 것을, 엉망이 된 세상을 그가 헤쳐 나갈 수 있도록 해 주는 감각적인 그리고 지적인 이해의 형태로 바꾸는 일을 더욱 중요한 것으로 만든다. 실제로 몰로이 이야기의 삽화적인 그리고 거의 피카레스크picaresque적인[10] 성격이 그의 주위를 둘러싸고 있는 세상의 엉망이 된 단면을 강조하고 있다. 항상 우리가 얻게 되는 느낌은 다음에 무슨 일이 일어날지 알 수가 없다는 것이다. 일들이 갑자기 일어나는 듯한데, (루스의 집으로 데리고 가 치료해 준 것과 같이) 일부는 기분 좋지만 다른 것들은 잠재적으로 폭력적이고, 그중에서도 핵심적인 것은 그가 그의 마음을 통해 걸러 내는 잔여물을 제외하고는 그가 그를 둘러싸고 있는 환경을 전혀 통제하지 못한다는 것이다.

셋째이자 마지막으로, 몰로이의 이야기가 그의 사고 체계 자체 내로 통합된 회의적인 대화 상대라는 문제를 제기한다. 그의 회상 전반에 걸쳐 암시된 대화 상대, 즉 청자의 존재에 대한 암시가 주어진다. 다른 장에서 특히 쿳시와 로벤 섬에 대한 장에서 보게 되겠지만, 이 회의적인 대화 상대는 장애 인물이 자신을 규정하는 배경으로서의 지평선을 제공한다. 그러나 몰로이의 내러티브는 본질적으로 극적인 독백이지만(여기서 강조는 극적인 것에 있음), 표현되고 있는 것에 대한 회의를 예측하게 하는 그런 극적인 독백이다. 이처럼 그는 자신의 생각의 본체 속으로 회의적인 대화 상대를 통합시키는 것이다. 그렇다고 이 회의적인 대화 상대를 몰로이 자신과는 다른 사람으로 생각할 필요는 없다. 종종 대화 상대는 허물어진 또는 의심스러운 대사를 하고 있는 몰로이의 여러 부분으로 보인다. 그 스스로가 다음과 같이 말한다: "내 속에 항상 특히 두 바보가 있었기 때문이야. 한 바보는 기껏해야 그가 있는 곳에 머무르라는 요청이나 하고, 다른 바보는 좀 더 살면 삶이 약간 덜 끔찍할 것이라고 상상하지"(48). 그의 경험과 관계된 범주들에 대한 그의 끊임없는 회의는 그의 정체성 확인으로 나아가는 수단이다.

하지만 거기서는 항상 주의해야만 하고, 예를 들면 당신이 아직 존재하고 있는지, 그 답이 아니요이면 언제 중단된 것인지, 그 답이 예이면 얼마나 오래 지속될 것인지 같은 것들, 꿈의 가닥을 잃지 않도록 하는 게 무엇이든 간에 자신에게 물어야 해. 나로 말할 것 같으면, 그저 질문들을 살펴보기 위해서 기꺼이 이런 저런 질문들을 나 자신에게 했지. 아니 기꺼이는 아니고 현명하게 그랬지. 내가 여전히 거기 존재하고 있다고 믿기 위해서 말이야. 그런데 거기 여전히 존재하고 있다는 것이 나에게는 아무런 의미가 없어. 난 그것을 생각이라고 불러.

(49)

부득이 이 서술을 하도록 자극하는 암시된 대화 상대는 이 소설의 모란 Moran이 등장하는 부분[11]에서 다시 볼 수 있는데, 이 모란 부분에서는 몰로이의 이야기에서 본 것과는 매우 다르게 이 암시된 대화 상대가 모란이 보고서를 제출하도록 되어 있는 탐정 대장spy chief이다. 모란의 경우 아버지, 고용주, 그리고 탐정으로서의 그의 다양한 주체 위치에 대한 지나친 그리고 검토되지 않은 자신감이 그의 대화 상대를 회의적인 대화 상대로 뒤늦게 인식하도록 만든다. 모란이 등장하는 부분의 첫머리에서 그는 탐정 대장과 추정의 지평선을 공유하여, 탐정 대장이 모란에게 보낸 메시지로 진정으로 무엇을 의미하려는 것인지를 알아야 한다고 그에게 말하는 가버Gaber의 본심을 가까스로 알아낸다. 모란은 또한 그가 이 특수한 일을 하도록 뽑힌 사람이라는 사실에 우쭐해한다. 그의 내러티브 대부분에 있어서 모란은 자신의 관점과 사건의 해석에 대해 극도로 자신만만해, 항상 다른 사람들의 관점을 예측하고 자신을 청자들과 비교하여 특권을 갖는 자리에 위치시킨다. 다리에 설명키 어려운 손상을 입어 거의 걸을 수 없게 되고, 오랫동안 병을 앓는 아들한테서 버림을 받고,

길고도 힘든 귀향 끝에 쓰러져 가는 자신의 집을 발견하게 되는 그의 서술/보고의 끝부분에 이르러서야 비로소 모란의 말투가 변하고 그의 목소리에 불확실성의 기색이 묻어나기 시작한다.

이 같은 회의적인 대화 상대란 개념에서 뒤에 『고도를 기다리며』『승부의 끝』『크라프의 마지막 테이프』*Krapp's Last Tape* 『극』과 같은 작품들에서 볼 수 있는 더욱 명쾌하게 발전된 대화체적 문맥의 씨앗을 발견할 수 있다.[12] 곧 『승부의 끝』에 대한 언급에서 보게 되겠지만, 회의적인 대화 상대라는 범주는 병약자/보호자, 부모/자식, 주인/노예, 프로스페로/캘리밴-애리얼과 같은 대립들을 포함하는 변증법적 대립의 축을 따라 여러 가지로 표현된다.

그러나 몰로이의 이야기가 갖는 이 같은 특징들이 그를 신체적이나 다른 형태의 장애에 대한 재현이라기보다는 지나치게 불확실하게 만들기의 수단으로 이용하는 것은 아닌지를 묻지 않을 수 없게 된다. 이런 질문이 제기되는 주요 이유는 그의 대화에 매우 중요한 요소, 즉 고통이 존재하지 않기 때문이다. 사실 이 같은 부재는 『승부의 끝』에서도 발견하게 되는데, 이 극에서는 모든 등장인물들이 극심한 신체적 장애와 불편의 다양한 상태에서 살아가고 있음에도 불구하고 신체적 고통이 그저 스쳐 지나가는 정도로만 언급되고 있다. 몰로이는 자기 다리의 고통을 지나치듯 언급하는데, 그것을 제외하고는, 그의 의식 속으로 흡수되는 다른 모든 것과는 달리 고통은 잠시 전에 논의한 회의적 대화 구조의 영향을 받지 않는 유일한 범주가 된다. 그가 분명히 고통을 받고 있지만, 그 고통은 그가 언급하는 모든 범주들의 진리 가치truth value가 시험되는 의심의 구조 안으로 들어가지 않는 것이다. 그의 어머니 이름이 되었든, 달의 질質이 되었든, 그의 시간 개념이 되었든, 또는 그의 경험을 서술하는 양식이 되었든 간에 그의 시야에 들어오는 것은 모두 회의적인 확인 구조의 지배를 받는다. 이 같은 심문 구조의 지배를 전혀 받지 않는 유일한 것이 신체적인 고통이다. 따라서 우리는 그의 장애가 그 같은 현상학적으로 손상된 몸을 가리킨다기보다는 늙어 가는 몸의 허약함에 대한 철학적 관념이 아닌가 하는 의심을 하게 되는 것이다.

메를로-퐁티Merleau-Ponty는 몸이 도구나 수단이 아니라 마음 깊은 곳에서 일어나는 정서적인 움직임이 외부 세계와 연결되는 도관conduit이라고 주장하였다. 그는 개인의 몸과 외부 세계 사이의 관계를 다음과 같이 설명하였다.

> 인식된 사물들은, 기하학적 물체들과는 달리, 그 구성 법칙을 우리가 선험적으로 알고 있는 한정된 실체들이 아니고, 원칙적으로 우리가 결코 완전히 탐구할 수 없지만 그리고 그것들이 우리에게는 윤곽과 배경 이상은 보여 주지 않지만, 특정한 발전 양식을 통하여 우리가 인식하고 열려 있는, 무한한 시스템들이다. 마지막으로, 인식된 세계는 **균열이나 빈틈이 없는 순수한 사고의 대상이 아니다.** 그보다 인식된 세계는 모든 지각하는 존재들에 의해 공유된 보편적인 양식 같은 것이다. 분명히 세계가 이 지각하는 존재들을 조정하지만, 그 일이 완성되었다고 추정할 수는 없다.
>
> (1964, 5~6; 강조 부분을 진하게 함.)

이 설명이 암시하는 것 한 가지는 외부 세계가, 인간의 마음처럼, 빈틈이 많아서 그 나름대로의 방식으로 우리가 가지고 있는 지식의 빈틈을 반영하고 있다는 것이다. 어쨌든 이것이 외부 세계가 인간의 제한된 인식 내에 비춰지게 되어 있는 방식이다. 그러나 몰로이에게 있어서 한 문제에 직면하게 된다. 전체 내러티브가 철저하게 의식의 흐름이란 내러티브 수법의 지배를 받고 있기 때문에 몰로이의 마음속에서 일어나는 것과 그 마음 밖의 실제 현실을 구분하는 것이 불가능하다는 것이다. 따라서 만연해 있는 빈틈이 외부에 있는 빈틈과 관련 있는 것만큼이나 몰로이의 인식 강도와 관련이 있어 보인다. 그런데 이 인식이 이해의 궤도로서 고통을 수용하지 않고 있어서, 그의 몸이 사실 하찮은 것no-body이라고 암시하고 있다. 즉 몸과 대립하는 순수한 마음을 제시하는 것 같다. 메를로-퐁티의 주장이 고려하지 않고 있지만, 『몰로이』가 우리로 하여금 직면케 하는 것은 서로 다른 마음/몸의 배열이, 특히 재현의 모체로서 함께할 때, 객관적 세계의 인지된 빈틈을 반영하기보다는 강화시켜 주는 정도이다.[13] 따라서 몰로이의 경우 그의 마음이 자신의 주위 환경을 반영하는 것이 아니라 강화하며, 심지어는 왜곡하기까지 한다. 그리고 변증법적으로 이 같은 강화와 왜곡이 그의 마음속으로 스며들면서, 거의 그의 몸을 탈물화시키는 데dematerialize 기여하여 그 몸을 고통이 폐지된 투명한 형판으로 만드는 것이다. 왜냐하면 만약 고통이 고려되는 경우, 재현에서 마음/몸의 이분법은 마음으로부터 멀어져 몸을 선호하는 방향으로 해체되기 때문이다. 바로 이것이 비평가들로 하여금 몰로이의 신체적 손상들을 잊은 채 그에 대해서 글을 쓰도록 하는 것이다.

앞에서 논의한 것처럼 몰로이가 많은 손상을 지니고 있다는 사실에도 불구하고 우리가 몰로이를 기억하는 주된 방법이 그의 내적인 담론, 그의 자아감을 규정하는 데 기여하는 의식의 흐름을 통해서라는 것은 확실하다. 몰로이를 해석할 수 있는 주요 궤적으로서 그의 신체적 장애의 희석은 텍스트에 의해서 이루어진다. 그의 주위 환경에 대한 상세한 감각적 묘사를 그의 경험의 특정 부분과 혼합하는 것, 전반적으로 회의적인 자문self-questioning 구조, 그리고 이에 동반하는 시간을 표시하는 것들의 빠른 해체가 이 소설을 해석적 난관으로서의 장애의 재현을 보여 주는 좋은 예가 되게 하고 있다. 이 텍스트의 나눌 수 있는 모든 차원에서 우리는 해석을 위한 구조 문제에 직면하게 된다. 모든 것이, 심지어 몰로이의 손상들까지도, 불안정하고 설명하기 어렵다. 앞서 보았듯이, 해석적 망상의 원 밖에 있는 유일한 범주가 고통이다. 몰로이의 의식을 통해 굴절된 다른 범주들과는 달리 고통은 그의 내러티브를 규정짓는 회의적 대화 구조의 밖에 있다. 그러나 『몰로이』 그리고 더 넓게는 베케트의 작품에서 고통의 지위에 대해 좀 더 충분한 평가를 하기 위해서는 다음 부분의 주제가 되는 『승부의 끝』에 대한 긴 논의로 가야만 한다.

『승부의 끝』과 우연성의 극

『몰로이』는 우리로 하여금 대부분 몰로이란 인물의 장애의 몸이 지닌 특수성을 잊거나 무시하도록 하지만, 반면에 신체적 영역에 대립되는 정신적 영역을 통해 장애에 초점을 맞추고 있는 『승부의 끝』에서는 그런 호사가 허락되지 않는다. 장애의 신체적 표시가 항상 무대 위에 등장하며, 그 특수성은 오로지 무한한 수수께끼에 대한 단서를 찾을 때처럼 우리가 집중하게 되는 설명하기 어려운 언어유희에 의해서만 완화된다. 중요한 것은 『승부의 끝』이 2장에서 논의된 장애 재현의 범주들 중 여러 가지를 보여 주기도 한다는 사실이다. 『승부의 끝』을 해석할 수 있는 모든 장애 형태와 함께하는 것이 해석적 난관으로서의 장애인데, 이 극에서 사건이 전개되는 임의적인 양식 때문에 이것이 대단히 강하게 대두된다.

이 극을 접함에 있어 쉽게 눈에 띄는 것은 등장인물들이 자신들의 존재 의미를 이해하려 할 때 이용하는 다양한 범주들이 항상 피할 수 없는 부정negation의 구조에 본질적으로 의존하고 있는 것 같다는 사실이다. 이 (부정의) 구조가 모든 차원에서 이루어지는 사건 전개에 핵심이고, 내가 긍정적인 주장과 그 반대인 문제적인 부정 사이의 빠른 진동 과정이라고 부르고 싶은 것과 연결하여 탐구할 수 있다. 이것은 등장인물들 사이의 대화 차원에서, 극의 여러 곳에서 등장인물들이 서로의 말을 반향하고 있을 때조차도 끊임없이 동문서답하고 있다는 사실에서, 가장 강력하게 보여진다. 등장인물들 사이의 대화에 있어서의 멈춤 또한 그들의 대화에서 다양한 주제적 지시 대상 사이의 이어짐을 없애 버려, 일련의 파편화된 대화 광경으로 이어진다. 즉 등장인물들의 언어는 그들이 특정 순간에 우연하게 정의하는 것만 의미하는 것이다. 따라서 자연의 존재 등과 같은 겉으로 보기에 간단한 문제조차도 등장인물들 사이의 당면한 대화 범위 내에서 엄격하게 재정의된다.

햄 : 자연이 우리를 잊었어.

클로브 : 더 이상 자연은 없어.

햄 : 자연이 없어? 과장이 심하군.

클로브 : 주변에.

햄 : 하지만 우리가 숨을 쉬잖아. 우린 변하고! 우리 머리카락도 빠지
　　고, 이도 빠지고! 우리의 혈색! 우리의 이상!

클로브 : 그렇다면 자연이 우리를 잊지 않았어.

(97)

　　클로브의 다시 맥락을 이어 가려는 시도 — "주변에" — 는 이 극의 밖
에 존재하는 황폐한 배경에 대해 우리가 알고 있기에 기대하는 것이다.
이것은 또한 그 질문에 완전히 답할 수 있을 것인지 약간의 의심을 갖게
한다. 왜냐하면 그가 자연에 대해 갖고 있는 유일한 지식은 지금 당면해
있는 주변에 의존하고 있기 때문이다. 그런데 햄은 한술 더 떠 자연이 변
화 과정 내에 — 자연적인(우리 머리카락) 그리고 윤리적인(우리의 이상) 둘
다 — 있다고 주장하여, "자연"의 의미를 등장인물들이 지니고 있는 점
진적인 쇠퇴의 존재론(머리카락)을 직접적으로 반영하면서 동시에 인식
론적 측면(우리의 이상)도 포함하는 훨씬 더 미묘한 차원으로 변화시킨다.
언어가 실세계에 놓여 있는 지시 대상을 아무 문제없이 명명하는 것으로
간주되는 것이 아니라, 철저하게 대화의 특정한 담론적 문맥에 따르는
것으로 간주되고 있는 것이다. 따라서 햄의 "자연"과 클로브의 "자연" 둘
다 같은 말을 사용하고 있으며 겉으로 보기에는 동일한 개념을 지시하고

있는 것처럼 보이지만, 햄의 "자연"은 클로브의 "자연"을 수정하고 있는 것이다.

더욱이 이 같은 언어와 문맥적 지시 대상 사이의 불일치 정도는 텍스트가 (극에서 일어나는) 사건의 다양한 요소들과의 우화적인allegorical 또는 실로 형이상학적인 동일시를 — 이 같은 동일시를 주장하기 위해서라기보다는 없애기 위해서, 동시에 그런 동일시의 우화적인 잔여물은 유지하면서 — 부추기는 정도에서도 확인할 수 있다. 따라서 극의 제목이 제공하는 암시를 따라, 텍스트는 등장인물들의 삶이 서서히 멈추는 것, 모든 것이 끝나는 때로 해석될 수도 있다. 이는 또한 홀로코스트Holocaust 이후의 세상에 관한 우화, 인간 두개골의 내부, 장기판에서의 장기의 움직임, 또는 구원의 추구에 대한 유사성경적 설명 등으로 다양하게 해석되어 왔다. 한 비평가는 극의 전반부에서 나오는 클로브의 말 "끝났어"가 직접적으로는 성경을 상기시키지만, 이 극은 사실상 성경의 창조 신화를 뒤바꿔 놓은 것이라고 주장하였다. 또한 비평가들이 햄은 프로스페로에 그리고 클로브는 캘리밴 또는 애리얼과 연결시키면서 이 햄과 클로브의 관계가 셰익스피어의 극에서 제시된 방식처럼 가부장적이면서 동시에 착취적이라고 주장하여 왔다.[14]

그러나 『승부의 끝』에서 다양한 지시들이 지니고 있는 우화적인 암시성에도 불구하고, 이 극에 어떤 특정한 우화적 해석을 부과하는 것은 절대적으로 불가능하다. 이 극이 매우 두루뭉술하기 때문에, 우화적 암시성을 우화적 해석의 불가능에 연결하는 것의 효과는 그 같은 해석을 할 수 있는 우리의 능력을 없애 버리면서 우리로 하여금 해석을 하도록 유인하는 것이다. 우리는 항상 과잉 또는 우리 앞에 전개된 것에의 추가를 읽고 해석하는 쪽으로 유도된다. 동시에 그 추가supplement의 지위에 대한 확실성을 실제로 얻어 내는 우리의 능력이 대화에서의 주장들과 그것들의 문맥상 지시 대상 사이의 간격에 의해 늘 허물어진다는 것을 인식하면서도 그러한다. 그와 동시에 항상 텍스트는 우리로 하여금 우화적 해석을 생각하도록 부추기는 듯하지만, 그런 우화적 해석을 고집할 수 없다. 그보다는 우리는 한 잠재적 의미에서 다른, 아마도 모순적인, 잠재적 의미로 방향을 튼다. 한 의미에 대한 희망은 그 희망이 좌절될 때까지 살아 있다. 그것이 우화적인 함축성의 잔여물이다. 언어의 단편적인 성격 그리고 언어가 성가시게 우화적이라는 사실은 의미를 추구함에 있어 항상 사건의 조각들을 조립하고 재조립해 보도록 부추긴다는 것을 의미한다. 이것은 사건 내에 있는 손상을 지닌 인물들의 육체적 도식과 관련된 문제를 반영하기 때문에 사소한 것이 아니다.

이 극에는 시체와 쇠퇴에 관한 언급이 많이 있으며, 등장인물들이 임박한 쇠퇴를 막기 위해 다양한 시도를 하는 모습이 제시된다. 이 점은 특히 햄이란 인물에서 두드러진다. 햄은 주기적으로 클로브에게 진통제를 달라고 한다. 등장인물들 사이의 소통 차원에서 그리고 이 극의 지배적인 에토스의 일부로서 이루어지는 쇠퇴와 그것을 막으려는 노력 사이의 특이한 싸움을 포착해 내기 위해서는 무대 장치를 소독약 냄새나는 병원으로 상상하는 것이 도움이 된다. 이는 햄이 하는 말 "우리에게서 벌써 악취가 나. 이곳 전체에 시체 썩는 냄새가 진동해"(114)를 진지하게 받아들이는 것이다. 이것이 베케트 자신의 의도와는 정반대되는 것일 수도 있지만(현재까지 이루어진 공연 그 어디에도 병원 상황을 떠올리게 하는 증거는 없다), 『승부의 끝』에 나타나는 손상되고 병든 몸을 추상적인 철학적 범주로 흡수하려는 비평적인 마취에 대항하는 데 도움을 준다. 소독약 냄새는 극의 사건에 다른 단면을 제시함으로써 관객과 독자를 그들이 가 있거나 떠올리기 싫어하는 장소에 있도록 하면서, 무대에서 보여지는 움직일 수 없음과 불편함의 상황에 대응하는 개념적 영역 내에 그들을 위치시킨다.

여러 평론가들이 지적하였듯이, 다양한 방식으로 햄의 장애가 클로브의 장애를 보완한다. 햄은 휠체어를 사용하는 반면에 클로브는 앉지를 못한다. 햄이 완전히 보이지 않는 시각 장애인인 반면에 클로브는 약간은 볼 수 있는 시각 장애인이다. 그러나 이같이 겉으로 보기에 떼려야 뗄 수 없는 상호 의존 관계는 다른 차원에서도 강화된다. 클로브는 햄의 보정 장치로서 실용적인 측면에서 행동하는 반면에, 생계 때문에 햄을 필요로 한다(식품 저장고에 달린 자물쇠 번호). 그들의 황량한 방의 밖에 무엇이 있는지를 알려고 하는 햄의 고집은 클로브의 망원경으로 — 의미심장하게 클로브도 몸의 연장이라는 생각에 어느 정도 의존하게 만드는 또 다른 시각 보정 장치 — 풍경을 염탐하는 행동으로 충족된다. 또 다른 대조는 움직임과 부동stillness 사이의 대조이다. 햄이 클로브가 무대 위에서 돌아다닐 수 있도록 해 주기 전에는 부득이 정지되어 있는 반면에, 클로브는 계속 움직이면서 커튼을 걷는다든지, 창문 가까이에 걸려 있는 그림을 바로잡는다든지, 사다리를 앞뒤로 움직인다든지, 부엌에서의 움직임을 보고 한다든지 같이 무슨 일인가를 **한다**. 부엌에서의 움직임은, 마치 이 움직임을 정지시켜야만 한다고 주장하는 것처럼, 환유법적으로 클로브가 잡아 죽이려고 하는 쥐로 대체되어 있다. 그리고 햄을 떠나겠다는, 이를테면 다른 곳으로 **가 버리겠다**는, 클로브의 반복되는 위협이 있다. 무대에서 아무 일도 일어나지 않는데, 이 아무 일도 없는 상황이 한 등장인물의 거의 미친 듯한 움직임에 의해서 부각된다. 햄의 이동하기 어려움이 클로브의 부자연스러운 움직임을 두드러지게 하고 그의 모든 몸짓을 두드러지게 만드는 반면에, 클로브의 움직임은 다른 등장인물들의 움직이기 어려움 때로는 조각상 같은 자세를 더욱 부각시킨다. 클로브가 움직이는 것을 중단할 때는 마치 그가 서서히 멈추어 다른 인물들의 움직일 수 없는 자세를 취하는 것 같아 보인다. 손상을 지니고 있는 인물들로만 구성된 극에서 움직임과 움직일 수 없음 사이의 변증법적인 관계는 장애가 지니는 실존적인 제약을 부각시켜 준다. 이 같은 변증법 내에서의 모든 움직임은 본질적으로 그 반대에 의존하고 있어서 손상/장애/움직일 수 없음과 비장애/움직임이 하나의 연속체의 일부라고 주장하는 것이다.[15]

그러나 무대 위와 밖에서 이루어지는 클로브의 움직임과 햄과 낵Nagg과 넬Nell에게 주어진 움직일 수 없음 사이의 대조는 움직임과 움직일 수 없음 사이의 대립의 구분이라기보다는 서로 다른 시간성temporality 사이의 대립 구분이라고 할 수 있다. 왜냐하면 한 차원에서는 움직임/움직이지 않음의 균형은 사건과 쇠퇴 사이의 서로 다른 속도의 균형이기 때문이다. 이 같은 움직임/움직일 수 없음의 차별화된 시간성이 등장인물들이 처해 있는 현재 상태와 그들의 무력감을 누그러뜨리기 위해 말하는 그들의 과거에 대한 이야기 사이의 대조에 두드러지게 제시되어 있다. 이 이야기는 종종 우리가 보는 무대에 묘사된 세계와는 다른 사건의 세계를 나타낸다. 더욱 중요한 것은 그들의 과거에 대한 이야기 속에서는 햄, 낵과 넬이 장애를 지니고 있는 것이 아니라 활동적이고 상호작용적인 삶을 살아온 것처럼 보인다는 것이다. 이와는 대조적으로, 극 사건의 현재에는 아무 일도 일어나고 있지 않은 것 같다. 등장인물들에게 남아 있는 것이라고는 과거의 사건들에 대한 회상뿐이다. 특히 현재의 무력감을 해소시키기 위해 과거를 불러들이는 다양한 서사학적narratological 입장을 취할 수 있는 햄의 능력이 그의 성격 묘사에 있어서의 핵심이다. 『승부의 끝』의 이런 특징에 대해 논의하면서 조나단 볼터Jonathan Boulter(1998, 41)는 이 극에서 내러티브의 행위가 특히 햄에게 있어서, 제약으로부터의 일시적인 해방 기능을 한다고 설명하였다. 그가 지적하였듯이, "내러티브가 대안적인 시간성, 대안적인 존재의 방법(또는 시간)을 새길 수 있는 가능성을 제공한다는 의미에서 내러티브는 해석학적으로 작동하는 것이다." 볼터는 자신이 "역사 서술historiography 행위"라고 부른, 등장인물들에게 과거를 해석하고 다시 쓰도록 해 주는 그런 "역사 서술 행위"에 집중하였다. 그러나 여기에 과거 다시 쓰기가 단지 해석적인 경향만이 아니라는 사실이 추가되어야만 한다. 작용 주체agency에[16] 대한 투쟁이 과거에 대한 해석에 포함되어 있는 것이다. 이 작용 주체는 현재를 반영하는 것이 아니라 현재를 시간성의 ― 무대에서 공연되는 단계보다 더 활동적이고 더 큰 활력을 지니고 있는 ― 이전 단계로 옮겨 놓는다.

등장인물들이 의지하는 과거는 일정 정도의 불모에 시달리고 있는 것 같아 보인다. 이것은, 햄의 경우에는 그 자신에게 그리고 맥과 넬의 경우에 있어서는 그들이 공유하고 있는 과거를 바라보는 방식과 관련하여, 그것이 무엇을 의미하는지에 대한 의견의 일치가 쉽게 이루어지지 않고 있기 때문이다. 과거는 오로지 회상 과정에서만 활기를 띤다. 낵과 넬의 경우에는 재단사 이야기와 코모 호수에서 그들이 함께한 경험에 대한 이야기가 — 그들의 작용 주체적 성향의 형성을 위하여 과거로부터 은연중에 밝혀질 수도 있는 — 의미를 갖기 위해 서로에게 의존하고 있다.

> 낵 : 그게 무슨 의미냐고? [잠시 멈춤.] 그것 아무 의미도 없어. [잠시 멈춤.] 내가 재단사 이야기해 줄까?
>
> 넬 : 아니 [잠시 멈춤.] 왜?
>
> 낵 : 당신 기분 좀 좋게 만들려고.
>
> 넬 : 재미없어.
>
> 낵 : 그 이야기해 주면 당신 늘 웃었잖아. [잠시 멈춤.] 그 이야기 처음 해 주었을 때 난 당신 웃다 죽는 줄 알았어.
>
> 넬 : 코모 호수에서였지. [잠시 멈춤.] 4월 어느 오후에. [잠시 멈춤.] 그게 믿어져?
>
> 낵 : 뭐라고?
>
> 넬 : 언젠가 우리 코모 호수에서 뱃놀이한 것 말이야. [잠시 멈춤.] 4월 어느 오후에.
>
> 낵 : 우리 그 전날 약혼했었지.
>
> 넬 : 약혼했었지!

낵 : 배가 뒤집혔을 때 당신 난리 났었지. 이상적으로 말하자면, 우린

빠져 죽었어야 하는 건데.

넬 : 내가 너무 행복했기 때문이야.

낵 : 아니지. 아니야. 그건 내 이야기 때문이야. 행복? 당신 지금도 웃

지 않나? 내가 그 이야기할 때마다. 행복이라니!

넬 : 그 호수 무척 깊었는데, 무척. 하지만 바다까지 볼 수 있었어. 참

하얗고 깨끗했는데.

낵 : 그 이야기 다시 해 줄게. [이야기꾼 목소리]

(101~102)

무엇이 넬이 웃도록 하는지에 대한 이들의 의견 불일치는 이들이 그 사건을 해석하는 방식에 핵심적인 것이다. 그런데 넬은 왜 그때 그렇게 심하게 웃은 것일까? 그녀는 행복 때문이라고 말하지만, 낵은 그녀를 그렇게 심하게 웃도록 만든 것은 그가 재단사에 대해 한 이야기 때문이라고 주장한다. 그가 몇 번째인지도 모를 정도로 여러 번 재단사 이야기를 그녀에게 해 주었을 때 그 이야기에 대한 그녀의 무덤덤한 반응으로부터 그 이야기가 결국 무척 우스운 것은 아니었던 것이 아닌가 하는 의구심을 갖게 된다. 그러나 극의 사건 진행이 이루어지고 있는 현재에 보이는 그녀의 무덤덤한 반응이 과거를 다시 읽어 그런 무덤덤한 반응이 그때 그녀의 반응을 복제하는 것이라면 어찌되겠는가? 더욱 중요한 것은, 우리가 이런 모순(웃음/무덤덤함 사이)을 이용하여 핵심 이상 중의 하나가 "부부간의 화합"인 결혼이란 기본적인 제도를 통하여 그들이 함께한

삶 전체를 의심하도록 유도되는 것은 아닐까? 이제 웃음은 애매함의 중심점이 된다. 그때 그녀는 정말 이야기가 우스워서 웃은 것일까? 아니면 행복해서 웃은 것일까? 이야기가 우스웠기 때문이라면, 그녀는 행복하지는 않았던 것일까? 행복했기 때문이라면 그 이야기가 우습지는 않았던 것일까? 그리고 지금은 그녀가 왜 웃지 않는 것일까? 이제는 더 이상 그 이야기가 우습다고 생각하지 않기 때문인 것일까 아니면 그녀가 더 이상 행복하지 않기 때문인 것일까? 계속 웃음의 지위에 — 이야기가 우스웠기 때문에 그녀가 웃은 것인지 아니면 그녀가 행복했기 때문에 웃은 것인지 — 초점을 맞추는 것이 우리로 하여금 웃음/무덤덤함을 이들이 현재 처해 있는 움직일 수 없는 상태로 넣어 볼 수 있도록 한다. 현재 그녀의 무덤덤함은 그들의 무기력한 상태 때문에 그녀가 웃을 수 없게 사실과 관련되는 것은 아닐까? 이 경우라면, 과거를 회상하는 넥의 이야기는 사실 아주 짧막한 순간이라도 그들의 현재 상태에 새로운 활기를 불어넣기 위해 다른 형태의 시간성을 다시 요약해 보려는 시도가 아닐까? 이처럼 그들이 나누는 이야기가 그들의 이전 상황과 대조되어야만 할 뿐만 아니라 현재 그들이 처해 있는 움직일 수 없는 상태와도 연결 지어 보아야 한다는 것을 알게 되는 것이다.

넥과 넬 사이의 의견 불일치가 인과 관계 그리고 과거와 현재 사이의 관계에 대한 경쟁적인 해석을 암시하고도 있기 때문에, 그들 사이의 시급한 문제는 웃음 그 이상의 것이다. 만약 넬의 참기 어려웠던 웃음 뒤에 배가 뒤집히는 일이 일어났다면, 웃음과 배가 뒤집힌 것 둘 다의 원인이 무엇이었는지를 아는 것이 중요하다. 그녀를 주체할 수 없을 만큼 웃도록 만든 것은 그의 이야기였다는 낵의 주장은 다름 아닌 그가 궁극적으로 배가 뒤집어지게 만들었다는 주장인 것이다. 즉 그녀가 아니라 그가 호수의 신이었다는 것이다. 그러나 이처럼 특권이 부여된 주장을 하는 것은 단순히 과거의 해석에 관한 문제가 아니다. 그것은 또한 극화되어 제시되는 현재 내에서 공허함의 효과를 중화시키려는 시도이기도 하다. 이런 점에서 코모 호수와 재단사에 대한 이야기 그리고 쓰레기통 속에 갇혀 있는 그들의 현재 상태에 있어서 움직임과 움직일 수 없음의 대조가 중요한 의미를 갖는 것이다. 앞서 논의된 것처럼, 회상을 통해 과거를 현재로 끌어오는 과정이 현재에 활기를 불어넣고 과거와 현재에 대해서로 다른 주장을 할 수 있도록 하는 것이다. 그와 동시에 과거를 회상하는 과정은 잠재적으로 불모의 그리고 무기력한, 즉 죽은, 따라서 기억 속에서만 활기를 띠게 되는 것에 생기를 불어넣는 과정인 것이다. 이렇게 읽으면 재단사에 대한 이야기 또한 상충되는 해석이 가능해진다. 재단사 이야기는 단순히 성적인 풍자가 섞인 무능한 재단사와 잘 속는 손님 사이의 이야기인가 아니면 극의 마지막 부분에서 낵이 암시하듯이 불완전한 세상을 창조한 신의 오류에 대한 우화인가? 반복하자면 불모로 보이는 것에 대해 여러 해석이 가능하다. 그렇다면 기대된 반응(웃음)을 이끌어 내는 데 실패한 것은 해석의 필요성을 보여 준다. 그 이야기가 우스운 이야기인가 아니면 슬픈 이야기인가? 그 이야기는 (신학적인 관점에서 보았을 때) 비극적인가 아니면 (바지의 여러 부분에 대한 다양한 언급에서 보았을 때) 단순히 성적인가? 또는, 최종으로 분석했을 때, 그 이야기는 그저 시시한 농담의 한 사례인 것인가, 그리고 그런 경우라면 그 이야기를 하는 사람의 지나치게 커진 자존심을 보여 주고 있는 것인가? 아니면 동시에 이 모든 것을 나타내는 것인가?

햄과 클로브의 관계는 낵과 넬의 관계와 뚜렷이 대조된다. 클로브는 많이 움직이고 햄은 그렇지 않은 반면에 과거의 서사화narrativization를 장악하고, 과거와 현재를 설명하는 과정에서 그 서사화로 끊임없이 돌아가는 인물은 햄이다. 낵과 넬의 경우와는 달리 클로브는 분명하게 공유된 과거, 그것을 이용하여 햄에게 도전할 수 있는 그런 공유된 과거를 갖고 있지 않은 것 같다. 햄과 클로브의 경우에 있어서는 움직임과 움직일 수 없음이 이야기하려는 충동의 전치displacement와[17](현재의 움직일 수 없음에 대응함) 대화 상대 또는 청자의 위치 고정성의(현재의 행동과 움직임을 상쇄함) 이면裏面이 되고 있다. 햄 과거의 불모는 낵과 넬과는 다른 곳에서 유래한 것이다. 햄의 경우에는 본인 혼자만이 그 과거에 접할 수 있는데, 그 과거를 다시 이야기함에 있어 본인을 심문하지 않는다는 사실에서 불모가 비롯된다. 자신의 과거에 대한 몰로이의 내러티브와 관련하여 우리가 본 것과는 달리, 햄의 과거에 대한 내러티브는, 이야기하는 과정에서 오직 부분적으로만 의심할 여지를 주는, 독백 같은 이야기라고 부를 수 있는 그런 것이다. 클로브가 과거에 햄이 자신에게 보여 준 일시적인 친절에 대해 언급하는 경우를 제외하고는 과거에 햄은 거의 완전히 혼자였으며 따라서 그 과거에 접할 수 있는 유일한 사람이다. 어쩌면 이 과거에 혼자였다는 사실이 그로 하여금, 마치 현재의 대화적 상황을 통해 과거의 외로움을 누그러뜨려 보려는 것처럼, 그토록 다른 인물들이 그에게 사로잡힌 청자들이 될 것을 고집하게 하였을 수도 있다.

등장인물로서 햄은 자신이 생사를 좌지우지하는 힘을 가지고 있는 것으로 상상하는 것을 즐기는데, 이것은 그가 지니고 있는 손상들에 의해 허물어진다. 식품 저장고의 자물쇠 번호를 혼자만 알고 있는 것, 낵과 넬에게 비스킷을 배급하는 것, 자신의 아들에게 주려고 그에게 빵을 구걸하는 사람의 이야기와 같이 햄은 그가 맺고 있는 모든 관계에서 이 불가능한 이상을 되풀이하려 한다. 그의 이야기 속의 구걸하는 사람은 무대에서 다리가 셋인 개에 의해 담론적으로 되풀이되고 있다.

클로브 : 잠깐만요! [그가 쭈그리고 앉아 개가 세 발로 서도록 애를 쓰지만 안 되자 포기한다. 개가 옆으로 쓰러진다.]

햄 : [초조하게] 왜?

클로브 : 개가 일어서요.

햄 : [개를 찾아 더듬으면서] 어디? 개가 어디 있어?

클로브 : 여기요. [그가 햄의 손을 잡아 개의 머리 쪽으로 가져간다.]

햄 : [개의 머리에 손을 얹고서] 개가 나를 쳐다보고 있나?

클로브 : 그래요.

햄 : [자랑스럽게] 나에게 자기를 산책시켜 달라고 하는 것처럼 말이지?

클로브 : 좋으실 대로 생각하세요.

햄 : [이전처럼] 아니면 뼈를 달라고 간청하는 것처럼. [손을 거둬들인다.] 거기 서서 나에게 간청하도록 그대로 놔둬.

[클로브가 일어선다. 개는 옆으로 쓰러진다.]

최종 분석을 해 봤을 때, 개에 관한 햄의 질문이 간단명료한 질문에서 질문으로 가장한 서술로 — "아니면 뼈를 달라고 간청하는 것처럼." — 변하고 있어서, 개의 간청하는 자세에 대해 어느 정도 반신반의하는 생각을 하면서 (어쨌든 그는 실제로 개를 볼 수가 없다) 동시에 그런 의심을 떨쳐버리려는 그의 노력을 보여 주고 있다는 점에 주목할 필요가 있다. 중요한 것은 개가 서 있느냐고 물을 때, 클로브가 햄에게 거짓말을 하기 때문에 햄의 자기 확대self-aggrandizement가 곧바로 공상적인 토대 위에서 이루어지게 된다. 그는 과대망상의 희생자가 되는데, 그가 그 과대망상을 아주 진지하게 받아들이고 있어 애처롭다. 볼터가 이야기 서술하기 행위의 효능에 대한 분석에 있어 대부분 햄에게 초점을 맞추었다는 것은 적절하다. 왜냐하면 햄이 극의 사건 진행 과정에서 다양한 서술적 그리고 주제적 입장position을 취하려 하는 것이 분명하기 때문이다. 그는 여러 가지 "목소리"를 취하고 있는데, 이들을 공식화된 표현을 빌리자면 예언적, 서술적, 위협적 그리고, 극의 마지막 부분에서 배우와 극작가로서 자신의 역할을 의식하는 듯이 취하는, 연기적인 목소리라고 부를 수 있겠다. 여기서 주장하려는 것은 햄이 빠른 속도로 다양한 정체성을 취했다 버린다는 것이다. 바로 이 점, 그의 말대로 하자면, 그가 "그의 독백을 할 준비 운동을 하고"(130) 있다는 사실이 그의 문학적 과잉의식hyperconsciousness을 가리키고 있는 것이다.

주인/노예, 병약자/보호자 등과 같이 우리가 볼 수 있는 햄과 클로브 사이의 암시된 변증법적 관계 중에서 그런 변증법적 관계에 내재되어 있는 작용 주체에 대한 다양한 권리 주장과 관련하여 가장 중요한 것이 프로스페로/캘리밴-애리얼 쌍에서 볼 수 있는 관계이다. 캘리번처럼 클로브가 햄에게 그가 말할 수 있도록 햄이 가르쳐 준 언어의 효능에 대해 쏘아 붙인다.

> 햄 : 어제라! 그게 무엇을 의미하나? 어제라!
>
> 클로브 : [격하게] 이 빌어먹게도 끔찍한 날의 이전, 오래전 빌어먹게
> 끔찍한 날을 의미합니다. 난 당신이 가르쳐 준 말을 사용하는
> 데요. 그 말이 이제 아무 의미도 없다면 다른 말을 가르쳐 주
> 세요. 아니면 저 조용히 있게 내버려 두세요.
>
> (113)

햄이, 넉의 아버지 노릇에 대해 한탄한 직후, 애매하게 "우리의 잔치는 끝났어"라고 말하고, 개를 더듬어 찾으면서 "개가 가 버렸네"라는 애처로운 불평으로 대화의 새로운 궤도를 시작할 때(120) 프로스페로로서의 햄이 직접적으로 언급되고 있다. 『폭풍우』의 이 같은 반향은 4막 1장 148행에 해당하지만, 이 반향의 중요성은 그것이 햄-프로스페로와 클로브-캘리밴/애리얼 사이의 주인/노예 관계를 보여 준다는 것에 있다기보다는 과거의 서사화를 관장하려는 욕망에 있다. 한편으로 프로스페로와 캘리밴 사이의 화난 언쟁 그리고 다른 한편으로 프로스페로와 애리얼 사이의 화난 언쟁에서 반드시 반복되고 있는 것이 프로스페로의 과거 해석에 대한 권리 주장이다. 프로스페로에게서처럼 햄의 이야기하려는 충동이 권력에의 의지이다. 햄의 경우에 있어서 극 전체에 걸쳐 권력에의 의

지가 그대로 남아 있지만, 클로브에게 의지해야만 하는 것이 그의 권력과 권위를 향한 욕망을 꺾어 버린다. 이 의존은 나태해서가 아니다. 클로브가 있음으로 해서 햄의 존재가 다양한 차원에서 입증된다는 점에서 이 의존은 (거의 운명에 가까운) 필연성의 힘을 갖는다. 이러한 입증은 그의 화자로서의 역할에도 적용된다.

> 클로브 : 나를 여기에 있도록 하는 것이 무엇입니까?
> 햄 : 대화.
>
> (120~121)

그러나 "대화"는 결국 화자와 그의 청자/대화 상대 사이의 상호의존적 관계의 환유적 전치가 되며, 몰로이의 경우에서 본 것처럼, 서술을 부추기는 회의적 대화 상대를 형성한다. 햄은 밀려오는 주체 소멸의 파도를 막아 보려는 그의 노력의 일부로 어쩔 수 없이 생기는 대화 상대의 문제에 대하여 마지못해 넌지시 언급한다. 그가 무대에 잠깐 혼자 있을 때 이루어지는 드문드문한 독백에서 그는 "주절주절, 주절주절, 말, 마치 함께 있기 위해 자신을 두 명, 세 명의 어린아이로 만들어 어둠 속에서 함께 속삭이는 고독한 애가 하는 것처럼"(126)이라고 말한다. 앞에서 보았듯이, 『승부의 끝』에서의 대화 구조는 변증법적 대립으로 흡수된다. 그러나 이 모든 대립에 동반되면서 그런 대립에 존재론적 토대를 제공하는 것이 화자와 대화 상대의 대립이라고 말할 수 있겠다. 화자/대화 상대의 변증법적인 이분법은 또한 기본적으로 극의 사건을 전개시키는 동력이기 때문에 햄과 클로브의 복잡한 관계를 규정하는 다른 모든 대립들과 다르다. 기원전 6세기에 테스피스Thespis가 합창단과 소통하는 화자를 도입함으로써 디시램브dithyramb의[18] 구조를 변화시키기로 결정했을 때, 그리스 연극과 그 뒤를 따른 모든 연극 형태에서 사용된 대화 구조가 탄생하였다. 극의 필수 구성 요소에 베케트가 한 일은 연극의 이 구조적인 측면을 존재론적 필연성의 위치로 승격시킨 것이다. 이 승격이 지니는 힘은 그런 승격이 클로브가 끊임없이 반복하는 그러나 자주 뒤로 미뤄지는 떠나겠다는 결정에 의해 항상 소멸될 위기에 처해 있다는 사실에 기인한다. 그가 떠나는 것은 햄을 늘 위협하고 있는 죽음과 함께 일어날 일일 뿐만 아니라 그것과 동반하여 극적 사건 전개의 본질이 사망하는 일과 함께 일어날 것이다. 클로브가 유일한 보호자이기 때문에 햄에게 있어서 이 상황은 절망적인 것이다. 장애인인 햄은 글자 그대로 클로브에게 자신이 살아 있도록 만들라고 요구한다. 따라서 햄이 끈질기게 대화 방식으로 되돌아가는 것은 그가 과거의 작용 주체적 위치를 재서사화하기 위하여 그리고 동시에 클로브를 — 서로를 규정해 주면서 이 두 인물 사이의 관계에 중요한 — 보호자/대화 상대의 기능에 고정시켜 놓기 위하여 그에게 필요한 클로브의 관심을 유지하려는 노력으로 읽을 수 있다.

지금까지 제라르 주네트Gerard Genette(1982)의 표현을 따르자면 "디에게시스 내적인"intradiegetic이라고[19] 할 수 있는 차원에서, 즉 극 안에 있는 사건들 차원에서, 『승부의 끝』을 분석해 보았다. 그러나 무대에서 전개된 사건을 내적인 그리고 외적인, 모순되는 것이 아니라면 대조적인, 디에게시스 영역 사이에 신중하게 균형을 이루고 있는 것으로 볼 수도 있다. 이 극이 우화적인 읽기를 부추기면서 동시에 그런 읽기를 용의주도하게 허물어뜨리는 정도에 대해서는 이미 살펴보았다. 과거와 현재 사이의 관계도 이 같은 뒤얽힌 디에게시스 영역의 일부이다. 뒤얽힌 디에게시스의 효과는 대조되는 전경과 배경의 계층화layering에 의존하고 있다. 가장 즉각적인 차원에 있는 것이 아도르노Ardorno와 기타 다른 학자들이 홀로코스트 이후의 황폐함을 보여 주는 것으로 해석한 외적인 배경을 배경으로 하고 있는 전경인 텅 빈 무대이다. 이 같은 전경과 배경의 결합은 등장인물들이 지닌 손상들의 기원에 관해 만족할 만큼 확실한 설명이 전혀 없이 무대에 재현되는 장애가 갖는 지위의 문제화로 이어진다. 낵과 넬이 2인용 자전거를 타다 겪는 사고조차도 쓰레기통에 들어가 있는 그들의 현재 상황과 직접 연결되지 않는다(우리는 이들이 어떻게 그 사고로부터 현재의 특정한 상황에 이르게 되었을까 하고 궁금해하게 된다). 우리는 또한 햄이 어떻게 눈이 보이지 않게 되었고 휠체어에 의지하게 되었는지에 대해 확실하게 알지 못한다. 그가 클로브에게 음울하게 예언하는 것을 — "언젠가는 너도 혼잣말을 할 거야. 나 지쳤어. 앉아야겠어. 그러고는 앉겠지. …… 그러나 다시 일어날 수가 없게 되는 거야." — 보면 마치, 그의 경험에 비추어 볼 때, 그런 손상들이 사람들에게 예고 없이 발생한다고 말하는 것 같다. 과거의 사건들과 인물들이 지닌 손상들 사이의 관계는 직접적으로 말해지는 것이 아니라 추론 차원에 머물러 있다. 이와 동시에, 극의 사건 전개(등장인물들과 그들이 자신들의 삶을 이해하려는 노력)라는 전경과 (등장인물들을 통해) 보고된 황량한 배경을 이루는 무대 밖은 분리되어 있다. 따라서 클로브가 보고하는 것을 통해서 우리가 "보도록" 되어 있는 외부 환경으로 이루어진 배경이 우리가 눈앞에서 보게 되는 다양한 형태의 손상들의 거대한 원인을 암시하고 있다. 왜냐하면 홀로코스트 이후의 세상에서 그 이외 다른 무엇이 있을 수 없기 때문이다. 이와 같은 방식으로 장애의 전경이 세계 역사적 과정의 배경과 연결되어 우리로 하여금 손상들을 세계 역사적 사건의 잔재적인 그러나 못지않게 비극적인 결과들로서 그 손상들이 지니는 대표성으로 읽도록 할 뿐만 아니라 그 물질성materiality으로도 읽도록 한다. 이런 의미에서 무대 위의 디에게시스는 더 큰 내러티브의 일부가 되는 것이다. 모든 손상들과 장애의 거대한 원인을 규정하는 홀로코스트 이후 세상의 황폐함으로 이루어진 배경에 명쾌하게가 아니라 암시적으로 연결되어 있는, 분명한 원인이 밝혀지지 않은 손상과 불구로 이루어진 전경으로 분리하는 장치를 통해 베케트는 해석의 궤도로서 윤리적 측면을 제기하면서 동시에 그것을 근본적인 것이 아닌 것으로 만들고 있다.

『승부의 끝』에서 홀로코스트 이후 세상의 황폐함에 의해 암시되고 있는 거대한 원인 자체가 무대에 제시되는 다양한 장애들을 재현하고 인과관계를 보여 주는 형판으로서 손상되어 있다. 왜냐하면 그 거대한 원인이 사건 전개의 전경과 맺고 있는 관계에 대해 그저 추측할 수 있을 뿐이기 때문이다. 극화된 사건에서 보여지는 손상들의 원인이 우리에게 전혀 주어지지 않고 있기 때문에 그래서 전경과 배경 사이의 관계가 그저 추론으로 남아 있기 때문에 그 결과는 배경을 해체해 버려 그것이 우리 앞에 제시된 것의 원인이 아니라 은유적인 결과가 되도록 만드는 것이다. 달리 말하자면, 황폐함의 배경이 등장인물들을 만들어 내고 그에 책임이 있는 것이 아니라 마치 등장인물들이 황폐함의 배경을 만들어 내고 그에 책임이 있는 것 같아 보인다. 이것은, 예를 들어, 카트린의 장애가 그 다양한 면들이 극화되어 무대에서 제시된 30년 전쟁Thirty Year War과[20] 연결되는 것으로 해석되는 브레히트의 『억척 어멈과 그 자식들』*Mother Courage and Her Children*에서 볼 수 있는 것과는 매우 다르다. 또는 5장에서 보게 되듯이 비아프라 전쟁이[21] 전적으로 무대에 등장하는 장애 부랑자들의 끔찍한 삶에 책임이 있는 것으로 묘사되고 있는 월레 소잉카의 『광인들과 전문가들』*Madmen and Specialists*에서 보는 것과도 매우 다르다.

앞에서 본 것처럼, 햄과 클로브의 관계는 모순된 관계이다. 분명히 햄은 클로브 없이 생존할 수 없는데, 햄은 클로브에의 의지를 혐오하고 있는 듯하다. 그가 클로브에게 냉정하게 대하는 것은 부분적으로 자신의 취약성을 인정하는 것이다. 다른 차원에서 보면, 이 두 인물들 사이의 상호 의존 관계는 극 전체를 지배하고 있는 우연성의 징표이다. 햄과 클로브 사이의 관계의 한 가지 중요한 특징, 더욱 우리를 디에게시스 내적 그리고 외적인 영역에 대한 논의로 유도하는 특징은 전반적으로 햄이 계속해서 이어지는 명령을 통하여 클로브에게 말을 한다는 것이다. 한 곳에서 "이거 해, 저거 해. 그러면 나는 하지요. 절대 거절하지 않아요. 왜 그런 걸까요?"라고 말하고, 더 뒤에서는 "내가 전혀 이해 못하겠는 게 하나 있어요. 나는 왜 늘 당신에게 복종해야 하는 것이죠? 그것 저에게 설명해 주실 수 있습니까?"라고 말을 하면서 클로브가 햄의 명령적인 말투에 대해 불평한다. 앞에서 대화의 변증법과 관련하여 강조하였듯이, 이 계속해서 이어지는 명령은 클로브를 사건 전개 내에서 특정 기능으로 만들려는 햄의 시도로 해석할 수도 있겠다. 달리 말하자면 햄이 독백할 준비를 서서히 하고 있는 배우로서 행할 역할이 있다는 것을 의식하고 있을 뿐만 아니라 클로브가 행할 역할을 부여하는 권력을 휘두르고 싶어 한다는 것이다. 따라서 명령들의 구조로부터 나오는, 대화 상대에게 연극적인 기능을 부여하려는 이 같은 시도는 햄이 행하는 기능 중의 하나가 배우의 기능을 넘어 극작가나 감독의 기능으로 가는 것이라는 점을 말해 준다. 평론가들은 햄(의 이름)이 햄릿Hamlet을 상기시킨다는 점에 주목하였는데, 우리 모두 알고 있듯이, 이 셰익스피어의 극에 등장하는 인물은 (즉 햄릿은), 적어도 클라우디우스Claudius가 양심의 가책을 느끼도록 하기 위해 극중극인 쥐덫 극을 하도록 교사하는 데 있어서는, 순수한 배우일 뿐만 아니라 행동하는 감독이다. 햄의 충동 또한 다른 사람들의 연기를 감독하는 사람으로서 프로스페로의 충동과 부합한다. 프로스페로의 이 같은 충동은 영화 「프로스페로의 서재」Prospero's Books(1991)에 제시되는 피터 그리너웨이Peter Greenaway의 프로스페로 역할에 대한 해석에 영감을 주었다. 이 영화에서 프로스페로는 상상력을 통하여 모든 인물 창조와 더불어 영화의 사건 전개 전체를 생성해 내고 있다. 배우 그리고 동시에 극작가로서의 햄의 역할은, 세 발 달린 개를 일으켜 세우는 것뿐만 아니라 그가 낵의 이야기에 "감독같이" 끼어드는 것과 관련하여, 그의 "감독 같은" 외침을 설명하는 데 도움을 준다. 이 이중적 기능의 특징은 햄이 구걸하는 사람에 대해 이야기하는 도중 의식적으로 자신의 목소리를 고치는 곳에서도 볼 수 있다. 그러나 이 문제를 더 밀고 나가 햄이 극의 사건 전개에서 다른 사람들에게 말하는 방식인 명령 구조로부터 그의 감독적인 면이 오는 것으로 간주하게 되는 경우 극의 마지막 부분에서 일어나는 그의 독백을 재해석하지 않을 수 없게 된다. 왜냐하면 이 마지막 독백에서 여러 다른 디에게시스적 차원들 사이의 변화하는 경계선을 시사하는 여러 가지 행위자적actantial[22] 역할들이 작동되기 때문이다.

가장 기초적인 차원에서 햄의 마지막 독백은 극의 전개 과정에서 그가 정기적으로 했던 약속을 전달하는 것이다. 그 독백은 또한 앞에서 그가 시작한 대화 속의, 종종 "내가 할 차례"라는 말을 앞에 다 붙인, 많은 대사들이 지니고 있는 자의식적인 성격을 부각시켜 준다. 이 마지막 독백과 관련하여 특이한 것은 그 자체가 "버려. 모자를 들어 올려, 그리고 다시 써. 닦아. 그리고 다시 써. 이제 어둠 속에서 울어. 더 이상 말하지만…… 남아 있어"(133)에서 볼 수 있는 것처럼 분명히 자신에게 하는 명령으로 채워져 있다는 것이다. 각각의 명령에는 특정한 행동을 하라는 그 명령에의 직접적인 반응이 뒤따른다. 이런 것들이 다중의 주체 위치들과 섞여 있다: "그것이 내가 기다리던 순간이었어. [멈춤.] 너 그를 버리고 싶지 않아? 너는 시들어 가는데 그는 팔팔해지길 원하는 거야? 너의 마지막 순간을 수백만 번 위로하기 위해 있겠다고? [멈춤.] 그는 몰라. 그가 아는 것이라곤 배고픔, 추위, 그리고, 결국에는 죽음이 전부야. 하지만 너! 너는 요즈음 지구가 어떤지를 알아야지. 아, 하지만 나는 그의 책임보다 그를 더 중요시했지. [멈춤. **보통의 목소리**]"(133). 이 지점에 이르러서는 햄이 여전히 ─ 떠나려고 코트를 입었으나 아직 무대에 남아 햄을 바라보고 있는 ─ 클로브에게 말을 하고 있는 것인지 그리고 ─ 독백의 첫 부분이 명령투로 말해진 클로브에게 이불을 덮어 달라는 호소이지만 — 햄이 무대에서의 클로브의 존재를 의식이나 하고 있는 것인지 분명치 않게 된다. 다중의 목소리 채택과 관련하여 햄의 독백에서 이 부분은 아픈 아들을 위하여 빵을 구걸하러 온 사람에 대한 그의 이야기를 반향하고 있다. 그 이야기를 함에 있어서 햄은 다양한 목소리를 취하면서, 그 구걸한 사람과 과거의 자신을 모사하려고 노력할 뿐만 아니라 자신의 그 이야기를 하는 방식에 대하여 비평적인 어조를 취하기도 한다. 이와 동일한 다중성이 그의 마지막 독백에 나타나고 있는 것이다. 그러나 주목해야 하는 점은 이 마지막 독백에서 그가 자신에게 어떻게 연기해야 하는지에 대해 지시를 내리고 있는 것이라면, 그 지시는 그가 클로브에게 관습적으로 말을 할 때 사용하는 계속되는 명령들과 직접적으로 대응 각을 이룬다. 그런 방식으로 그가 자신에게 하는 지시가 디에게시스 외적 차원의 감독이나 극작가를 환기시키는 것이다. 나아가 시점에서 햄이 한 발짝 떨어진, 말하자면 자신의 창조에 대한 자의식에 의해 대필된, 베케트 자신이라고 말할 수도 있겠다. 그러나 다른 차원에서는, 그 같은 자기를 향한, 감독적인 명령들이 그때까지 햄이 극적 사건의 디에게시스 내적 영역 안에서의 관계를 통제하려고 시도하면서 이용한 명령들의 연장에 불과하다는 인상을 지울 수가 없다. 따라서 우리가 볼 수 있는 것은 그의 마지막 독백에서 햄이 (극) 텍스트의 다중디에게시스적multidiegetic 간극에 서 있다는 것이다. 이것은 안과 밖, 세부 사항과 우화, 그리고 공연과 극 전체를 지배한 현실이 불안하게 근접해 있음을 의미한다. 햄의 작별 인사인 이 독백에서 햄은 또다시 은밀하게 프로스페로를 반향하고 있다. 왜냐하면 프로스페로처럼, 햄의 작별은 극작가 역할로부터의 작별이기 때문이다. 이 극작가 역할로부터의 작별이란 것이 셰익스피어 학자들로 하여금 『폭풍우』가 셰익스피어의 극작술에 대한 작별이었다고 주장하게 한 것이다. 따라서, 작별을 고함에 있어, 햄에게 부여된 모든 역할들이 강화되고 이 작별이라는 하나는 몸짓으로 합쳐지는데, 이 몸짓은 극에서 분명하게 볼 수 있고 그 때까지 극을 지배한 다양한 경계들을 무너뜨린다. 여기서 내가 주장하는 것처럼 만약 햄의 마지막 독백이 그 경계들과 이분법적인 대립들을 무너뜨린다면 그 독백은 또한 (햄이란) 장애 인물을 위한 초월 방법을 생산해 낸다. 우리가 그의 장애를 잊는 것이 허용되지 않는다. 마지막에 그가 그의 얼굴을 가리는 데 사용하는 피 묻은 손수건이 이 점을 확실히 하고 있다. 왜냐하면 그 손수건이 우리로 하여금 첫 개막 장면들과 앞에서 논의한 "끝났어"라는 반半종교적인 선언으로 되돌아가도록 하기 때문이다. 수행적 정체성의 다양한 궤도 중에서 이 독백이 분명하게 드러내 보여 주는 빠른 변동oscillation이 햄이 그 다양한 궤도 어느 것에 한정될 수 있는 것이 아니라 그 모든 것에서 벗어나 심화된 의식의 초월적인 논리를 시사한다는 점을 확실하게 하고 있는 것이다.

베케트의 작품에서 고통 (안) 받고 있는 몸

이 장의 첫머리에서 살펴본 것과 같이, 비평가들은 베케트의 작품에 등장하는 장애의 몸을 너무 빠르게 추상적인 철학적 범주들로 흡수시켜 버림으로써 그 장애의 몸을 마쳐시켜 버렸다. 이제 이 문제를 다루어야 만 하는데, 베케트의 작품에 걱정스러울 정도로 결여되어 있는 듯한 것에 그에 대한 답이 있다. **그것은 상호주관적 인식의 방법과 정체성으로서 고통의 지위이다.** 이렇게 말한다고 베케트의 작품에 등장하는 인물들이 고통을 언급하지 않거나 느끼지 못한다고 말하는 것은 아니다. 그의 인물들은 종종 고통에 대해 말하고 느낀다. 클로브가 한번은 그의 다리에 고통이 대단해 그가 생각하는 것을 방해할 지경이라고 말한다(115). 햄이 지속적으로 진통제를 달라고 요구하는 것은 고통을 미리 방지하려는 그의 노력으로 해석할 수도 있다. 실제로 햄은 극의 사건 전개 과정에서 여섯 번이나 진통제를 요구한다. 매번 클로브는 여러 핑계를 대면서 이를 막는데, 마지막 여섯 번째에 가서는 진통제가 떨어졌다고 말한다. 이에 햄이 평소답지 않게 자제력을 잃는다.

햄 : 진통제 먹을 시간 아닌가?

클로브 : 그래요.

햄 : 아! 드디어! 진통제 줘! 빨리!

[멈춤.]

클로브 : 진통제 떨어졌는데요.

[멈춤.]

햄 : [깜짝 놀라면서] 아니……! 진통제가 없다니!

클로브 : 진통제 떨어졌어요. 더 이상 진통제 드실 수 없어요.

[멈춤.]

햄 : 하지만 저 조그맣고 동그란 통 그거 꽉 차 있었잖아!

클로브 : 그래요. 하지만 이젠 비었어요.

[멈춤. 클로브가 방 안을 서성거리기 시작한다. 자명종 시계를 놓을 곳을 찾고 있다.]

햄 : [부드럽게] 어떻게 해야 해? [멈춤. 고함을 지르며] 어떻게 해야 하는 거냐고?

(127)

클로브가 진통제가 떨어졌다고 밝히는 순간이 두 사람 사이의 권력 관계가 결정적으로 변하게 되는 시점이다. 이후 두 사람 사이의 권력의 관계는 클로브가 세 발 달린 개로 햄의 머리를 때리고서 그동안 종종 반복해 왔던 떠나겠다는 위협을 실천에 옮길 때가지 계속해서 악화된다.

『고통받고 있는 몸』*The Body in Pain*(1985)에서 일레인 스캐리Elaine Scarry는 고통과 관련하여 복잡한 문제 중의 하나가 고통이 그 고통을 받고 있는 사람에게는 인식론적 확실성을 생산하지만, 그 고통을 겪지 않는 사람에게는 의심의 가능성을 생산한다는 것이다라고 주장하였다. 고통을 받고 있는 자는 자신의 고통에 대해 확신하지 않을 수가 없는 반면에, 고통을 받고 있지 않는 자는 고통을 받고 있는 자가 느끼고 있다고 말하는 것의 진실성이나 강도에 대해 의심을 품을 수도 있다. 이 어려운 문제는 『실수 연발』*The Comedy of Errors*에서 루시아나Luciana에게 에이드리아나Adriana가 하는 말을 상기시킨다.

역경으로 멍든 가련한 사람

그 사람이 하소연하면 우리는 조용히 하라 한다.

그러나 우리가 그 비슷한 고통을 겪으면

우리는 그 사람보다 더 떠들어 댄다.

(2막 1장 34~37행)

스캐리가 보여 주었듯이, 고통을 받는 사람의 인식론적 확실성과 그 고통을 보는 사람의 의심 사이의 모순은 고문 체제, 전쟁, 미학적 재현에 대해 온갖 종류의 것을 시사하고 있다. 이전에 상정된 사회적 진실들이 의심되는 상황에서는 몸이 그 체제 가치들의 진실성을 입증하는 도구로 선택되기 때문에, 그 모순은 또한 유추적 증명의 문제로 이어지기도 한다. 따라서 역사적으로 다양한 제물 바치기 체제가 출현하여 종교적 제도, 국가, 그리고 더욱 문제인 시신 정치necropolitics에 대한 논리의 효능을 확인해 주곤 하였다(스캐리 1985, 124~127).[23]

그러나 고통을 받지 않는 자들에 의한 고통의 인식론적인 확인에 있어서의 어려움에 대한 스캐리의 설명으로 되돌아가 볼 필요가 있다. 왜냐하면 그곳에서 암시되어 있는 목격의 문제가 대두되기 때문이다. 고통을 받고 있는 사람은 고통의 진실에 대한 자신의 지식이 그 고통을 목격하는 자의 인식을 통해 인정받게 된다고 생각한다. 고통을 받지 않는 사람에서 고통 목격자로의 변화는 근본적으로 공감상의 위치 변경이다. 공감은 대인관계에서만 볼 수 있는 것이 아니다. 공감은 남아프리카공화국 진실 화해 위원회Truth and Reconciliation Commission의 행위에서 볼 수 있는 것과 같은 목격이라는 공적인 장치 전반에 걸쳐서도 확인된다. 목격자는 다른 사람의 고통을 인정하고, 공감하며, 동정심이나 약 또는 진실 화해 위원회가 한 것과 같은 함께하는 인정의 공적인 제의를 통해서 완화하는 사람이다. 특별한 경우인 진실 화해 위원회에 있어서 고통의 완화가 — 아파르트헤이트 이후 남아프리카에서의 정체성 형성 과정에 핵심이 되는 — (과거의 잘못으로부터) 회복하는 정의 추구의 형태와 연결되어 있다. 고통의 목격에 관해 중요한 것은, 목격하는 과정을 통해 고통을 바라보는 사람에게 확실성이 인식론적으로 회복되어서 고통받는 사람에게 그의 고통이 상상의 산물이 아니라 — 고통받는 사람과 목격하는 사람 사이에 또는 문화적으로든 정치적으로든 고통이 어떻게 규정되는 간에 — 그것이 **진짜**라고 확신시켜 준다는 것이다. 달리 표현하자면, 고통을 목격하는 것이 다른 — 그 안에서 고통이 표현되고 인정받는 — 대화 구조를 고통에 제공함으로써 고통의 성격을 재구성하게 해 주는 것이다.

『승부의 끝』에서, 사실 많은 베케트의 작품에서, 보게 되는 것은 등장인물들이 가끔 고통을 언급하고 있음에도 불구하고, 고통이 장애와 직결된 현상학적인 사실로서 일관성을 얻게 되는 전체 대화 구조의 일부가 아니라는 점이다. 베케트의 인물들은 그들의 몸으로부터 소외되어 있을 수 있는데(예를 들면 말론과 쓸모없는 팔다리에 대한 그의 생각), 그들은 그 같은 고통에 대해 거의 생각을 하지 않는다. 이것은 『고도를 기다리며』의 포조Pozzo와 럭키Lucky 그리고 『머피』의 마들렌 정신 병원Magdalen Mental Mercyseat에 있는 자살을 하지 못하도록 잘 감시해야 하는 많은 사람들에게도 적용된다. 『고도를 기다리며』에서 특히 1막과 2막 사이에 고통의 지위가 변한다. 1막에서 블라디미르Vladimir는 종종 급하게 소변을 보러 달려가고, 소변볼 때의 고통에 대해 자주 언급한다. 실제로 그는 무대에서 그는 성기가 더 쓰라려지는 것을 피하기 위해 다리를 널찍이 벌리고 걷는다. 그러나 2막에서 이상한 일이 일어난다. 블라디미르는 간절히 "어제" 일어난 것에 대해 확실하게 알고 싶어 한다. 그를 제외하고는 아무도 어제 일어난 일에 대해 확실하게 알고 있지 않은 것 같다. 블라디미르는 계속해서 전날 있었던 일에 대한 다른 사람들의 기억을 되살리려고 애를 쓴다. 한편 에스트라공Estragon은 일어난 일 전부를 잊어버리고 있는 것 같다. 전날 일어난 사건들과 관련하여 그의 마음에 남아 있는 유일한 것은 럭키가 세게 걸어찬 정강이 부분의 고통이다. 에스트라공의 성격 묘사에 있어서 핵심적인 것이 그가 매우 열심히 고통을 피하려 한다는 사실이다. 그는 밤에 맞는 것에 대해 거의 편집증적인 두려움을 갖고 있다. 중요한 것은 블라디미르가 에스트라공에게 럭키에게 걸어차였다는 것을 상기시켜 줘 그의 기억을 잠시나마 되살린다는 것이다. 에스트라공이 (적어도 자신이 겪고 있는) 고통에 민감하다는 것을 알게 되면서, 에스트라공과 자신을 위해 어제에 대한 기억을 붙들어 두려는 노력에서 블라디미르가 기억해 내지 못하는 유일한 것이 자신의 소변보는 고통이라는 것은 이상하다. 이는 마치 2막에서 어제와 오늘을 이어 줄 수 있는 유일한 것인 고통이 소멸되는 것 같아 보인다. 이 소멸에 의해, 등장인물들이 어제에 관한 인식론적 확실성을 제공해 주었을 수도 있는 유일한 것, 즉 고통을 "잊을" 수 있도록 되었기 때문에, 어제가 존재하지 않게 된다. 이것이 존재의 무의미함과 정체성의 무작위배치randomization로서의 극 사건 전개를 규정해 주는 과정의 일부이다.

반면에 『승부의 끝』에서는 햄이 분명히 고통을 받고 있지만, 두 가지 요소가 극에서 이 같은 현실을 모호하게 만들고 있다. 이미 보았듯이 두 요소 중 첫째는 클로브가 그 고통을 인정하지 않고, 진통제가 떨어졌다고 말하고는 재빨리 진통제에 대한 이야기에서 벗어나 자명종 시계를 둘 곳을 찾아 방을 서성대는 것과 같이 그답지 않게 가학적으로 행동하는 것이다. 이런 방법으로 클로브는 진통제가 덜어 주도록 되어 있는 고통이 무엇이든 간에 그것이 자명종 시계를 들고 방을 돌아다녀야 하는 짐을 덜려는 그의 당장의 관심사보다 중요하지 않다고 암시하고 있는 것이다. 클로브는 햄의 고통을 목격하기 위해 멈춰 서지 않는다. 이 점에 있어서 클로브는 그의 다리의 극심한 고통에 대해 말했을 때 햄이 보여 준 공감의 결여를 반복하고 있는 것이다.

그러나 이보다 더 기이한 것은 빠르게 햄 자신이 고통에 대해 걱정하는 것으로부터 벗어나 진통제에 대해 말을 듣는 것으로 옮겨 가는 것이다. 햄은 세 줄 정도의 대사에서 불만과 고통을 원초적인 외침으로 표현하다가 클로브에게 망원경으로 창밖을 살펴보라고 요구하는 것으로 옮겨 가 극이 끝날 때까지 다시는 진통제나 고통에 대해서 언급하지 않는다. 여기서 일어나고 있는 일은 극이 진행되는 과정에 등장한 모든 주제적 지시체처럼 고통도 다수의 (극을) 구성하고 있는 많은 여담의 평범한 일부가 되고 있는 것이다. 고통에 주어진 특권은 전혀 없다. 그러나 만약에 고통이 햄과 클로브 두 사람 사이에 스쳐 지나가듯 나타난 많은 것들과 같은 것으로 간주될 수 있다면, 그들이 지니고 있는 손상들도 텍스트에서 반복되는 부정否定과 연기延期의 장치일 뿐이라고 말할 수도 있는 것 아닐까? 더 직설적으로 표현하자면, 불편과 고통이 두 사람의 장애와 제약 상태나 그들 사이의 대화 구조와 관련이 있는 것으로 인정될 수가 없다고 하면 어느 정도까지 그들이 지니고 있는 손상들이 보통 말하는 진짜 고통받는 것을 가리키는 지시체가 아니라, 그저 노쇠 현상을 나타 내는 암호라고 말할 수 있는 것일까?

이와 비슷한 문제가 『몰로이』에서의 고통이 갖는 지위에도 연결된다. 왜냐하면 『몰로이』에서, 이 소설 제목과 동일한 이름을 지닌 주인공이 분명히 고통을 받고 있지만, 고통은 그가 들먹이는 모든 범주들이 주장하는 진실이 검증되는 의심 구조를 통하여 검증되지 않기 때문이다. 『몰 로이』에서는 또한 우리는 몰로이의 장애가 그 같은 현상학적 몸을 언급하고 있다기보다는 나이를 먹어 가고 있는 몸의 노쇠 현상에 대한 철학적인 관념 또는 암호이지 않나 하는 의구심을 갖게 된다. 몰로이가 자전거 탄 것을 묘사하는 지점에 이르러 우리의 의심은 더욱 강해진다.

이것이 내가 그것을 시작한 방식이야. 내 목발을 안장과 핸들 사이에 있는 가로대에 한 쪽에 하나씩 붙들어 매고, 내 굳은 다리를 (이제 두 다리가 다 굳어 어떤 다리였는지 잊었지만) 앞바퀴 축의 튀어나온 부 분에 올려놓고, 다른 다리로 페달을 밟았어. 체인이 없는 자전거였어, 자유롭게 구르는 바퀴가 달린, 그런 자전거가 있기나 하다면 말이야. …… 매 100야드 정도마다 쓸 수 있는 다리뿐만 아니라 쓸 수 없는 다 리 두 다리 모두 쉬도록 하기 위해 멈췄다는 말을 해야겠군. 다리만 쉬

도록 한 건 아니지. 다리뿐만은 아니었지. 제대로 말하자면 자전거에
서 내리지 않고, 자전거에 걸터앉아 다리로 땅을 딛고 손은 핸들을 잡
고서, 얼굴을 팔에 대고서 회복될 때까지 기다렸어.

(16)

여기에서도 앞에서 본 회의적인 대화 구조를 볼 수가 있다(축에 올려놓
은 다리가 어떤 다리였는지에 대한 확실성이 없는 것 그리고 체인 없는 자전거가
실제로 존재하는지 아닌지를 확신하지 못하는 것). 그러나 흥미로운 것은 그
어떤 자전거도 목발을 가로대에 붙들어 매고 그리고 굳은 다리를 (꼭 앞
바퀴 축이 아니더라도) 자전거 그 어디에 올려놓은 상태에서 탄다는 것
이 분명히 불가능하다는 것이다. 우선 그런 식으로는 자전거를 조종하는
것이 어려울 것이라는 점이고, 다른 이유는 한 발을 페달에서 떼어 자전
거의 다른 곳에(그 어디든) 올려놓고 균형을 잡는다는 것은 거의 불가능
에 가깝다는 점이다.[24] 우리는 자비로운 시각을 가지고 이것이 몰로이의
정신적인 혼란의 한 예일 뿐이라고 생각하거나 또는 베케트가 이 장면을
쓸 때 이 장면을 제대로 마음속에 떠올려 보지를 못했다고 말할 수 있겠
다. 나는 후자를 더 믿고 싶다. 또는 손상과 장애에 대해 여러 번 언급하
고 있음에도 불구하고 몰로이는 장애인이 아니었던 것이라고 말할 수도
있을 것이다. 그의 신체적 장애는 그의 정체성을 결정하는 요소가 아니
었고, 따라서 언급되자마자 무시될 수가 있었다. 클로브와 햄의 경우처
럼, 몰로이가 지니고 있는 손상들은 인간이 처한 상황에 관한 암호이고,
따라서 실제 장애를 나타내는 표시로 읽을 수 없게 되어 있는 것이다.

베케트의 작품에 고통을 다루는 대화 구조의 부재가 그의 극이 특히 비극과 희극 사이에 불안하게 위치하고 있도록 하는 것이다. 등장인물들의 고통이 신체적인 것이 아니고, 심지어 정서적인 것도 아니기 때문에 『승부의 끝』 같은 극들에 종종 수반되는 추론적인dianoetic 웃음이 있을 수 있는 것이다. 그러한 등장인물들은 이 세상 그 어떤 신체적인 의미로도 고통을 받고 있다고 인식되지 않는다. 『승부의 끝』의 앨버리 씨에 터Albery Theatre에서의 공연에서 클로브는 보행 장애가 있는 인물로 뿐만 아니라 인지 장애가 있는 인물로 등장하였다. 극 전체에 걸쳐 그는 반쯤 오그라든 상태의 손을 하고, 인지적 장애를 나타내는 얼굴 표정을 하고, 등을 구부린 채로 무대 위를 걸어 다녔다. 이것이 즉각적으로 극에서 일어나는 클로브의 건망증의 순간들에 새로운 의미를 부여하였다. 그러나 내가 볼 때 클로브의 묘사와 관련하여 가장 흥미로웠던 것은 그가 처음 등장하였을 때 그리고 그가 처음으로 입을 열기도 전에 관객들이 한참을 웃었다는 사실이다. 관객에게는 이 극이 고전적인 광대극으로 다가왔던 것처럼 보였다. 그러나 이 극을 장애학의 관점에서 보았을 때, 그와 같이 감동적인 인지 장애의 묘사에 보인 그런 반응에 대하여 다소의 거북함을 느끼지 않을 수 없는 것이다. 『승부의 끝』의 공연 역사 전체에 있어서 이 공연에서 목격한 반응을 기대할 수 없었기 때문에 어쩌면 나의 반응이 잘못된 것일 수도 있겠지라고 잠시 생각했었다. 이런 나의 생각이 옳았다는 것은 극이 끝나자마자 등장한 극찬의 논평들에 의해 증명되었다. 단 하나의 논평도 인지 장애에 대한 생각에 대하여 클로브의 (인지 장애인으로서의) 배역이 어떤 함축성을 지니는지를 지적하지 않았다.

그러면 고통에 초점을 맞추는 것이 베케트의 작품을 재해석하는 데 어떤 도움을 줄 수 있는 것일까? 일부는 그의 글에 고통이 "부재한다"는 사실이 그의 작품에 등장하는 많은 손상된 몸들을 희극과 비극의 경계선에 위치시킨다. 왜냐하면 고통이 장애 인물들의 성격 묘사에 있어서 중요한 부분이 아니라서 그들이 지니고 있는 손상들의 현상학적 특이성이 흐릿해지고 따라서 쉽사리 철학적 범주들로 흡수될 수 있기 때문이다. 고통이 그의 텍스트의 주된 미학적 그리고 구조적 성향들에 따르지 않는 것이기 때문에 그것들은 외적 요소, 즉 재현 구조의 밖에 있는 요소 그리고 그 같은 구조들 내부의 확정적이고 필수적인 요소 둘 다를 표시한다. 등장인물들을 철학적 암호로 읽어 내는 것이 가능한 것은 바로 고통이 등장인물들의 마음속에서나 그들의 관계 속에서 제대로 부각되지 않기 때문이다. 달리 말하자면, 고통의 담론적 부재에 의해서 만들어진 빈틈이 바로 역사적으로 베케트의 인물들이 장애인으로 간주되지 않도록 한 것이다. 이 부재 자체가 우리가 베케트의 장애 재현에 있어서의 특이한 미학적 불안감을 이해할 수 있도록 해 주는 것이다. 베케트의 작품에서, 장애가 의미하는 것을 의심하기 위해서라기보다는 재현의 장치 전체가 빈틈과 아포리아aporia로[25] 차 있기 때문에, 장애가 주로 해석적 난제라는 양식을 통하여 재현되고 있다. 장애의 사실성을 없애 버리는 일의 결과는 장애의 의의가 재현 관계 전체에 퍼지면서 동시에 확실한 해석의 장소로서의 장애는 그 관계에 있지 않게 된다는 것이다. 하지만 장애의 틀을 통하여 베케트를 읽는 것은 장애가 너무도 쉽사리 철학적 범주로 흡수되도록 하는 기표 체계signifying chains에 강력하게 개입하는 것이다. 사실 이것이 장애학 그리고 총체적인 미학적 재현의 도식에 대한 비평에서 장애학이 차지하고 있는 위치에 대한 의식의 영향을 받은 비평이 해야 할 핵심 과제일 것이다. 알도 탈리아페리Aldo Tagliaferri(1985, 240~250)가 주장하였듯이,

베케트의 작품에서 우리는 빈 것으로 채워진 빈틈, 뒤로 미루기, 자기 부정을 발견할 수 있는데, 이것들은 균형을 맞춰야 하는 유인가valence나[26] 미완성의 문제로 변환시킬 수 있는 것들이 아니라 질문, 제안, 부정否定의 행위를 시사하는 것들이다. 이제 예술이 모방보다는 부정을, 가능성의 자유로운 놀이로의 초대가 아닌 모든 실재적 가치를 부정하는 엄밀한 메타비평적 기능, 수천 년 동안 내려온 서구 전통이 벌거벗은 인간의 주체성을 가리기 위해 짠 장막의 지시를 받는 의무, 계속되어야 하는 책무로의 초대를 목적으로 하고 있기 때문에.

이 같은 탈리아페리의 설명에 있어서의 핵심 용어들이 베케트의 작품에 등장하는 장애 인물들을 수반하는 미학적 불안감의 본질을 점차 표면화하기 위하여 우리가 기대야만 하는 것이다. 왜냐하면 일단 우리가 이 같은 아포리아와 빈틈을 철학적 형틀을 바꾸어 놓는 것transposition으로서가 아니라 장애 인물들의 양면적인 제시에 의해서 생성된 것으로 받아들이게 되면, 그의 작품 읽기가 훨씬 풍요로워진다는 것, 그리고 더 중요한 것은, 그런 읽기를 다양한 장애 재현에서 되풀이해서 나타나는 미학적 영역과 관련된 일반적인 문제를 밝히는 데 이용할 수 있다는 것을 알게

된다. 베케트의 텍스트가 지니고 있는 복잡하고 다면적인 구조가 모방에 대한 그 어떤 가정도 수용하지 않는다는 것을 알기 때문에 우리는 그를 장애학으로 불러들일 수 있는 것인지를 묻지 않을 수 없다. 그의 작품에서 손상이 지니는 설명하기 어려운 지위 때문에 간단명료한 답을 구하기는 어렵다. 하지만 나는 "계속되어야만 하는 책무"라는 탈리아페리의 말에서 하라는 신호를 받아 베케트의 복잡하고 설명키 어려운 문학적 세계를 이해하는 중요한 단계로서 그의 작품에 등장하는 고통과 손상된 몸이 고려될 수 있는 길을 열려고 시도하였다.

토니 모리슨

: 장애, 애매성과 관점의 변조

4. 토니 모리슨

: 장애, 애매성과 관점의 변조

모리슨의 작품은 흑인, 여성 그리고 장애인 같은 다양한 신체적 다름들을 겹쳐서 재현의 전경에 배치하였다. 내부의 위기를 사회적으로 좌우되는 인종과의 관계에 연결하는 미국 백인의 글쓰기에서 반복되어 나타나는 경향을 밝혀내는, 서로 이어진 형태를 취하고 있는 에세이 모음집인 『어둠 속의 유희』*Playing in the Dark*(1992)에서도 모리슨이 주의를 기울인 텍스트들의 적어도 반 이상이 장애와 관련이 있다는 사실이 흥미롭다.[1] 지금까지 출판된 모리슨의 소설 중에 적어도 한 명의 장애 인물도 등장하지 않는 소설은 단 하나도 없다. 로즈메리 갈런드 톰슨(1997, 115~116)이 설득력 있게 주장하였듯이, 이 같은 다양한 주변인들marginalities을 택한 것은 다름을 기존의 가치 체계와 인정 체계를 재구성하는 방법으로 되찾기 위해서 역사적으로 주변화된 형상들 사이에 존재하는 유사성을 규명하는 방법이었다. 모리슨이 묘사한 장애는 각양각색

이어서 인지와 정신 장애, 신체적 손상, 그리고 톰슨이 "외형상의 특수성"의 흔적이라고 부른 것들을 포함한다(119).

모리슨의 작품에서 장애는 복잡한 위치를 차지하고 있다. 모리슨의 작품에 대한 평에서 종종 미국 흑인들이 처해 있는 상황에 대한 사회학적 표시로 해석되는 인종이란 범주와는 다르기 때문에, 그녀의 작품에서 장애를 사회학적 방식으로 다루는 것은 잘못이다. 모리슨의 글쓰기에서 장애는 담론적 구성 내에서 다목적용 버팀대 역할을 맡고 있어서, 장애로부터 다양한 의미가 생성되어 나오도록 할 뿐만 아니라 글쓰기의 짜임새에 있어서의 여러 가지 변화와 변신으로 이어지기도 한다. 이 변화와 변신은 관점의 변조라는 측면에서 이해될 수 있다. 즉 그러한 변화와 변신들이 우리로 하여금 항상 등장인물들에 따라 또는 소설의 전체 구조에 따라 관점을 변화시킬 준비를 하도록 한다.

내가 보여 주고 싶은 것은 모리슨의 작품에서 장애는 종종 그 장애라는 범주의 묘사에 특이한 상징적인 여운을 준다는 것이다. 그러나 이 상징적인 여운이 모리슨의 인물들과 관련된 단 하나의 또는 간단명료한 의미를 생성해 내도록 되어 있는 것이 아니다. 그보다는 각 장애 인물에게 부여할 수 있는 의미들에서 다양한 변화들이 일어나고 있어서, 그 의미들을 2장에서 요약한 장애 재현의 유형분류 체계의 넓은 범위 내에 위치시킨다. 모리슨의 인물들이 지니고 있는 손상들의 전반적인 애매함 때문에 각 인물은 선/악, 모성/영아살해, 성적인 사랑/신의 사랑 같은 다수의 상충되고 대립되는 가치들이 잠재적으로 함께하도록 한다. 이 같은 대립적인 짝들이 특별하게 그리고 다양하게 함께하도록 하는 방법이 각 장애

인물에게 생긴 여러 가지 의미들 사이의 체계를 분명하게 파악하는 것을 어렵게 만든다. 이 같은 체계화의 거부가 모리슨 글쓰기의 짜임새와 복잡성에 드러나 있다. 모리슨은 작가로서의 경력 전반에 걸쳐 다양한 형태의 내러티브 기법을 실험하였고, 단일한 관점에 기대기보다는 여러 가지 서술적 관점의 사용을 좋아하였다. 때문에 『가장 푸른 눈』*The Bluest Eye*(1970)에서는 이야기가 대체적으로 3인칭 화자의 관점에서 행해지지만 동시에 명백하게 클로디어Claudia, 폴린Pauline, 그리고 한참 뒤에 정신이상을 일으키는 피콜라Pecola에게 주어진 부분들에 의해 연속적으로 수식된다. 『솔로몬의 노래』(1977)에 이르러서는 이 같은 다중의 관점 추구가 더욱 미묘해지면서 3인칭 화자가 가까이 다가가거나 떨어지면서 다른 인물들과 유지하는 거리가 다양해졌다. 또한 『솔로몬의 노래』의 화자는 사건 발생의 순서를 뒤섞어 놓아 독자로 하여금 다양한 관점들을 동시에 염두에 두게 하려고 애쓰면서 전개되는 이야기를 재구성하는 일을 할 수밖에 없게 만들고 있다. 이처럼 다양한 때로는 상충되는 관점들을 염두에 두어야만 하는 사실이 이 소설의 특정 인물들에게 특히 영향을 미친다. 따라서 밀크맨Milkman은 필레이트Pilate가 그에게 주는 그의 유산에 대한 가르침을 이해하여야만 하는데, 이 일을 제대로 하기 위해서 밀크맨은 그 가르침을 그의 아버지가 해 준 이야기에 비추어 보아야 하고, 나아가 복수심에 불타는 단체인 — 그리고 그 대변자가 밀크맨의 가장 친한 친구인 기타Guitar인 — 세븐 데이즈Seven Days의[2] 신랄한 해석과 비교해 보아야만 한다. 이 같은 방법으로 그의 유산에 대한 — 처음에는 주저했던, 하지만 나중에는 전력을 다한 — 해석의 노력이 이 소설의 의미들을 짜 맞추어 종합적으로 이해하려는 우리의 노력을 비추어 보여 주는 것이다. 『빌러비드』와 『낙원』이 관점의 변조를 보여 주는 또 다른 예로서 노예제도, 공동체, 비극 같은 문제들을 탐구하는 동안 다양한 인물들의 관점들을 교묘하게 이용하고 있다.

그러나 내가 관점의 변조라고 부르는 것은 서술자 관점이 바뀌는 것 이상을 의미한다. 이 점은 특히 — 글쓰기에서 관점의 변조가 집중되고 있는 — 장애를 지닌 인물들에 관해 논의하는 데 관련된다. 대체적으로 각 장애 인물에 부여된 종종 대립되는 의미들은 체계화하기 어려울 뿐만 아니라, 그 다양한 의미들 자체가 변하거나, 다른 의미 속으로 녹아 들어가거나, 다른 의미에 가려져 흐릿해지며, 그와 같은 다양한 의미들이 — 내러티브가 처음 우리에게 제시된 담론적 실체들을 항상 변화시키는 방법이라는 측면에서 — 내러티브가 수행적performative이 되도록 한다. 장애가 지니는 암시성으로부터 발생하는 변조는 과거와 현재의 관계, 전경과 배경의 관계, 그리고 인물들의 주관적인 현실 인식과 그런 주관적인 인식을 인물들이 혼자 상상해 낸 것이 아니고 "실제의" 문맥 속에 위치시킬 수 있도록 하는 객관적인 현실 묘사 사이의 관계에서와 같은 텍스트의 다양한 층들을 이해하는 방법에 영향을 미친다. 나는 텍스트의 이와 같은 층들이 『낙원』에 등장하는 콘솔라타의 시각 장애를 이해하는 데 어떻게 관련되는지를 보여 주려 한다. 그러나 장애가 지니는 의미의 다양성에 대해 깊이 있게 분석하는 경우, 모리슨 텍스트의 수행성에 한계가 있다는 것을 보게 된다. 이 점은 특히 장애가 모성이란 주제와 결합될 때 분명해진다. 모리슨의 작품에서 모성은 신화적이며 동시에 죽음에 대한 생각과 결합되어 있는 불안정한 범주이다. 장애와 모성을 함께 고려하게 되는 경우 — 장애가 모성에 부여될 수 있는 다양한 의미들을 우회하도록 하는 — 여러 의미작용들 사이의 상호작용을 확인할 수 있다. 이같은 우회의 중요성은 『술라』에 등장하는 에바 피스Eva Peace와 관련하여 그리고 『빌러비드』에서 손상을 지니고 있는 세스Sethe와 베이비 석스 사이에서 일어나는 의미들의 릴레이에서 다시 확인하게 된다. 궁극적으로 나의 주장은 모리슨의 내러티브가 독자에게 요구하는 빠른 관점의 변조가 주로 장애에 초점을 맞추고 있는 것에 의해 가능케 되거나 방해를 받게 되는데, 이것은 모리슨의 텍스트에서 장애가 이미지로서 동시에 대단히 복잡한 윤리적 힘의 장force field으로서[3] 나타나고 있음을 고려해 볼 때 불가피하다는 것이다. 앞으로 논의될 각각의 텍스트들에서 이 윤리적 힘의 장의 파라미터를 점점 더 이해하게 될 것이다.

콘솔라타와 대리surrogacy 구조

『낙원』에서 콘솔라타는 실제로 그리고 은유적으로 시각 장애인이면서 동시에 통찰력을 지닌 인물로 등장한다. 아홉 살 때 가톨릭 수녀에 의해 가난에서 구제되어 수녀원으로 온 콘솔라타는 30년 동안 "마치 수녀가 된 것처럼 하나님의 아들과 그의 어머니 성모 마리아에게 자신을 완전히 바치면서" 살아왔다(225). 하나님과 그녀를 입양한 메리 마그나Mary Magna에 대한 콘솔라타의 헌신은 그녀가 메리 마그나와 함께 살고 있는 수녀원에서 멀지 않은 곳에 있는 루비Ruby라는 이름의 흑인 마을을 세우는 데 기여한 쌍둥이 중의 한 사람인 디콘Deacon과 사랑에 빠질 때까지 확고하고 완벽하다. 이 사랑과 그 여파가 지닌 효과는 감정적으로 그리고 영적으로 파괴적이지만 이것이 그녀에게 이전에 없었던 영적인 통찰력을 갖도록 해 준다. 그러나 사랑의 진전 과정과 그 사랑이 예기치 못한 파국을 맞게 되는 정확한 과정은 탐구해 볼 필요가 있다. 왜냐하면 그것이 성적인 사랑과 — 그녀의 의식을 해체해 새로운 그러나 문제투성이인 영성spirituality을 갖도록 하는 — 성스런 감정이 복잡하게 뒤얽힌 것이기 때문이다.

콘솔라타는 메리 마그나와 함께 약을 가지러 마을로 가는 길에 정말로 우연히 디콘을 만나게 된다. 우연히 루비 마을의 건립을 기념하는 행사 중의 하나로 경마가 열린다. 이 소설의 3인칭 화자는 이 경마를 빌리딘Billie Dean, 케이디KD, 디콘, 그리고 콘솔라타 같은 인물들을 확립하는 이야기들과 같은 내러티브의 다양한 궤도들이 시작되는 담론적으로 구성된 출발점으로 만든다. 따라서 경마가 여러 인물들에 관련되는 다양한 의미작용들의 — 많은 것을 함축하고 있는 — 초점이 되는 것이다. 이 경마가 대단히 중요한, 의미가 생성되어 나오는 지점 그리고 시 소설이 전개되는 과정의 여러 단계에서 우리가 되돌아와야만 하는 지점이기 때문에 텍스트상의 기억 형태가 된다. 이 텍스트상의 기억은 인물들에 의해 부분적으로만 공유되고 있다. 이 텍스트상의 기억은 나중에 주로 암시와 부분적인 회상, 파편적인 반향이 뒤섞인 형태로 우리에게 주어진다.[4] 콘솔라타 그리고 사실 메리 마그나가 루비 마을 삶의 주변에 머물고 있기 때문에 그들이 그처럼 대단히 많은 것을 함축하고 있는 내러티브상의 순간과 마주치는 일이 약간의 경외심과 경탄의 형태로 묘사되고 있다.

두 사람이 새로 뚫린 길에 다다르기도 전에 무슨 일이 일어나고 있음이 분명해졌다. 뜨거운 태양 아래 고삐 풀린 무언가가 일어나고 있었다. 그들은 커다란 함성소리를 들을 수 있었다. 30명 남짓의 활기 넘치는 사람들이 조용히 마을 건설하는 일을 하고 있는 모습 대신에 말들이 운동장으로 뛰어나가 달리고 사람들은 웃고 소리 지르는 모습이 보였다. 빨간색과 보라색 꽃을 머리에 꽂은 여자 아이들이 깡충깡충 뛰고 있었다. 말의 목에 필사적으로 매달려 있는 소년이 들어 올려지더니 우승자로 소개되었다. 젊은 남자들과 사내아이들이 모자를 흔들고, 말들을 쫓아가며, 촉촉이 젖은 눈들을 닦았다. 콘솔라타가 이 같은 분별없는 환희를 보게 되었을 때 **희미한 그러나 계속되는 샤 샤 샤하는 소리를 들었다. 샤 샤 샤.** 그때 바로 그런 피부 바로 그런 남자들, 격노한 심장처럼 울리는 음악에 맞춰 거리에서 여자들과 춤을 추는, 몸통은 가만히 있으면서 어떻게 그렇게 부드럽게 할 수 있을까 하고 이해하려는 노력이 헛될 정도로 빠른 속도로 다리 위에서 조그만 원을 그리며 돌아가고 있는 엉덩이에 대한 기억이 떠올랐다. 그러나 여기 있는 남자들은 춤을 추지 않았다. 그들은 웃고, 뛰면서, 서로를 그리고 환희에 몸을 웅크리고 있는 여자들을 부르고 있었다. 그들이 화려한 흑인들로 가득 찬 소란한 도시가 아니라 이곳 작은 마을에 살고 있었지만, 큰솔라타는 그녀가 그들을 안다는 것을 알았다.

(226, 강조 추가됨)

여기서 3인칭 화자의 관점에서 이야기가 되고 있지만, 시각은 분명히 콘솔라타의 시각이다. "고삐 풀린" 같은 말들 그리고 "마을 건설하는 …… 대신에"의 문장에 감지하기 어렵지만 암시되어 있는 평가가 그녀의 눈앞에 펼쳐지고 있는 놀라운 광경에 익숙해지려고 노력하는 인물의 관점에서 이야기되고 있음을 시사한다. 분별없는 웃음과 방종의 장면이 콘솔라타가 곧 경험하게 될 고삐 풀린 사랑의 객관적 상관물objective correlative[5] 같은 기능을 하고 있다. 이 장면이 그녀에게 다른 장면, 아마도 남미에서 보낸 9년간의 삶에 대한 기억을 떠올리게 한다는 것은 사소한 것이 아니다. 이것은 마치 전개되고 있는 사건이 — 이 장면을 덮어씌우고 그 장면에 대한 그녀의 평가에 영향을 미치는 — 방종의 느낌을 촉발시키고 있는 것 같다. 어쨌든, 이 일 바로 뒤에 그녀는 디콘이 말에 올라타 다른 말 한 마리를 끌고 가는 것을 보게 된다: "안장 속에서 그의 엉덩이가 앞으로 뒤로, 앞으로 뒤로 흔들거렸다. 샤 샤 샤. 샤 샤 샤. 콘솔라타는 그의 옆모습을 보았다. 죽지 않은, 깃털 달린 것의 날개가 그녀의 가슴 속에서 퍼덕거렸다"(226). 과거의 일들에 대한 기억을 떠올리게 하는 것으로 이미 언급된 흔들거리는 엉덩이에 대한 언급이 이제 그녀의 의식에 성적인 의미를 띄고 재각인되며, 더욱 중요한 것은, **이 많은 것이 함축된 장면의 전체 배경으로부터 분리되어 있던 특정 인물에 맞춰지게 된다**. 그녀의 가슴 속에서 새 같은 느낌이 일어나는 것은 홀림과 패배의 형태를 암시하며, 쉽사리 의식적으로 개념화하기에는 너무나 강한 감정을 시사한다.[6] 이와 같이 처음 보았음에도 불구하고 디콘은 그녀의 마음속에 그녀가 과거로부터 이미 알고 있던 무언가로 재창조된다. 그녀는 "39년 순결의 세월 뒤에 먹을 수 있게 된” 사랑을 가지고 그에게 완전히 반해 버렸다. 거의 2년간 들과 미지의 장소에서 사랑을 나누며 지낸 후 콘솔라타가 루비 마을의 존경받는 원로들 중의 한 사람인 그가 느끼는 결혼에 대한 책임과 의무감으로 인해 그를 잃게 되었을 때 이 무심코 내뱉는 듯한 사랑의 먹을 수 있는 성질에 대한 언급이 다시 메아리치게 되면서 더 큰 의미를 지니게 된다.

2년간의 은밀한 만남 뒤에 그는 비정기적으로 금요일에 이루어지는 그녀와의 밀회를 더 이상 유지해 나갈 수가 없게 된다. 다른 길을 찾아야만 하는 것이다. 콘솔라타는 절박해지고, 절박한 심정에서 그녀는 그를 잡아먹으려는(적어도 그는 그렇게 보았다) 큰 실수를 범하게 된다.

“내 말 좀 들어봐” 그녀가 속삭였다. “지하 창고에 작은 방이 하나 있어. 아니 잠깐만 그냥 듣기만 해. 내가 그걸 아주 멋지게 고칠게. 촛불도 놓고. 여름엔 시원하며 으슥하고, 겨울엔 코피같이 따뜻해. 서로 볼 수 있게 그러나 남들은 오지 못하게 램프도 갖다 놓겠어. 원하는 대로 소릴 질러도 아무도 듣지 못할 거야. 거기 배도 있고, 포도주도 있어. 창고 양쪽에 병이 쌓여 있고, 각각의 병에 이름이 붙어 있어. 베브 끄리꼬 또는 메독 이런 식으로. 그리고 석방되길 기다리는 죄수처럼 1-9-1-5 또는 1-9-2-6 식으로 숫자가 매겨져 있어. 그렇게 해”라고 그녀가 요구했다. “제발 그렇게 해. 우리 집으로 와.”

그가 생각에 잠긴 동안 그녀의 마음은 이미 계획을 세우고 앞을 향해 달려 나갔다. 베갯잇에 로즈메리를 넣을 계획. 계피를 푼 뜨거운 물에 면이불을 빨아야지. 그 죄수 번호 같은 번호를 달고 있는 포도주로 갈증을 해소할 수 있어 라고 그녀가 그에게 말했다. 그가 나지막한, 만족스런 웃음을 지었고, 그녀가 그의 입술을 깨물었는데, 그게 돌이켜 보니 큰 실수였다.

......

독이 퍼졌다. 콘솔라타는 그를 잃었다. 완전히, 영원히. 그의 아내는 그걸 모를 것이지만, 콘솔라타는 그의 얼굴을 기억했다. 그녀가 그의 입술을 깨물었을 때가 아니라 그녀가 입술에서 얇은 피를 맛보며 흥얼거렸을 때를 기억했다. 그가 숨을 빨리 들이쉬더니 말했다. "다시는 그 짓 하지 마." 그런데 그의 눈이 처음엔 놀라더니 곧 역겹다는 빛을 띠우면서 그녀가 곧바로 알아챈 것을 말해 주었다. 클로버, 계피, 부드러운 면이불 ─ 누가 그를 음식처럼 먹으려 하는 여자와 함께 배와 "죄수" 포도주가 벽을 이루고 있는 곳에 있으려 할까?

(237, 239)

이곳 콘솔라타의 육체적인 사랑을 성찬식으로 바꾸려는 시도에서 텍스트가 명백하게 처음부터 집요하게 그녀를 정의하던 콘솔라타의 성격 주변에 담론적 구조화란 방법을 사용하고 있다. 이 구조화란 대리 또는 층 쌓기 방법으로, 묘사된 태도나 몸짓이나 인식의 한 특징과 같은 하나의 규정하는 범주가 그 범주와 병행하거나 또는 그 범주 뒤에 있는 다른 범주를 대리한다. 그러나 그 숨겨진 다른 범주는 일단 전경화되면, 그 인물을 둘러싸고 있는 전체 재현 분야의 구조가 변경되도록 만든다. 문제의 인물에 대한 우리의 이해가 즉각적으로 변화하여 우리 관점의 변조로 이어지게 되는 것이다. 이 대리 구조가 형태를 갖추는 부분이 하나님에 대한 사랑/성적인 사랑, 경마 행사/어린 시절 본 도시의 무용수들, 그리고 시각 장애/통찰과 같이 세 부분 있는데, 이 중 두 부분은 이미 지나는 길에 언급이 되었다. 이 세 쌍이 서로 콘솔라타의 성격 묘사를 규정짓고 있지만 담론적으로 매우 다르다. 하나님에 대한 사랑/성적인 사랑은 "사랑"이라는 핵심어를 통하여 이분법적 대립의 두 극이 겹치고 있기 때문에 불가분의 관계로 연결되어 있다. 헌신적인 하지만 파편화된 의식으로부터 오는 하나님에 대한 사랑은 동시에 인간에 대한 사랑 형태로 표현될 수 있는데, 이것을 우리는 콘솔라타의 경우에서 보는 것이다. 반면에 경마 행사/어린 시절에 본 도시 무용수들 쌍은 시간상의 축에 따라 놓여 있는 방종이란 생각의 환유적 전치에 의해 연결되어 있다. 달리 표현하자면, 두 장면 모두가 깊은 방종의 생각 그리고 사실 느낌을 불러일으키며, 그 때문에 30여 년이란 시간에 의해 분리되어 있음에도 불구하고 그녀의 의식 속에서 가깝게 연결되고 있는 것이다. 시각 장애/통찰의 쌍에서는 두 대립항이 서로의 변증법적인 이율배반이 된다는 사실로 서로 연결되어 있다. 대부분의 비극 문학에서 시각 장애인이 된다는 것은 종종 특별한 윤리적 또는 영적인 통찰력을 얻는 것과 연결되어 있다. 이 쌍은, 대리 구조 내에서 쌍으로 자율적이지 않고 다른 것들과 밀접하게 연관되어 있기 때문에 오로지 장애 재현의 범주만으로 끼워 맞추는 것이 적절치 않다는 점만 제외하면, 2장에서 논의한 특별한 의례적 통찰력을 제시하는 것으로서의 장애 범주를 반영한다.

콘솔라타가 뒤에 시각 장애를 갖게 되면서 그로부터 나오는 영적인 통찰력을 갖게 되는 것에 관해 충분히 이해하려면 처음 두 쌍의 개념들을 규정하는 대리 구조의 본질을 충분히 파악하여야만 한다. 텍스트에서 부여된 물리적 재현이란 면에서 하나님에 대한 사랑/성적인 사랑의 쌍이 완전히 추상적이고 시각 장애/통찰력 쌍은 부분적으로만 추상적인 반면에, 경마 행사/도시 무용수 쌍은 완전히 구체적이다. 그런데 인물에 초점을 맞추고 있는 담론적 구성 형태 내에서의 불안정한 움직임에 있어서 다른 쌍들의 관계가 바뀌게 하는 멈출 수 없는 과정을 촉발시키는 것이 경마 행사/도시 무용수 쌍인 것이다. 대리 구조는 또한 서로 다른 개념적 쌍 사이의 관계를 좌우하는데, 물리적으로 재현된 경마 행사가 — 우리가 세 쌍 모두를 나란히 놓고 그들 사이에 형성된 빠른 담론적인 변동을 인식하게 될 때만 그 힘이 확실하게 드러나는 — 일련의 변환의 대리로서의 역할을 하게 된다.

텍스트에서 콘솔라타의 종교적 헌신이 그녀를 구해 주고, 자식으로 사랑해 준 메리 마그나를 향한 사랑과 감사의 마음과 특이한 관계에 놓여 있다는 것은 분명하다. 사실 메리 마그나는 소설의 뒤에 가서 그런 이름으로 불리게 된다. (시간상으로 경마 행사가 그려지는 장의 다음에 오는 시기를 배경으로 하고 있는) 소설의 앞부분에 오는 장에서 그녀가 처음 등장할 때 그녀는 임종 직전이고, 이미 시각을 잃은 콘솔라타가 보살피고 있다. 이 장에서는 그녀가 그저 원장 수녀님으로[7] 불리고 있다. 부수적으로 이 장에서 콘솔라타는 그녀의 대단히 종교적인 경향에 대한 단서가 전혀 주어지지 않은 채 단순하게 코니Connie로 알려져 있다. 원장 수녀님을 보살피는 코니의 헌신이 너무도 철저해서 이때 수녀원에 있는 다른 여성들은 그들의 관계를 진짜 어머니-딸의 관계로 생각한다. 따라서 콘솔라타의 하나님에 대한 사랑은 또한 — 그 직접적인 원천과 대상이 메리 마그나/원장 수녀님인 — 가족적인 감정을 표현하는 도관으로 보여지고 있는 것이다. 이러한 가족적인 사랑과 하나님 사랑 사이의 관계에 대해서 주목해야 하는 것은 종교적인 영역이 콘솔라타에게 배정된 장의 전경에 위치되어 있음에도 불구하고 경마 행사가 그려지는 장에 이를 때까지 소설의 대부분에서 내러티브의 배경에 위치하고 있다는 사실이다. 앞에서 코니로 소개되어 그 이름으로 소설의 거의 끝부분까지 불리기 때문에 앞에서 주어진 문맥에서 우리가 추정하도록 유도된 것과 완전히 다른 정체성을 그녀가 가지고 있다는 것은 일종의 뜻밖의 일로 다가온다. 다른 말로 하자면, 콘솔라타를 둘러싸고 있는 느낌의 실제적으로 종교적인 구조가 소설의 대부분에서 자식으로서 부모에게 보이는 사랑과 의무의 예에 대한 초점을 제공하기 위하여 그렇게 제시되지 않고 내러티브상으로 감춰지고 있는 것이다. 때문에 (각 장의 제목으로 다양한 여성 인물의 이름이 사용되고 있는데) 콘솔라타의 장에 이르러 우리는 내러티브에 의해 일련의 관점 변조 중에서 첫 번째 변조를 하게 되어 그녀를 약간 멍한 그러나 사랑스런 딸의 역할을 하는 대리 딸로서 생각한 초기의 이해를 대단한 종교적으로 헌신적인 생각을 지닌 그리고 그녀가 보살피고 있는 사람과는 실제적인 가족적 관련이 없는 사람으로서 생각하는 이해로 대치하게 된다.

이와는 대조적으로, 디콘을 향한 콘솔라타의 사랑은 분명히 그녀의 하나님에 대한 사랑의 모독이다. 디콘이 생각한 것처럼 그녀가 그를 "먹어 버리려" 한 것은 그 순간까지 그녀의 성격 묘사의 배경에 잠복하고 있었던 신성한 사랑에 의해 갑작스럽게 성적인 사랑이 파열되는 것을 나타낸다. 이 두 가지 사랑이 움직이는 궤도는 — 특히 콘솔라타 장의 마지막 부분에 이르러 다양한 차원의 사랑이 복잡하게 뒤엉킨 것을 직선적인 설명으로는 요약할 수 없다는 점만 제외하면 — 가족적인 사랑 → 신성한 것에 대한 사랑 → 성적인 사랑 → 그리고 다시 신성한 것에 대한 사랑으로 표현할 수 있겠다. 이처럼 신에 대한 사랑/성적인 사랑의 이분법적인 쌍에서 대립항을 나누는 "/"이 직선적이지도 않고 쉽사리 서열적인 도표로 나타낼 수도 없는 극도로 가변적인 움직임 과정을 나타내는 것을 보게 되는 것이다. 이것을 개별적인 요소들에서 본 것이 아니라, 함께 작동하는 요소들 총체성과의 관계에서 본 내러티브 담론이 우리가 이해할 수 있도록 주는 것이다. 신성한 사랑에 의한 성적인 사랑의 파열은 극적인 결과를 몰고 온다. 왜냐하면 그 같은 파열이 콘솔라타를 극도의 혼란, 후회와 상실과 죄의식이 뒤섞인 혼란에 빠뜨릴 뿐만 아니라 현상학적 세계가 그녀로부터 멀어져 그녀의 마음속에서 일련의 감정과 영성 사이의 모호한 상관물로 내재화되는 과정을 시작하기 때문이다.

콘솔라타가 디콘을 잃은 여파와 관련하여 화자가 "그 다음 며칠은 슬픔에 의한 긴 포위였다" 그리고 "한계점에 이른 로맨스가 깨지면서 간단한 이동을 드러내었다"고 이야기한다(240). 여기서 노출된 "간단한 이동"은 신성한 사랑의 세속적인 영역으로의 이동, 그 표현이 신성하지 않고 성적인 세속적인 영역으로의 이동이다. 그녀가 수녀원으로 되돌아오자, 메리 마그나가 예배실에서 용서하고 받아들인다. 항상 그러했던 것처럼 메리 마그나는 콘솔라타가 아무 설명하지 않아도 딸 노릇을 하는 그녀에게 무슨 일이 일어났는지를 완전히 이해한다. 이 두 사람이 예배실에서 나와 햇빛 속으로 걸어 나오면서 콘솔라타의 시각 장애로 이어지는 과정이 시작된다. 이 상황에서 메리 마그나가 말을 할 필요 없이 이해하는 것이 가슴 아프면서 동시에 잘못된 것이다. 왜냐하면 그런 이해란 콘솔라타가 정확하게 무엇을 경험했는지에 대한 불확실한 파악에 기대고 있기 때문이다:

> 콘솔라타가 거의 기다시피 예배실로 들어갔다 (주님이 어둠 속에서 빨갛게 빛나고 있기를 빌면서……) **"주여, 저는 그를 먹으려 하지 않았습니다. 저는 그저 집에 가고 싶었습니다."**
>
> 메리 마그나가 예배실로 들어와 함께 무릎을 꿇고 콘솔라타의 어깨에 팔을 두르고는 "마침내 왔군" 하고 말했다.
>
> "당신은 몰라요"라고 콘솔라타가 말했다.
>
> "난 알 필요가 없어, 얘야."
>
> "그러나 그가, 그런데 그가." 샤샤샤. 샤샤샤. 그녀는 말하고 싶었다. 그와 그녀가 동일하다고.
>
> "쉬쉬쉬. 쉬쉬쉬." 메리 마그나가 말했다. 다시는 그 사람에 대해 말하지 마라.
>
> 그녀는 빨리 동의하지는 않았을 수도 있지만, 햇빛이 그녀의 오른쪽 눈을 태워 버려 그녀의 박쥐 시력의 시작을 알렸고, 그녀는 어둠 속에서 더 잘 보게 되었다. 그녀에게 말이 건네졌다.
>
> (240~241; 강조 추가됨)

그녀가 하나님에게 "그저 집에 가고 싶었습니다"라고 말한 것은 사소한 것이 아니다. 이는 그녀의 의식 속에서 — 우리가 이미 이 장에서 담론적으로 산출된 것을 목격한 — 가족적인 것, 성적인 것, 신성한 것이란 세 차원 사이의 상동성homology을[8] 암시하는 것이다. 성적인 사랑의 "샤샤샤"와 명령된 침묵과 사색의 "쉬쉬쉬" 사이에 그녀 정체성의 갑작스런 축약이 놓여 있다. 그러나 이 축약은 이미 온전한 자아의 단절을 암시하는 축약이 아니라, 항상 현상학적 세계에 매혹되는 한 자아를 그런 현상학적 세계를 내적인 영혼의 세계로 바꾸어 다시 생각하는 다른 자아로 내재화하는 것을 암시하는 축약이다. 이렇게 읽을 때, 경마 행사/어린 시절의 도시 무용수들이란 이분법적 쌍에 걸쳐 있는 정서적인 이동이 더 큰 의미를 갖게 된다. 왜냐하면 그녀가 경마 행사를 보았을 때 그녀의 기억 속에 떠오르는 것이 제대로 인정받지 못한 자아 그리고 그 후 디콘과의 관계가 벌어지면서 점차적으로 전경화된 자아이기 때문이다. 디콘을 잃고 그녀의 "박쥐 시력"이 시작되면서 그 자아는 새로운 형태의 영성spirituality을 규정해 주는 토대를 제공하는 마음속의 한구석으로 다시 흡수된다. 이와 같은 방법으로, 이미 언급하였듯이, 경마 행사 장면이 끊임없는 의미작용 사슬을 촉발하게 되는 것이고, 그 의미작용 모두가 변형되고 바뀌어서 우리로 하여금 콘솔라타라는 인물에 대한 관점을 변조하도록 하는 것이다.

콘솔라타가 눈이 안 보이게 되는 것을 해석하는 추가적인 방법은 콘솔라타 자신이 성찬식이 되어 성적인 사랑의 대상을 먹어 버리려는 시도에서 그녀 자아의 일부를 내재화하는 데 성공한다고 보는 것이다. 눈이 안 보이게 되는 것은, 화자가 그녀에게 "말이 건네졌다"는 표현으로 암시하고 있는 것처럼, 단순하게 처벌받은 것이 아니다. 콘솔라타가 점점 시력을 잃어 가게 되는 것은 처음부터 그녀가 암묵적으로 차지하고 있던 경계인liminality의 위치를 시사하고 있는 것이다. 그녀의 경계성은 그녀가 세 가지 다른 정서의 세계 — 가족적, 신성한, 성적인 — 에 동시에 걸쳐 있는데, 그녀의 마음속에서 그 어느 것도 다른 것들을 지배할 수 있는 위치가 허락되고 있지 않다는 사실에서 온다. 중요한 것은, 이제 불가피하게 일어난 영적인 자기 발견의 과정 속에서 외부 세계가 완전히 그녀의 내면세계로 흡수되었기 때문에, 그녀의 시각 장애가 그녀로 하여금 세상을 더 잘 이해할 수 있도록 해 주게 되었다는 것이다. 바로 이와 같은 — 세속적인 동시에 신성한 — 경계성으로부터 그녀의 새로운 영적인 과제가 규정되는 것이다. 이 과제 중 첫 번째 것이 론Lone이 "개입하기"라고 부르는 것이다. 그러나 론이 콘솔라타에게 주어진 새로운 영적인 힘을 사용하여 죽은 것을 살려 내야 하는 의무로 규정하는 것은 더 큰 그리고 더 어려운 과제의 규정, 즉 생지옥에서 산 자들을 구해 내는 것을 위한 시작 단계의 일에 지나지 않는다. 이 일이 바로 콘솔라타 장의 마지막 부분에 있는 교령회交靈會에서 수녀원 여성들을 그들의 과거로부터 구해 내어 해방시켜 그들의 몸 소유권을 찾도록 하는 시도에서 콘솔라타가 하는 일이다. 이 교령회에 대한 언급 속에서 화자가 말하듯이 "서서히 그들은 과거를 잃었다." 여성들이 옷을 벗고 차가운 맨바닥에 편안한 자세로 누워 있다. 그들은 맨바닥에 만든 형태 그대로 꼼짝도 하지 않고 누워 있다. 그때 콘솔라타가 그들에게 말한다. 처음에 그녀의 사랑을 거의 먹어 버릴 뻔한 일에 있어서의 그녀 실수에 대하여 그러고 나서 서서히 영적인 자유를 누릴 수 있는 상상의 장소에 대해서 이야기한다. 중요한 것은 콘솔라타가 묘사하는 곳이 관능적인 사항들로 가득 차 있고 시각적인 감각 기관에 호소하고 있다는 것이다.

그러고 나서 그녀는 (아무도 이해하지 못한) 서두의 말에서보다 더 확실한 용어들을 사용하면서 그들에게 인도가 바다와 물고기와 만나고, 자두색이 아이들 옆에서 헤엄치는 곳에 대해 말했다. 그녀는 사파이어 색깔 맛이 나는 과일 그리고 부리를 주사위로 사용하는 사내들에 대해 이야기했다. 신들과 여신들이 신도들과 함께 앉아 있는 금으로 만든 향을 피운 대성당에 대해서. 나무만큼이나 키가 큰 카네이션에 대하여. 이가 다이아몬드로 된 키 작은 사람들. 시와 종소리에 깨어난 뱀. 그런 다음 그녀는 노래는 부르지만 단 한마디도 하지 않는 피에다데라는 이름의 여자에 대해 이야기했다.

(263~264)

이곳이 소설 제목이 말하는 낙원인 것이다. 그러나 이곳에 가기 위하여 이 여성들은 자신들의 힘으로 그들의 몸에 대한 권리를 주장하고 그들의 몸에 흔적을 남긴 충격적인 역사로부터 멀어져야 한다. 그래서 그들은 "소리 내어 꿈꾸기"를 시작한다. 이 꿈들은 각각의 사람들로부터 뛰쳐나와 다른 사람들의 꿈과 섞이는 반은 꾸며 낸 이야기들 그리고 상상도 못했던 것들을 수반하고 있다. 그리고 소리 내어 꿈꾸기에서 "독백은 고함이나 다를 게 없고, 죽어 떠난 지 오래된 자들을 향한 비난은 사랑의 중얼거림으로 풀렸다"(264). 이 과정이 1월부터 5월까지 계속되어 건성으로 보는 사람들조차도 "루비 마을의 사람들과는 달리 수녀원의 여성들은 더 이상 시달리지 않는다. 또는 쫓기지도 않는다"라고 알아챌 수 있을 정도가 된다(266). 이와 같은 방법으로 이제 시력을 잃은 콘솔라타가 이 길 잃은 여성들에게 영적인 통찰력을 "빌려주는" 것이다. 이 여성들은 그들의 숨겨진 자아를 발견하기 위하여 영성을 변조하는 영적인 횃불로서 콘솔라타의 위치로부터 혜택을 받는 것이다. 콘솔라타는 그리스 신화의 티레시아스에게[9] 주어진 역할을 초월하는 역할을 해낸다. 그녀는 보이지 않지만 다른 사람들에게 그들의 삶, 매 순간마다 어두운 그림자로 뒤덮인 과거, 뒤죽박죽된 현재와 해방된 미래를 동시에 압축해 보여 주는 삶의 완전한 힘을 요구하는 능력을 주는 것이다.

바로 전 장에서 본 베케트의 몰로이와의 대조가 효과적이다. 몰로이의 경우, 그가 어떻게 다양한 존재 속으로 몰입하게 되었는지에 대해서 우리에게 이야기하지 않는다. 그러나 1인칭 서술이기 때문에 그가 어떻게 현상학적 세계의 사물들을 그의 대화의 우주로 전환하는지에 대하여 좀 더 사사롭고 직접적인 감을 갖게 된다. 몰로이는 콘솔라타보다 훨씬 더 자아도취적인 인물이라는 인상을 준다. 왜냐하면 그의 마음속에서 의심의 구조에 의해 생성된 범주들에 완전히 만족하는 것처럼 보이는 몰로이와 달리 콘솔라타는 그녀의 내면 상태와 그녀가 할 수 있는 방법으로 세상을 사랑하려는 욕망에 혼란스럽기 때문이다. 콘솔라타는 이 사랑을 수녀원으로 흘러 들어온 많은 여성들에게 아무 비판도 하지 않는 피난처를 제공함으로써 달성한다. 뒤에 그녀는 정체성을 재구성하는 영적인 힘을 강력하게 요구해 되돌려 받으면서 이 여성들이 다양한 즉각적인 것 — 그들의 세계를 형성한, 어두운 채도의 다중적이고 충격적인 정체성들에게로 열려 있는 그런 즉각적인 것 — 속으로 자신들을 몰입시킴으로서 그들의 몸을 되찾도록 도와준다.

콘솔라타 이외에 수녀원 자체도 대립되는 요소들에 의해 특징 지워진다. 수녀원은 처음에 돈 많은 횡령자의 저택이었는데 수도회가 사들인 것이다. 그리고 수녀원은 그 건축과 실내 디자인에 있어 경계성과 사이성in-betweenness를 규정짓는 특징들로 가득 차 있다. 바로 이러한 성스러운 것과 세속적인 것의 혼합이 루비 마을의 극단적인 성차별주의적 남자들로 하여금 그들이 수녀원 여성들의 완전한 타락이라고 해석하는 것에 대해 생각하면서 몸서리를 치게 만드는 것이다. 이 남자들에게는 그들의 눈앞에 보이는 혼란스런 대상들을 적절하게 이해하는 데 요구되는 관점의 변조가 그들이 느끼는 위기감과 여성들을 지배하고 통제하려는 욕망에 의해 우회되어 버리는 것이다. 지금까지 보았듯이 내러티브 자체의 지배적인 특징을 이루고 있는 관점의 변조는 루비 마을 남자들의 성격 묘사에 반영되어 있는 것이 아니다. 이 남자들에게는 그 어떤 잠정적인 판단도 용인되지 않는다. 콘솔라타와 완벽한 대조를 이룬다. 이 대조는 주로 그녀가 지니고 있는 장애의 본질에서 분명하게 보여지는데, 그녀의 장애는 다른 사람들 그리고 매우 분명하게 루비 마을 남자들에게는 주어지지 않은 통찰력을 그녀에게 준다. 이들은 그들이 이해하지 못하는 것에 대해서 느끼는 공포에서 모습을 드러내는 도덕적 결핍을 지니고 있다. 콘솔라타를 제외한 소설의 그 어떤 인물에게도 그런 정교한 그리고 다채로운 담론적 변신은 보이지 않는다. 따라서 바로 장애 인물인 콘솔라타의 내러티브가 수사적인 사용 영역과 윤리적인 사용 영역을 구분하는 지렛목이 되는 것이다. 그녀의 시각 장애와 그녀가 시력을 잃게 되는 전 과정이 『낙원』과 같이 복잡하고도 다채로운 질감이 느껴지는 소설을 해석하는 데 반드시 필요한 관점의 변조를 구성하는 초점인 것이다.

에바 피스 : 모성과 돌봄의 방향 전환

토니 모리슨의 작품에서 명백한 신체적 장애를 지닌 인물들 중에서 단연코 가장 활기찬 인물이 『술라』에 등장하는 에바 피스이다. 에바는 『가장 푸른 눈』의 폴리 브리드러브Polly Breedlove 같은 인물의 정반대이다. 폴리의 불편한 발이 처음 동정의 토대, (그녀의 남편이 된) 촐리Cholly가 그녀를 처음 보았을 때 보호해 주고 싶다는 강한 욕망을 느낀 이유이다. 그 발은 "활모양을 하지 않은 발로서 그녀가 걸을 때 — 궁극적으로 척추를 휘게 하는 그런 절뚝거림이 아니고 마치 그 불편한 발이 그녀를 잡아당길 듯 위협하는 소용돌이에서 들어 올리는 방식으로 — 들썩거리는 발"로 묘사되고 있다(86). 폴리는 그녀의 발을 항상 생각한다. 이 장애가 있는 발은 그녀가 상상하는 세상, 그녀가 영화를 보러 갔을 때 이가 빠진 장면에서 특히 통렬해지는 세상의 이접성disjunctiveness을[10] 보여 주는 기호이다. 그녀는 이 영화 경험에 의해 너무도 충격을 받아 그 이후로 그녀는 "그저 못생겼음"을 받아들이고 산다(95~96).

　모리슨의 작품에서 첫 소설과 두 번째 소설에 각각 등장하는 폴리 브리드러브와 에바 피스의 대조보다 더 뚜렷한 대조는 없다. 폴리가 어린 시절에 손상을 입은 것과는 대조적으로 에바는 그녀를 가난으로부터 해방시켜 줄 수 있는 그리고 아이들을 부양할 수 있게 해 줄 보험금을 타 내기 위해서 의도적으로 철로에 그녀의 다리를 얹어 놓는 선택을 하였다(그녀의 잘려 나간 다리 일은 화자가 알기 어렵게 만들고 있는 것이다. 정확하게 어떤 일이 일어났는지 알 수가 없는데, 에바가 일부러 그녀의 다리를 기차에 치게 했다는 마을 사람들의 일반적인 견해를 화자는 확인도 부정도 하지 않는다). 폴리의 활기 부족에 비해서 우리는 에바가 서사시적으로 그녀 자신의 몸뿐만 아니라 그녀에게 가까운 사람들의 몸들에 대한 권리까지도 주장하는 것을 보게 된다. 에바는 사람들에게 이름을 붙여 주고, 사람들에 의해 숭배받고, 그리고 궁극적으로 냉정하게 그녀의 아들 플럼Plum이 죽는 방식을 결정하는 등 여러 가지 신 같은 기능들을 행하고 여신처럼 행동한다.[11] 그러나 중요한 것은 그녀가 이런 기능들을 자기 확대의 욕망에서가 아니라 연민에서 행한다는 것이다. 이것이 내러티브 내에서의 그녀의 세속적인 여신 형상으로서의 지위를 강화해 준다.

　폴리와 대조되는 또 다른 것은 에바의 섹슈얼리티이다. 자신을 그녀가 칭송하는 영화배우 중의 한 사람으로 상상하려는 시도, 이미 언급하였듯이 완전하고도 끔찍한 참사로 끝난 그 시도를 제외하고는 폴리의 섹슈얼리티는 그녀를 해석하는 데 거의 관련이 없다. 반면에 에바의 섹슈얼리티는 그녀가 선택한 것이고, 그녀가 그것을 통해 그녀 집안 전체의 에토스를 나타내는 것이다. 그녀 집안에 있는 여성들의 특별한 섹슈얼리티는 "남자사랑manlove"이라고 불린다. 남자사랑하는 여성들은 그저 남성 욕망의 대상으로서 존재하기보다는 성적으로 갈망하는 주체/행위주체로서 존재한다. 더욱 중요한 것은 그들이 종종 남녀 관계를 규정짓는 가부장적인 규칙에 순응할 필요 없이 남자를 경험하기를 원한다. 그들은 또한 대항가족counterfamily 모델, 모리슨이 『솔로몬의 노래』와 『빌러비드』에서 자세히 설명하기 위해 다시 찾고 『낙원』에서 가장 강력한 표현을 하는 그런 가족 모델을 시사하고 있다. 에바의 딸 해나Hannah가 섹스와 다른 사람들의 남편들에 — 남편들이나 그들의 아내들에 대해 비평적인 판단을 내리지 않으면서 — 대한 정욕으로 파문을 일으키는 반면에, 해나의 남자사랑은 남자들의 경쟁심과 개인주의를 서서히 그러나 꾸준히 지워 버리는 것으로 표현된다. 그녀가 어린아이용 수레로 급조한 휠체어에 앉아 있지만, 그녀를 내려다보는 사람들은 그녀의 눈을 내려다보고 있는 것이 아니라 올려다보고 있다는 인상을 받는다.

남자 친구 중의 한 사람이 그녀를 위해 어린아이용 큰 수레 위에 흔들의자를 올려 일종의 휠체어를 만들었다. 이 묘하게 생긴 기계를 타고서 그녀는 방을 돌아다녔다. 침대에서 옷장으로 방의 북쪽으로 열린 발코니로 또는 뒷마당을 내다볼 수 있는 창문 곁으로. 이 마차가 너무 낮아 서서 그녀에게 이야기하는 아이들은 그녀와 눈을 맞출 수 있었지만, 어른들은 서 있건 앉아 있건 간에 그녀를 내려다보아야만 했다. 그러나 어른들은 그걸 알지 못했다. 그들 모두가 그녀를 올려다보고 있다, 그녀 눈의 빈 공간을 올려다보고 있다, 그녀의 거무스름한 콧구멍을 올려다보고 있다, 그녀의 턱의 뾰족한 부분을 올려다보고 있다는 인상을 받았다.

(『술라』, 31)

이 같은 세세한 묘사들이 에바의 권력과 작용 주체에 대한 사람들이 일반적으로 갖고 있는 비판적인 시각을 강화하는 데 도움을 준다. 그러나 이런 시각이 무시하고 있는 부분이 적어도 하나 있다. 이 부분은 장애와 돌봄 사이의 모순된 관계 그리고 장애를 지닌 돌보는 자들이 자신들에 대하여 느끼는 애매함이 그들이 다른 사람들에게 — 이들이 그들의 자식들이든 또는 그들에게 가까운 사람들이든 간에 — 돌봄을 제공하는 방식에 영향을 주는 정도다. 이는 장애 아이들이 있는 비장애 여성들에게 이미 대두된 문제인데, 장애를 지닌 사람을 주로 돌보는 사람이 어머니일 때 더욱 두드러지게 된다.[12]

장애와 모성과 돌봄의 관계는 문화적으로 구성된 정상인의 세계가 어머니가 되는 것은 어떠해야 하는지에 대해 특정한 견해를 가지고 있다는 사실을 고려할 때 특히 두드러지게 된다. 이 관계는 보건의료 전문가들의 일에서 더욱 집약되고 재연되는데, 이 보건의료 전문가들 대부분이 어머니의 돌봄 역할에 대해 특정한 생각을 갖고 자신들의 일을 하고 있다. 바바라 힐리어Barbara Hillyer(1993)는 이에 대한 직접적인 경험, 수년간 그녀의 장애를 지닌 딸 제니퍼 주위에 모여든 전문가들과 상대하여야만 했던 경험에 대해 썼다. 제니퍼는 여러 가지 장애를 지니고 있었지만 큰 의학적인 문제는 없었다. 하지만 그녀와 그녀의 어머니가 씨름해야만 했던 보건의료 전문가들의 명단은 정말로 어마어마하다. 심리학자들, 사회복지사들, 물리치료사, 간호사들, 신경과 전문의, 신경심리과 전문의, 정형외과 전문의, 심장 전문의, 이비인후과 전문의, 청각검사 기능사, 가정의, 안과 의사, 치과 의사, 치과 교정 전문의, 3명의 외과 의사들, 특수 교육 교사들, 학교 상담 교사들, 직업 훈련사들, 정신측정 학자들, 보호 작업장 조정자들, 여러 명의 가정 방문 간호인들, 9명 이상의 간병인들이 7년간 매일 관여하였다. 이들 보건의료 전문가들은 힐리어 딸의 삶에 지속적인 방식으로 관여하였다. 더욱 심각한 것은 그들 대부분이 여성이었다는 것이고, 이들 모두가 어머니는 무엇을 해야 하는지에 대한 생각을 가지고 있었다는 것이다(176~177). 더욱이, 힐리어가 지적하였듯이, 어머니 비난하기가 장애에 대한 전문적인 문헌 도처에 도사리고 있는데, 부정적인 평가 중에서 흔한 것이 어머니가 "지나치게 걱정하고, 과보호적이고, 현실 감각이 떨어지고, 죄책감에 사로잡혀 있고, 부정 속에 사로잡혀 있으며, 악의적이고, 무관심하고, 감정적으로 분리되고, 공감 능력이 부족하고, 거부하고, 개의치 않고, 지나치게 관여하고, 히스테리가 심하고, 감정적이거나 이 모두 다이거나" 하다는 것이다(90). 전문가들의 담론에 영향을 주는 이 태도들은, 대부분의 문화들이 어머니가 되는 것은 어떠해야 하는가에 대한 특정한 견해를 강화하고 있기 때문에, 이미 어머니들 마음속에 메아리치고 있다. 장애 아동의 어머니들이 느끼는 책임감은 그들이 사랑하는 사람의 고통을 완화시켜 주지 못하는 것에 대한 무기력감과 결합한다. 이와 동시에 자아실현에 미치는 영향에 대한 막연한 그러나 지속적인 걱정이 있다. 잘 알려져 있다시피, 중증 장애를 지닌 아이들이 있는 가족은 돌봄에 들어가는 엄청난 비용이 가져오는 경제적 결과로 고통받게 된다. 흔히 어머니나 가족의 여성 구성원들이 (금전적이든, 육체적이든, 또는 정서적이든 간에) 장애를 지닌 자식을 "위해 있기" 위하여 자신의 포부를 실현하는 것을 포기하도록 요구받는다. 이것이 주로 돌보는 자로서의 어머니에게 주는 영향은 파괴적이며, 한편으로는 자기 비난과 분노 다른 한편으로는 자기희생이라는 강한 감정 사이를 오가는 것으로 이어진다. 따라서 애매함이 장애를 지닌 아이를 주로 돌보는 어머니에게 있어 필수적인 구성 요소가 되는 것이다.

앞에서 언급되었듯이, 이 문제는 장애를 지니고 있는 사람이 어머니이고, 그 어머니가 자식들을 돌보고 그녀의 어려움이 갖는 외면적인 결과들로부터 자식들을 보호하려 노력할 때 더욱 복잡해지게 된다. 이에 대한 쓰라린 느낌이 엘리 오설리번Ellie O'Sullivan(1994)에 의해 묘사되었다. 지방 자치단체의 사회복지사가 그녀가 필요로 하는 것을 확인하기 위해 오설리번의 집으로 왔다. 이 사회복지사와 오설리번은 아파트 전체를 검사하고 나서 마지막으로 화장실에 이르렀다. 오설리번은 그녀가 남편의 도움을 요청하지 않고 그녀 혼자서 욕조를 드나들 수 있도록 해 주는 비싼 장치가 절실하게 필요했다. 그녀에게 있어서 결정적인 취약성의 순간 그리고 어머니로서의 돌봄과 자아 사이의 난처한 관계가 — 길게 인용하지 않을 수 없는 — 그녀 자신의 말을 통하여 잘 전달된다.

"그리고 욕실은요?"

나는 몸이 뜨거워지는 것을 느낀다. 방이 너무 뜨겁다.

이 여자에게 욕조에 대해서 말해야만 한다.

샬럿이 여기 있지 않으면 좋을 텐데. 그 아이가 아래층으로 내려가 있으면 좋을 텐데. 누가 벨을 눌러 그 아이를 부르면 좋을 텐데 왜냐하면 욕조 일에 대해 말해야만 하니까.

이 여자에게 남편 피트가 나를 욕조에서 꺼내 줄 때 내가 얼마나 두려운지를 말해야만 한다. 나는 그가 다칠까 봐 두렵다. 누군가를 욕조에서 들어내기 위해 허리를 굽히는 것은 불편한 움직임이다. 나는 내가 너무 무거워서 그가 넘어지고 나도 그와 함께 넘어질까 봐 두렵다. 하지만 나 혼자 하려 할 때도 나는 두렵다. 나의 다리는 필요한 일을 하지 못할 것이고, 이제 나는 내 다리들이 어떻게 해냈는지 더 이상 기억도 하지 못한다. 그래서 나는 내 몸을 욕조 바닥에서 일으켜 세울 때 두렵다.

그리고 나는 또 다른 두려움이 있다. 욕조에 앉아 있던 때를 기억한다. 나갈 준비가 되었지만 나갈 수가 없다. 피트를 부르지만 그가 내 소리를 듣지 못한다. 나는 내 소리를 영원히 듣지 못할 거라는 두려움에 사로잡힐 때까지 부르고 또 부른다. 그 생각이 너무도 두려워 나는 부르기를 중단한다. 그리고 나는 울기 시작하고 멈출 수가 없다. 피트가 달려온다. 듣지 못했기 때문에 그는 자책감으로 어찌할 줄 모른다. 그리고 내 딸이 와 자신의 엄마가 욕조에서 나올 수가 없는 것을 보고 충격과 두려움으로 울음을 터드린다.

그러니 이 여자에게 욕조 문제에 대하여 말해야만 한다. 그러나 나는 내 딸이 아래층으로 내려가길 원한다. 나는 그 애가 내가 두려움 없이 욕조를 드나들기 위해 무엇인가를 몹시 필요로 한다는 것을 보게 하고 싶지 않다. 하지만 내가 필요로 하는 목욕 의자가 비싼 물건이라서 내 주장을 설득력 있게 해야만 한다는 것을 나는 알고 있다. 그러니 이 여자에게 말해야만 한다. 하지만 내 아이가 여기 있다. 나는 그 애가 내가 얼마만큼 무력한지를 알게 하고 싶지 않다. 하지만 나는 목욕 의자가 필요하다. 왜냐하면 나는 넘어지는 것, 넘어졌는데 아무도 내 소리를 듣지 못하는 것이 두렵기 때문이다.

나는 샬럿이 이제 책을 읽고 있지 않다는 것을, 내가 이 낯선 여자에게 나의 무력함에 대해 이야기하는 것을 듣고 있다는 것을 안다. 나는 돌아서 그 애를 향해 이것 하나만이야, 너 걱정할 필요 없어라고 말해주고 싶다. 그러나 나는 그렇게 할 수 없다.

(1994, 16~17)

말 나온 김에 이 복지사는 이런 면담 상황에 어울리는 세심한 배려를 하지 않았다는 것이 언급되어야만 하겠다. 그녀는 최소한 샬럿의 주의를 딴 곳으로 돌려서 그녀의 어머니가 그 장비의 필요성에 대해 복지사인 자신을 설득하는 동시에 그 순간에 딸이 자신의 취약성을 목격하지 못하도록 보호하여야만 하는 모순되는 일과 싸우지 않아도 되도록 했어야만 했다. 엘리 오설리번은 남편의 허리를 걱정하고, 욕조에 혼자 남겨진 충격적인 기억에 시달리고, 그러면서 동시에 이 위험한 정보가 딸에게 어떤 영향을 미칠까에 대해 극도로 신경을 써야만 했다. 그녀의 몸이 필요로 하는 것들이 정말 긴급한 것이었지만, 잠시 동안이나마 능력이 있는 어머니로 보이고 싶은 욕구와 동일선상에 놓여 있었던 것이다. 여기서 보게 되는 구성적 애매함은 어머니가 된다는 것은 무엇인가에 대한 내재화된 기대로부터 오는 것인데, 이 내재화된 기대가 손상된 몸의 신체적 필요에 의해 도전받는 것이다.

　에바 피스로 돌아가서, 장애와 돌봄 사이의 구성적 애매함이 **재현된 행위들의 전경에** 완전히 보이지 않게 된다는 것 또는 적어도 중대하지 않은 것으로 된다는 사실이 흥미롭다. 재현된 행위와 담론적 배열 disposition의 대조는 중요하다. 왜냐하면, 전경이 사실 등장인물들의 행위 또는 몸짓과 더 미묘한 담론적 의미작용 사이의 복잡한 연결을 지워버리거나 적어도 숨기는 것 같아, 이 대조가 독자로 하여금 모순을 무시하도록 하기 때문이다. 에바에 대하여 우리가 볼 수 있도록 허용된 것은 자기 회의가 없는 권능화empowerment, 상반된 감정 없는 자기주장, 그리고 그 안에서 장애가 의미를 찾게 되는 사회화된 영역의 현실을 반영하고 있지 않는 완전히 일관성 있는 정체성이다. 내가 이 같은 텍스트상의 애매함을 언급함으로써 함축적으로 이 사실주의적 텍스트가 핍진성逼眞性verisimilitude 면에서 책임을 져야 한다. 즉 재현이 그것이 반영하려고 한 현실을 어떻게든 "충실하게 제시해야" 한다고 요구하는 것이 사실이다. 그러나 그것이 여기서 내가 주장하려는 것이 아니다. 요점은 장애 여성들의 권능화에 대해 논의하기 위해 에바 같은 인물을 전용함recuperation에[13] 있어서 에바가 아무 문제없이 권능화되는 것처럼 보이는 측면만이 아니라 예술적 재현의 총체성을 제대로 고려하여야만 한다는 사실을 부각시키려는 것이다. 좀 더 자세히 읽음으로써 우리가 탐구하여야 할 여러 차원의 "진실"이 있으며, 그 여러 차원의 진실이 반드시 일관성이 있거나 서로 강화해 주는 것만은 아니라는 사실을 알게 된다.

그래서 이제 에바와 관련된 특이한 사항으로 간다. 앞서 언급한 것처럼, 그녀의 다리를 절단하게 된 부상을 정확히 어떻게 입게 되었는지는 확실하게 알려지지 않는다. 소문에 의하면 에바가 의도적으로 다리를 철로 위에 놓았다는 것이다. 이 같은 마을 소문의 문제는 기차와의 충돌에 **앞서** 에바가 그와 같은 의도적인 충돌의 결과로 발생하는 부상의 정확한 유형을 결정하는 것이 명백히 불가능했었을 것이라는 점이다. 심지어 텍스트상으로는 그녀의 왼쪽 다리가 무릎 아래에서 절단되었는지 아니면 무릎 위 허벅지 중간에서 절단되었는지 조차도 확실치 않다. 확실한 것은 그녀가 의도적으로 다리를 기차가 달려오는 길목에 놓았다는 것이며 다른 다리가 온전하게 남아 있어 사람들의 감탄 대상이 되었을 수가 없었으리라는 것이다. 하지만 우리는 "그녀가 잃어버린 다리의 운명이야 어찌되었든, 남아 있는 다리는 참으로 아름다웠다"라는 설명을 듣게 된다(31). 절단되지 않고 남아 있는 다리가 손상되지 않을 뿐만 아니라 참으로 아름답게 보이려면 빠른 속도로 잘려 오는 기차에 한쪽 다리를 내밀 때 어떤 자세를 취해야 하는 걸까? 손상이 부상당한 다리를 넘어서서, 몸의 다른 부분에도 심각한, 회복하기 어려운 손상이 가해지는 것이 더 가능성 있어 보이지 않는가? 이런 질문들은 지나치게 핍진성을 걱정하는 것이 결코 아니다. 이 질문들은 에바의 장애에 대해 정확한 답을 구하려는 것이 헛된 일이라는 것을 보여 주는 것이다. 왜냐하면 바로 그것이 핵심이기 때문이다. 그녀의 상실된 다리는 바로 대상으로서의 그것으로부터 관심의 초점을 **다른 곳으로 돌리기 위하여** 애매한 말로 묘사되어 있는 것이다. 그 다리의 가치는 사실적이기보다는 상징적이다. 우리의 관심이 그것으로부터 돌려져 그녀의 성격을 묘사하는 다른 특징들로 향하도록 되어 있다. 따라서 "마을에서 9명도 채 되지 않는 사람들이 에바가 두 다리를 가지고 있었던 때를 기억하고 있었는데, 에바의 맏딸 해나는 그중의 한 사람이 아니였다"라는 설명은 충분한 이유가 있는 것이다(31). 마을 사람들은 그것을 무시하는 척했고, "갑작스런 변덕이 일어, 보통 아이들을 즐겁게 해 주기 위해, 그녀가 그에 대한 무시무시한 이야기를 하기" 시작하지 않는 한 그것에 대해 이야기되는 적이 없었다(31). 그녀가 아이들에게 해 준 이야기는 그녀의 장애를 신비화하였다. 이 신비화가 그녀의 준신적準神的인 특징들에 결합되어서 그녀가 그저 실제 등장인물로 읽혀야 할 뿐만 아니라 더 큰 그리고 파악하기 어려운 무엇인가의 상징으로 이해되어야 한다는 것을 시사한다. 이런 방식으로 읽었을 때, 이 소설이 그녀 손상의 근원에 대해 파악하기 어렵게 만들고 있는 것은 그 손상을 경계성의 신호로 만들어서 그 손상 자체를 현실과 상징 사이의 경계선에 위치시키는 것이다. 결여된 다리는 실제의 그리고 분명한 손상의 표시로서 그리고 **동시에** 준신화적 측면을 나타내는 휘장으로서 해석되도록 유도되고 있는 것이다.

그러나 아들 플럼의 살해에서 에바의 준신화적 지위가 애매함의 다른 측면과 결합됨으로써 일부 우회된다. 이 경우에 있어서 그녀의 생사를 관장하는 준신적인 지위가 그녀의 장애를 지닌 어머니로서의 역할 속에 내재되어 있는 구성적 애매함과 동시에 일어나게 되어 문제가 된다. 이 구성적 애매함은 — 애매함이 에바의 어머니로서의 **그리고** 그런 장애를 지닌 사람으로서의 역할에 내재되어 있기 때문에 구성적임 — 그녀가 플럼을 살해하는 순간까지 다소 유예되는데, 플럼을 살해하는 순간에 갑자기 애매함이 그녀의 성격묘사 전경으로 나오며, 그녀의 이전 신적인 지위에 대해 다시 해석하도록 만든다. 이 같은 텍스트상의 난입 과정은 아주 감지하기 힘들 정도로 미묘해 주의 깊게 보아야만 한다.

1921년 전쟁으로부터 돌아온 후 플럼은 침실에 틀어박혀 빈둥거리다 가끔 마약을 하러 잠깐 나온다. 어느 날 그가 자고 있을 때 에바가 다리를 절며 그의 방에 들어가 그의 몸에 석유를 뿌리고 침착하게 그의 몸에 불을 붙인다. 그녀는 그 방에서 나와 문을 닫고 다리를 절며 위층으로 올라간다. 사실상 그녀는 이 순간까지 그녀와 연관 지워졌던 준신적 지위가 암시하는 것을 실현하고 있는 것이다. 그러나 이 무시무시한 행위와 관련하여 특히 흥미로운 것은 두 장 뒤에 해나가 부활절에 어린아이가 하는 것처럼 노래하듯 "엄마는 우리를 사랑한 적이 있나요?"라고 한 해나의 질문에 대한 그녀의 반응이다. 이 부분은 다음과 같이 이어진다.

거기에 막 앉아서 호지 씨 장례식장에서 나눠 준 판지 부채로 부채질을 하고 있던 에바가 해나의 말 뒤에 이어진 침묵에 귀 기울이고 있었다…….
"야," 에바가 앉아 있는 수레로부터 눈을 들어 딸을 바라보았다. "그거 다시 말해 봐. 내 머리로 이해할 수 있게 말해 봐."

"내 말은, 엄마가 사랑했냐고. 우리가 어렸을 때 말예요."

에바의 손이 달팽이처럼 허벅지를 지나 다리가 절단된 부분으로 내려가다가 주름을 매만지기 위해서 직전에 멈췄다. "아니. 나 사랑하지 않았던 것 같아. 네가 생각하는 방식으로는."

"아, 그냥 궁금했어요." 해나는 이 화제에 관한한 말을 끝낸 것 같았다.

"내가 그걸 들었는지는 악마도 궁금해할 거다." 에바는 끝나지 않았다.

......

"플럼은요? 왜 플럼을 죽인 거예요 엄마?"

......

해나는 기다렸다. 어머니의 눈꺼풀을 보면서. 마침내 에바가 말을 하기 시작했을 때 두 목소리였다. 마치 두 사람이 동시에 말하는 것처럼, 한 목소리가 다른 목소리 잠깐 뒤에 같은 말을 하였다.

(66, 71)

부활절에 부르는 노래가 기독교적 제물 바치기, 성찬식 등에 대한 암시를 하고 있기 때문에 그 노래에 대한 언급을 가볍게 여겨서는 안 된다. 그리고 이 순간에 에바가 "호지 씨 장례식장"에서 나누어 준 부채로 부채질하고 있다는 것도 적절하다. 이 사실적인 세부 사항이 이 장면에 즉각적으로 섬뜩한 분위기를 조성한다. 에바는 마치 그녀의 모성 본능이 의심을 받는 바로 그 순간에 모습을 드러낸 자기 분할을 표현하려는 것처럼 대답을 하는데 동시에 두 목소리로 하고 있다. 이 두 목소리가 분열 그리고 장애와 모성적 보살핌이 동시에 일어남으로써 발생하는 구조적 애매함의 현장을 나타낸다. 해나의 질문에 대해 그녀가 몸짓과 말을 통해 보이는 반응의 총체성에 주목하게 되면, 해나가 질문을 던졌을 때 에바가 맨 먼저 다리의 절단 부분을 만지려는 것처럼 행동하는 것을 놓칠 수가 없게 된다. 그러나 그렇게 하는 대신 그녀는 치마의 주름을 매만진다. 이 치마 주름이 즉각적으로 은폐의 한 형태로서 그리고 동시에 다리가 절단된 부분의 환유적 전치로 작동하게 된다. 이러한 몸짓은 불안한 반응을 나타내는 것으로서 그녀의 모성에 대한 견해와 그녀의 신체적 장애에 대한 견해 사이의 담론적 관계를 형성한다. 따라서 이 두 가지는 서로를 규정해 주는 그리고 서로로부터 의미를 얻게 되는 것으로 이해되어야만 하는 것이다.

에바의 마지막 대답은 플럼이 그녀의 자궁으로 기어 들어오는 것을 막고 싶었다는 것이다. 그녀는 성인인 플럼이 이층 계단을 기어올라 와 그녀의 다리를 벌리고 자궁으로 들어가려 하는 꿈을 꾼 적이 있다. 이 꿈이 현실화되는 것을 막기 위해 그녀는 플럼을 살해했다. 그녀는 그가 그녀의 자궁 안에서 웅크린 채로 죽기보다는 남자답게 죽을 수 있는 방법을 생각해 내기 위해 그를 밀어낼 수밖에 없었다고 말했다. 달리 표현하자면, 에바는 플럼이 마약을 계속했으면 어린애 같이 되었을 것인데 그렇게 어린애처럼 되어 죽는 것보다는 남자가 전쟁에 나가 죽는 것처럼 그렇게 영웅적으로 죽기를 바랐던 것이다. 그러나 이 같은 그녀의 대답에도 불구하고 그녀의 행동은 플럼을 비참한 죽음으로부터 구해 내려는 시도에서 이루어진, 문제될 것이 없는 사랑의 표현으로보다는 분명히 자기 파괴의 길을 걸어가고 있는 아들을 구해 낼 수 없는 고뇌를 표현하는 그녀만의 방법으로 해석할 수 있다. 플럼이 (1차 세계대전에 참가한 후 망가져) 집으로 돌아오는 것이 심각한 실존적 위기에 직면해 있는 그러나 그녀가 구해 낼 수 없는 아들에 대해 장애를 지닌 어머니로서 그녀가 갖게 되는 양가감정ambivalence을 심화시키는 계기가 된다.[14] 따라서 그녀의 끔찍한 행동은 그녀의 애매함 없이 분명하게 사랑할 수 있는 능력에 대한 도전으로서 그를 없애 버리려는 헛된 시도였던 것이다. 달리 말하자면, 그녀의 아들이 그녀로 하여금 그녀의 사랑 실패와 대면하도록 하는데, 이 사랑의 실패를 그녀는 그를 위한 영웅적인 죽음을 마련함으로써, 그리하여 직접 그녀가 신의 역할을 행하는 것으로써 처리한 것이다. 그런데 신으로 행동함으로써 그녀는 동시에 장애를 지닌 어머니로서의 역할에 대한 고뇌를 두드러지게 하는데, 이 경우에 있어서는 해나가 그 끔찍한 질문을 했을 때 그녀가 무의식적으로 다리가 절단된 부분을 향해 손을 뻗었다는 사실에 의해 표시된 것이다. 이처럼 그녀의 신과 같은 역할, 모성애 표현, 그리고 그녀가 장애를 지니고 있다는 사실에 의해 형성된 애매함 사이에 불가분의 관계가 있는 것이다. 아들이 파국을 향해 가고 있다는 것을 깨달은 다음 그렇게 극적인 방법으로 그를 죽이는 일을 통해 에바는 장애를 지닌 어머니가 되는 것과 관련된 구성적 애매함을 더 잘 다스리고 억누르기 위하여 그녀 마음의 거친 부분을 과격한 형태로 외부로 표출하는 일을 행하고 있는 것이다. 이 마음의 거친 부분은, 논쟁의 여지가 있지만, 부재와 연결된다고 할 수 있는데, 이 부재는 이 소설에서 그녀의 다리 상실에 의해서 그리고 그런 상실을 입게 된 지독한 방법에 대한 소문에 의해서 표시되고 있다. 다시 말해서, 재현의 전경에서는 에바가 평온한 척하지만, 그녀에 대한 담론적 재현의 총체적 경제학을 고려해 보았을 때, 우리는 무의식적으로 그녀를 폭력의 한 형태와 연결 짓지 않을 수 없게 된다. 이것은 그녀의 다리 절단 부분이 영원한 상징적 징표가 되고 있는 강탈dispossession에 의해 그녀에게 "행해진" 폭력이다. 이와 동시에 이 폭력은 장애를 지닌 어머니로서 그녀가 지니고 있는 마음 이중성의 일부로 내재화된다. 플럼의 살해에서 이 같은 폭력의 다양한 면들과 그것들이 생산해 내는 애매함들을 그 특이한 비극적인 몸짓에서 볼 수 있는 것이다.

플럼의 살해와 해나가 뒤이어 던진 질문이 함께 이 장애를 지닌 어머니가 갖게 되는 구성적 애매함을 심화시키는 현장이 된다. 소설의 뒷부분에서 에바가 몸에 불이 붙은 딸의 몸을 자신의 몸으로 덮으려고 이층침실 창문을 통해 몸을 던질 때 장애를 지닌 어머니의 애매한 모성의 양극단을 표현하고 있다. 처음 사건에서는 에바가 플럼을 그녀가 생각하는 명백한 파괴로부터 구하기 위해 그의 목숨을 빼앗는 반면에, 두 번째 사건에서는 불에 타 죽는 진짜 위협으로부터 딸의 목숨을 구하기 위해 자신의 목숨을 건다. 두 자식의 죽음에 불이 있다는 사실만이 아니고 에바가 영아 살해라는 극단으로부터 자식을 구하기 위한 자기희생이란 극단으로 움직인다는 사실도 그 두 행동을 연결해 준다. 이 두 사건은 모성의 확실한 징표로서의 사랑에서 나온 극단적인 행동을 할 내적인 필요성을 반영하고 있다. 하지만 나는 그 두 극단적인 행동이 장애를 지닌 어머니로서의 에바 역할에 관련된 구성적 애매함을 분명하게 재연해 보여 주는 것이라고 주장하고 싶다. 사실주의와 신화의 사이에 놓인 그녀의 불안

위치가 모성애와 죽음이란 대립되는 양극 사이를 오가는 것에 의해 더욱 심해지는 것이다. 이 같은 등식의 양 단면은 이분법적 대립으로 고정되어 있는 것이 아니라, 그녀의 주변에서 끊임없이 합쳐져 그녀의 경계성을 다중초점적인 것으로(사실주의/신화, 모성애/영아살해) 규정하고, 나아가 그녀의 성격을 현실 세계의 장애를 지닌 주요 보호자들의 삶에 내재되어 있는 모순을 굴절해 보여 주는 것으로 해석할 수 있도록 하는 것으로 규정할 수 있게 한다. 담론적 효과가 장애 주변에 구성되어 있는 방식이란 측면에서 에바와 콘솔라타 사이의 핵심적 차이는 에바의 경우에 있어서 『술라』의 내러티브가 본질적으로 직선적이고 순차적이어서 텍스트의 전경에 내러티브의 필연적인 전개 과정을 위치시키고 있다는 것이다. 이 같은 근본적인 직선성이 우리로 하여금 에바의 권능화를 액면 그대로 받아들이도록 한다. 반면에 『낙원』은 철저하게 직선형이 아니라서 우리로 하여금 텍스트의 변화와 전환과 끊임없는 움직임에 주의하도록 만든다. 바로 이것이, 엄밀하게 말해 두 소설에 있어서의 담론적 효과의 동일한 정도에 대해 말할 수도 있지만, 콘솔라타에 대한 논의에서 본 대리 구조를 부각시키는 것이다.

『빌러비드』에서의 부정적인negative 현현

에바의 플럼 살해는 그녀를 모리슨의 『빌러비드』에 등장하는 세스와 함께하도록 하고, 그 이전 그리스의 메데아Medea와 함께하도록 한다. 에바에서처럼 세스의 경우에도 모성과 폭력이 돌이킬 수 없는 방식으로 결합한다. 이 두 여성이 비슷함에도 불구하고 에바는 가지고 있으나 『빌러비드』의 세스에게는 결여되어 있는 것이 있는데, 그것은 에바가 그녀 성격의 일부로 자연스럽게 소유하고 있던 권능화와 자격의 느낌이다. 에바나 메데아와는 달리 세스의 끔찍한 선택은 사건에 대한 통제력을 주장하려는 시도가 아니라 그녀의 비극적인 역사에서 탈출하려는 문제가 있는, 극단적인 시도이다. 노예제도의 참상으로부터 벗어나도록 도와주는 수단으로서 자기 자식들을 죽이는 일은 숭고하지만 동시에 본인의 패배를 인정하는 징표이다. 더욱이 세스는 에바와는 다르게 (논의의 여지는 있지만) 영아 살해의 순간에 제정신이 아니었다.

『술라』와 『빌러비드』 사이에는 세 가지 다른 점이 있다는 것에 주목할 필요가 있다. 첫째는 『빌러비드』가 내러티브상의 다양한 곳에서 훨씬 더 많은 장애 인물들을 언급하고 있다는 것이다. 이 장애 인물 중에는 곧 더 많은 이야기를 하게 될 베이비 석스, 너무 여러 번 입에 재갈을 물려 영원히 미소 짓는 모습을 하게 된 세스의 어머니, 노예 농장에서 아이들을 젖을 빨려 키우는 팔 한쪽이 없는 낸Nan, 그리고 세스 본인이 있다. 세스의 장애는 로즈메리 갈런드 톰슨이 "형식상의 특수성"의 표시로서 설명한 범주에 해당한다. 세스의 등에 있는 산벚나무 모양의 자국은 노예 소유주의 매질에 의해서 생긴 것이다. 이처럼 『빌러비드』는 『술라』보다 장애를 해석할 가능성을 훨씬 더 많이 제공한다. 두 번째, 『빌러비드』에서 언급되는 장애는 모두 노예제도가 그 직접적인 원인이다. 달리 말하자면, 노예제도가 이 개인들의 몸에 그리고 그 결과 그들의 자기 상상에 주는 영향이란 면에서 중층결정적overdetermining으로[15] 보여지고 있다는 것이다. 세 번째 그리고 우리의 해석을 위해 가장 중요한 것은 사건들의 서술에서 이 인물들에게 허락된 내면성의 정도이다. 『빌러비드』에서 3인칭 서술은 등장인물들의 의식에 근접한 상태에서 전개된다. 모든 인물들이, 특히 세스가 노예제도의 충격적인 경험의 희생자들이기 때문에 내러티브가 단편적이고, 아주 가까이에 있는 재현된 전경과 과거에 일어났지만 현재의 의식 속으로 끊임없이 들어오는 사건들 사이를 계속 오간다. 『술라』에서는 술라 그리고 정도는 다르지만 섀드랙을 제외하고는 충분히 내면화된 인물이 없다.

세스는 과거가 계속해서 그녀의 현재로 침투해서 그 과거를 격리할 수 있는 그녀의 능력을 무력화시키기 때문에 "과거를 가까이 오지 못하게" 하려고 노력하지만 성공하지 못한다:

불행히도 그녀의 뇌는 기만적이었다. 그녀는 빨리 펌프로 가 다리에 묻은 카밀레 수액을 씻어 내기 위하여 들판을 가로질러 거의 뛰다시피 서둘러 가고 있었다. 그것 이외는 그녀의 마음속에 없었다. 그를 간호하러 오고 있는 남자들의 모습이 피부가 빨래판처럼 울퉁불퉁해진 그녀의 등에 있는 신경처럼 생명이 없어 보였다. 잉크와 그것을 만드는 체리 수지와 오크나무 껍질의 희미한 냄새도 없었다. 아무것도 없었다. 그저 그녀가 물을 향해 달려갈 때 그녀의 얼굴을 식혀 준 바람뿐이었다. 그러고서는 펌프 물과 걸레로 카밀레 수액을 닦아 내면서 그녀의 생각이 수액을 마지막 한 방울까지 씻어 버리는 일에 ― 반마일을

줄이겠다고 지름길을 택해, 가려움이 무릎까지 올라올 때까지 잡초가
높이 자란 것도 모른 채, 들판을 가로질러 온 부주의에 고정되었다. 그
런 후 무엇인가가 일어났다. 물 첨벙거리는 소리, 오는 길에 벗어 던진
엉망이 된 신발과 스타킹의 모습, 또는 그녀의 발 근처에 있는 물웅덩
이에서 철썩거리고 있는 히어 보이Here Boy, 그리고 갑자기 스위트 홈
(이라는 이름의 농장)이 그녀의 눈앞에 펼쳐지고 또 펼쳐진다. 그 농장에
서는 그녀가 소리 지르고 싶도록 만들지 않은 나뭇잎이 하나도 없었지
만, 그 농장은 수치를 모르는 아름다운 모습으로 펼쳐졌다. 그 농장이
이전만큼 끔찍해 보이지 않아서 그녀는 지옥도 아름다운 곳인가 하고
의아해했다. 분명히 불과 유황은 있는데 거미줄같이 늘어져 있는 숲에
숨겨져 있었다.

(『빌러비드』, 6)

이 인용문에서 볼 수 있는 것처럼 3인칭 화자가 세스의 의식과 완전히
하나가 되어 있다. 그러나 더 중요한 것은 그녀의 관점적 감각perspectival
sensorium이 물 첨벙거리는 소리, 엉망이 된 신발과 스타킹 모습, 히어 보
이의 모습 같은 그녀의 주변 환경에 있는 겉으로 보기에는 매우 일상적
인 사항들에 의해 갑자기 강렬해지는 것 같다는 사실이다. 갑자기 과거
의 한 장면 전체가, 마치 더 이상 과거의 일부가 아니라 현재와 공존하고
있는 것처럼, 현재로 헤집고 들어와 펼쳐진다. 아주 짧은 순간에, 현재를
감각적으로 충분히 경험하기 위해서가 아니라, 마치 알맹이처럼 되어 있
는 현실을 드러내 보여 주려는 것처럼 현재가 이전의 순간들을 담고 있

는 그릇으로서 모습을 드러내기 위하여, 그녀의 감각이 강렬해진다.

이처럼 과거가 현재로 헤집고 들어오는 것은 일종의 현재 차단 또는 정지이다. 왜냐하면 그것이 암시하는 것은 한 사례에서 과거와 현재가 폐지되고, 그것들을 세스가 **등가의 즉각성**equivalent immediacy으로 경험하기 때문이다. 과거와 현재라는 시간적 틀 사이의 깊이와 서열 관계가 그런 식으로 경험되는 것이 아니라 동일한 즉각적 경험의 변화하는 측면들로 경험되는 것이다. 이것의 이유로 제시될 수 있는 이유가 두 가지있다. 하나는 세스의 정신적 외상과 직결된다. 끔찍하고 충격적인 과거를 살았음으로 정신적 외상의 부정적인 영향이 과거에 머물러 있지 않고 나타나 현재를 물들일 만도 하다. 세스 자신이 그녀가 덴버에게 "재기억"이라고 말한 것에서 이에 대한 설명을 하고 있다(35~36).[16] 그러나 그리 분명하게 드러나지 않는 것은 이러한 외상적인 새어 나옴 현상leakage이 해석적 난관을 만들어 낸다는 사실이다. 근본적으로 이는 그녀의 끔찍한 과거에 의한 현재의 차단이 현현처럼 보이는 형태로 되기 때문이다. 그러나 이 현현의 기능은 — 문학에서 현현적인 순간이 행하는 것으로 가정되고 있는 — 통합감 또는 일체감을 생산하는 것이 아니라 분리와 파편화를 생산하는 것이다.[17] 이것들이 부정적인 현현이다. 그러나 이것들은 현현으로서 등장인물과 독자에게 해석적 잔여물을 남기면서, 함께 모여 인물과 사건 사이, 과거와 현재 사이, 그리고 내러티브 구조와 내용 사이의 관계를 나타내 준다. 세스로 하여금 재기억이란 개념에 대한 해석적 직관에 이를 수 있도록 하는 것이 바로 이 부정적 현현의 특이한 성격인 것이다. 이와 같이 읽을 때 우리는 이 소설의 2부의 "시화된"

poeticized 부분들 전체를 세스, 빌러비드, 그리고 덴버Denver 이 세 인물 각자에게 일어나는 그 같은 해석적 현현의 연속적인 제시로 재해석할 수 있다. 그렇다면 "이 이야기는 전달할 이야기가 아니야"라는 문구가 주술적으로 반복되고 있는 소설의 마지막 두 쪽은 텍스트에 흩어져 있는 일련의 현현들 속에 들어 있는 해석으로의 초대를 거절하는 것이다. 왜냐하면 이 소설의 끝을 맺는 쪽들에서 언급되고 있는 악몽, 사진, 개울, 그리고 발자국 같은 요소들 각각이 과거로 포화 상태가 된 현상이기 때문이다. 이 마을 공동체는 이 형상들을 해석하라는 초대를 받아들이는 것보다는 "잊기 위해 기억"해야만 한다는 것이 암시되어 있다. 다시 말해서, 많은 것을 함축하고 있는 현현이 되는 그 같은 일상적인 사항들을 통하여 과거가 현재를 집어삼키도록 하지 않겠다는 의식적인 결정을 내리고 있는 것이다.

부정적 현현이란 생각에 초점을 맞출 때 우리는 (이 소설의) 텍스트가 베이비 석스에게 비극적인 해석적 위치를 부여하고 있다는 것을 보게 된다. 자식들의 목숨을 주고 뺏는다는 점에서 세스가 에바에 가깝지만, 모성과 장애의 구성적 애매함을 더 극명하게 보여 주는 인물은 바로 신체적 장애를 지니고 있는 베이비 석스이다. 『술라』와 『빌러비드』 사이에 형성된 여러 가지 흥미로운 담론적 연결들을 통하여 베이비 석스도 에바 피스와 연결된다. 베이비 석스는 엉덩이에 입은 부상 때문에 "다리가 셋인 개처럼 걷는다"(140). 뿐만 아니라 "그녀의 엉덩이는 하루도 빠지지 않고 아프지만 — 그녀는 그에 대해 절대 말하지 않는데"(139), 이 점이 에바가 다리 절단에 대해 침묵하는 것을 상기시킨다. 에바가 다른 모습을 보여 주기 위하여 마을을 18개월 동안 떠나 있었을 때 세 아이를 석스 부인이라는 이름의 이웃에게 맡겼다. 이 18이라는 숫자가 무의미한 것이 아니다. 왜냐하면 그것이 세스가 죽인 아이 빌러비드가 젊은 여성으로 성장해 세스와 (빌러비드의 여형제) 덴버와 함께 살기 위해 돌아오는 데 걸린 햇수이기 때문이다. 베이비 석스를 더욱 에바에 연결 짓는 사항은 베이비 석스가 그녀의 몸을 되찾으려 노력하고 다른 사람들을 넓은 가슴으로 대하려고 노력한다는 점이다. 베이비 석스 본인은 노예일 때 낳은 여러 아이들에 대하여 매우 문제가 많은 태도를 취했다. 그녀는 할레Halle를 제외하고는 그녀에게 선택권이 없었던 다양한 상황에서 낳은 7명의 자식들에게 사랑을 보여 주기를 거부하였다.

그녀의 부서진 몸 그리고 그녀의 애증이 공존하는 모성 본능 둘 다 노예제도 탓이다. 그녀의 자식들 그리고 실제적으로 그녀가 사랑하는 사람들을 그녀로부터 떼어 가는 것을 주기적으로 목격해야만 하는 것은 너무도 심한 것이다. 소설은 다음과 같은 이야기를 전한다:

> 베이비 석스가 사랑한 것은 차치하고 아는 사람은 도망치거나 또는 교수형 당하거나, 다른 농장으로 임대되거나, 대여되거나, 구매되거나, 되찾아 오거나, 쌓아 두거나, 저당 잡히거나, 상으로 받거나, 도둑맞거나 또는 몰수당하거나 하였다. 그래서 베이비가 낳은 여덟 명의 자식들의 아버지는 여섯 명이었다. 그녀가 삶의 더러움이라 부른 것은 장기판의 말에 그녀의 자식들이 포함되어 있는데도 아무도 장기 두는 것을 중단하지 않는다는 것을 알게 되면서 그녀가 받은 충격이었다. 그

녀는 할레를 가장 오래 데리고 있을 수 있었다. 20년 동안. 평생. 분명히 그녀의 아직 영구치도 나지 않은 두 딸이 팔려 갔다는 소식을 들은 대가로 — 그녀는 작별 인사도 할 수가 없었다 — 그녀에게 주어진 아이. 아들인 셋째 아이를 데리고 있는 조건으로 넉 달 동안 감독 조수와 함께 산 대가로. 그러나 이 아들은 다음 해 봄에 목재와 맞바꿔었고, 그녀는 그렇게 하지 않겠다고 약속했으나 그렇게 한 사람에 의해 임신되었다는 것을 알게 되었다. 이 아이를 그녀는 사랑할 수 없었고, 다른 아이들도 사랑하지 않았다.

(23)

여기서 (할레를 제외하고) 그녀의 자식들을 사랑하는 것에 대해 그녀가 느끼는 양면적 감정은 일종의 자기 방어이고, 충격적인 노예제도하에서 다른 많은 여성들도 행한 것이었다. 베이비 석스는 텍스트에서 (세스, 스탬프 페이드Stamp Paid, 네 명의 마부, 그리고 나중에 폴 디Paul D 같은) 다양한 인물들에 의해 동시에 공유된 부정적 현현의 순간에 대한 증인이다. 달리 표현하자면, 베이비 석스는 사적이 아니라 공적인 충격적인 기억을 증언하는 것이다. 세스의 끔찍한 선택을 목격하는 것이 베이비 석스에게 여성으로서, 어머니로서, 노예로서, 그리고 장애인으로서의 그녀 삶이 지니고 있는 모든 애매함들을 집중시키고 심화시키는 중요한 계기를 제공한다: "그래도 사람들이 그녀의 마당으로 들어왔고, 그녀는 세스의 선택에 찬성할 수도 비난할 수도 없었다. 이 둘 중 하나를 했으면 좋았을 것이나, 이 둘 모두에 대한 요구에 지쳐서 잠자리에 들었다. 마침내 백인들이 그녀를 녹초가 되게 만들었다"(180).

세스의 선택에 대한 절대적인 윤리적 결정의 불가능이 베이비 석스가 지금까지 발휘해 온 믿음의 방패 아래 작동하는 것을 불가능하게 만든다. 그 사건 이후 그녀의 "믿음, 그녀의 사랑, 그녀의 상상, 그리고 그녀의 넓은 가슴이 무너져 내리기 시작하면서"(89), 그녀는 마치 하나님에 의한 천지창조의 원색을 재발견하려는 것처럼 원색에 대한 순차적인 명상에 잠긴다.[18] 종종 정신적 외상으로 인한 새어 나옴의 순간들을 통하여 관점적 감각이 강화되는 세스와는 대조적으로, 베이비 석스의 경우에 있어서 그녀의 현현적 목격은 그녀의 삶에 대한 열정뿐만 아니라 그녀의 감각까지도 멈추게 하는 효과를 지닌다. 결정적인 것은, 세스가 자주 과거의 정신적 외상으로 인한 새어 나옴에 의해 고통을 받지만, 그녀의 거친 선택의 순간은 그녀의 의식 속으로 직접 들어오지 않는다는 것이다. 그녀는 그 순간을 "재기억하지" 않는다. 심지어 폴 디가 무슨 일이 일어났는지 말해 보라고 할 때조차도 그녀는 대답을 하면서 그와 그 충격적인 사건 주위를 맴돈다: "그녀는 알았다. 그녀가 방과 그와 이야기 주제 주위에 그리고 있는 원이 하나인 채로 있을 거라는 것을. 물어야만 하는 사람들을 위하여 문제의 핵심에 다가가거나 꼭 집어 말해 줄 수 없다는 것을. 그들이 즉각 알아차리지 못하면 그녀는 설명해 줄 수 없다는 것을. 왜냐면 진실은 꽃무늬 옷, 나무 새장, 이기심, 발목 줄에 대한 기다란 기록이 아니라 간단했기 때문에……."(163).

그녀의 설명 어디에서도 그녀는 그 행위를 실제로 묘사하거나 시각화하지 않는다. 이는 마치 그녀가 그것에 대하여 전략적으로 기억상실증에 걸린 것 같다. 따라서 베이비 석스가 그 사건에 대해 증언하는 것이 두 가지 기능을 한다. 그 사건이 그녀에게 해석적 난관을 생성해 낼 뿐만 아니라 그 사건의 부정적인 영향이 그녀의 영혼에까지 전달되기도 하는 것이다. 그녀는 그저 증인이 아니라 그 순간에 생겨난 끔찍한 지식의 희생 양적인 운반자인 것이다. 이런 방식으로 그 현현적인 순간이 그 사건 내에서의 (비극적 행위자와 형성된 끔찍한 지식의 운반자이기도한 비극적인 증인 사이) 분열로 이어질 뿐만 아니라 증인 본인의 마음속에서의 분열로도 이어진다(베이비 석스는 그 비극적인 행위를 지지할 수도 비난할 수도 없어 잠자리에 들어 원색에 대해 명상에 잠긴다).

중요한 것은 모성이 문제시되는 현현적인 순간들이 모리슨의 작품에 등장하는 여성 인물들과 관련하여서만 분명해진다는 것이다. 그와 같은 현현적인 위기가 비장애 인물들에게나 또는 정신적, 인지적 장애를 지닌 인물들에게는 없다. 모리슨의 텍스트에서는 현현적 위기가 남성 인물들에게는 나타나지 않는다. 에바 피스와 베이비 석스 두 경우 모두에 있어서 그들 각각이 지니고 있는 장애가 재현의 위기, 즉 내가 이 책에서 설명하려고 애쓰고 있는 미학적 불안감의 담론적인 표시인 것이다. 그들의 권능화가 바로 그들의 부서진 몸의 본질에 의해 약화되고 있는 것이다. 모성과 장애의 결합이 가져오는 끔찍한 지식을 가지고 있는 이 대단한 여성 인물들에게서 우리가 보게 되는 것만큼이나 선명하게 상실감과 연결되어 있는 권능화는 모리슨 글쓰기의 다른 어느 곳에서도 찾아 볼 수 없다.

2장에서 논의된 잠정적인 유형에서 본 범주들 중에서 현현으로서의 장애(5), 설명하기 어렵고 수수께끼같은 비극적 통찰로서의 장애(7), 그리고 정상 상태로서의 장애(9) 같은 범주들이 모리슨의 작품에 가장 적용 가능한 것으로 보인다. 그러나 또한 이 범주들 중 그 어느 것도 그녀 글쓰기의 복잡성을 완전히 제대로 다룰 수 없다는 것도 분명하다. 왜냐하면 모리슨의 작품에서는 우리가 내용 차원에서 장애를 접하게 될 때마다 장애가 — 내러티브의 전체 구조에 영향을 주고 있는 차분히 있지 못하고 왔다 갔다 하는 양식으로 모습을 갖추는 — 다양한 의미작용들을 빠르게 생성해 내기 때문이다. 장애는 갖가지 의미 작용 과정들이 그리고 그러한 의미 작용을 다양한 재현상의 계층과 장소로 이동시키는 과정들이 퍼져 나가는 지렛목 또는 연결점 같은 것이 된다. 그리하여 2장에서 디즈니 만화 영화 「니모를 찾아서」와 뱁시 시드화의 『영국 쪼개기』와 관련하여 본 두 갈래로 나누어지는 것의 예들과는 달리(이 작품들에서는 내러티브가 **내용 차원에서** 장애 재현에 함축된 긍정적인 것들을 곧장 반박한다), 모리슨의 작품에서의 두 가지로 갈라지는 것은 분기分岐로가 아니라 다의성multivocality으로 가장 잘 설명된다. 장애와 관련하여 많은 입장이 채택된다는 측면에서 뿐만 아니라 모리슨의 장애 인물들과 관련하여 우리가 내리게 되는 평가가 — 모리슨에 의해 제시되는 — 쉽사리 서열화할 수 없는 다양한 윤리적 선택들을 고려하지 않을 수 없게 되는 방식과 관련하여서도 모리슨의 텍스트들은 다의적이다. 따라서 평가에 이르는 과정의 최적화가 이루어지게 된다. 토니 모리슨은 그녀의 글쓰기를 통하여 우리가 계속 다른 대안을 예상하지 않고 결론에 도달하는 것을 불가능하게 만든다. 이와 같은 방식으로 문학적인 것을 사회적인 것에 맞추거나 그 반대로 사회적인 것을 문학적인 것에 맞추는 추정상의 읽기 윤리가 생성된다. 이 윤리가 무엇을 수반하는지에 대하여는 본 연구의 결론 부분에서 더 논의가 될 것이다.

5

월레 소잉카

: 장애, 불구가 된 의식과 체계상의 기이한 느낌

5. 월레 소잉카

: 장애, 불구가 된 의식과 체계상의 기이한 느낌

『순수와 위험』(1966)에서 이루어진 메리 더글러스의 논의에서는 여러 사회에서의 의례상 오염, 불결함과 전염의 경계가 정해지는 방법을 엿볼 수 있다. 더글러스가 보여 주고 있듯이 인류학의 초기 단계에서는 종교가(사실 전체 문화가) 오염을 물질적 환경(불결한 것, 피, 침, 기타 다른 아주 추한 것들 가까이 있음)의 결과로 보는 종교와 그러한 물질적 환경에 상관없이 오염을 고의성과 심리적 동기 측면에서 보는 종교로 나뉘었다. 이같은 사회적 구분은 소위 원시 사회에 타당했던 만큼이나 현대 사회에도 정도는 다르지만 여전히 타당하다.

의례상의 오염에 대한 물질적/고의적 구분과는 별도로 제 3의 구분에 주목할 필요가 있다. 이 구분은 사회적 낙인에 대한 인식에 적용된다. "낙인"이라는 용어의 의미가 그리스 고전기적 그리고 기독교적 사고에서 신체적 또는 사회적 차이를 나타내는 외적 표시로 본 아주 옛적 정의로부터 다양한 신체적, 비신체적 종류의 부정적인 속성들을 표시하기 위해 사용되는 현대적 용법으로 변해 온 것이 얼마만큼 몸이 역사적으로 다양한 사회적 상징화의 격자판으로 흡수되었는지를 보여 준다(고프먼 1959). 사회적 인식이 사회문화적 관계를 차등화하는 구조 내에서의 변칙적인 것과 오염된 것을 규정한다. 이 같은 관계의 핵심은 오염과 변칙에 대한 인식이 변하는 사회적으로 지정된 의미들 집합의 일부라는 것이다. 더욱이 변칙적인 것으로 지정된 것에 대한 사회적 인식은 종종 권력의 문제로 또는 적어도 사회적 예의를 뒷받침하고 있는 가치와 실천의 문제로 흡수된다. 이 가치와 실천 자체도 서열적인 도덕적 자격에 대한 생각으로 바뀌어 사회적 집단 내에서의 배제와 포함에 대한 다양한 이해를 규정하는 데 도움을 준다. 제3국Third Reich과[1] 같은 극단적인 상황에서는 신체적 그리고 정신적 장애에 붙여진 낙인이 생존권 문제로 직결되었다.

소잉카의 극에서 의례와 의례적 충동에 주어진 중요한 위치는 인간의 몸을 다양한 의례적 의미를 전달하는 중요한 전달자로서 배치한다. 그러나 아직까지 제대로 논의되지 못한 것은 그의 작품 대부분이 의례에 초점을 맞추고 있지만, 그의 작품이 또한 의례적 충동이 장애인 형상에 대단히 강하게 집중되고 있는 사례라는 것이다. 소잉카의 작품에서 장애 인물은 종종 형이상학적인 것과 변칙적인 것을 나타내는 암호이다. 다리를 저는 신 아로니Aroni와 무시무시한 비밀스런 해프 차일드Half-Child가 인간 세계의 현실 안주에 대한 영적인 도전으로 해석되어야 하는 『숲의 춤』A Dance of Forests을 제외하고 나머지 그의 글에서는 보통의 인간 관계 속에 있는 장애 인물들이 절대로 완전히 정상화되지 않는다. 그보다는 『길』The Road에 등장하는 무라노Murano의 경우에서처럼 형이상학적 의미의 경계성이든 아니면 『강한 종족』The Strong Breed, 『늪지대 사람들』The Swamp Dwellers 그리고 『광인과 전문가들』에서 볼 수 있는 것처럼 형이상학적인 것과 좀 더 사회심리학적 의미를 합해 놓은 경계성이든 간에, 장애 인물들은 경계성의 잔재를 지니고 있다.

소설에서든 시에서든 또는 극에서든 간에 소잉카의 본질적인 극적 재능은 자연주의적 재현의 형태보다는 반모방주의antimimeticism에 적합하다는 안네마리 헤이우드Annemarie Heywood의 지적은 옳다. 그러나 그렇다고 소잉카가 단적으로 자연주의적인 작품을 생산하지 않았다는 것은 아니다. 제로Jero가 등장하는 극들, 『늪지대 사람들』 『강한 종족』, 그리고 심지어 어느 정도는 『사자와 보석』The Lion and the Jewel까지 예측 가능한 인물의 심리와 동기를 중심으로 하여 직선적인 전개 방식으로 진행되는 모방적이고 자연주의적인 글쓰기의 좋은 예들이다. 이와 동일한 성향이 "실제 같은"factional[2] 작품인 『아케』Aké, 『이사라』Isara, 그리고 『이바단』Ibadan에도 나타나는데, 이들 모두가 자서전/전기이다. 그의 반모방적 극들에서 인물과 배경을 무대에 제시하는 문제는 수수께끼 같고 설명하기 어려운 의례적 의미들을 전달할 정확한 연극적 수단을 찾는 어려운 문제에 연관된 만큼이나 그 극들에서 발견할 수 있는 대체로 정치-윤리적인 메시지들을 위한 설득력 있고 진정한 표현 영역을 어떻게 생성해 내는가라는 문제와도 연관되어 있다. 헤이우드가 이어서 지적하였듯이, 소잉카의 반모방주의적 요소는 대조적인 성격 묘사와 사건에 설정되어 있는 갈등에 대한 그 어느 해결책도 실패토록 만드는 경향에 의해 두

드러진다. 사건의 전개는 갈등을 여러 차원에서 고조시키고 등장인물들 사이의 오해가 지니는 구조적 함축을 심화시키도록 되어 있다. 때문에 그의 극들 중에서 『해설자들』The Interpreters과 『무질서의 계절』Season of Anomie을 포함한 다수의 극이, 기껏해야 여러 면에서 다투는 세력들 사이의 변증법적 균형을 유지하면서, "참을 수 없는 열린open 역설"로 끝난 다(헤이우드 2001, 2~43).

그러나 장애의 관점에서 소잉카의 작품을 읽는다는 것은 장애 인물들이 분명하게 의례적 변칙들을 나타내거나 또는 의례적 충동의 자격을 일부 갖춘 것에서 인물들이 등장하는 사회 영역의 기존 규약들로부터의 커다란 분리를 형성하는 방식에 아주 세심한 주의를 기울여야만 한다는 것이다. 이 같은 작품에서 미학적 불안감은 의례적 성향 그리고 주체성과 작용 주체 생산의 과정 — 최후에는 정치적으로 되는 과정 — 사이에 형성되어 있는 특이한 관계에 연결되어 있는, 분명히 해결할 수 없는 역설에 의해 분명하게 그 모습이 드러난다. 미학적 불안감은 또한 내가 체계상의 기이한 느낌systemic uncanny이라고[3] 설명하는 것, 즉 문제투성이의 사회정치적 과정의 혼돈이 개인의 의식 속에서 불안, 두려움과 심지어 공포 같은 감정으로 변하는 과정에 대한 묘사에서도 드러난다. 나는 『강한 종족』(1964)에서 미학적 불안감은 의례적 권위의 절차적 설치와 그런 권위의 이면인 유순함과 양보compromise의 생성 사이의 대위법counterpoint에 자리 잡고 있다고 주장하려 한다. 이 점은 이 극에서 인지 장애 인물로 등장하는 이파다Ifada에게 주어진 불안정하고 변화하는 담론적 위치와 특히 관계가 있다. 반면에, 나는 『광인과 전문가들』(1971)을 이용하여 장애를 지닌 부랑자들에게 주어진 분명히 전복적인subversive 위치가 그 부랑자들이 또한 이 극에서 갈등을 일으키고 있는 이념적 관점들을 통합하는 데 실패한 것을 나타내고 있다는 사실에 의해 약화된다고 주장하려 한다. 이 부랑자들은 중단된 변증법적 운동의 통합으로 읽을 수 있다. 『광인과 전문가들』은 특정한 역사적 상황, 즉 비아프라Biafra 전쟁과[4] 그 후유증의 굴절 반영refraction이란 점에서도 중요하다. 이 역사적 문맥이 이 극이 전쟁 후 나이지리아에 대해서 말하는 것과 체계상의 기이한 느낌 구성을 평가하는 데 있어서 중요하다. 이 체계상의 기이한 느낌은 약화된 형태로 『강한 종족』에서도 볼 수 있다. 그러나 우리로 하여금 알차게 극적 사건의 내용과 형태를 역사적 상황의 혼돈과 연관지을 수 있도록 하는 것은 『광인과 전문가들』이다. 두 극이 각각 지니고 있는 모방적인 구조와 반모방적인 구조 그리고 두 극이 장애, 의례적 충동과 주체성과 작용 주체 문제 사이에 형성한 관계에서 선명한 대조를 이루고 있지만, 이 두 극을 함께 읽었을 때 소잉카의 작품에서 장애가 차지하고 있는 암시적이고 비평적인 위치를 볼 수 있게 된다.

『강한 종족』 : 장애와 망가진 의식

『강한 종족』은 장애와 의례적 오염과 비장애인에 의한 특권이 주어진 통찰력의 추구 사이의 관계가 형성되어 있는 소잉카의 다른 극들과 한 무리의 주제적 특징들을 공유하고 있다. 이 극은 처음 볼 때 상당히 솔

직한 자연주의 수법으로 쓰여 있어 설명하기가 꽤 쉬운 듯 보이는 극이다. 비슷한 의례적 주제를 다루는 다른 많은 극들에서처럼 이 극도 오군Ogun의 영웅적 이상형을 중심으로 그와 관련된 과도기적 심연abyss, 의례적인 위험, 그리고 신과 인간 사이에 놓여 있는 심연에 다리를 놓는 일에 있어서의 필연적인 희생 등과 같은 장치들을 동원한다.[5] 그의 작품을 연구하는 학자들이 종종 지적하였듯이, 이 심연의 정확한 위치는 극마다 다르다. 따라서 『길』에서는 과도기적 심연이라고 부를 수 있는 것이 부분적으로 극 사건의 외부 주변부에 그리고 살아 있는 자와 죽은 자와 아직 태어나지 않은 자가 합류하는 지점에 놓여 있다. 이 같은 도식 내에서 프로페서Professor가 오토바이 사고에서 구해 준, 다리를 절고 언어 장애가 있는 인물인 무라노가 은밀한 비밀로 들어가는 입구를 지키고 서 있다. 적어도 이것이 말씀Word을 찾고 있는 프로페서가 무라노를 보고 있는 모습이다. 이 말씀은 의사기독교적인 함축을 지니고 있는 것처럼 보이지만 동시에 무라노가 관장하고 있는 결합conjuncture에 대한 전통적인 요루바족 정서와도 연결되어 있다. 따라서 무라노의 독특한 성격 안에서 의례적 위험이란 개념이 영적 통찰력이란 개념과 결합된다. 그러나 이와 동시에 과도기적 심연이라는 느낌이 도시의 소외된 의식의 효과로서 『길』에 흩어져 있다. 이 점은 프로페서를 마지못해 따르는 추종자들의 대부분을 이루는 폭력배들과 무위도식자들 주위를 둘러싸고 있는 상황에서 볼 수 있게 된다. 이 극 전반에 걸쳐 이들이 나누는 나이지리아의 길에서의 죽음에 대한 많은 이야기에서 그리고 그 영웅적 이상형을 죽음의 아스팔트를 달리는 자동차에 대한 숙달 속에 내재되어 있는 것으로 나타내는 이들의 대화에서 세이 도쿄 키드Say ToKyo Kid, 샘슨Sampson, 코토누Kotonu 같은 인물들이 의례적 심연의 느낌이 그들의 식민지 상태로부터 독립한 후 도시에서 형성된 정체성이 처한 빼앗긴dispossessed 상황과 서로 맞물려 있는 것으로 말한다.

　반면에 『늪지대 사람들』에서는 블라인드맨Blindman이 늪지대 사람들 땅의 불모를 극복하는 데 요구되는 의지력에 대한 통찰력을 지니고 있는, 북쪽에 거주하는 전설적인 시각 장애인 부족을 떠나 남쪽으로 온다. 그의 통찰력은 실용적이고 유용한 것이라서, 그가 이그웨주Igwezu의 노예가 되겠다고 하는데, 이는 이 젊은이에게 활력을 불어넣어 이 젊은이가 무질서의 감정에서 벗어나 극기와 단호한 행동의 성향을 갖도록 하려는 희망에서 이루어지는 것이다. 여기서, 블라인드맨에 대한 외경심에 싸인 반응이 보여지기는 하지만, 전염, 즉 의례상의 위험이란 의미가 전적으로 이 자에게 부여되어 있는 것은 아니다. 오히려 의례상의 위험 결정은 (늪지대 뱀을 신봉하는 종교인) 늪지대 뱀the Snake of the Swamp의 교주인 카디예Kadiye에 의해 조종되는 정치적 도구가 되고, 그의 자기 확대self aggrandizement와 이익 추구의 수단이 된다. 블라인드가 늪지대 사람들 마을에 도착한 그날 늪지대 경작 금지 기간이 끝났다고 선언되는 것이 아무 의미가 없는 것이 아니다. 그는 그가 방문하러 온 곳의 의례상 오염이 종료되었음을 나타내면서 동시에 그 자신 안에 그런 오염이 나타나고 있다는 느낌의 시작을 나타내고 있는 것 같다. 한편으로는 그가 오염 기간이 막 끝나면서 도착하고 다른 한편으로는 그 자신 안에 의례상 전염의 본질과 그에 대한 지식을 지니고 있다는 사실을 암시하고 있어,

마치 그가 의례상의 교환대 기능을 나타내고 있다고 암시하는 것 같다. 블라인드맨은 담론적으로 카디예라는 인물에 암시적으로 나타나 있는 의례의 불모 정반대에 위치하고 있다. 환멸의 무게에 허물어진 시작 장애인들의 마을을 떠나 강을 따라 먼 길을 걸어온 블라인드맨은 카디예에 압축되어 있는 의례화된 믿음과 실천이 지니고 있는 제한된 시야를 초월할 수 있는 강한 오군 같은 통찰력의 근원을 나타낸다. 따라서 카디예의 권위에 도전하는 불만 가득한 이그웨주와 블라인드맨의 동맹은 통찰력 있는 오군 같은 영웅적 국외자와 소외된 원형적인 오군 같은 내부자의 동맹인 것이다.

『강한 종족』은 소잉카의 다른 극들에서 독립적으로 작동하는 것으로 볼 수 있는 다양한 이야기 가닥들을 모아 놓고 있다는 점에서 독특하다. 따라서 에만Eman과 이파다 두 인물에서 이방인과 의례상 변칙 사이의 직접적인 연결을 보게 된다. 이방인과 그러한 의례상 변칙의 연결은 인지 장애가 있는 아이로서 (마지못해 동의한) 제물로 바칠 희생자로서 마을에 잡혀 있는 인물 이파다 주변에서 특히 심해진다. 더욱이 이 극에서 과도기적 심연은 마을의 안녕과 행복을 위하여 제물로 바쳐진 운반자에 의해 다리가 놓여져야 할 필요가 있는 것으로 그 경계가 확실하게 표시되어 있다. 그러나 상황을 복잡하게 만드는 것은 의례를 위한 제물 선택이 작용 주체, 의도성 그리고 형이상학적 무질서의 기표로 인식되는 장애인의 지위와 관련된 일련의 윤리적인 문제들을 야기한다는 것이다. 제물 선택은 또한 유순함의 생산이란 문제를 야기하는데, 여기서 유순함은, 곧 상세히 설명되겠지만, 궁극적으로 정치권력과 의례적 권위 행사 문제와 불가분의 문제이다.

『강한 종족』은 또한 사회의 안녕과 행복을 위하여 경계가 확실하게 표시되고 감시될 필요가 있는 의례상 전염이 극적으로 재현되어 있다. 특정한 그리스어 개념들이 이 극과 『광인과 전문가들』을 해석하는 데 매우 적절하다. 베르낭Vernant(1980)과 기타 다른 학자들이 보여 주었듯이, 그리스 사상에서 불결한 것과 오염의 관계는 전혀 간단하지가 않다. 가장 관련이 있었던 것은 악으로 이해된 질병과 질병으로 개념화된 질병 사이의 관계였다. 그러나 이 두 쌍의 개념을 충분히 이해하기 위하여 순수, 정화, 전염, 위험 같은 몇 가지 연관된 개념들을 더 넓은 통합된 담론 내에서 그들의 합리성이란 측면에서 이해하였다. 따라서 아리스토텔레스 이후 연극 논의에서 시사하는 것이 많은 용어인 카타르시스katharsissms가 일반적으로 정화를 의미하게 되었는데, 정화되어야 할 것으로는 몸에서의 생리혈과 병원체와 마음에서의 불안감을 포함한다. 그리스 치료사들은 카타르시스를 얻기 위하여 파르마카pharmaka에[6] 의지하였다. 파르마카(단수형은 파르마콘pharmakon)는 약뿐만 아니라 독도 의미하였는데, 곧 보게 되겠지만, 이 개념은 『광인과 전문가들』에서 노파들이 채집하는 약초 상태와 관련이 있다. 병든 사람이 치료되기를 원했던 것이 때로는 (병리학pathology에서와 같은) 페이소스pathos였다.[7] 그런데 이 용어는 우리에게 일어나는 모든 것 또는 우리가 겪거나 고통받은 모든 것을 포함하였다. 파테pathe는 꼭 부정적인 현상, 즉 제거되어야 하는 질병이 아니었다. 이 단어는 종종 애정 또는 느낌으로 해석된다. 따라서 에우리피데스의 『히폴리투스』Hippolytus에서는 페드라Phaedra의 페이소스가 정서적인 광기로 나타난다.

그러나 중요한 것은 파르마콘이 꼭 삼켜져야 하는 것으로 이해될 필요가 없다는 것이다. 환자에게 낭송된 주문이나 주술도 파르마콘이었다. 반면에 파르마코스pharmakos는 공통체로부터 그 공동체의 오염을 지고 나가도록 쫓겨나는 희생양 역할을 하는 인물을 의미하는 말로 사용되었다. 파르마코스는 몹시 부정적으로 질병, 죽음과 악에 대한 연상들로 채워졌지만, 한편으로는 그것이 몰려났을 때 공동체에 안녕을 가지고 왔다. 따라서 파르마코스는 긍정적인 동시에 부정적으로 여겨졌다. 오이디푸스, 필록테테스, 히폴리투스, 아약스, 그리고 헤라클레스를 포함하는 그리스 문학에서의 많은 예들이 이 같은 용어들과 개념들의 상상적인 파라미터에 대한 감을 준다.[8] 그러나 이 용어들과 관련하여 주목해야 할 중요한 것은 이 용어들이 연관된 개념들의 결합, 말하자면 신성한 것과 그 반대인 것의 기호semiotic를 형성하였다는 것이다. 그리고 의례적 행위의 개념적 영역 내에서 이 개념들 모두가 서로에게 복잡하게 결합되기 때문에, 의례상 오염의 재현이 다층화되고 때로는 모순되기까지 하는 것이다. 이 같은 역설적인 상황은 "신성한 공포"sacred horror라는 용어에 의해 가장 잘 전달되는데, 이 용어는 뒤르켐Durkheim(1912)이 신성한 것이라는 생각이 지니는 속성 같은 양가감정을 — 특히 신성한 것이라는 생각이 전염이라는 개념과 자동적으로 함께 일어난다는 점에서 — 설명하기 위하여 사용한 말이다. 뒤에서 보게 되겠지만, 신성한 것/오염된 것이란 생각의 복잡한 다층화 그리고 그에 내재된 역설이 『강한 종족』 읽기에 적절하다.

가장 기초적인 차원에서 『강한 종족』은 마을의 연말 축제를 기념할 제물로 바쳐질 운반자, 즉 파르마코스를 찾는 일에 관한 극이다. 이 축제의 요소들 중에는 무언 가면극과 에군egungun[9] 가면극이 있는데, 둘 다 산 자의 세계와 혼령의 세계 사이의 연관성을 보여 주는 것으로 되어 있다. 그리고 제물로 바쳐질 운반자는 통과 의례의 일부로서 "준비" 기간을 거쳐야 하는 조건이 있다. 이 정화 의례의 일부에는 제물로 바쳐질 운반자를 각 건물로 데리고 가 두들겨 패고 철저히 학대하는 것이 포함되어 있는데, 이런 행위는 마을 공동체 사람들이 악과 부정적 감정을 품고 있는 것을 직접적으로 모방해 재연해 보이는 것이다. 이 같이 연례적인 정화의 틀 안에서 광적으로 이루어지는 활동들은 전염이라는 느낌이 대중적인 참여 형태를 통하여 몰려나야만 한다는 것을 의미하는데, 이것이 집단적 카타르시스 의례 속에서 마을 사람들을 결속시키는 것을 시사하고 있다. 이 마을 사람들 대부분이 이 같은 의례가 무엇을 수반하는지를 알고 있기 때문에 제물로 바쳐지는 운반자가 되는 것을 극도로 꺼린다. 때문에 지난 수년간 그들 중 잠시 체류하는 사람들을 파르마코스로 택하는 것이 관행이 되었다는 이야기가 들린다.

『강한 종족』 전체에서 경계성 위험을 느낄 수 있다. 하지만 그 경계성 위험은 두 가지 두드러진 방법으로 집중되기도 하는데, 이 두 방법이 합해져 신성한 것/오염된 것의 대조적인 의미 작용 형태를 생성해 낸다. 이 같은 집중의 첫 번째 길이 이파다와 에만에 있다. 이 극의 시작 부분에 이파다와 에만이 이 공동체에 온 지 얼마 되지 않는 이방인으로서 이미 잠재적으로 그렇게 유표되었다는 것을 제외하고는 이들이 경계 인물들이라는 것을 분명하게 보여 주는 것은 없다. 그러나 그들이 서로를 규정해 주는 전염의 인물들이 될 때까지 점점 더 그들의 경계적 지위가 강조된다. 두 번째 경계적 인물 쌍은 영원히 의례적 오염의 단계에 있다고 스스로 밝히는 병든 걸Girl과 그들이 벌이는 연말 축제 때문에 하나의 집합체로서 경계적 위험에 진입한 마을 공동체로 구성된다. 여기서 한편으로는 의례상 전염과 악 사이의 연결 그리고 다른 한편으로는 질병과 의례상 전염 사이의 연결이 강력하게 형성된다. 그러나 이 두 쌍의 인물들 사이의 관계는 다른 사람들을 의례적으로 변칙적이라고 지명할 배타적인 권리를 자신의 것으로 주장하는 자들(걸과 마을 공동체)과 그렇게 지명된 다음 그런 지명에 순응할 것인지 아니면 저항할 것인지를 결정해야 하는 자들 사이의 관계이다. 다시 말해서, 의례적 지명/명명이 주체성과 권력의 문제와도 얽혀 있는 것이다.

지명과 작용 주체 문제에 층을 하나 더하기 위해 비장애 인물들 — 걸, 집합체로서의 마을, 그리고 에만 — 각기 다양한 시기에 자신이 어떤 의례상의 전염을 지니고 있다고 확인한다. 에만은 이 같은 자기 확인을 하지 않고 시작하지만 결국 마지못해 의례상의 운반자가 되겠다고 동의할 때 그는 이것을 피할 수 없는 운명의 일부로 수용하게 된다. 인지 장애를 지니고 있는 이파다만 그것이 사건 그 어느 곳에서도 스스로 확인한 선택이 아니고 순전히 그의 존재에 부과, 즉 외부로부터의 투사된 것이다. 그런데 이 극이 가정생활과 일상적인 상태의 분위기 속에서, 그들 사이에서의 이파다 위치에 대해 순마Sunma가 느끼는 큰 불안에 대한 언급으로 시작하는 방식 때문에 이파다에게 주어진 전염의 보유자로서의 지위가 강제로 부여된 것이 아니라 거의 자연스러운 것이 되고 있다. 이 같은 자연스럽게 만드는 과정이 교주와 그의 추종자들이 그를 대단히 폭력적으로 체포하기 **이전에** 일어난다. 아주 기초적인 차원에서 이 극은 이파다가 "자연스럽게" 오염된 것으로 암시하지만 다른 차원에서는 이 극이 우리로 하여금 그 같은 자연스럽게 만들기, 즉 순전히 그가 장애인이라는 사실만으로 그의 의사에 반해 폭력적으로 체포될 수 있다는 궁극적인 암시에 놀라 움찔하게 만든다. 왜 이 같은 묘한 역설이 발생하는 걸까? 왜 장애 인물 주변에 이 같은 기이하고도 모순되는 전환이 일어나는 걸까?

이파다의 "자연스럽게" 오염된 지위에 대한 단언은 고향에서 제물로 바쳐지는 운반자로서의 긴 역사를 지닌 가족의 후손으로서 에만의 지위에 대한 느린 속도의 공개와 극명한 대조를 이룬다. 운반자로서 이파다의 역할을 대신하겠다고 동의한 후에 에만의 과거가 일련의 회상을 통하여 공개되는데, 이 회상에서 무대에 제시되는 추격 사건이 전개되는 중간에 에만이 어린 시절 그의 아버지, 선생님, 그리고 그의 죽은 신부인 오매Omae와 나눈 대화에 대한 기억 속으로 빠져드는 짤막한 순간들이 있다. 이 같은 회상을 통한 과거와 현재의 연결은 어느 정도까지 그가 그런 과거의 산물인지 그리고 그 과거에 철저하게 얽매여 있는지를 보여준다. 그러나 중요한 것은 과거와 현재 모두에 있어서 에만이 선택과 작용 주체를 행사하고 있다는 것이다. 이것이 궁극적으로 그를 아무 생각 없이 공동체적 진리 명령에 순순히 따르는 사람이 아니라 윤리적인 존재로 규정짓는다. 이 점은 "강한 종족"의 과업에 대해 그의 아버지와 나눈 대화에서 볼 수 있다. 그의 신부 오매가 아이를 낳다 죽으면서 그가 유지하고 있던 마을 공동체와의 정서적 연결이 끊어진 후 그에게 그런 과업이라는 것은 아무 의미가 없게 되었다. 더 이상 에만은 아버지의 뒤를 따라 마을의 공식적인 제물로 바쳐지는 운반자가 될 만큼 충분하게 마을 공동체와 연결되어 있다고 느끼지 않는 것이다. 그러나 그가 역사적으로 제물로 바쳐지는 운반자라는 소명을 행해 온 가문 출신이기 때문에 그가 잠재적인 의례상의 전염으로부터, 이에 대한 그의 견해와는 상관없이, 완전히 자유롭지 못하다는 것이 암시되어 있다. 때문에 그의 경우에서조차도 "자연스러운 것"에 대한 미묘한 이야기가 그의 정체성에 대응하여 궁극적으로 그의 작용 주체의 행사를 제한한다.

앞에서 논의하였듯이, 『강한 종족』은 순마와 에만이 저녁에 사무실 문을 닫는 가정적인 배경으로 시작한다. 에만은 교사이자 치료사이고, 순마는 그의 아내이다. 이 저녁은 바로 연말 축제가 벌어지는, 엄청난 위험으로 차 있는 그날 저녁이다. 이 위험은 직접 전달되고 있지 않고, 순마의 막연한 그러나 지속되는 불안감으로 표현되고 있다. 그녀는 계속해서 그들이 또는 적어도 에만이 다른 곳에서 저녁을 보내기 위하여 마지막 트럭을 타고 떠나야 한다고 주장한다(배경에 트럭 엔진 소리가 들려온다). 그녀가 화를 내도록 에만은 그렇게 하길 거부하면서 무심하게 그녀의 간청을 받아들이지 않는다. 뒤에 가서 이 시작 단계의 불안감이 완전히 잘못된 것은 아니었음이 밝혀진다. 교주인 제로게Jeroge의 딸로서 순마는 에만이 제물로 바쳐질 운반자로서 표적이 될 수도 있다는 것을 잘 알고 있다. 그들이 말다툼을 하는 동안 이파다가 사무실 창문 밑에 웅크리고 있는 것을 순마가 발견한다. 이파다는 에만에게 주려고 가져온 과일 바구니를 갖고 있다. 그는 계속해서 에만의 주의를 끌려고 애를 쓰고 있었다. 이파다의 모습에 대한 순마의 반응은 놀라울 정도로 난폭하다.

순마 : 저 애 가라 그래요. 다른 곳에 가 놀라고 해요.

......

순마 : 저 애가 여기 있는 것 싫어요. [창문으로 달려간다.] 저리가 멍청아. 너의 그 바보 같은 얼굴 더 이상 들이밀지 마, 알아들어? 가, 저리 가······.

......

순마 : 저 애는 흉측한 벌레처럼 이 주변을 기어 다녀. 저 애 다시는 쳐다보고 싶지 않아.

에만 : 이해를 못하겠네. 당신이 아는 이파다야. 이파다라고! 당신 심부름 해 주고 아무도 해치지 않는 불운한 애.

순마 : 저 애 꼴도 보기 싫어.

에만 : 하지만 저 애 일하잖아. 당신을 위해 많은 일을 하는 것 당신도 알잖아.

순마 : 저 애가요? 저 애를 위해 당신이 시작한 농장은 어떻고요? 저 애 거기서 일한 적 있나요? 아니면 당신이 그 덤불을 개간한 것이 이파다를 위한 것이었다는 것을 잊으신 건가요? 이제 당신이 가서 일해야만 하잖아요. 거기에 모든 시간을 다 써 다른 걸 할 여지가 없잖아요.

에만 : 저 애 잘못이 아니었지. 그가 농사짓는 것을 좋아하는지 물어봤

어야 하는 건데.

순마 : 아이고, 저 애가 선택이란 걸 할 수 있습니까? 마치 저 애는 살

　　　도록 허용되는 것을 감사하지 말아야 되는 것 같군요.

에만 : 순마!

......

순마 : 저 애 모습만 보면 혐오감이 밀려와요.

(116~117)

여기서 두 가지 일이 일어나고 있는 것 같은데, 그중 어느 것도 이 장애가 있는 아이에 대한 순마의 놀라운 반응을 설명해 주지 못한다. 한편으로 그녀는 이파다가 게으르고 아무짝에도 쓸모가 없는 아이고, 에만은 이 아이에게 소중한 시간을 낭비하고 있다고 주장한다. 다른 한편으로는 혐오감, 즉 그가 오염되었고 그리고 사실 오염시키고 있다는 느낌이 있다. 그를 "기어 다니는 벌레"로 언급하는 것이 그러한 혐오감을 잘 보여준다. 이 언급은 또한 그가 완전한 인간으로 인식되지 않는다는 것을 시사한다. 그러나 이파다에 대한 이 같은 반응들이 그가 마을을 위한 제물로 바쳐질 운반자로 뽑히기 **전에** 일어난다는 사실은 반복할 만한 가치가 있다. 그는 순마가 시작 부분에 그의 경계적 위치에 대해 의식하는 것 때문만이 아니라 그가 장애인이기 때문에 그렇게 오염된 것으로 인정되고 있는 것이다.

아주 묘하게도 이파다의 오염된 지위에 대한 생각이 방금 본 말다툼 후에 완전히 다른 근원에 의해 더욱 강화된다. 이파다는 걸에 의해 제물

로 바쳐질 운반자로 지명되는데, 걸 자신도 그녀의 치료불가능한 병 때문에 오염된 것으로 간주되고 있다. 걸은 처음에 인형effigy을 만들 천을 구하러 에만의 집에 오는데, 이 인형은 그녀가 그녀의 밝혀지고 있지 않는 병을 가져갈 제물로 바칠 운반자인 척하고 있는 것이다. 즉각적으로 의례상의 전염이란 중요한 생각이 그녀 내에서 그리고 주위에서 전경화된다. 에만은 그녀에게 인형에 입히라며 자신의 부바buba(품이 넉넉한 블라우스)를 빌려주려고 한다.

> 에만 : 여기 있습니다……. 이거면 될까요? 와서 보시죠.
>
> 걸 : 던지세요.
>
> 에만 : 뭐예요? 제가 댁 안 잡아먹어요.
>
> 걸 : 아무도 제가 가까이 오지 못하게 해요.
>
> 에만 : 저는 댁의 병에 걸리는 것 두려워하지 않습니다.
>
> 걸 : 이리로 던지세요.
>
> [에만이 어깨를 으쓱하더니 자신의 부바를 던져 준다. 그녀는 한마디도 하지 않고 받아서 인형에 입히는 일에 완전히 몰두한다. 에만이 잠시 바라보다가 내실에 있는 순마에게로 간다.]

(119)

이 일 바로 뒤에 이파다가 걸과 함께 놀이를 하다가, 이파다로 하여금 인형을 두들겨 패라는 요청을 받는데, 마치 그가 그들의 의례상의 전염을 없애려는 마을 사람들을 대신하는 것 같아 보인다. 앞에서 순마와 관련하여 본 벌레의 연상을 다시 들먹임으로써 걸이 그의 변칙성을 강화하는 것은 의미 없는 것이 아니다.

> 걸 : [이파다는 오랫동안 차분하게 살핀 후] 넌 거미 알 같은 머리를 가졌구나. 그리고 네 입은 지붕에서 빗물 떨어지듯이 침이 뚝뚝 떨어지는구나. 하지만 너 말고는 아무도 없구나. 너 같이 놀래?
> [이파다가 간절하게 머리를 끄덕인다. 많이 흥분해 있다.]
>
> (119)

극 전개상 이 부분의 문맥에 전염이란 생각이 걸(치료할 수 없는 병을 보유한 자로서), 이파다(치료 불가능한 인지 장애를 지닌 자로서) 그리고 인형(의례상의 운반자를 대신하는 것으로서) 사이에 공평하게 분포되어 있다. 이와 같은 전염의 삼각 구도가 의미하는 것은 의례상 전염의 확실한 이동성 그리고 의례상의 전염이 환유법적으로 한 개체에서 다른 개체로 옮겨질 수 있는 속도이다. 그렇다면 걸에게 에만의 부바를 빌려주는 장면에서 에만이 전염의 상징적 순환에 들어간다는 것은 분명하다. 이 같은 상징적 순환에서 실제로 제물로 바쳐질 운반자로서 이파다를 대신해 가는 것은 그리 어려운 것이 아니다. 대대로 제물로 바쳐질 운반자가 된 가문의 후손으로서 에만의 운명이 피할 수 없는 것처럼 보이는데, 그 운명은 그가 행하는 선택의 본질에 의해서 그리고 동시에 인물들 사이에서 순환되고 있는 신성한 것과 신성한 것을 더럽히는 것의 기호학에 의해서 준비되고 있다.

이파다를 대신함에 있어서 에만의 예수 같은 자기희생은 극에서 이파다를 위해 그를 대신하는 것이 암시하고 있는 또 다른 과정을 감추는데, 이 과정은 유순함의 생산과 발생할 듯한 권력의 전복 사이의 관계이다. 파르마코스를 알아보고 확보하는 과정이 제대로 이루어지려면 극 속의 공동체는 유순한 사람을 필요로 한다. 이미 보았듯이, 공동체를 정화하기 위해 치러지는 의례에서는 ─ (난폭한) 일이 저질러질 수 있는 ─ 제물로 바쳐질 운반자가 필요하다. 이런 면에서 마을 사람들이 되도록이면 문화적으로 이방인인(그래서 그 마을의 의례 관습에 대해 모르는) 사람일뿐만 아니라, 교주가 한 번 불길하게 말한 것처럼, 의례적 폭력을 "기꺼이" 받아들일 준비가 되어 있는 사람을 구하는 것이 중요하다. 그러나 분명한 사실은 평범한 인간이라면 그 누구도 그렇게 기꺼이 하지 않을 것이라는 것이다. 이파다가 공식적인 의례상의 운반자로 확인되기 이전에 그의 장애가 개별 등장인물들의 마음속에서 그를 오염된 것으로 구별되도록 한다는 점을 고려할 때, 그의 작용 주체적 위치에 상관없이, 사건을 촉발케 하는 사람으로서가 아니라 항상 일들이 일어나는 주체의 위치를 차지하고 있는 사람으로서 그가 신성한 기호 내에 위치하고 있다는 암시를 받게 된다. 이것은 에만이 교주로부터 도주하는 일이 마을에서 소동을 일으키고 그에게는 현현적인 위기를 촉발한다는 사실에도 불구하고 그렇다. 에만의 윤리적 현현을 촉발함에 있어서 이파다는 그저 에만을 대대로 제물로 바쳐지는 운반자가 된 가문의 ─ 이제 그의 차례가 되어 ─ 유순한 사람으로 생산해 내는 과정을 작동시키는 데 성공할 뿐이다. 에만은 그렇게 되도록 운명 지워졌고, 그가 경험하는 자기성찰은 오로지 그가 더욱 확실하게 그의 의례적 역할을 수용하도록 하기 위함이다. 달리 표현하자면, 문제가 있는 지명/명명의 의례적인 과정 그리고 파르마코스의 자연적인 선발의 의례적인 과정들이 그런 과정들이 지니고 있는 진정한 정치적 성격을 보기 어렵게 만드는 방식으로 재현되고 있는 것이다. 이 과정들은 유순한 사람이 그 과정들로부터 구조적으로 등장한다는 것을 시사한다. 이런 방식으로 이 극은 담론상으로는 이 장애 인물의 구성적 위치에 대해 대단히 보수적인 태도를 보이지만 표면상으로는 작용 주체와 운명의 선택에 관한 극처럼 보인다[10](여기서 잠시 멈추고 2장에서 논의한 공집합과 도덕적 시험 둘 다 또는 그중 하나로서의 장애 범주와 현현으로서의 장애 범주를 떠올릴 필요가 있다).

이파다의 성격 묘사에서 유순함의 담론과 비장애인을 위한 현현의 가능성이 결합되는 것이 이파다의 역할을 『길』에 등장하는 무라노의 역할과 비슷한 것으로 만든다. 무라노의 존재는 이파다의 존재보다 훨씬 더 축소되어 있어, 사건 전개에 있어서 스쳐 지나가는 정도로 언급되다가 극의 끝에 가서야 제대로 등장한다. 그렇지만 이 두 인물을 비슷하게 만드는 것은 무라노 또한 유순한 사람이라는 사실이다. 무라노는 미치광이 같은 프로페서가 그를 해석하는 것과 같은 사람이 되면서 동시에 실제 세상과 조상들 세상의 접합을 나타낸다. 그러나 무라노가 다른 세상을 나타내는 것은 의식적으로, 적어도 스스로 하는 것이 아니다. 그것은 다리를 저는 것과 언어 장애 같은 장애 변칙성의 모든 징표의 보유자인 그가 부분적으로는 오군적인 의식에 대한 극에서 비련의 비밀로 가는 의례상의 관문이 되고 있기 때문이다. 따라서 이파다처럼 무라노는 과도한 형이상학적 의미작용의 보유자이며, 그에게 일들이 일어나는 것은 극 텍스트의 담론적 질서 내에서 그가 차지하고 있는 위치 때문인 것이다. 그리고 『늪지대 사람들』의 블라인드맨처럼 이파다도 담론적인 교환대 기능을 행한다. 그는 사건 전개에 있어서 의례적 불안의 여러 다른 측면들이 퍼져 나가는 초점이 된다. 이 불안이 순마 같은 인물들을 통하여 표현되는 양식은 문화 전체에 있어 조직적으로 불안하게 만드는 무엇인가가 있지만, 시작 부분에서는 장애 인물을 둘러싼 무질서 형태로 표현되고 있다는 것을 시사한다. 이 극은 우리에게 이파다의 오염된 그리고 불안한 지위에 대하여 의심의 여지가 없도록 한다. 그는 바로 그의 장애 때문에 일상생활의 평범한 것을 위반하게 된다. 이 극이 의례적인 주제에 의해 지배되는 극이기 때문에, 그의 장애는 자동적으로 형이상학적인 이해로 흡수되어 변칙성을 생산해 내는 것으로 해석된다. 그런 다음 이것이 장애를 잘 안 보이게 만든다. 왜냐하면 장애는 처음부터 그 자체로 있도록 허용되지가 않고 형이상학적 과잉 해석의 대상이 되기 때문이다.

이 극을 전적으로 의례와 관련하여 해석하려는 유혹이 강하지만 (그리고 여러 면에서 매우 만족스럽겠지만) 나는 이파다의 장애가 야기하는 불안은 체계상의 기이한 느낌이라는 측면에서 읽어야 한다고 주장하고 싶다. 간단히 말해서, 체계상의 기이한 느낌이란 시작 단계의 무질서감이 부정적인 감정으로 변하고, 이 부정적인 감정은 인간의 의식 속에 머무르면서 걱정, 우려, 심한 경우는 극심한 공포로 표현된다. 이 개념은 다음 부분에서 이 개념이 좀 더 복잡한 차원에서 작동하는 것을 보여주는 극인 『광인과 전문가들』과 관련하여 더 자세히 논의될 것이다. 『강한 종족』과 『광인과 전문가들』 두 극 모두 체계적인 무질서의 본질과 성격 그리고 이것들이 본질적으로 혼란스러운 정치 영역 내에서의 주체적 위치 생성에 주는 영향력에 대한 소잉카의 지속적인 창작적 숙고의 핵심 부분을 이루고 있다.

『광인과 전문가들』 : 억제된 발전의 합창풍의 중재인들

일반적으로 나이지리아 문학을 연구하는 학자들은 비아프라 전쟁(1967~1970년)이 나이지리아 국민 국가의 파라미터를 심문하는 데 있어서 뿐만 아니라 그것이 문학에서 재현되는 방식에 있어서도 획기적인 시기라는 데 동의한다(에제이그보Ezeigbo1991; 오바페미Obafemi 1992). 1983년에 쓰인 뛰어난 논문에서 치디 아무타Chidi Amuta가 어떤 식으로 전후 나이지리아의 글쓰기가 이 전쟁 이전에 출판된 모든 글과는 매우 다른 장르적 기질을 드러내었는지에 대해 설명하였다. 이전 소설의 특징은 애니미즘적 사실주의animist realism의[11] 관례와 민족적 의식(파군와Fagunwa와 투투올라Tutuola의 작품에서 혼령, 그호미드ghomid 등등에 주어진 두드러진 위치가 전형적인 예), 식민주의와의 만남이 현지 전통의 생존력에 끼친 영향을 부각시키려는 욕구가 동기가 된 국가 의식적 사실주의(아체베) 그리고 마지막으로 정치 엘리트들에 대한 진보적 문학을 통한 통렬한 비난(아체베, 소잉카, 에크웬시Ekwensi)이었던 데 반하여. 전후 나이지리아 글쓰기의 특징은 위험에 처한 국가를 위해 시급한 새로운 비전을 제기하는

데 이용할 수 있는 강력한 윤리적인 틀을 추구하는 것이었다. 아무타에게 나이지리아 글쓰기에 있어서의 이 단계는 예전보다 훨씬 더 날카로운 방식으로 특정한 역사적 사항들과 그것들의 문학과 예술에서의 심미화 사이의 관계에 문제점을 제기한 단계여서, 여러 작가들이 자신들의 작품에서 심미적 영역의 존재론적인 지위를 완전히 포기하지 않고서 비아프라 전쟁 경험에 대하여 숙고해 보려고 노력하였다. 이 노력은 다양한 정도의 성공을 거두었다. 특별히 소잉카의 전후 글에 집중한 다른 논문에서 아무타는 이 전쟁이 소잉카의 근본적으로 이상적이고 신화창조적인 예술적 기질에 있어서 중요한 전환점이 되었다고 주장하였다. 이제 소잉카가 좀 더 "세속적인 자세"를 취하면서 "개인적 분개와 도덕적 고민의 전율이 참여 예술가의 공공의 책임과 조화를 이루려는 시도를 했다고 그는 주장하였다(아무타 1986, 52). 이 점은 『그 사람 죽었다』*The Man Died*, 『지하실의 셔틀』*A Shuttle in the Crypt* 그리고 『광인과 전문가들』 같은 작품의 변화된 강조에서 볼 수 있는데, 이 작품들은 모두 소잉카가 1969년부터 1970년까지 투옥되었다가 풀려난 직후에 나온 것들이다.

　나이지리아 글쓰기에 있어서의 우여곡절에 대한 아무타의 주장은 대체로 적절하고 통찰력이 있다. 그러나 소잉카의 작품에 대한 논평은 약간 명료치 못하다. 왜냐하면 『광인과 전문가들』 같은 작품들에서 분명한 것은 소잉카가 초기 작품에 있어서의 근본적인 의례 강조에서 크게 벗어났다기보다는 일관성 있는 문맥으로부터 유기적으로 나온 의례의 재현이 더 이상 가능하지 않다고 생각하게 된 것이라는 사실이다. 그러나 이것이 그의 작품에 있어 완전히 새로운 주제는 아니다. 이 같은 조짐이

『길』에서 이미 발견된다. 그는 또한 에세이 모음집인 『신화, 문학과 아프리카 세계』『죽음과 왕의 마부』*Death and the King's Horseman*, 그리고 그의 에우리피데스 작품 『주신 바쿠스의 시녀들』의 각색에서 — 이 모두 1975년에 발표됨 — 정치와 신화 만들기적인 해석 양식 사이의 관계에 대해 확실하게 긍정하는 태도를 취했다. 앞으로 보게 되겠지만, 『광인과 전문가들』은 그가 초기 작품에서 조금씩 설명해 오던 개인적 그리고 국가적 분할이 시사하는 것들을 전면적으로 다루고 있다는 점에서 그의 전체 작품 내에서 특별한 위치를 차지하고 있다.

『광인과 전문가들』은 그의 극들 중에서 한 무리의 장애 인물들을 핵심 인물로 고정시킨 유일한 극이다. 나아가 이 극은, 아마도 『길』과 더불어, 마지막 부분에서 발견하게 되는 불가사의한 미확정성이 필수적인 구성 요소가 되어 극의 사건 전개의 일부로서 점점 더 반복되는 유일한 극이기도 하다. 장애를 지닌 부랑아들이 방해interruption 구조를 통하여 사건 전개의 미확정성에 결정적인 영향력을 행사한다. 종종 노래를 통하여, 때로는 대화에서 별로 관계가 없는 것으로의 일탈 형태로 이 부랑자들은 미시적 차원에서 플롯의 미확정성이 불가사의하게 되도록 한다. 이 부랑자들은 합창풍choric의[12] 중재인들(헤이우드가 제시한 용어임)이라 할 수 있는데, 그리스와 고전의 사례에서 유래하는 합창의 기능이라 할 수 있는 것을 훨씬 능가하는 방식으로 작동한다. 이 부랑자들의 특별한 지위를 이해하기 위해서는 그들이 지니고 있는 소잉카의 다른 극들에 등장하는 합창풍 중재인들과의 유사성, 그리고 더 중요한 것은 이들이 정치적인 것과 형이상학적인 것이 접하는 부분에 수수께끼처럼 위치하고 있는 점을 유념해야만 한다. 하지만 아무타가 이 극에 방법론적으로 초점을 맞추고 이 극이 그것이 나온 역사적 상황과 직접적인 상관관계를 보여 주는 것으로 본 것과는 다르게 나는 이 극의 충동들이 너무도 복잡해 극이 비아프라 전쟁의 상황을 상기시키는 동시에 의미 있는 지시 대상으로서 비아프라 전쟁의 흔적을 완전히 지워 버린다고 주장하고 싶다. 사실 이 전쟁은 극화된 사건들에 대한 배경으로 남겨져 있어 특별하게 그 이름으로 언급되지 않는다. 그보다 이 극은 인간의 주체성에 대한 아무 생각 없는 폭력의 효과에 대한 세속화된 우화의 계기를 제공한다. 이 극은 또한 생체권력biopower과[13] 그러한 인간의 몸의 통제에 대한 극이기도 하다. 이런 면에서 장애를 지닌 부랑자들의 전경화는 이 극의 가변적이고 모순적인 의미들을 이해하는 데 있어서 더더욱 중요하다.

소잉카의 다른 극에 등장하는 합창 집단과 이 장애를 지닌 부랑자들 사이의 유사성은 주목할 만하다. 이 장애를 지닌 부랑자들과 『콩기의 수확』Kongi's Harvest에 등장하는 개혁 아웨리 협회Reformed Aweri Fraternity 사이에 비슷한 점들을 찾을 수 있다. 이 협회 사람들처럼 부랑자들은 유머, 팬터마임pantomime, 불안한 웃음과 합창풍의 풍자적인 평을 제공하며, 협회 사람들처럼 사건 진행과 관련된 역사적 배경에 대한 중요한 정보를 제공한다. 그러나 부랑자들이 신경증 센터라고 표현할 수 있는 것, 그들이 장애를 지닌 양식에 의해 그리고 다양한 사건 진행의 방해를 통해 나타내고 있는 것을 사건 진행에 제공한다는 점에서 그들과 협회 사람들은 다르다. 이들은 처음에 시 베로Si Bero와 베로 박사한테서 경멸적인 말을 듣지만, 극이 진행되면서 점차, 『강한 종족』에서 본 것과는 다르게, 이 극의 전반적인 에토스와 관련하여 이들이 자신들의 장애에 대한 다른 인물들의 반응이 초기에 우리로 하여금 믿게 하는 것보다 훨씬 더 중요하다는 사실이 밝혀진다. 더욱이, 이미 논의하였듯이, 이 부랑자들은 사건의 흐름을 방해하여 그 흐름을 잠시나마 그들에게로 향하게 하려는 것 외에는 다른 분명한 이유 없이 자주 노래하고 춤을 춘다. 『콩기의 수확』의 덴데Dende와 개혁 아웨리 협회 사람들은 그러한 호사를 누리지 못한다. 뿐만 아니라 『광인과 전문가들』의 합창풍의 중재인들은 소잉카가 각색한 에우리피데스의 『주신 바쿠스의 시녀들』에서 볼 수 있는 합창풍 중재인과는 결정적으로 다르다. 이 각색 작품에서는 합창 기능이 고전적인 의례적 성향의 지배를 받으며, 이제 일단의 노예들과 혼합된 바쿠스 신의 사제들은 — 에우리피데스의 원작 텍스트와 소잉카의 각색 둘 다에 매우 중요한 — 의례적인 리듬의 변조를 통하여 사건 진행에 대한 우리의 윤리적 반응에 영향을 주도록 의도되어 있다.

이 부랑자들의 형식적인 특징들과 그들 사이에 형성되어 있는 내적인 역학 관계는 둘 다 이 극에서 그들이 하는 역할의 특인 본질을 이해하는 데 중요하다. 이 부랑자 집단은 아아파Aafa가 이끄는데, 이 자는 간질성 경련에 시달리는데, 때로는 그가 동냥을 얻기 위해 가짜로 경련을 일으킨다고 의심하게 된다. 적어도 그게 다른 거지들이 그가 하는 짓이라고 비난하는 것이다. 그러나 원래 병의 기원이 그가 전선에서 군목으로 복무하는 동안 얻게 된 정신적 외상으로 거슬러 올라간다는 것은 분명하다. 이에 관하여 그가 경련을 처음 경험한 것에 대한 묘사가 이해에 도움이 된다.

그래 맞아. 그게 시작되었을 때 거기 있는 사람들이 심-리-적-인 뭐 그런 것이라고 하더라고. 내 주변에서 일어나는 모든 일들 그리고 내가 가까스로 모면한 것과 관련이 있대. 지금은 그리 심하지 않아. 지금도 난 그 첫 번째 경련을 기억해. 거기 내가 이렇게 서서, 곧 전선으로 나갈 여섯 명의 군인에게 축복을 빌어 주고 있었어. 그 자들은 내 앞에 무릎을 꿇고 있었고. 그때 — 그 소음을 듣지 못한 것 같아. 한 시간 동안 귀가 안 들렸거든. 그렇게 그 일이 일어난 거야. 신호고 뭐고 없었어. 내 앞에 무릎을 꿇고 있는 여섯 명이 그다음 순간에 날아간 거야. 사라졌어, 그냥 갑자기. 그때 내 몸이 떨리기 시작했어. 그것을 멈출 수가 없더군. 마치 귀신 들린 것처럼 몸이 뒤로 젖혀지더니 다시 앞으로 굽더라고. 주여. 사람 몸에 귀신 드는 대단한 방법이더라고.

(54)

아아파가 절제된 방식으로 무슨 일이 일어났었는지를 묘사하는 그것이 대단히 끔찍한 사건이었다는 사실을 훼손하면 안 된다. 전선으로 떠날 참인 무릎을 꿇고 있는 군인들을 위하여 기도하면서 그는 분명히 날아오고 있는 폭탄 소리를 들었고, 그가 눈을 떴을 때 그 군인들 모두가 폭발로 인하여 흔적도 없이 사라진 것이다. 흥미롭게도 그는 자신에 대한 부상은 언급하지 않고 오로지 그 충격에 대한 반응이었던 경련에만 집중한다. 하지만 그 사건이 그를 생사의 기로에 서게 했었을 것이라는 것은 의심할 여지가 없다. 그가 주님의 이름을 불렀을 때 그것은 더 이상 군목으로서가 아니라 암시적으로 살아 있는 자와 죽은 자 사이의 경계선에 있는 자로서였다. 그렇다면 그가 가짜로 일으켜 앓는 경련은 기이한 느낌의 한 형태를 적용하는 것, 완전히 인간인 것과 완전히 기계적인 것 사이에 놓인 경계에 그의 몸을 위치시켜 그 자신을 최고의 경계적 인물로 만드는 것이 된다.[14] 이것이 또한 — 물론 비아프라 전쟁의 일반적인 에토스에 의해 만들어지고 그에 대응하는 것인 — 단호히 허무주의적인 분위기를 그에게 주는 것이다.

다른 부랑자들도 각각 전쟁의 끔찍한 영향으로부터 고통을 받아 오고 있다. 고이Goyi는 등에 철로 만든 장치를 집어넣어 로봇 같이 뻣뻣하고 기계적인 걸음걸이로 걷게 되었다.[15] 블라인드맨은 시력을 상실했지만 폭발이 일어났을 때 쓰고 있던 안경을 과거 일에 대한 기념품으로 간직하고 있다. 크리플Cripple이 이들 중에서 가장 감상적이지 않은 것 같고, 이들 중에서 내부 비평의 목소리 기능을 하고 있다. 이들을 개인의 집합이 아니라 하나의 집단으로 묶어 주는 것은 이들이 군대 야전 병원에서 보낸 각기 다른 요양 기간 동안 올드 맨Old Man과 그의 애스As 철학의[16] 제자들이었다는 사실이다.

의미작용의 여러 영역에 걸쳐 있는 이들의 합창풍 중재자로서의 역할은 극에서 다양한 방법으로 표현된다. 극이 시작할 때 이들이 주사위를 던지고 있는데, 이들이 하는 노름에 걸려 있는 것은 이들의 양도 가능한 몸의 부분들이다.

아아파 : 6과 4, 잘했어.
크리플 : 당신 차례야 블라인드 맨. [주사위와 조롱박을 블라인드 맨에

게 건네준다.]

블라인드 맨 : [주사위를 던진다.] 5와 5. 누가 5가 나와야 해.

고이 : 가망 없어. [주사위를 던진다.]

아아파 : 3과 2, 항상 실패하는 작자. 당신은 뭘 건 거야?

고이 : 왼팔 잘린 부분.

크리플 : 마지막 던진 거야?

고이 : 아니야, 한 번 더 남았어.

블라인드 맨 : 당신 마지막이야. 당신 어제 나에게 오른팔 잘린 부분
           잃었지.

고이 : 그거 지금 줄까 아니면 나중에 줄까?

블라인드 맨 : 당분간 가지고 있어.

크리플 : 내가 딴 눈은 언제 받는 거야?

아아파 : 오른쪽 눈이었나 왼쪽 눈이었나?

(7)

이 같은 대화는 즉각적으로 이들을 운명으로 읽도록 만드는데, 단 한 가지 걸리는 것은 이들이 구걸과 관련된 것을 제외하고는 미래에 대하여 예측하거나 해석하려는 시도를 전혀 하지 않는다는 것이다. 하지만 극이 전개되면서 사건 진행과 관련된 배경과 다른 인물들에 대한 그들의 통찰력이 완전히 과거에만 관련되는 것이 아니라는 것을 발견하게 된다. 그들이 제공하는 정보는 가끔 전조前兆적이다. 베로가 그의 희생자들로부터 정보를 뽑아내는 방법의 재연이 바로 그런 경우인데, 이 재연은 블라

인드 맨의 총 쏘는 팬터마임으로 끝난다: "그가 무슨 말하는지 내가 알지(그가 상상의 총을 겨눈다). 탕. 모두 근무 시작!"(11). 이 팬터마임으로 재연된 총쏘기가 암시하고 있는 것은 뒤에 나오는 극의 끝 부분에서 베로가 올드 맨을 쏠 때 현실화된다. 이와 동일한 것을 아아파의 독수리에 대한 탐구에 대해서도 말할 수 있는데, 그는 독수리가 그들이 마을 사람들에게 제공하는 봉사의 표시로서 그들 집단이 가져야 하는 별칭이 되어야 한다고 주장한다: "우리는 다른 사람들이 저지른 일을 뒤치다꺼리하지"(11). 뒤에 가서 그가 언급하고 있는 일이란 것이 비아프라 전쟁에서 벌어진 인간 대학살이라는 것 그리고, 그들이 올드 맨이 준비한 식인 잔치에 참가한 것이 그러한 "뒤치다꺼리"의 중요한 형태였다는 것이 밝혀진다. 이 두 가지 예가 이 부랑자들의 합창이 정보 제공에만 관련된 것이 아니고 극에서 뒤에 일어나는 사건에 대해 예상하는 것에도 관련되어 있다는 것을 시사하고 있다. 따라서 극의 시작 부분에서 이들이 주사위를 던지고 있는 것이 정보를 제공하는 동시에 잠재의식적으로 미래를 암시하는, 전조적인 합창풍 중재인으로서 이들의 역할을 나타내는 것이다. 하지만 이 전조성이 그들의 일상생활의 평범함과 완전히 맞물림으로 인해 약화된다. 이 같이 일상성과 전조성이 불안정하게 근접해 있는 것이 그들이 집단으로서 지니고 있는 경계성에 대한 정의의 일부이다.

극에서 이들이 차지하고 있는 담론적 위치에 매우 중요한 것이 여러 시기에 이들이 아버지와 아들 관계인 올드 맨과 베로의 의지를 실행에 옮기는 도구로 이용되고 있다는 점이다. 원래는 의사였던 베로 박사가 전선에 배치되면서 첩보부에 들어간다. 이 보직 변경으로 인하여 그는 인간 몸의 완전한 지배에 대한 욕망을 마음껏 채울 수 있게 된다. 그의 "실험실"은 합리적인 과학적, 의학적 실험을 위한 실험실이 아니라 고문 실험실이 된다. 그러나 첩보부의 요원으로서 그는 특이하게 그 조직의 운영 이념을 의식하지 못하고 있는 것 같다. 이와 대조적으로 올드 맨은 이 조직을 떠받치고 있는 이념에 대해 상당히 왜곡된 상태이긴 하지만 상세히 알고 있다. 자신의 아들에 의해 저질러지는 심리적 고문하에서도 올드 맨은 비밀스럽게 애스 철학의 파라미터를 확인하고, 정신이 이상해진 상태에서 전쟁 체제의 지배적인 이념을 구체화해 낸다. 전쟁 부상자들의 재활을 책임지고 있는 그는 자신이 치료하는 장애 군인들에게 그들이 장애인으로서의 정체성이 암시하는 마음/몸의 이분법을 초월할 수 있는 능력을 제공함으로써 그의 과제를 전복적인 목적을 지닌 것으로 전환한다. 그가 가지고 있는 애스 철학의 이념은 극 전체에 걸쳐 파편적으로 그리고 우회적으로 밝혀지는데, 이념적인 수사학 차원에서 그가 관리하고 있는 장애를 지니고 있는 정체성들의 압축으로 간주할 수 있다. 다시 말해서, 애스 철학에 대한 그의 탐구는 부랑자들의 파편화된 몸의 정체성들에 대한 사실을 이념의 수준으로 이동시키는 환유적 전치인 것이다. 더욱이, 그의 애스 철학에 대한 수사법은 극 안에서 보이는 부랑자들의 대단히 신경증적이고 해체적인 행동 양식을 반영하고 있다. 애스 철학의 수사법은 불구가 된 자들과 전쟁 부상자들의 망가진 정체성을 반영하는 동시에 그들을 이념적 탐구의 대상으로 만들고 있다.

애스 철학의 이념은 열심히 연구해야 할 필요가 있지만, 부분적으로만 이해될 수 있는 불가사의한 분위기를 지니도록 의도된 것이다. 애스 철학을 해석하는 데 있어서 첫 번째 어려움은 잘 알려진 성경 구절의 첫 단어를 탈맥락화시킨 단어 As의 해석이다: "As it Was in the Beginning, so Shall it Be in the End…… 태초에 그러했듯이 종말에도 그러할 것이다……." 또는 다른 상황에서 올드 맨이 말한 것처럼, "As Was, Is, Now, As ever Shall Be…… 그랬던 것처럼 지금도 그렇고 앞으로도 그럴 것이다……."(62). 애스를 표현된 문맥으로부터 분리시켜 그런 이름을 붙이는 것은 또 다른 차원의 환유적 전치를 암시한다. 왜냐하면 문장의 일부분이 배열된 문장들 전체를 나타내도록 되어 있으면서, 그 부분이 출처가 되는 성경 구절에 내재된 모든 불가사의와 하나님의 존재를 느끼게 하는 신비함을 얻도록 되어 있기 때문이다. 그리고 그 단어가 정치적 이념의 영역으로 옮겨지면서 그 말의 신비스럽고 신성한 잠재력이 정치적인 것의 그것으로 이동한 것이다. 그러니까 애스는 하나님의 약속에 대한 기원인 동시에 그 약속의 위축된 버전인 것이다. 따라서 극에서 애스가 언급되는 많은 경우에 있어서 애스는 그 진짜 의미에 관하여 혼란과 당혹을 생성해 내도록 의도되어 있는 것이다. 베로 박사라는 인물 속에서 본인도 모르는 애스와 체제의 전형적인 예를 찾을 수 있기 때문에, 우리는 애스가 또한 의학적 그리고 종교적 제도가 행할 것으로 가정된 업무인 목회자적 보살핌이 — 그 직접적인 표현이 전쟁인 — 정부의 무심한 폭력에 대한 생각으로 바뀌었음을 나타내도록 의도되어 있다는 것을 알게 된다. 그러나 중요한 것은 올드 맨의 병원이 베로 박사의 실험실의 정반대가 아니라 오히려 변증법적으로 그 실험실에 관련되어 있다는 것이다. 올드 맨의 병원은 베로의 고문실과 겹치면서 대조되는 것이며, 각각이 서로 다른 효과를 위한 생체권력(인간의 몸과 욕망의 지배)의 도구화를 나타낸다.[17] 이 둘은 합해져 — 그 주요 목적 중의 하나가 유순한 몸을 생산해 내는 것인 — 무심한 정치적 제도 내에서의 그와 같은 생체권력의 미시적 기술들을 나타낸다.

이와 같이 변증법적 양식으로 읽었을 때, 자신 아버지의 전복적인 일에 대한 이해와 비판을 동시에 제공하는 것이 바로 베로이다:

> 그의 자선적인 성향은 내가 걱정하는 것이 아니야. 아버지의 임무는 부상당한 사람들이 그들 몸의 조각과 남은 부분에 다시 적응하도록 도와주는 것이었지. 신체적으로. 그들이 아직도 손가락을 지니고 있다면 바구니 만드는 법을 가르치는 것. 손가락이 없으면 입으로 바늘을 다루도록 또는 성대가 날아가지 않았으면 입을 노래하는 데 쓰도록 가르치는 것. 혼자 놀도록, 스스로 뭔가 하도록 가르치는 것이 그의 임무였어. 그런데 그 대신에 그가 그들에게 생각, 생각, **생각하도록** 가르치기 시작한 거야! 망가진 몸속에 생각하는 마음을 넣는 것보다 더 위험한 일을 상상할 수 있겠어?
>
> (37)

베로에게는 군인들이 훼손된 몸의 조각과 나머지 부분에 재적응하는 것은 필연적으로 그들이 경제적으로 생존 가능한 노동 단위에 참가할 수 있도록 그들을 재활시키는 것을 포함해야만 한다. 그의 생각에 자율은 노동 잠재력과 동일시되고 자기 성찰에 대한 환상적인 생각과는 관련이 없다. 위 인용문에서 "가르치다"라는 말이 도구적인 노동 잠재력을 생산하는 과정에 그리고 독립적인 마음을 기르는 데 다 붙여져 있는 것을 보라. 그러나 올드 맨은 단순히 부상당한 군인들에게 자기 성찰 능력을 길러 주는 것에만 관심이 있는 것이 아니다. 그는 또한 그들을 전면적인 전복의 기구로 만들기를 원한다. 그렇다면 베로와 올드 맨은 한 가지 공통점이 있는 것이다. 올드 맨의 전복적인 재활 치료가 암시하는 것이 그의 아들이 실험하는 것과 매우 다르다 할지라도 두 사람 모두 인간의 몸을 기구로 만드는 수단을 완벽하게 하는 일에 열중하고 있다.

애스 철학의 이념에 대한 그 자신의 설명에서 올드 맨은 그 이념을 전쟁 사고방식에만 국한시키지 않는다. 애스는 예외적이기보다는 체계적인 것으로 되어 있다.

애스는 현재이다. 그리고 그것이 100개의 가면과 1,000개의 외면적 형태를 하고 있지만 체제가 그 중심이다. 그리고 당신들이 체제 내에 있어, 짜증나게 하는 체제 내의 낭종, 물탱크의 역겨운 물 빠지는 소리, 고장 난 물탱크의 죽어 가고 있는 기능, 그리고 사람의 마음을 그 순간의 정치적 애스로 다시 만들기 위한 재료의 일부이고, 그 순간의 과학적 애스, 형이상학적 애스, 사회학적 애스, 경제적, 원기를 회복시키는 윤리적 애스, 당신들-도-망-갈 수 없어! 체제의 삶에 단 하나의 항수constant가 있는데, 그 항수는 애스다. 그리고 당신들이 그 항수 신의 사제직, 그 전도자들, 그 집행 기관…… 과 겨룰 수 있는 것은…… 당신들이 그들에게 말을 한다 할지라도, 내가 당신을 알지 않는가, 아동용 운동복을 입고, 콧물 흘리고 꾀죄죄한 얼굴을 하고 있는 당신들을 알지 않았는가? …… 그런 다음 그들이 당신들에게 말할 것이오 내가 선택받았고, 복원되었고, 다시 임명되었고, 다시 운명 지워졌다고 그리고 더욱더 그들이 당신, 체제의 창시자들 다투고 묻고 의문을 제기하고 무게를 재고 어리둥절하고 고집하고 거절하고 당신들은 할 것이고 우리는 실천에 옮기고, 열정 없이 —

(72)

이때 부랑자들이 노래를 불러 그의 계속되는 말을 방해한다. 그러나 올드 맨이 그들에게 말한 것은 애스 체제 밖에 또는 너머에는 전복의 여지가 없다는 것이다. 전복은 초월이 아니라 내재하는 것으로 이해되어야만 하는 것이다. 전복은 공격, 경계와 지속적인 위치 재편성의 게릴라 전술을 실행하는 것 못지않게 제휴를 실행하는 것이기도 하다. 따라서 부랑자들은 모두가 철저히 연루되어 있고 당연히 그들의 장애라는 신체적 상황에도 불구하고가 아니라 그런 상황을 통하여 체제 전복자들이 되는 것이다. 바로 이 상황이 부랑자들로 하여금 그들의 몸 안에서 지배적인 전쟁 논리를 표현하고 **그리고** 그들의 부서진 몸을 생각의 장소로 재위치시킴으로써 이 논리를 전복하도록 하는 데 기여하는 것이다. 이것이 올드 맨이 부랑자들에게 "짜증나게 하는 체제 내의 낭종, 물탱크의 역겨운 물 빠지는 소리, 고장 난 물탱크의 죽어 가고 있는 기능"이라고 하는 기이한 말의 의미이다. 단지 그들의 장애 상황만이 그들을 그렇게나 위험한 존재로 만드는 것이 아니고 그들이 체제에 대해 의심할 능력이 있고,

체재 운영자들에게 그들이 (인정하고 있듯이 그들이 "아동용 운동복을 입고, 콧물 흘리고, 꾀죄죄한 얼굴을 하고 있던" 어린 시절에) 공유하고 있는 인간성을 상기시켜 준다는 사실이 그들을 위험한 존재로 만드는 것이다. 그뿐만이 아니라, 스스로를 의심하는 존재로 확인하는 것은 자동적으로 체제에 순종하고 유순한 사람으로 만들기 위해 그 끔찍한 관행들을 저지를 수 있는 사람으로 당신을 택하도록 만드는 것이다. 그리고 베로 박사의 행동에 대해 본 것에서 알 수 있듯이, 그 "관행"이라는 것이 유쾌한 것과는 거리가 멀다. 여기서 오웰Orwell의 『1984』의 냄새를 놓칠 수가 없다.

부랑자들이 올드 맨의 전복적인 이념에 가깝다는 것 그리고 사실 그 이념으로 인도되었다는 것은 그들이 오염시키는 전쟁의 상흔을 지니고 있기는 하지만, 그들 자신이 그들을 완전히 타자화시켜서 사회에서 한번 사용되고 버릴 수 있는 존재로 만들었을 수도 있는 권력의 담론으로 자신들을 적극적으로 밀어 넣고 있음을 의미한다. 이와 같이 그들은 순수와 위험, 안과 밖 사이의 문제가 많은 그리고 바뀌는 경계를 규정하는 데 기여한다. 올드 맨의 안내에 따라 부랑자들은 많은 인간 사회에서 발견되는 가장 기초적인 금기, 즉 인육을 먹는 것에 반대하는 금기에 도전한다. 이 금기는 인육 먹는 것을 정당화하는 올드 맨의 영리하지만 궤변적인 주장을 통해 적어도 수사적으로는 무효가 된다. 모든 동물이 먹기 위해 죽이는 데 비해 인간만 파괴하기 위해 죽이기 때문에, 생물의 제도 내에서 인간의 우월성을 회복하는 유일한 길은 인간이 죽이는 것은 무엇이든 낭비하지(이 단어는 한 가지 이상의 의미로 작동함) 말고 먹는 것이다.

올드 맨의 인육을 먹는 잔치는 전쟁의 무심한 부조리를 반박하거나 부정함으로써가 아니라 그 부조리를 인간이 된다는 것이 무엇인지에 대한 모든 감정의 소멸로 확장시킴으로써 작동된다. 전쟁은 사람을 죽이고 환경을 파괴함으로써 무분별하게 낭비하고, 인간은 인육을 낭비하지 않음으로써 그에 대응하려 시도하는데, 낭비/낭비하지 않음의 변증법의 궁극적인 효과는 인간의 비인간화이다. 이와 같은 방식으로 올드 맨은 수사적 영역에서 전쟁이 전쟁터에서 하는 일을 해낸다.

그런 다음 다루기 힘든 역설에 직면하게 된다. 장애를 지닌 부랑자들이 올드 맨에 동조하고 따라서 전복의 요원이 되지만, 그들은 또한 베로 박사가 고용한 첩보원임이 드러난다. 따라서 그들은 단순히 **체재 내에** 있음으로서 타협한 것이 아니라 실제 그 **체재**의 하인인 것이다. 그들을 처음 만났을 때 그들이 주사위를 던지고 구걸하기 위해 지나가는 사람들을 세우는 것은 시 베로와 치유하는 혼령을 대표하고 지구의 자연스런 리듬에 가까운 노파들의 집단을 염탐하기 위한 위장이다. 더 큰 구성에 있어서 장애를 지닌 부랑자들은 악랄한 감시 기구의 도구 따라서 애스 철학을 부정하는 측면의 화신이다. 이들의 베로와의 말다툼은 궁극적으로 첩보원으로서의 그들 임무의 윤리적인 수상함에 대한 것이 아니라 보상에 관한 것이다. 더욱이 베로의 지시하에 그들은 기꺼이 올드 맨이 저지르는 강제 구금의 공범자 노릇을 해 온 것으로 보인다. 동시에 체제의 안과 밖에 있고, 체제에 따르면서 동시에 맞서는 부랑자들의 기이한 담론적 위치에서 바로 이 극에서의 미학적 불안감의 파라미터를 발견하게 되는 것이다.

비평가들은 통상적으로 『광인과 전문가들』을 전적으로 허무주의적이고 사실 악이 지배하는 것으로 보아 왔다. 케투 카트락은 오군의 영웅적 이상에 대해 상술한 소잉카의 이전의 극들과는 달리 『광인과 전문가들』에는 제물로 바쳐지는 영웅에 의해 다리가 놓여져야 할 필요가 있는 과도기적 심연이 없다고 주장하였다. 이러한 과도기적 공간의 소멸은 비아프라 전쟁의 허무한 외형으로부터 구조되리라는 뚜렷한 희망 없이 이루어진 그 전쟁에 대한 암울한 명상 때문에 발생한 것이다(카트락 1986, 154~158; 제이포Jeyifo 2004, 141~144도 볼 것). 이 같은 평가에서는 부랑자들을 본질적으로 부정적이고, 베로 박사 그리고 약간은 올드 맨에서 보는 악과 동일선상에 있는 것으로 읽는다. 그러나 악의 지배라는 측면에서 이 극을 읽는 것은 이 극이 부랑자들에 대한 경계성을 환기시키는 미묘한 방법을 무시해 버리는 것이다. 이 경계성은 『강한 종족』『죽음과 왕의 마부』『길』 또는 다우두Daudu와 세기Segi가 함께 오군적인 이상을 표현하는 『콩기의 수확』에서 발견할 수 있는 것과 같지 않다. 그러나 경계성이라는 개념은 여전히 장애를 지닌 부랑자들에 대한 논의에 적절하다. 애스 단체에 대한 올드 맨의 도전에 있어서의 도구인 동시에 국가를 위한 베로 박사의 고문과 감시 기구에 있어서의 도구로서 부랑자들은 두 가지 — 하나는 신체적 장애의 표시들과 그것에 내포된 사회적 낙인을 지니고 있다는 것 그리고 다른 하나는 반대되는 이념적인 방향에서 기인하는 여러 가지 부조리한 것들의 도구가 되는 것 — 변칙적인 것으로 규정된다. 그들은 그들의 장애 때문에 신체적 그리고 물질적 의미에서 변칙적이고, 더욱 중요한 것은, 그들의 관점이 올드 맨과 베로에 의해서 대표되는 두 대립되는 파벌에 정치적으로 중요하기 때문에 변칙적이다. 그러나 그들이 지닌 변칙성의 두 조건은 제 3의 조건, 즉 그들이 변증법적 중재 구조 내에서의 실패한 통합으로 작동하고 있는 점에 의해 초월된다.

이 실패한 통합의 본질은 무엇인가? 이미 올드 맨의 군대 야전 병원과 베로 박사의 실험실이 변증법적으로 연결되어 있다는 것은 보았다. 그러나 장애를 지닌 부랑자들과 관련하여 주목해야 하는 것은 그들이 어떤 형태로든 베로 또는 올드 맨의 대립되는 이념적 성향에 대응할 수 있는 영웅적 이상을 나타내지 않는다는 것이다. 그들 사이에서 동지애는 부분적이고 피상적이라서 이들은 늘 싸우고, 의견이 맞지 않고, 가끔 폭력의 위협을 앞세운다.[18] 이 점은 특히 자신의 의견에 대해 의문을 품는 것을 몹시 싫어하는 아아파와 관련하여 그렇다. 무엇에 관한 것이든 그의 의견에 누군가 간접적으로라도 의문을 품는 것 같으면 아아파는 위협적인 말과 행동을 시작한다. 부랑자들은 시 베로, 베로 박사, 또는 올드 맨 같은 외부의 적과 맞설 때만 싸움을 잠시 멈춘다. 이런 의미에서 그들은 하나의 집단으로서 올드 맨과 베로가 공유하고 있는 권위주의의 부정적인 면을 흡수한 것처럼 보이며 따라서 그들은 단지 두 대표적인 관점의 부정적인 통합인 것이다. 이 흡수는 무대의 삼단으로 표현된 구조 내에서 이들이 차지하고 있는 담론적 위치에 의해서 더욱 확실해진다. 첫 무대 지시에 제시되어 있는 것처럼, 극이 진행되는 내내 사건 진행이 세 공간 사이를 오가며 이루어진다: **"베로의 집과 진료소 앞의 공터. 진료소는 지하실에 있다. 무대 맨 앞과 앞부분에 있는 평지는 잡다한 나무껍질과 약초를 말리는 장소로 사용된다. 한쪽으로 위치하고 있는 좀 더 높은 구조**

물은 반쯤 개방된 오두막 모습을 하고 있다.”

이 삼단 구조 내에서 진료소는 올드 맨과 베로의 본질을 끌어 앉고 있고 — 진료소는 베로의 “실험실”인 동시에 올드 맨이 잡혀 있는 곳 그리고 그곳에서 그의 독특한 전복적 논리를 토해 내는 장소이다 — 그 집 앞의 공간은 부랑자들이 그들의 일을 하는 곳이다. 반면에 반쯤 개방된 오두막은 약초를 수집하는 자들이면서 남성 등장인물들의 광기에 대립되도록 설정되어 그것을 상쇄하는 치유의 관점을 대표하는 노파들이 거처하는 곳이다. 그러나 극이 진행되면서 삼단 구조가 이단 구조로 변하여 사건 진행이 오로지 노파들의 거처와 진료실 사이만 오가면서 이루어지게 된다. 이 점은 조명에 의하여 전달되는데, (두 장소의) 한 곳에서 다른 곳으로의 장면 변화를 나타내기 위하여 무대의 다른 곳들이 조명된다. 부랑자들은 진료소 공간에 완전히 흡수되어 있고, 따라서, 순전히 극의 공간 논리를 통해, 베로와 올드 맨이 공유하고 있는 부조리에 흡수되어 있는 것이다. 그들이 이전에 차지하고 있던 외부 공간은 완전히 폐기되어 버렸다. 내적인 역학 관계와 모순을 지니고 있는 집단이지만 그들은 궁극적으로 독립된 존재가 아니고 체제를 지배하는 생체권력의 지배적인 논리에 구성요소로 흡수된 상태로서만 의미가 있는 존재인 것이다.

그들이 다른 등장인물들이 던진 장애에 대한 부정적인 욕설들에 도전하면서도 때로는 자신들 사이에서조차 그와 동일하게 퇴화된 인식을 되풀이하고 있는 것에서 이 같은 지배적인 것으로의 흡수가 더 모습을 드러낸다. 또다시 아아파가 주범이다. 한번은 그가 고이의 사타구니를 향해 돌진한다:

고이 : 어디? 난 모르겠어.

아아파 : 어디냐고? 내가 알려 주지, 이 돌대가리야. [그가 고이의 사타

구니를 향해 돌진한다.]

고이 : [자신의 몸을 보호하면서] 안 돼.

아아파 : 왜 안 돼? 그것을 더 이상 사용할 일이 있어?

블라인드맨 : 대를 잇고 싶을 수도 있지.

아아파 : 뭐라고? 이렇게 삐뚤어진 대를 이어? 그건 인류에게 폐를 끼

치는 거야.

(14)

다른 사람들에 대한 폭력의 위협이 여러 곳에서 반복되고 있기 때문에 이 말은 극히 일부만 농담으로 한 것이다. 어쨌든 '인류에 대한 폐'라는 말은 잘 알려져 있는, 장애인들의 생식 능력이 갖는 사회에 대한 위험에 대하여 비장애인들이 갖고 있는 두려움을 나타내고 있는 것이다.

또한 중요한 것은 극의 마지막 부분에서 블라인드맨과 아아파가 하는 말을 제외하고는 이 부랑자들이 특별히 통찰력 있는 대화자로서가 아니라 광대로서 일반적으로 묘사되고 있다는 것이다. 사실 망가진 몸에 있는 "생각하는" 마음이라고 묘사된 것은 그대로 의심치 않고 받아들이도록 되어 있다. 그들이 "생각하는" 것을 볼 수 있는 유일한 경우는 그들이 마치 외워서 하는 것처럼 올드 맨의 가르침의 주요 사항들을 반복할 때이다. 달리 표현하자면, 올드 맨의 손 안에서든 베로 박사의 손 안에서든 그들은 주로 자신들이 장애를 지니고 있는 상황에서 생존해 나갈 수

있는 방법에 대해 걱정하는 로봇 같은 존재가 되었을 것이다. 등장인물로서 사회의 자기반성을 촉발시키기 위한 수단으로 다양한 의례적 언어를 동원하고, 조직하고, 전복시키는 브라더 제로Brother Jero, 프로페서, 엘레신 오바Elesin Oba, 그리고 에만 같은 인물들과는 달리(제이포 2004, 83~119), 『광인과 전문가들』의 부랑자들은 다른 사람들이 그들을 위해 형성해 놓은 틀 밖에서는 그 같은 심문을 하지 않는다. 그들이 애스의 이념에 인도돼 더욱 강해진 전복의 도구로서 사용되었지만, 실제로는 유순한 사람들일 뿐이다. 여기서 유순함은 단순한 수동성으로 해석되어서는 안 된다. 그보다는 유순함이란 궁극적으로 그들이 일이 일어날 때 기질상으로 지배적인 것에 복종하는 인물들이라는 사실을 말한다. 그들에게 자기성찰이 결여되어 있다는 사실은 그들이 약속된 서커스 순회공연에의 — 아마도 여기서 그들은 기형인간 쇼의 일부가 되었을 것이다 — 등장을 원하는 열망에서 확인할 수 있다. 때문에 다음에 인용된 무대지시가 구경거리로 대상화되려는 그들의 성향에 대해서 말해 준다.

시 베로가 잎과 열매가 달린 나뭇가지가 삐져나온 조그만 가방을 들고 다가온다. 그녀가 다가오는 것을 감지하자마자 부랑자들이 공연을 시작한다. 블라인드맨은 동냥을 모으는 사람이고, 고이는 단 한 가지 재주를 반복해 보여 주고, 아아파는 "춤추는 사람"이다. 블라인드맨이 딸랑이를 흔들고, 크리플이 목발을 드럼 치듯이 두드리고 노래를 한다. 블라인드맨이 딸랑이에 동냥을 받아 모은다.

(8)

이런 식으로 생각해 볼 때, 극 전반에 걸쳐 이들이 부르는 많은 노래들은 이 세상의 모습에 관한 팬터마임에서 그들이 행할 광대로서의 역할을 위한 길어진 "예행연습"의 일부로 재해석할 수도 있다. 이 극은 중단에 의해 속도가 조절되는, 끊임없이 반복되는 의례적 사건 진행으로 구성되어 있다. 이 점에서 이 극은 의례에 초점을 맞추고 있지만 인물 딜레마를 전체적인 의례 전개에 연결시키는 데 있어서 비교적 더 안정적인 『강한 종족』과 다르다. 따라서 부랑자들은 결국 극이 시사하는 암묵적인 변증법적 움직임 내에서 고려되어야만 하는 다루기 힘든 특이성이 아니라 흡수 가능한 구경거리를 제공하는 것이다. 그렇다면 우리가 보는 것은 (극의) 시적인 의례적 사건 진행이, 부랑자들에 의해 표현된 것과 같이, 경험론자적(베로 박사)과 이상주의자적(올드 맨) 충동 둘 다를 초월하려고 노력하지만 실패한 중재에 대한 억제된 표현으로 끝나고 마는 모습이다. 장애를 지닌 부랑자들이 위치하고 있는 모든 극적인 비례 관계들이 — 등장인물들 사이의 변증법적인 상호작용, 삼단적/이단적 공간 구조, 인간 몸의 도구화에 대한 대조적인 그리고 겹치는 이념들이 — 실패한 통합을 나타낸다는 사실을 가리키고 있다.

체계상의 기이한 느낌

그렇다면 그 직접적인 역사적, 물리적 문맥이 분리 독립 전쟁이고, 스스로 공언하길 아프리카 작가들 중에서 가장 정치적이라고 하는 작가가 쓴 극이 어떻게 그렇게 타협적인 비전을 보이게 되었을까? 왜 이 극에서 스스로 그려 내고 있는 전복의 가능성이 목에 걸려 숨을 쉬지 못한 것일까? 그리고 왜 이런 실패가 장애 인물들 묘사에 집중되어 있는 것일까? 나는 프로이트의 기이한 느낌이란 개념과 그에 대한 나의 이전 연구에서의 언급으로 되돌아가 봄으로써 이 의문들에 답을 하려고 한다.

프로이트의 논의에 대한 나의 분석은 기이한 느낌이 오로지 친숙한 사건 내의 파열로부터 나오는 것으로 생각할 수는 없다고 하는 것이 적절하다. 이것이 프로이트가 호프만의 "모래사람"Sandman에[19] 대한 해석에서 너대니얼의 눈에 대한 근심이 사실은 그의 아버지에 의한 거세에 대한 두려움을 나타내는 암호라고 주장한 것이 시사하는 것이다. 거세 불안은 그 같은 몸의 훼손에 대한 두려움으로 보아야 한다. 그리고 이 두려움은 궁극적으로 죽음의 이해와 연결된다는 클라인Klein의 견해에 나도 동의한다(클라인 1997, 30~31, 45, 135). 하지만 나는 클라인의 주장에 이 공포가 특정 상황하에서는 총체적인 체계적 무질서감에 흡수된다라는 단서를 달고 싶다. 클라인은 그녀의 1948년 논문 「불안과 죄의식의 이론에 관하여」On the Theory of Anxiety and Guilt에서 이 같은 단서를 달 수 있는 여지를 제공하였다(클라인 1997, 25~42). 이 논문에서 클라인은 주요한 내적 위험과 밖에서 오는 것으로 인식된 위험 사이를 오가는 관계에 주목하였다. 이 관계는 객관적인 위험과 신경증적인 위험의 문제를 부각시키는데, 클라인은 이 여기에 관련된 기제를 개인에 있어서의 우울적 불안과 피해망상적 불안으로 구분하여 설명하였다. 나는 사회적 혼란의 인식으로부터 오는 자아감이 위협을 느끼는 것의 피해망상적 측면을 강조하고 싶지만, 내가 이해하고 있는 대로라면 체계상의 기이한 느낌은 우울적인 궤도와 피해망상적인 궤도 둘 다로 이루어져 있다는 것은 분명하다. (몸의) 훼손에 대한 두려움이 어린아이가 최초로 느끼는 어머니 가슴의 투사/내사introjection와[20] 관련되는 근본적인 불안을 상기시킨다고 하더라도 체계상의 기이함은 더 직접적으로 사회적 또는 정치적 성격의 혼란스런 사건들과 연결되어 있을 수도 있다. 체계상의 기이함은 체계상의 혼란감을 (내가 체계상의 기이함으로 묘사하는 것을 나타내는) 부정적인 감정으로 변환하는 것이다. 심각한 정치적 혼란 또는 전반적인 사회 질서의 붕괴에 의해서 촉발된 지속적인 신체적 그리고 사회적 폭력에 직면하여 이 인지된 혼란의 내면화 과정이 일어나게 된다. 이와 같은 경우에 있어서 자아는 — 위협이 실현되든 안 되는 간에 — 항상 위협받는 것으로 생각된다. 그러나 혼란의 내면화된 변환은 그저 내면화된 상태로 있는 것이 아니라 시작 단계의 죄의식, 설명할 수 없는 공포, 또는 의식적으로 그 직접적인 원인을 추적할 수 있거나 또는 없는 막연한 불안감으로 집중된다. 이렇게 해석할 때, 체계상의 기이한 느낌은 외상 후 상태와 겹치고, 때로는 외상 후 상태의 약화된 결과라고도 말할 수 있다. 그런 상태에서의 부정적인 감정을 외부적 혼란의 인식으로부터 내면적 불안으로 변환하는 과정은 내면성interiority과 외면성exteriority 사이에 자리 잡고 있어서, 많은 정신 분석이 제시하는 집안 내력의 이야기에만 전적으로 관련지어 설명할 수가 없다. 궁극적으로 체계상의 기이한 느낌은 클라인의 오가는 관계라는 말 안에서 이해되어야 하지만, 그 오가는 관계는 아이와 어머니의 가슴 사이의 역동적인 관계로부터 의식으로의 이동이 아니라 사회생활의 파편화되고 혼란스런 사항에 대한 표면상의 인식으로부터 마음으로의 이동이다. 그리하여 파편화된 사회적 사항들이 다시 생생해지고, 다시 생생해진 파편화된 사회적 사항들은 마음으로부터 에너지를 얻게 되어서 사회 현상 자체가 그와 같은 기이한 느낌을 구체적으로 나타내고 있는 것 같아 보이게 된다. 체계상의 기이한 느낌은 개인적일 뿐만 아니라 사회적일 수도 있고, 사적일 뿐만 아니라 공적일 수 있다. 체계상의 기이한 느낌의 힘은 극심한 혼란과 혼돈의 상태로부터 나오고 시간이 지나면 약해지거나 완전히 사라지는 것으로 파악될 수 있지만, 정치 영역 내에서는, 체계상의 기이한 느낌에 내재되어 있는 다양한 부정적인 감정들이 겉으로 보기에 평화로운 상태하에서도 나타날 수 있는데, 그때는 사람들이 자신들의 안녕에 대한 위협이 일시적인 것이 아니라 지속되는 것이고, 국가와 그 조직과 직결된다는 것을 느낄 때이다. 이것은 아프리카와 그 외 다른 지역의 전체주의적 정권하에서는 — 사람들이 사리지고 국가 보안 조직이 저지른 수많은 유형의 만행으로 고통받는 그런 정권하에서는 — 논쟁의 여지가 없는 사실이다.[21]

그러나 여기서 내가 체계상이라고 설명하고 있는 것이 공시적共時的으로 폭넓은 담론적 앙상블이란 면에서 생산적으로 이해될 수 있다 하더라도, 본질적으로는 역사적으로 분석될 여지가 있다. 나아가 모든 문화가 획기적인 사건들의 — 그것이 부정적인 것이든 긍정적인 것이든 — 독특성을 보편적인 초월적 가치로 변환하는 방법을 가지고 있다는 것을 기억해야 한다. 이것을 버나드 콘Bernard Cohn(1987)은 다음과 같이 다른 상황으로 제시하였다.

우리는 한 사건을 독특한 것으로 기술하는데, 모든 문화가 그 사회에서 사용되는 말을 통하여 이 독특성을 보편적이고 초월적인 유의미성 meaningfulness으로 변환하는 수단을 갖고 있다. "상식적인" 수준에서 현상을 구분하는 것은 문화 체제에 의해 제정된 범주들을 인지하는 것이다. 하나의 사건은 문화 체제 내에서 하나의 표시가 된다. 모든 사회가 그와 같은 표시들을 가지고 있는데, 이 표시들은 공적인 것일 수도 있고 개인적인 것일 수도 있다. …… **많은 사회에서 의례가 독특성을 구조로 전환한다.**

(45; 강조 추가)

콘의 서술에서 "구조"가 한 문화 체제에 의해 생산된 상식적인 그리고 예측 가능한 것을 의미하는 것으로 받아들이면, 전쟁에 관하여 그처럼 끔찍한 사건의 독특성을 하나의 초월적인 가치로 변환하는 것도 의례에 ─ 그 의례가 (기념 행진, 기념물 같이) 국가적인 성격을 지니든 또는 (전쟁을 주제로 하는 연극, 음악, 무용 같이) 문학적-미학적 표현의 성격을 지니든 ─ 의지하게 될 것이다. 문학적-미학적 영역은 한 사회의 구성원들로 하여금 그것을 소비하며 참여할지라도 거리를 유지할 수 있는 억제된 공간 내에서 전쟁의 끔찍하고 부정적인 감정을 기억해 볼 수 있도록한다. 이처럼 예술은 사회의 격한 감정을 중재하는 한 방법이 된다.

소잉카가 그의 극에서 제시하는 의례의 이미지들은, 의례의 유용성과 문화적 가치를 주장할 여지를 지니고 있지만, 때로는 상식적인 것과 예측 가능한 것에 대한 도전을 암시한다. 이 점이 바로 『죽음과 왕의 마부』

의 끝에서 제물로 바쳐지는 운반자로서 엘레신 오바를 대신하게 하고 『길』의 마지막에서 프로페서가 불경스럽게 에군 가면극을 도구적인 인식론적 형판으로 전환하려 할 때 세이 도쿄 키드가 그를 찌르도록 하는 것이다. 이와 비슷한 관찰을 『사자와 보석』, 『콩기의 수확』, 『에리어 보이의 미화』 *The Beautification of Area Boy*,[22] 『강한 종족』에 대해서도 할 수 있다. 이 작품들 각각에서 사건 진행의 대부분이 문화적 가치들을 심문하는 데 집중되어 있음에도 불구하고 문화적 가치의 힘이 강력히 주장되고 있다. 『광인과 전문가들』은 상식적인 것과 예측 가능한 것이 전혀 없다는 점에서 이것들과 다르다. 이 극은 정반대이다. 이 극은 해체주의적 기법에 대한 연구이며, 이미 보았듯이 방해, 급격한 어조와 방향의 변화, 실패한 변증법적인 움직임의 통합, 그리고 성격묘사와 무대 광경의 묘사 면에서의 의미작용의 다양한 양극성의 반영과 붕괴로 차 있는 극이다. 앞에서 논의하였듯이, 이와 같은 방식으로 이 극은 전반적인 극적 표현에 있어서 비아프라 전쟁의 이해에 적절하다고 말할 수 있는 체계적 혼란에 대한 번역이 된다. 이 번역에서 장애를 지닌 부랑자들이 중앙 무대를 차지한다. 그리고 이들의 주위에서 미학적 불안감의 모순들을 보게 되는 것이다. 우리가 보게 되는 것은 바로 그들이 텍스트 내에서 일종의 합창적인 힘과 해석적 난관의 급증을 암시하는 반면에, 장애에 대한 전형적인 부정적 묘사(결손/악으로서의 장애)를 반복하고 있는 것이다. 대립되는 이념적 관점의 통합 실패로 간주되는 그들의 위치는 이들을 궁극적으로 지배적인 것으로 — 이 지배적인 것 자체가 혼란과 변화의 상태에 있다 하더라도 — 흡수되지 않는 것을 의미할 능력이 없는 문제가 많은 인물들로 만들고 있다. 따라서 다른 많은 장애 묘사에서처럼 이 부랑자들은 전쟁의 사고방식이 만들어 내는 난관을 해결하는 영웅적인 주인공들이 되는 것이 아니라 전쟁의 비극에 대한 명상을 해 볼 기회를 제공하는 것이다.

그러나 더 중요할 수도 있는 것은 이 부랑자들의 문제 많은 담론적 위치가 전쟁 중에 일어난 그의 투옥에 따른 작가 자신의 마음속에서 일어난 감정적 혼란을 압축 요약한 것으로 해석될 수도 있다는 것이다. 거의 투옥으로 엄청난 충격을 받은 소잉카가 나이지리아 내전과 관련하여 자신의 방향 감각 상실과 내전 두 편에 의해 옹호된 가치들 사이의 우열을 가릴 수 없는 무능을 표현하기 위한 수단으로 부랑자들에게 매달린 것 같다. 물론 두 편 중 어느 한편에 대한 지지는 대단히 어려웠을 것이다. 왜냐하면 많은 다른 사람들처럼 그도 그 전쟁이 나이지리아의 건국에 내재된 근본적인 모순을 표출한 것으로 해석하였기 때문인데, 이는 1960년에 이루어진 나이지리아 독립을 기념하기 위하여 의뢰 제작된 극인 『숲의 춤』에서 묘사한 적이 있다. 반모방적인 극의 사건 진행의 일부로서 부랑자들은 작가의 마음에 있는, 파편화된 극 언어로 표현된 감정적 난관을 나타내는 암호이다. 이런 측면에서 나는 『광인과 전문가들』이 "정돈된/무질서한 사회생활의 유사물로서의 전쟁 정신병"을 잘 포착해 내고 있다는 제이포의 견해(2004, 141~142)를 지지하면서, 그러한 무질서는 극작가 본인의 마음속에도 있었다는 말을 추가하고 싶다. 『광인과 전문가들』에서 소잉카는 더 이상 체제에 대한 예술적 비판을 하기 위해 그 체제 밖에 머물러 있을 수가 없었다. 그래서 『광인과 전문가들』이 공연되고 4년 뒤에 나온 『죽음과 왕의 마부』와 에우리피데스의 『주신 바쿠스의 시녀들』의 개작은 그와 동일한 특징을 보이는 표현 형식을 보이지 않는다는 사실이 흥미롭다. 뒤에 나온 이 두 극은 소잉카가 1975년부터 1977년 사이에 영국에 머물고 있을 때, 즉 그가 비아프라 전쟁의 혼란과 거리를 둘 수 있는 기회를 갖게 되었을 것으로 추측되는 시기에 쓰여져 공연되었는데, 의례의 사용에 있어서 보다 더 안정적이다. 『광인과 전문가들』은 그가 감옥으로부터 풀려난 해에, 그의 투옥 기간 동안 경험한 고통스런 마음 상태를 상술한 감옥 생활 기록인 『그 사람 죽었다』가 발표되고 나서 바로 이어 공연되었다. 따라서 『광인과 전문가들』은 비아프라 전쟁이 소잉카의 정신세계에 가져온 혼란에 감정적으로 가까운 극이고, 그런 면에서 단순하게 그 내전에 관한 극이 아니라 작가 자신의 마음의 고통스런 연극에 대한 극이기도 한 것이라고 주장할 수 있다.

이런 방식으로 그의 작품을 읽는 것은 작가의 마음에 대해 지나치게 간편한 정신분석을 하는 함정에 빠지는 것으로 해석될 수도 있는데, 이런 간편한 정신분석은 심각하게 의심받아야 하는 것이며, 나는 그것을 전적으로 부인한다.[23] 내가 주장하려는 것은 더 대담한 것, 작가에 대한 평범한 정신분석을 뛰어넘는 것이다. 소잉카의 작품에 등장하는 장애 인물들은 소잉카의 수수께끼, 결말 미확정, 그리고 연극적 실험으로 향하는 경향을 가장 확실하게 압축 제시하며, 그 장애 인물들이 소잉카의 모든 창작 작품에 핵심이 되고 있는 정치적인 것과 형이상학적인 것 사이의 경계를 제대로 탐구할 수 있도록 한다고 나는 주장하고 싶다. 따라서 장애 인물들은 식민지 상태로부터 독립한 후에 찾아온 혼란스런 세상의 객관적 상관물일 뿐만 아니라 작가의 창의적 경향을 나타내는 암호가 된다. 이 같은 전제하에 나는 그와 그의 비평가들이 패러다임으로서 정성들여 묘사해 온 오군적인 미학 못지않게 장애가 그의 글쓰기에 중요한 것이라고 주장하고자 한다. 이 추가된 패러다임(즉 장애)은 소잉카가 그의 연극적 도식의 일부로서 우리에게 제시하는 장애 인물들을 자세히 살펴볼 때 비로소 볼 수 있게 된다.[24] 이런 면에서, 장애학의 패러다임을 통하여 소잉카를 읽는 것은 보통 그와 결부되는 사회 비평과는 다른 종류의 사회 비평에서 사용하기 위해 그를 구해 내는 것이다. 이렇게 함으로써 우리는 오늘 날 가장 중요한 극작가 그리고 아프리카 대륙에 대한 가장 두려움 없는 정치적, 사회적 논평가로서의 그의 위상을 올바르게 평가하는 것이다.

6

J. M. 쿳시

: 말, 침묵, 자폐증과 대화

6. J. M. 쿳시

: 말, 침묵, 자폐증과 대화

이전 장들에서의 관심은 주로 신체적 장애에 있었다. 몰로이와 콘솔라타의 경우에서처럼 내가 정신적이고 심리적인 상태에 대한 논의를 했을 때 그것은 그들의 신체적 손상을 매우 정교한 그들의 의식 상태에 의해 제공된 파라미터 내에 재위치시키기 위한 것이었다. 이제 나는 신체적이 아닌 인지적 장애로 방향을 바꾸어 특별히 문학적인 글에서의 자폐증 autistic spectrum[1] 재현에 초점을 맞추고자 한다. 이런 방향으로 나아가면서 나는 또한 내러티브 자체에 대하여 몇 가지 이론적인 질문을 하려고 한다. 1장에서 장애가 일반적인 사회적 기형에 대한 내러티브의 구조적으로 형성된 기점을 제공하는 것으로서 간주한 반면에, 이제 나는 그런 주장에 비교적 더 미묘하고 복잡한 주장, 즉 자폐증과 같은 인지적 장애에 관한 재현의 본질이 내러티브 내에서 암시된 대화자와 — 여기서 더 큰 사회 영역의 대리로 보여진 — 사회적 실존의 변천을 극복해 나감에 있어서 침묵silence을 택하는 듯한, 침묵하는 또는 자기 의사 표현을 하지 못하는 인물 사이에 형성된 극심한 대립contradiction을 볼 수 있게 해 준다는 주장을 추가하려고 한다. 자폐 인물은 발화speech와 침묵 사이 그리고 인지적 장애의 영역과, 변칙을 허용할 수 없는(침묵은 더더욱 허용할 수 없는) 사회적 기호 내에서 (논쟁의 여지는 있지만) 모든 사람들이 대신 말해지는 사회적 관계의 영역 사이를 볼 수 있는 형판을 제공한다. 대화적 관계에 있어서 쿳시의 자폐 인물 마이클 케이를 암시된 대화자로서의 역할을 하는 것으로 간주함으로써 나는 이전 장들을, 특히 몰로이, 햄과 클로브, 부랑자들, 그리고 정도는 덜하지만 콘솔라타와 베이비 석스에 대한 논의를 관통한 주제적 줄거리를 전경으로 가져오려 하는 것이다.

베니타 패리Benita Parry(1996)가 쿳시의 작품에서의 발화와 침묵의 관계에 대해 유용한 통찰을 제시하고 있다. 근본적으로 그녀의 주장은 쿳시의 작품에 (자기) 의사 표현하지 못함inarticulateness이 다양한 타자들 사이의 서열을 함축하는 방법으로 분포되어 있고, 이 함축된 서열이 (자기) 재현을 할 수 있는 권력이 식민 시대 기록archive에 분포되어 있는 방식을 반복하고 있다는 것이다. 이 담론적 배열에서 백인 여성은 백인 남성보다 권력이 약하지만 그래도 다른 인종적 타자들에 비하여 유리한 입장에 있다. 패리는 쿳시가 내러티브의 중심을 장악하고서 가부장적 글쓰기 관례를 풀어 헤치는 저항적인 여성들에 대해 공들여 쓴 글에서 여성의 글쓰기를 모방하는 정도까지 나아간 반면에(마그다Magda, 커렌Curren, 수잔 버튼Susan Burton), 인종적 타자들의 의사 표현하지 못함 또는 침묵을 비정전적uncanonical 지식의 말로 표현되지 못함이 암시하는 것에 연결시켰다고 주장한다(마이클 케이. 바베리언 걸Barbarian Girl, 프라이데이Friday).
(목가적 우화, 진보적 인본주의자의 위기에 관한 소설 등과 같은) 남아프
리카공화국 백인 글쓰기의 장르적 특징들을 괴롭히면서 쿳시가 무심코
백인 식민 시대의 기록을 강화한 바로 그 서열 체계를 복제하였다는 것
이 패리가 내린 결론이다.

   이 같은 패리의 읽기는 우선 침묵과 발화의 관계에 대한 구조주의적
해석에 기초하고 있다. 이런 해석은 침묵당한 자들은 주로 상호관계적인
측면에서 이해되어야 하며 그러한 관계성relationality은 모든 쿳시의 주변
적인 인물들을 함께 읽을 때 생산적으로 이해되는 일련의 반복된 능동
적/수동적 위치를 규정한다고 상정한다. 두 번째, 패리는 발화와 침묵의
형식적 특징들의 바탕이 궁극적으로 남아프리카공화국의 특정 역사 그
리고 그 역사 내에서 백인으로서의 쿳시가 차지한 위치에 관련되는 것으
로 서술하고 있다. 그렇다면 쿳시의 텍스트 내에서의 요소들의 관계는
남아프리카공화국 역사 내에서의 담론적 관계들의 굴절 반영이 되고, 그
래서 그의 텍스트는 그러한 역사의 전복적인 설명인 동시에 그 역사가
구성한 인종 서열의 복제가 되는 것이다. 패리의 비평은 그 특별한 통찰
에 있어서 그리고 그녀가 문학적 해석을 유물론적 분석과 연계시키는 과
정에 있어서 대단히 시사하는 바가 많다. 그러나 쿳시 작품에서의 발화
와 침묵에 대한 설명에서 패리는 그의 글에서 의사 표현하지 못함, 인종
화racialization, 그리고 장애가 동시에 발생한다는 사실에 대해 그다지 주
목하지 않았다. 그가 제시하는 의사 표현을 하지 못하는 "타자" 인물들
모두가 다양한 종류의 신체적 그리고 인지적 손상을 지니고 있다. 이러

한 손상들은 의사 표현을 하지 못하고 (남이 그들을 위해) 말을 대신 해 주는 그들의 역할과 분리될 수 없다. 쿳시의 작품에서 좀 더 일반적으로 누가 이야기할 권력을 갖는가에 관하여 제기된 질문은, 분명히 식민 시대 기록에 대한 반대 감정이 병존하는 심문과 연결되긴 하지만, 궁극적으로 몸에 대한 질문과 분리될 수가 없다. 더욱이, 이들 의사 표현을 하지 못하는 인종적 타자들은, 쿳시가 조심스럽게 신체적인 상태만 전경화 하려고 했다 하더라도, 장애를 일으키는 신체적 그리고 사회적 상태의 수렴을 나타내고 있다. 따라서 마이클 케이는 구순열harelip이지만 또한 인종 차별이 극심한 남아프리카공화국에서 최하층 흑인이기 때문에 자기 의사 표현을 하지 못하고, 프라이데이는 아마도 노예였을 것으로 추측되는데 현재는 불구로 혀가 없으며, 바베리언 걸은 단순히 그녀가 "바베리언/야만인"이라는 이유만으로 제국의 보안 요원들에 의해 고문을 받고 시각을 상실한다. 이 예들 모두에서 쿳시의 유색인 인물들의 의사 표현을 하지 못함 **그리고** 장애가 다양한 계층에서의 해석 가능성을 좌절시키면서도 계속해서 해석으로 초대함으로써 2장에서 논의한 해석적 난관을 생성한다. 이 같은 초대와 좌절의 변증법적인 방식은, 『나라의 심장부에서』*In the Heart of the Country*와 『철의 시대』*The Age of Iron*에서 장애의 묘사와는 분리되어 작동되고 있는 것을 볼 수 있기는 하지만, 『마이클 K의 삶과 시대』『야만인을 기다리며』, 그리고 『포』*Foe*에서 가장 강력하게 보여지고 있다.[2]

우리가 읽고 있는 단어들이 항상 우리 마음에 생각을 떠올리기 때문에, 문학적 텍스트에서 침묵에 대해 말한다는 것이 약간은 중복적인 것 같은 느낌이 있다. 의사 표현을 하지 못하는 인물들의 당연한 것으로 간주되는 침묵에도 불구하고 (그들과 관련하여 사용된) 단어들이 "소리를 낸다". 뿐만 아니라 의사 표현을 하지 못하는 문제를 다양화하고 동시에 대단히 암시적으로 만드는 여러 유형의 침묵이 있다. 레슬리 케인Leslie Kane(1984)이 다음과 같은 침묵의 유형을 열거하였다.

> 멍한 무관심의 침묵, 진지한 엄숙함의 침묵, 풍요로운 의식의 침묵, 활동적인 자각의 침묵, 당혹스런 혼동의 침묵, 불안한 난관의 침묵, 말문이 막힌 격분의 침묵, 기대에 찬 기다림의 침묵, 책망하는 비판의 침묵, 암묵적인 승인의 침묵, 퍼붓는 듯한 비난의 침묵, 감정을 내보이는 외경심의 침묵, 불안한 위협의 침묵, 평화로운 영적 교감의 침묵, 그리고 돌이킬 수 없는 죽음의 침묵.
>
> (케인 1984, 14~15).

더 중요한 것은, 케인이 이어 지적하였듯이, "발화 행위에의 불참은 시간적, 공간적, 또는 사회적 현실로부터의 탈퇴를 상징한다"는 것이다 (19). 이처럼 침묵은 다양한 의미를 지니며 대단히 놀라운 함축을 지닐 수 있다. 의사 표현을 하지 못하는 인물들은 오로지 그들이 발견되는 특정한 재현 영역의 문맥 내에서만 침묵한다. 이와 같은 등장인물의 선택적인 침묵과 텍스트가 암시하고 있는 그들을 위한 그리고 그들의 주위에서 일어나는 침묵의 파열 사이의 불편한 어울림은 패리의 구조주의적 그리고 유물론적인 분석에 쿳시의 글에 있어서의 발화와 침묵의 본질을 이해하는 데 이용될 수 있는 두 용어, 즉 자폐증과 대화를 추가하면 훨씬 더 충분히 설명될 수 있을 것이다. 나는 자폐증이 특히 마이클 케이, 바베리언 걸과 포 같은 인물들에 대한 논의에 적절하다고 생각한다. 그 이유는 이 인물들이 자폐증의 다양한 측면을 보여 주어서가 아니라 그들 자신들에게 철저하게 부여하는 침묵 — 현존하는 사회적 의사소통의 형태에 대한 극도의 불편함을 암시하는 침묵 — 때문이다. 이 인물들 모두가 내가 지금까지 한 번 이상 언급한, 로즈메리 갈런드 톰슨이 제시한 아주 적절한 용어인 "형식적 특수성"을 보여 주는 신체적 표시를 지니고 있다. 형식적 특수성의 신체적 표시는 인물들의 장애를 나타내며, 신체적, 인지적, 그리고 궁극적으로 사회적인 측면으로 읽을 수 있다(톰슨 1997, 119). 마이클 케이의 특별한 경우에 있어서, 뒤에서 보게 되겠지만, 그의 침묵이 더 넓은 자폐증 스펙트럼의 일부라는 인상을 피하는 것은 불가능하다.

침묵을 인지적 **그리고** 신체적 상태와 관련된 것으로 읽게 되면 말해지지 않거나 단지 암시만 된 것들 모두에 주의를 기울일 수밖에 없기 때문에, 자폐증의 문학적 재현에 초점을 맞추는 것은 특히 생산적인 방식으로 침묵의 문제를 제기할 수 있게 한다. 뿐만 아니라, 자폐증을 지닌 사람의 침묵은 내용이나 주제 읽기만으로는 아우를 수 없는 다수의 의미 작용을 생성한다. 침묵/자폐증과 대화는 서로 연관된 것으로, 사실 따로 떨어져 있는 용어들이라기보다는 변증법적 쌍으로 보아야 한다. 왜냐하면 의사 표현을 하지 못함을 재현할 때는 — 그 역할이 지속적인 대화의 에토스를 제공하고 침묵한 인물의 비사회적인 사색이 명백하게 사회적으로 의미 있는 방식으로 변화되는 과정을 유지하는 것인 — 암시된 대화자가 환기되기 때문이다. 암시된 대화자의 담론적 형판 내에 숨겨진 사회성의 침투 때문에 암시된 대화자의 역할은 자폐 장애를 지닌 사람을 다룰 때 훨씬 더 심해진다. 사실 나는 개별적인 텍스트 안에서 자폐 장애에 의한 침묵의 위치는 — 등장인물, 화자, 작가 기능author-function[3], 그리고 암시된 외적인 사회정치적 문맥 사이의 관계가 보여지고 교섭되는 방법에 있어서 — 다양한 것으로 읽혀야 한다고 주장하고 싶다. 왜냐하면 **모든** 문학의 등장인물들이, 장애와 자폐증을 지니고 있든 아니든 간에, 결국에는 암시된 대화자와 소통을 한다고 주장할 수 있다고 하더라도, 여기서 내가 강조하는 것은 장애인에게 있어 그 암시된 대화자는 갈런드 톰슨이 제시한 "문화적으로 구성된 정상인"의 태도들의 집합일 수 있어서 그런 텍스트에서의 대화 구조가 장애에 초점이 맞춰져 있지 않은 재현과 확실하게 구별될 수 있다는 것이다. 이에 대해 뒤에서 더 논의가 이루어질 것이다.

자폐증과 대화에 관하여

우선 자폐증이란 무엇인가? 영화에서는 자폐증이 있는 사람들이 낯선 것에 대한 극도의 불안감, 남의 말을 그대로 흉내 내고 단조로운 억양의 말투, 사회적 신호를 이해하는 데 있어서의 어려움, 특이한 집착, 확연한 감정 결핍과 청각적 과민성 같은 특징들을 포함하는 자폐증에 대한 복합적 정의를 보여 줌으로써 재현된다.[4] 그러나 실제로 자폐증은 더 다양한 증상들을 보이며, 두드러지게 반복적이거나 집착적인 행동 또는 특이하게 좁은 관심사를 포함한 사회적, 적응적, 의사소통적 발달과 상상의 분야에 있어서의 이상abnormality을 토대로 진단된다. 자폐증은 신경학적인 특징과 관찰할 수 있는 행동적 증상에 의해 결정된다. 자폐 증상을 지니고 있는 사람들은 다양한 지능지수를 보인다. 대체적으로 자폐 증상을 지닌 사람이 평균 이상의 지능지수를 보일 때 "고기능 자폐" 증상을 지녔다고 한다. 반면에 고기능 자폐증의 다른 모든 기능을 충족시키지만 의사소통 이상/언어지체의 내력을 보이는 사람은 아스퍼거Asperger 증후군을 보인다고 한다. 저기능 자폐증을 지닌 사람은 극심한 형태의 인지적 그리고 때로는 신체적 발달 지연을 보이기 때문에 중증 장애인으로 분류되기 쉽다. 고기능 자폐증과 아스퍼거 증후군을 보이는 아동과 성인들은 다음과 같은 특징들을 보인다.

1. 사람보다는 물체나 물리적 장치에 더 관심을 보임.

2. 의사소통을 피하는 경향이 있음.

3. 다른 사람들의 욕망과 믿음에 유의하거나 그에 의해 영향받지 않고 자신의 욕망과 믿음을 따르는 경향을 보임.

4. 사회적 집단이 하는 일에 그리고 그 일부가 되는 것에 별로 관심이 없음.

5. 강하고도 집요한 관심을 표현하며, 다른 새로운, 동일하게 강렬한 관심으로 바뀌는 데 수개월씩 걸리기도 함.

6. 다른 사람들보다 뛰어난 기억력 그리고 정보의 세부 사항 인지에 있어서 높은 정확도를 보임.

7. 한 상황에서의 적절하고 중요한 것에 대한 견해가 다른 사람들의 견해와 일치하지 않음.

8. 패턴화된 물체에의 집착. 패턴화된 물체는 시각적인 것(모양)일 수도, 숫자적인 것(날짜, 시간표)일 수도, 목록(자동차 목록, 노래 목록 등)일 수도 있음.

9. 장치에 집착. 장치는 간단한 것(전기 스위치, 수도꼭지)일 수도, 약간 더 복잡한 것(기상도)일 수도, 추상적인 것(수학)일 수도 있음.

10. 한 범주의 물체(병뚜껑, 철로 지도)나 정보(도마뱀 종류, 암석 종류, 천 종류)를 수집하려는 강한 충동을 보임.

11. 예측 불가능한 경험보다는 통제 가능한 경험을 선호함.

12. 마지막으로, 저기능 자폐증에서는 자폐증을 지닌 사람이 은유를 거의 이해하지 못해 모든 것을 글자 그대로 받아들이는 반면에, 아스퍼거 증후군에 속하는 사람은 관용어의 의미를 한 번에 하나씩 배워서, 마치 글자 그대로가 아닌 문장들과 그 의미들의 데이터베이스를 만들고 있는 것처럼 보이게 함. 이로 인해 아스퍼거 증후군을 보이는 사람이 비유적인 언어에 비교적 잘 대처할 수 있는 것처럼 보이게 함. 그러나 이것도 여전히 아스퍼거 증후군을 보이지 않는 사람들이 언어를 사용하는 방법과는 미묘한 차이를 보임.

자폐증이 신체적으로 식별 가능한 행동적 특징들 그리고 정신적 반응

측면들 둘 다로 구성되어 있기 때문에, 이와 같은 자폐증 상태를 다루고 있다고 분명하게 밝히지 않는 글쓰기에서 자폐증을 확인하는 일은 포착하기 힘들고 험난한 과정이다. 내가 자폐증에 대한 이해로부터 얻은 해석적 틀을 적용하는 것은, 작가들이 자폐 상태를 재현하려 했든 아니든 상관없이, 자폐증의 문학적 재현과 관련이 있는 것 같은 텍스트들의 특징을 부각시키기 위한 것이다. 이 틀은 보통 무시되거나 다른 해석 범주로 흡수되는 사항들을 분명하게 보여 줄 수 있는 방법을 제공한다. 사실 일단 우리가 (앞서 언급한 것과 같은) 침묵하는 인물들이 일련의 자폐 증상들을 보여 주는 것으로 생각하게 되면 자폐증이 문학에서 얼마나 광범위하게 나타나고 있는지를 보게 된다.[5] 이어지는 논의에서 나는 자폐 상태가 획일적이고 전반에 걸쳐 일반화할 수 있다고 주장하는 것이 아니라는 점에 주목해 주었으면 한다. 나는 사용의 편의를 위해 자폐증과 자폐 스펙트럼spectrum이란 단어를 자유롭게 바꾸어 쓸 것이다. 그 이유는 분석을 위해 각각의 특정 예를 분리하는 일을 회피하기 위해서가 아니라, 장애학 학자들과 기타 다른 사람들에 의해 선택되어 더 정교하게 다듬어질 수 있기를 희망하는 하나의 분석적 범주의 파라미터를 제시하기 위해서이다.

소설 담론에서의 대화는 내 생각에 자폐증이 일반적으로 문학에서 그리고 특별히 쿳시의 글쓰기와 관련하여 어떤 위치를 차지하고 있는가를 이해하는 데 관련되는 일단의 문제들을 제기한다. 바흐친Bakhtin(1984)은 도스토예프스키Dostoevsky의 소설 『죄와 벌』*Crime and Punishment*의 시작 부분의 다성성polyphony에 대해 논의하면서, "대화체적 내적 독백은 …… 미시적 대화microdialog의 훌륭한 모델이다. 그 안에 있는 모든 말word은 이중 목소리double-voiced이고, 모든 단어는 여러 목소리들 사이의 갈등을 담고 있다"고 하였다(1984, 61). 바흐친에게 있어서 항상 그렇듯이 그가 "말"이란 용어를 사용할 때는 실제로는 대화 환경과 관련되는 것으로서의 발화를 지칭하는 것이다. 이 말/발화는 무엇보다도 우선 사회적이다. (앞에서 인용한 말) 뒤에 바흐친은 다음과 같이 말하였다: "상대방의 말은 재생되는 것이 아니고 단지 암시될 뿐이지만, 이 암시된 말에 대한 반응이 존재하지 않으면 말의 전체 구조가 완전히 달라질 것이다"(162). 바흐친의 생각에 있어서 모든 말은 예상된 반응의 잔여물과 메아리를 암시하고 있어서, 말/발화가 필연적으로 그 자체 내에서 대화체가 된다. 바흐친의 도스토예프스키에 대한 논의에서 추론할 수 있듯이, 소설의 1인칭 이야기조차도 대화자의 포합抱合을 바탕으로 하여 전개된다. 종종 이 대화자는 일기나 일지나 보고서의 ― 작가에 동정적이거나 또는 적대적인 ― 암시된 수신인과 같이 고정되지 않은 대화자이다. 따라서 『도스토예프스키 시학의 제문제』Problems of Dostoevsky's Poetics에서 바흐친은 논쟁적인 대화자이든 아니든 그가 소설적 담론 구조의 일부가 되어, 항상 가장 일상적이고 침묵하는 희망, 공포, 욕망과 어렴풋한 생각에 대해서까지도 수신인을 암시함으로써 등장인물의 의식에 대한 이야기가 형태를 갖추는 데 기여하는 다양한 방법들을 상세히 조사하였다.

이전 장들에서 논의되었듯이 의심하는 또는 논쟁적인 암시된 대화자를 환기시키는 것은 그 수신인과, 예를 들면 정상성의 회피 시도(몰로이), 과거의 서사화를 통제하려는 충동에 대한 설명(햄), 자기를 이해하는 과제와 관련된 성스러운 형판과 성적인 형판의 분리로부터 나온 결과의 변조(콘솔라타) 또는 체계상의 기이한 느낌이 갖는 효과의 디자인과 전파(소잉카의 부랑자들)와 같이, 수신인이 다양한 유형의 상징적 관계들로 이어지는 방법을 규정하는 데 있어서 매우 생산적이다. 그러나 이 장애 인물들은 의사 표현을 하지 못하거나 침묵하는 것과는 거리가 멀기 때문에 자폐증을 지닌 자와는 집합적으로 구별되는 계층을 형성한다. 예를 들어 햄을 의사 표현을 못하는 것과 연결시키는 사람은 없을 것이다. 곧 보게 되겠지만, 이와 동일한 말을 쿳시의 마이클 케이에 대해서도 할 수 있다. 마이클 케이의 암시된 대화자는, 그의 침묵에는 일종의 사회적 파열이 암시되어 있지만, 그의 침묵에 의해 생성되었다고 할 수 있다.

따라서 쿳시의 작품에 나타나는 자폐증의 재현을 탐구하기 위하여 바흐친의 모델을 옮기는 데는 여러 가지 단서를 달아야만 한다. 조금 전에 살펴보았듯이, 바흐친에게 있어서 "말"은 항상 발신인과 수신인으로 나뉘어 있는데, 이 둘 모두 함축적으로 인간이다. 이것은 바흐친이 의사소통 연결 관계 내의 모든 요소들(말/발신인, 수신인/사회적 맥락, 그리고 의사소통의 전반적인 굴절)에 대하여 일반적인 측면에서 그리고 특정 등장인물들을 염두에 두지 않고 논의할 때조차도 그러하다. 그런데 만약 수신인/대화자가 인간(등장인물)이 아니라 하나의 근원에 기인하지 않는 사회적 그리고 문화적 기대 구조라면 어떻게 되는 것인가? 만약 대화체화된 말에서의 대화자가 개인이 아니라 텍스트 자체에 포함된 대화의 특정한 담론 구조에 의해 생성된 효과라면 어떻게 되는 것인가? 이 질문들 그리고 그것들이 함축하는 것이 발화, 침묵, 자폐증 그리고 대화 사이의 관계를 조사하는 일과 직접적으로 연관된다. 우선 주목해야만 할 것은, 대화체화된 내적 독백이란 개념이 대부분의 근대적과 탈근대적 소설에 일반적으로 적용될 수 있는 반면에, 자폐증의 재현의 경우에 있어서의 관심은 자폐증을 지닌 사람의 생각이 대화체화되고 수신인을 향한다라는 사실에 있다기보다는 이처럼 수신인을 향하는 것이 자폐증을 지닌 사람의 절대적인 사회적 침묵과 사회적 교류로부터의 분리를 원하는 욕망을 배경으로 이루어진다는 사실에 있다는 것이다. 그 이유는 등장인물들이 침묵하고 있을 때조차도 그들 마음속에서 자신들에게 말을 건네며 종종 능동적으로 직접적인 또는 그리 직접적이지 않은 사회적 반응을 기대한다는 증거가 소설적 담론에 많기 때문이다. 인물들은 때때로 사회적 교류로 다시 들어가기 이전에 자신에 대한 더 깊은 이해를 하기 위한 통로로 고독을 만들기도 한다. 자폐증을 지닌 자와 침묵 속에서의 고독을 만들려는 자 사이의 주요 차이는 자폐증을 지닌 자는 사회적 상호작용을 완전히 거부하거나 적어도 많이 약화시키는 방법으로 침묵을 택한다는 것이다. 자폐증을 지닌 사람의 사회적 침묵 지향성은 사물이나 추상적인 패턴이나 체계에 대해 — 이것들은 모두 인간적 상호작용의 영역으로부터의 분리와 구분으로 인식된다 — 그들이 보이는 강한 집착에 의해 증폭되기도 한다. 뿐만 아니라 자폐를 지닌 사람은 그들의 일상적인 인간적 상호작용으로부터의 탈퇴를 확실하게 나타내는 수단으로 몸짓이나 정확하게 의례적이고 반복적인 신체적 움직임을 행한다. 따라서 어떤 글에서 묘사된 인물이 자폐의 단면을 보이고 있는가 또는 아닌가에 관한 핵심 단서는 그 인물이 (가) 그들의 이 세상 존재의 자연스런 그리고 유기적인 부분으로서 침묵을 택하는 정도, (나) 사물과 패턴과 추상적인 체제에 대해 집착을 보이는 정도, 그리고 (다) 사회적 영역으로부터의 부분적 침잠을 보여 주는 의례를 나타내는 반복적인 몸짓, 행동, 또는 움직임을 행하는 정도이다. 앞에서 보았듯이, 문학적인 텍스트 내에서 자폐증을 지닌 자의 — 비록 선택적인 것이기는 하지만 — 침묵은 그에 수반되는 대화 체화된 소설적 담론으로부터 오는 모순적인 압박의 영향을 받는다. 이는 침묵 속에서 방해받지 않은 상태로 머무르려 하는 그들의 소원에 역행하는 것처럼 보인다. 본질적으로 침묵을 내러티브의 구조에 의해 필연적으로 도입된 방해를 배경으로 하는 기질적인 선택으로 읽는 것은 주로 자폐증을 지닌 인물의 것으로 추정되는 관점으로부터 발생하는 것으로 읽어야 한다고 나는 주장하고 싶다. 이 같은 읽기는 자폐증을 지닌 자의 침묵 지향성을 그 자폐증이 구체화되는 내러티브 담론의 모든 차원의 의미를 파악하는 출발점으로 삼는다. 여기서 나의 주장은 자폐증을 지닌 자의 침묵이 내러티브 담론에 의해 생산되고 유지되면서 그 내러티브 담론의 전 영역에 영향을 끼치는 것으로 보아야 한다는 것이다.

자폐증 대 은유

자폐증의 문학적 재현을 복잡하게 만드는 또 다른 측면은 은유적 담론 또는 은유 그 자체가 자폐 상태의 재현이 지니는 상정된 핍진성을 약화시키는 정도이다. 이 문제의 본질은 매튜 벨몬테Mathew Belmonte(2005)

의 자폐증과 문학적 재현의 관계에 대한 훌륭한 논의에서 엿볼 수 있다. 벨몬테는 자폐증을 지닌 사람들의 특정한 신경생물학적 특징들이 내러티브 사고(思考)의 핵심인 연상 과정의 손상에 비교할 만하다고 주장하면서, 자폐증을 지닌 사람의 본질적으로 목록작성적인 인지적 성향(명부, 패턴, 기계적인 또는 다른 확정적인 체제에의 집중 등)은 무질서에 대한 보호로서 비사회적 현상으로 향한다고 말하였다. 자폐증을 지닌 자의 의미 만들기 노력은 본질적으로 내러티브적 문제틀과 관련이 있다: "자폐증에서 신경 연결의 실패가 내러티브의 연결을 방해할 때, 한 장면이나 이야기의 각 요소가 고립되어 존재할 때 주변 세상이 위협적이고 다루기 힘든 것처럼 될 수가 있다. 반복적인 행위와 각본대로 움직이는 듯한 상호작용으로의 자폐적 침잠은 그 같은 임의성과 예측불가능성을 통제하려는 시도로 읽을 수 있다"(벨몬테 2005, 11). 벨몬테의 매우 시사적인 논의에서 자폐증을 지닌 사람의 반복적인 행위의 배후에 있는 충동은 애초에 내러티브 충동을 지배하는 충동과 동일하다. 두 충동 모두 현실을 체계화하여 그 현실이 인식론상으로 정돈되고 이해될 수 있도록 하려는 ― 비록, 탈근대적 문학에서처럼, 이 이해라는 것이 예측 가능성이 주는 위안을 포기할 준비가 되어 있음에 달려 있다고 하더라도 ― 욕망과 관계가 있다. 벨몬테가 결론 내린 것처럼 자폐증을 지니고 있는 사람들은 "인간적인데 훨씬 더 인간적"인 것으로 설명할 수 있겠다.

그러나 은유와 은유적 담론은 자폐적 과정을 내러티브 충동과 유사한 것으로 생각하는 것과 관련해 특이한 문제를 야기한다는 것이 언급되어야만 한다. 자폐증을 연구한 많은 학자들이 지적하였듯이, 저기능 자폐증을 지닌 사람들은 은유를 해석하는 데 어려움을 겪는 경향을 보인다. 은유적 담론은 불안정한 표면을 조금 드러내 보이면서 너무 많은 것을 감춘다. 이 담론의 포착하기 어려운 표면은 다양한 단계의 의미를 생산해 자폐증을 지닌 사람은 자신이 맞닥뜨리게 된 언어의 정확한 의미를 전부 예측할 수가 없게 된다. 자폐증을 지닌 사람에게 있어서의 은유와 은유적 담론의 문제는 마크 해던Mark Haddon의 『한밤중에 개에게 일어난 의문의 사건』*The Curious Incident of the Dog in the Night-Time*에서 효과적으로 제기되었다. 이 소설에서 크리스토퍼Christopher는[6] 은유와 대조되는 직유를 선호한다고 명백하게 말한다. 그의 마음에 은유는 진실되지 못하다. 그러나 한 번은 그가 무심코 은유의 매력에 굴복하는 것 같다. 이 일은 파출소에 있는 경찰을 묘사할 때 일어난다: "그는 또한 털이 많은 코를 가지고 있었다. 마치 그의 콧구멍에 두 마리의 작은 쥐가 숨어 있는 것 같았다"(22). 이것은 거의 틀림없이 은유이고(쥐구멍으로서의 콧구멍 그리고 그 반대), 그것을 해체하여서 그가 방금 사용한 비유의 말이 "정말로 그의 콧구멍에 두 마리의 쥐가 숨어 있는 것처럼 보였기" 때문에 은유가 아니라 직유임을 보여 주려는 크리스토퍼의 시도는 설득력이 없다(22). 만약 그가 두 마리의 진짜 쥐가 콧구멍에 들어 앉아 있는 것을 보았다면 그것을 그렇게 침착하게 묘사했을 것 같지 않다. 그는 그 광경이 특히 이상하고 불편하다고 생각했을 것이고, 그에 대해 우리가 이미 알고 있는 것으로 볼 때, (그의 마음속에서 그것에 대해 생각해 보는데 그친다기보다는) 경찰 본인에게 그것에 대해 진지하게 물었을 것이다. 달리 표현하자면, 확실하게 자폐증을 지니고 있는 크리스토퍼조차도 은유의 범위에서 완전히 벗어날 수 없다는 것이다. 그러나 이러한 것은 크리스토퍼가 자폐증을 지닌 인물이기 때문이 아니라 **그의 상태가 문학적 담론 내에서 재현되었기 때문에** 피할 수가 없는 것이다. 실제로 자폐를 지닌 사람은 은유에 전혀 의지하지 않고도 사회적 관계를 유지해 나갈 수 있을 것이지만, 전혀 은유가 없는 문학적 텍스트를 찾아보기란 어려울 것이다. 이 같은 주장은 『한밤중에 개에게 일어난 의문의 사건』의 탐정적인 사건 진행을 촉발시킨 죽은 개를 평범한 개로서가 아니라, 이전 장에서 살펴본 의례적 희생양을 암시하는 문학적 장치로서 해석하는 경우 더욱 강화된다. 소설 4쪽에서 개가 갈퀴에 찔려 생긴 상처로 인해 피를 흘리고 있는 것으로 제시된다. 따라서 크리스토퍼가 이 개를 끌어 앉는 순간 그는 죽은 동물의 의례적인 측면을 떠맡아 텍스트에서 그 죽은 동물의 살아 있는 대리가 되는 것이다. 더 읽어 나가면 사실 크리스토퍼가 텍스트에서 제시되는 다양한 가족적 그리고 사회적인 무질서에 대한 의례적 파르마콘임이 명백해진다. 이 같은 무질서는 그의 부모, 그의 아버지의 좌절과 분노에서 비롯된 강도가 약한 폭력, 이웃들의 비사교성, 그리고 마지막으로 가난한 스윈던Swindon 마을의 경제적 쇠퇴 사이의 — 전하는 바에 의하면 — 긴장된 관계 속에 담겨져 있다.[7] 누가 개를 죽였는지에 대한 크리스토퍼의 추적이 이 같은 여러 계층의 사회적 무질서의 모습을 드러내 보인다. 그는 탐정으로 행동함으로써 무심코 가족적 그리고 사회적 대립들을 밝혀내는 일에 열쇠가 되고 동시에 — 제물로 바쳐진 — 그 같은 대립들의 결과를 실어 나르는 전령이 된다. 이처럼 텍스트는 전체 내러티브를 철저하게 사실주의적인 용어로 생산해 내려 하면서도(즉 사람들이나 사건이나 환경에 관한 세부적인 사항을 공공연하게 은유화하는 것을 삼가면서도) 그를 은유화하고 있는 것이다. 따라서 벨몬테는 자폐증이 내러티브적 충동과 비슷한 충동을 갖고 있다고 지적한 반면에, 분명히 내러티브가 자폐증에 대한 순수한 표현의 가능성을 약화시킨다고도 말할 수 있다.

1장에서 논의한 것처럼, 장애의 자세히 읽기는 장애가 문학적 담론 내에서 별개의 고립된 요소로서 취급되는 것이 아니라 재현의 총체성 내에서 이해되는 것을 필요로 한다. 자폐증을 지닌 사람의 성향은 전체 내러티브 텍스트의 모든 측면에 대한 함축을 제기한다. 이것은 자폐증을 지닌 사람이 핵심 인물인 경우에 더더욱 중요하다. 그런 텍스트에 있어서 자폐증적인 "부분"과 비자폐증적인 "부분들"의 경계를 확정할 방법은 없다. 모든 부분이 서로를 구성하는 요소가 되고 연루되어 있다. 그리고 그와 같은 문학적 재현에서 우리는 은유가 우리가 재현 전부의 탓이 아니라 자폐증을 지닌 인물의 기질 탓으로 돌리려 하는 것을 제한한다는 것을 발견하게 된다.

쿳시의 초기 작품에 있어서의 대화 구조

쿳시는 베케트에 관하여 박사학위 논문을 썼는데, 그런 베케트와 비슷한 방식으로 쿳시는 그의 핵심 인물들의 사고 과정 안으로 가변적인 의심하는 대화자가 도입되는 방식 그리고 그 인물들의 이 같은 대화자 지향성이 그들의 의식을 대화체화하는 방식을 보여 주었다. 이에 관한 간략한 논의가 어떻게 그 기법이 『마이클 K의 삶과 시대』에 적용되었는지를 이해하는 길을 터 줄 것이다. 쿳시의 작품에서 흥미롭게도 (『나라의 심장부에서』의) 마그다Magda, (『추락』Disgrace의) 데이비드 루리David Lurie 그리고 (『느린 사람』Slow Man의) 폴 레이먼트Paul Rayment 같은 인물들은 그들의 사고와 감정을 수정하기 위해 지속적으로 (하던 일을) 중단한다는 면에서 유사하다. 마그다에게 있어서 이러한 중단은 지속적인 서사성, 즉 그녀의 일기를 통해 서술하려는 충동 그리고 동시에 서술되고 있다는 사실로부터 나온다. 그런 중단은 또한 남아프리카공화국의 일반적인 목가적 전통 내에서 볼 수 있는 여성 자아 침해에 직면하여 재현을 규정하기 어려운 위치로부터도 오고 있다.[8] 데이비드 루리에게 있어서는 자아 중단이 특히 — 그의 경우 학생을 성폭행했다는 혐의가 그에게 제기되었을 때 대학 당국이 권고한 사과문에 서명하기를 거부한 것에서 볼 수 있는 — 서사시적인 낭만주의적 행위와 관련된다는 것에 대해 그가 불완전하게 이해한 것에서 유래하고 있다. 루리의 대화체화된 자기 중단은 또한 아파르트헤이트가 끝난 이후 시대에 과거에 대한 보상의 필요성에 대해 걱정을 하며 살아가는 백인이 무엇을 의미하는지에 대한 근심 어린 인식에서부터 오기도 한다.[9] 그가 완전히 이해하거나 실로 지지하는 것은 문맥이 아니다. 마그다와 데이비드 루리는 둘 다 근본적으로 "다시 한 번 생각하기"로 시달리는 인물들이다. 이와는 대조적으로, 자전거를 타다 자동차 사고가 나 다리를 절단한 폴 레이먼트의 경우에 있어서는, 쿳시의 비장애 인물들과 관련하여 보게 되는 일반적인 내적 대화의 과정이 어느 정도의 미학적 불안감을 설명해 주는 이차적인 그리고 상당히 예상 밖의 방향으로 가도록 되어 있다.

폴은 대부분 그를 어린아이 취급하는 여러 명의 도우미들에게 보살핌을 받는 수치를 당해야만 한다. 이 같은 상황은 그에게 크로아티아 출신으로 남편과 세 아이들과 함께 호주로 이민 온 마리야나Marijana가 올 때까지 계속된다. 그와 그의 집을 보살피는 데 있어서의 그녀의 전문성과 강인함이 다른 경우에 있어서는 조심스런 폴의 마음에 처음에는 감탄의 감정을 일으키고 그런 다음 매력을 느끼게 하여, 결국 더 이상 참지 못하고 그녀에 대한 사랑을 고백하게 만든다. 그가 사랑을 고백한 후 잠시 어색한 순간이 흐르고 난 다음 마리야나가 그의 집에 (일하러) 올 때 보통 데리고 오는 어린 딸과 갑자기 떠나 버린다. 다음에 무슨 일이 일어날까 하는 긴장감이 이어진다. 이것이 소설의 12장의 마지막이다. 13장의 시작 부분에 매우 이상한 일이 일어난다. 엘리자베스 코스텔로Elizabeth Costello가 텍스트에 등장하는 것이다! 쿳시의 작품을 읽은 사람들은 『동물의 삶』The Life of Animals(2002)과 『엘리자베스 코스텔로』Elizabeth Costello(2003)에 나오는 그녀를 기억할 것이다. 그녀는 기분 좋은 인물이 아니다. 그녀가 『느린 사람』에서 무엇을 하고 있는 것인가? 인물들이 한 텍스트로부터 다른 텍스트로 유출되는 너무 빤한 탈근대주의적 기교와 이것에 수반되는 그 기교가 암시하는 성격묘사의 존재론적 위치의 문제화를 넘어서 엘리자베스 코스텔로는 쿳시의 글에서 확인할 수 있는 대화 구조에 관하여 훨씬 더 복잡한 것을 나타낸다. 왜냐하면 그녀는 폴 레이먼트가 그녀의 글쓰기가 만들어 낸 것(즉 그녀가 글을 써서 그를 존재하도록 함)이라고 주장할 뿐만 아니라 **우리가 그의 마음속에 작동하고 있는 것**

을 목격한 대화 구조가 이 내러티브의 초반부에서 양심의 작업을 생산해 내는 것과 동일한 방법으로 그의 양심으로서 행동하기 때문이다.

폴의 마음속에서 자신의 잘린 다리, 아이가 없는 것, 크로아티아의 역사, 첫 번째 아내와 헤어진 후 가진 불륜 관계 등등 거의 모든 일에 대한 그의 접근은 항상 예외 없이 상투적인 문구와 스테레오타입으로 둘러싸여 있다. 그는 자신의 다리가 잘려서가 아니라 항상 "체면을 지키기" 위해 조심하는 꼼꼼한 사람으로 지내기 때문에 "느린" 것이다. 그는 전혀 모험심이 없다. 따라서 다음과 같은 이야기를 듣게 된다:

> 대체로 정열의 사나이는 아니다. 그는 그가 정열을 좋아한 적이 있는지 또는 그것을 승인한 적이 있는지 확신할 수가 없다. 정열: 외국 영역; 유행성 이하선염처럼 희극적인 그러나 불가피한 고통, 뒤에 더 심각하게 앓지 않기 위해 약하고 덜 파괴적인 형태로, 아직 젊었을 때 겪어 보길 희망하는 것. 정열에 사로잡힌 개는 교미를 한다. 얼굴에는 불운한 미소를 짓고, 혀는 내밀고서.
>
> (45~46)

정열의 조건을 규정하기 위해 외국 영역, 질병, 동물을 언급하고 있는 것을 보라. 마치 이들 스테레오타입들을 이용하여 자신은 그 정열로부터 멀어지려고 하는 것 같다. 그는 마리야나 가족의 다양한 구성원들에 대해 알고, 그들의 "정상 상태"에 대해 비교적 복합적인 사고를 형성할 기회를 가졌음에도 불구하고, 마리야나와 그녀의 가족에 대하여 스테레오타입적인 특징들로만 생각할 수 있다.

> 그 두 사람[마리야나와 그녀의 남편 미로슬라브] 사이의 편안함이 모든 것을 말해 준다 — 그것 그리고 마리야나의 웃음과 그의 머리카락을 자유롭게 매만지는 그녀의 손가락. 전혀 사이가 벌어진 부부가 아니다. 반대로 친밀하다. 가끔 소란스런 성관계, **발칸 반도 스타일**, 약간 짜릿한 맛을 더하기 위해: 비난, 맞비난, 접시가 박살 나고, 문을 쳐닫고. 후회와 눈물이 뒤따르고. 격렬한 섹스가 뒤따르고.
>
> (253, 강조 추가)

폴은 마음속으로 마리야나와 그녀의 가족을 그리는 데 그와 같이 검토되지 않은 상투적인 문구들을 사용한다(34, 42, 51, 64 등). 그가 시각 장애인인 마리아나Marianna와 잠자리를 갖도록 한 엘리자베스 코스텔로의 장난에 대해 돌이켜 보는 과정에서 그는 다음과 같이 생각한다: "눈이 안 보이는 것은 그야말로 장애. 시력을 잃은 사람은 사람이라기에는 부족하지, 다리 하나가 없는 사람이 새로운 사람이 아니라 사람이라기에는 부족하듯이. 그녀가 그에게 보낸 이 가엾은 여인도 사람이기엔 부족한, 예전보다는 부족한 여자였다. 두 부족한 존재들. 장애인이고 쪼그라든; 어떻게 그녀는 이 두 사람 사이에 신성한 불꽃이, 아니 그 어떠한 불꽃이라도 튈 것으로 생각할 수 있었을까?"(113). 장애에 대한 폴 레이먼트의 충격적인 태도는 일반적인 손상에 대한 (문화적으로 구성된) 정상인의 반응에서 비롯된 것이며, 그에게 있어 그의 현재 상태를 받아들이는 것이 얼마나 어려운 일인지를 보여 준다. 그러나 그것은 또한 그가 사회적 환경에서 이상하고 특이한 것을 접할 때 주기적으로 기대는 많은 상투적인 문구와 스테레오타입과 같은 종류의 것이다.

엘리자베스 코스텔로가 텍스트에 등장하여 그가 마리야나에 대한 사랑 고백을 나무라며 그녀 대신에 시각 장애인인 마리아나를 추천할 때 우리는 폴의 마음속에서 이미 확실하게 자리 잡고 있는 경고성의, 상투적인 일련의 성향을 현실화하는 것으로서의 그녀 역할을 보게 된다. 그의 지나친 감상에 대한 그녀의 짜증을 코스텔로는 다음과 같이 표현한다:

> 나에게 다시 한 번 생각해 보라고 설교하는 너는 누구냐? 당신의 거북이 성격에 당신이 충실했었다면, 두 번째 생각이 떠오를 때까지 기다렸다면, 그렇게 멍청하게 그리고 돌이킬 수 없게 청소하는 여자에 대한 정열을 털어놓지 않았었더라면, 당신하고 나하고 이런 곤경에 처하지는 않았을 텐데. 당신은 행복하게 당신 아파트에 앉아 검은 안경을 쓴 그 여자를 기다리고, 나는 멜버른으로 돌아갈 수 있었을 텐데. 이젠 틀렸지. 남은 일이라곤 떨어지지 않게 꼭 잡고서 그 검은 말이 우리를 어디로 데리고 가는지를 보고 있는 일뿐이야.
>
> (228)

다시 말하자면, 엘리자베스 코스텔로는 그에게 그의 "자연스런" 성격인 조심성에서 그가 얼마나 많이 벗어났는지를 상기시키고 있는 것이다. 그리고 "우리"라는 말을 슬그머니 끼워 넣는 것에 주목할 필요가 있다.

이는 공범 관계를 상기시키고 있는 것이 아니라 그들 둘이 동일한 마음과 기질이어야 한다는 사실을 상기시키고 있는 것인데, 이 경우에 있어서는 글자 그대로이다. 왜냐하면 내가 주장하고 있는 것처럼, 그녀는 완전히 그의 마음에서 나온 것이고 그리고 반대로 그의 마음은 그녀에게서 나온 것이기 때문이다. 이것이야말로 내가 주장해 온 의미에 있어서의 미학적 불안감의 확실한 징표이다. 왜 쿳시는 이 같은 탈근대주의적 기교를 사용하여 다른 소설에서 온 인물 형태로 폴이 그 자신의 까다로움의 거울상mirror image을 갖도록 할 필요가 있었을까? 완전히 정상적인 감정과 욕망인 것에 대하여 왜 이 같은 특별한 수정이 필요했던 것일까? 그와 동일한 상황에 처한 다른 많은 비장애 인물들에게 허락된 것처럼, 그가 자신의 마음속에 생긴 욕망과 씨름하면서 그런 욕망의 의미를 그의 관심의 대상과 협상하도록 내버려 둘 수도 있는데, 왜 이 장애 인물의 욕망은 적합하지 않은 것으로 처리된 것일까? 코스텔로가 다른 소설에서 이 소설로 들어온 후부터 텍스트는 마치 우리가 이 개입의 위치를 잘못 해석하는 실수를 범할까 봐 불안해하는 것 같다. 코스텔로는 그녀가 등장한 쿳시의 이전 소설들에서 보인 그녀의 성격묘사에서 나온 다양한 함축들을 이 소설로 들여온다. 그녀는 이미 형성된, 그녀와 텍스트에서 펄레이먼트 그리고 다른 인물들과 맺어진 관계를 해석할 수 있는 가능성을 담은 형판을 제시한다. 장애인인 폴이 비장애인이며 기혼자인 여성에게 느끼는 성적인 매력을 털어놓을 때 그녀가 텍스트에 등장하는 것으로 보아서, 엘리자베스 코스텔로는 그를 위반transgression으로부터 "구하기" 위해 등장하는 것임이 암시되어 있다. 간략하게 말해서, 그녀의 역할은 레이먼트의 성적인 욕망이 자유롭게 작동하는 것을 막고 저지하기 위하여 그의 마음속에 있는 의심의 대화 구조를 강화하는 것이다.[10]

탈근대주의적 기교를 사용해 『느린 사람』 내에 침투하는 인물로 의심하는 대화자를 만들 정도로 쿳시의 글쓰기에서 대화체 구조가 중요하다고 본다면, 쿳시의 자폐 재현에 초점을 맞추는 것이 그러한 대화체를 더욱 치밀하고 복합적인 시각에서 보여 준다. 앞에서 보았듯이, 자폐증을 지닌 사람들의 문학적 재현에서 자폐증을 지닌 사람은 정말로 피할 수 없지 않는 한 다른 사람들과의 의사소통을 무척 꺼리기 때문에 암시된 대화자 그리고 사실 텍스트의 나머지 부분은 항상 다양한 침묵에의 압박으로 흡수된다. 암시된 대화자는 자폐증을 지닌 사람의 침묵의 산물인 동시에 그 최대의 적이 된다. 왜냐하면 그 대화자는 침묵을 통하여 부인하기를 원하는 대화체화된 사회적 영역과도 얽혀 있기 때문이다. 그리고 자폐를 지닌 사람의 침묵 속에서 이루어지는 생각이 재현 내에서 그리고 독자의 마음속에서 상징적인 "소음"을 생성해 내기 때문에, 근본적인 인식론적 문제가 자폐증을 지닌 문학적 인물의 위치를 어떻게 평가하는가와 관련하여 제기된다. 자폐를 지닌 인물들은 정말로 침묵하고 있는 것인가 아니면 이 침묵이 텍스트의 다양한 담론적 차원들 사이의 상호작용에서 비롯된 것인가? 이런 문제가 제기되는 이유는 우리가 읽는 과정에서 읽고 있는 것의 여러 부분 — 인물, 화자, 공간적 역동성과 시간적 흐름 등등 — 에 우리 자신을 동조시키고 그리고 바로 우리의 변화하는 관점상의 동조가 우리가 읽고 있는 것에서 중요하다고 간주하는 의미들을 생성해 내는 것이라는 점이 분명하기 때문이다. 그 같은 의미들 중의 하나가 침묵인 것이다. 따라서 자폐의 단면들을 보여 주는 문학적 텍스트에서는 재현된 (인물의) 의사 표현하지 못함과 텍스트의 다른 담론적 측면들에 의해 일으켜진 반향 사이에 메울 수 없는 틈이 있음을 보게 된다.

자폐증과 『마이클 K의 삶과 시대』에서의 침묵 차별

『마이클 K의 삶과 시대』로 시선을 돌려 이 소설을 자폐증을 지닌 사람에 대한 문학적 재현으로 읽으려 할 때 즉각적으로 세 가지 어려움이 대두된다. 첫째, 마이클 케이가 대체적으로 조용하고 내성적인 기질의 사람으로 묘사되고 있기는 하지만, 그가 자폐증적인 경향을 보이기 시작하는 것은 그의 어머니가 죽은 다음부터이다. 이는 텍스트의 거의 1/3이 지나서이다. 둘째, 그의 내적 독백은 다양한 은유적 또는 다른 성격의 비유적 표현으로 채워져 있기에 의미가 있는 것이고, 이것은 그를 실생활에 있어서의 자폐를 지닌 사람들과는 크게 다른 인물로 만든다. 셋째, 그의 내적 독백의 양상과 이미지들이 3인칭 화자의 관점과 일치하는 방식 때문에 그는 텍스트 내의 다른 인물들에 의해서 그리고 소설의 독자에 의해서 다양하게 은유적으로 해석될 수가 있다. 그가 대비적인 은유적 그리고 윤리적 해석의 원형이 되는 것이다.[11] 텍스트에서의 자폐증은 주로 그의 극단적인 침묵을 가운데 두고 발전된다. 그리고 이 침묵이 자폐증에서의 그의 위치와 이것이 일반적으로 소설에 어떤 함축을 제기하는지를 평가하는 데 우리가 초점을 맞춰야 하는 것이다.

소설의 2쪽에서 정원사로서의 마이클 케이의 직업이 그에게 어느 정도의 고립을 허용하였지만, "화장실에서는 하얀 타일에 반사되고 그림자 없는 공간을 만들어 내는 휘황찬란한 네온 불빛에 짓눌렸다"라고 이야기되고 있다(4). 동시에 이 "짓눌림"은 끌림의 형태인 것 같아서, 자폐증적인 경향에 대한 아주 가벼운 단서를 제공하고 있다. 그러나 그가 자폐 증상과 연관되는 사회적 침잠의 증상을 확실하게 보이는 것은 몇 쪽 더 나아가 그의 어머니가 죽은 다음이다. 어머니가 병원에서 사망하자마자, 그의 마음속에서 일어나는 냉랭한 감정적 반응과 그가 그의 주변에 있는 사람들과 사건들에 대해 내보이는 여러 번에 걸쳐 반복된 유아적 행동 그리고 당황한 행동 사이에 묘한 대립이 보인다. 이 대립은 그의 팔에 검은 천 조각을 달려는 동작과 이 애도의 표면적인 징표에 수반하는 어머니에 대한 생각 사이의 대조 속에 아주 간단명료하게 포착되어 있다: "그는 어머니의 코트 안감으로 댄 검은색 천 조각을 찢어서 그의 팔에 둘러 매달았다. 하지만 그는, 그가 평생을 그리워했다는 사실을 제외하고, 어머니를 그리워하지 않고 있음을 발견했다"(34). 조금 앞서서, 어머니가 죽은 다음 날 그는 아무 목적 없이 병원을 돌아다니다가 더러운 빨랫감이 담겨져 있는 커다란 철망으로 된 통에 들어가 "고양이처럼 웅크리고서" 잠을 잤다고 묘사된다(32). 뒤에 보게 되겠지만, 이것이 이 소설에서 발견할 수 있는 여러 번의 잠에 대한 언급 중의 첫 번째이다. 역시 그의 어머니의 죽음과 동시에 일어나는 것이 사람들이 그에 대해 하는 말 뒤에 있는 암호를 해독하려는 그의 노력이다:

"당신 어머니는 밤에 돌아가셨어요"라고 여자 의사가 그에게 말했다. "그녀를 살리려고 우리가 할 수 있는 일은 다했습니다만 그녀는 너무 약했어요. 당신에게 연락하려 했지만 당신이 전화번호를 남기지 않았 더군요."

그는 구석에 있는 의자에 앉았다.

"전화하실래요?" 의사가 물었다.

이것은 분명 무엇인가를 나타내는 암호였지만 그는 무엇인지를 알 수 없었다. 그가 머리를 가로저었다.

(30~31)[12]

사람들이 그에게 말을 건넬 때 어떤 반응을 원하는 것인지를 알아내려는 그의 시도는 『한밤중에 개에게 일어난 의문의 사건』에 나오는 크리스토퍼 분Boone의 비슷한 시도에 대한 묘사를 연상시킨다.

마이클 케이가 자폐에 대한 예로 간주할 수 있는 방법에 대한 가장 의미 있는 단서를 제공하는 것이 바로 그의 고질적인 침묵이다. 하나의 일관성 있는 패턴을 형성하는 서로 연관된 면들이 이 침묵에 있다. 소설의 앞부분에서 그를 낳은 후 그가 불완전 구순열임을 발견하고서 충격을 받은 어머니는 그를 일하러 가는 곳으로 데리고 간다고 이야기한다. 그는 해마다 담요에 싸여 그의 어머니가 일하는 모습을 보면서 "침묵하는 것을 배웠다"(4). 침묵은 또한 "여러 가지 이유로 고통받고 불운한 아이들"을 위한 학교인 후왜이스 노레니어스의 분위기에 의해서 그에게 주입되기도 한다. 중요한 것은 마이클 케이의 아버지는 소설 전체에서 직접적으로 언급되는 적이 없다는 것이다. 마이클 케이의 마음에서 아버지의 기능은 학교 기숙사 문 앞에 붙어 있는 21개의 규칙이 하고 있다. 그 규칙 중 첫 번째 것이 "기숙사에서는 항상 침묵해야 한다"이다. 학교의 규칙에 암묵적으로 아버지 속성이 주어졌다는 것은 그에게 침묵을 가정적이고 규범적인 것으로 만드는 일에 그 제도가 그의 어머니와 합세했음을 의미한다. 그는 침묵(부재한 아버지) 속에서 태어나고, 그의 친어머니와 대리의, 제도적인 아버지에 의해 침묵 속에서 양육된 것이다. 이 초반부 이야기에 의하면 침묵이 그에게 올바른 행위에 대한 부모와 교육 제도의 명령으로 그에게 부과된 것 같아 보이긴 하지만, 이와 더불어 분명한 것은 이러한 침묵에의 명령이 모든 종류의 사회적 상호작용을 피하려는 그의 욕구로 흡수되었다는 것이다. 이 제도적 아버지가 항상 복종해야만 하는 규칙 체계라는 사실은 마이클 케이의 자아감이 예측 가능한 사회적 행동 규범 체계에 동화되었음을 암시한다는 것을 의미한다. 의무적이고 기반이 되는 침묵 규정이 뒷받침하고 있는 후왜이스 노레니어스 학교의 규칙이 그의 개인적인 자아감 그리고 그것이 지니는 다른 사람들과의 관계들 사이의 관계의 지시적deictic 기반을 형성하는 것이다. 자아와 타자라는 직시어deixis가[13] 그의 대화체화된 내적 독백에서도 등장하기 때문에 암시된 대화자에게 부여된 위치는 또한 그의 선택적인 침묵이 구성될 뿐만 아니라 손상되기도 하는 장소이다. 다르게 읽자면, 학교의 규칙을 부재의 공간이 아버지의 법The Law of the Father에[14] 흡수된 것으로 볼 수도 있다. 이 법은 부분적으로 대화체화된 대화자를 생성해 내는 원인이 되는데, 이 대화체화된 대화자의 암시된 관점을 마이클 케이의 생각이 지향한다. 따라서 마이클 케이의 생각의 암시된 대화자는 처음에 후왜이스 노레니어스 학교에 의해 적용된 사회화 행동 규칙의 일반화된 체제인 동시에 암묵적이고 의식되지 않은 남성성의 규정인 것이다. 이 암묵적인 남성성의 규정이 이 소설에서 조금씩 보여진다.

침묵이 마이클 케이에게는 너무도 자연스러운 것이라 내러티브의 여러 곳에서 침묵이 재현의 존재론적 전경에까지 스며들어 있다. 캐닐워스 수용소에서 의사의 집요한 심문에 대한 그의 반응은 침묵인데, 너무도 완전한 침묵이라 의사에게는 죽음과 관련된 순수한 소리로 객관화된다: "너무도 짙어서 내 귀에 윙윙거리는 소리로 들린 침묵, 광산 통로나 지하실이나 방공호나 공기가 안 통하는 방에서 경험하게 되는 그런 침묵이 있었다"(140). 이 목록 중에서 세 가지 요소가 삶의 잠재적인 부정의 장소를 가리킨다. 이 삶의 부정은 경제적 착취(광산 통로)이거나, 전쟁(방공호)이거나, 환경적으로 위험한 장소(공기가 안 통하는 방)이다. 따라서 마이클 케이의 침묵은 **운하임리히**unheimlich[15], 즉 집 없음과 기이한 느낌을 연상시키는 것이다. 그들이 프린스 앨버트로 여행하는 도중 그와 그의 어머니를 습격한 강도들을 막아 내는 장면에서 묘사된 대로의 강도 사건은 그가 취한 위협적인 동작에 잘 어울리지 않는 특이한 사운드트랙soundtrack을 지니고 있다:

그들에게 한 쌍의 통행인들이 말을 걸어왔다. 그들은 으슥한 곳에 있는 마른 체구의 남자와 노파에게 다가오면서 이들이 가지고 있는 것을 쉽게 빼앗을 수 있을 것으로 판단했다. 이 같은 의도를 보여 주는 표시로 두 낯선 사람들 중의 한 사람이 케이에게 (날이 소매에서 손바닥으로 미끄러져 내려가도록 하면서) 식칼을 들이댔고, 다른 한 사람은 여행 가방에 손을 댔다. 칼날이 번뜩이는 순간에, 케이는 눈앞에서 다시한 번 그의 어머니가 보고 있는 가운데 굴욕을 당하고 있는 모습, 바닥 깔개 위에 앉아 귀를 손으로 막고 매일 어머니의 침묵의 무게를 견디는 모습을 보았다. 그는 수레로 손을 뻗어 그의 유일한 무기인 차축에서 잘라 낸 15인치 길이의 몽둥이를 꺼냈다. 이걸 휘두르면서, 얼굴을 가리기 위해 팔을 들어 올리고, 그는 칼을 들고 있는 젊은이를 향해 나아갔다. 이 젊은이는 그를 피해 빙빙 돌면서 그의 패거리 쪽으로 다가갔고, 애나 케이는 비명을 질러 댔다. 낯선 사람들은 물러났다. 말없이, 여전히 노려보면서, 여전히 그 몽둥이로 위협하면서, 강도들이 채 스무 발짝도 안 되는 곳에서 맴돌고 있는 상황에서, 케이는 여행 가방을 되찾고 떨고 있는 어머니가 수레에 타도록 도왔다.

(25~26)

칼날이 번뜩일 때 그는 여행의 첫머리에서 그들이 군 검문소에서 되돌려 보내졌을 때부터 시작된 굴욕과 기다림의 반복을 떠올렸다. 중요한 것은 이 회상 장면 또한 그의 어머니의 침묵이 지닌 비난의 강도를 차단하려는 시도로 떠올리고 있다는 것이다. 강도와 관련되어 묘사된 전체 사건 전개 장면에서 나는 유일한 소리는 그의 어머니의 비명 소리이다. 애나 케이의 비명은 기억하고 있는 침묵의 비난 강도를 나타내는 은유의 역할 그리고 강도를 쫓아 버리는 데 그가 냈어만 한 소리의 환유적 전치의 역할을 한다. 따라서 본질적으로 두 갈래로 나뉜 — 하나는 그의 어머니의 비난하는 침묵의 강도에 대한 기억으로부터 오고, 다른 하나는 그녀가 강도 사건이 일어날 당시 지르는 비명에서 오는 — 사운드트랙을 배경으로 하는 (서술된) 사건 진행에 대한 (의례적인 위협과 반발로 이루어진) 침묵적인 장면의 전경화가 이루어지고 있는 것이다. 그런데 왜 케이는 그와 어머니를 공격한 자들을 쫓아 버릴 때 그의 격한 감정을 나타내는 수단으로서라도 무슨 말을 하거나 소리를 냈을 법한데 왜 전혀 그러지 않았던 것일까?

여기서 침묵은 더 큰 내러티브상의 문제를 나타낸다. 이 문제는 마이클 케이가 대화자 — (부재한) 아버지의 법 — 를 그의 의식 속으로 흡수한 방법과 관련이 있다. 이 대화자는 『느린 사람』의 의심하는 대화자와 동일한 위치를 갖지 않는다. 『느린 사람』의 의심하는 대화자는, 조금 전에 보았듯이, 핵심 인물에게 그의 생각의 본질적인 특징을 되비추어 보여 주기 위하여 엘리자베스 코스텔로라는 인물로 구현되어 있다. 이 부분에 있어서의 마이클 케이의 대화자는 마그다, 데이비드 루리, 그리고 『포』에 등장하는 수전 바튼Susan Barton에게서 발견할 수 있는 것과는 확연하게 다르다. 쿳시의 초기 소설들에서 등장인물들의 내적 독백은 그들의 자아감을 평가할 수 있는 특정한 사회적 그리고 문화적 형판을 지향하고 있다. 이와는 대조적으로, 마이클 케이의 암시된 대화자가 갖는 중요성은 그 대화자가 사회적 기억의 잠재의식적 흔적(학교 규칙)에서 온 동시에 남성성에 대한 암묵적인 판단(아버지의 법)에서 유래한 판단Judgment 또는 의견Opinion의 목소리라는 사실에 있다. 결국 마이클 케이의 대화자에게는, 그가 단호하게 사회적 담론의 **밖에** 존재하고 있는 것으로 생각하기 때문에 지워지는 것 같은, 침전물과 (두 갈래로의) 분기가 있다. 자폐증을 지닌 인물로서 그의 침묵은 선택적인 것일 수 있다. 하지만 그의 암시된 대화자는 다양하게 사회화되어 있고 — 대화자의 위치를 자연스럽게 만들어 그를 눈에 뜨지 않게 만들고, 그 결과 더 효과적으로 만드는 효과를 내는 — 가족적 형판에 동화되어 있다.

조금 전에 본 굴욕과 기다림의 반복에 대한 회상에서 케이의 암시된 대화자의 남성적 성격에 대해 짐작할 수 있다. 그것은 본질적으로 판단에 대한 회상인데, 이 판단은 마이클 케이가 자신의 남성성을 표현하는 많이 희석된 양식을 고려해 볼 때, 일부를 줄인 그리고 불완전한 판단이다. 그가 그의 암시된 대화자가 보는 앞에서 실패하고 있다고 생각하기 때문이 아니라면 왜 그가 **다시** 어머니 앞에서 **굴욕을 당한다고** 느끼겠는가? 소설의 뒷부분에서 그가 그의 것과 같은 수레에 가산을 싣고 도망 중인 가족에 대해 생각하는데, 그가 마음에 떠올린 이미지는 남자, 여자, 두 아이라서 규범적인 가족 구성을 시사하고 있다. 의지할 수 있는 남성성을 지닌 인물은 케이 마음의 표면으로부터 멀리 있지 않다. 이 의지할 수 있음은 용기라는 개념, 그가 한번은 간접적이긴 하지만 발휘해 보려고 한 것 같은 것과 연관된다. 그의 어머니가 죽은 후 검문소에서 군인이 그를 멈춰 세우고서는 어머니의 지갑을 빼앗았다. 위협과 조롱이 뒤섞인 모습으로 그 군인은 지갑에서 돈을 꺼내 그의 주머니에 넣었다. 이 군인은 10랜드[16] 지폐를 뽑아내 마이클 케이 쪽으로 던졌다. "팁"을 준다는 의미였다. 내러티브가 다음과 같이 계속된다:

케이가 돌아와 지폐를 집어 들었다. 그런 다음 그는 다시 출발했다. 1~2분 사이에 그 군인이 안개 속으로 사라졌다.

그에게는 자신이 겁쟁이였던 것 같지가 않았다. 그럼에도 불구하고 잠시 뒤에 여행 가방을 갖고 있는 것이 아무 소용이 없다는 생각이 들었다.

(38)

왜 그에게는 자신이 겁쟁이였던 것 같지가 않았다던 것일까? 케이는 여행 중 소지한 보잘것없는 물품 중 어머니의 유해 이외에는 그 어느 것에도 애착을 보이지 않았다. 이 군인과의 조우 이후에 그의 생각의 기반은 그 어떤 확실한 출처로부터 그 권위가 나오는 것 같지 않은 의견의[17] 기반이다. 겁쟁이가 아닌 것에 대한 생각의 뒤를 있는 것은 그의 무엇이 비겁에 해당하는지에 대한 숙고가 아니라 앞으로 다시 공격을 당하게 할 수 있는 물건을 없애 버리는 실용적인 동작이다. 암시된 대화자와 상호작용하는 직시어가 ― 대화자 "너"와의 대화체적 관계에 있어서의 그의 "나" ― 그로 하여금 확인이나 인증을 받기 위하여 대화자에게로 돌아가는 일 없이 그의 행동을 수정하도록 한다. 따라서 케이의 마음에서 종종 반복되는 패턴을 보이는 것은 판단 또는 의견이기도 한 그래서 그 자신의 견해와 구분이 되지 않는 (화제에서 벗어난) 딴 생각이다. 이 판단 또는 의견이 그 암시된 대화자에게 의지하지 않고 더 많은 일련의 생각과 행동을 촉발한다. 그렇다면 이 대화자가 ― 이 텍스트에서는 받아들일 수 있는 (남성적인) 행위를 지배하는 규칙과 규정들로 흡수된 ― (부재한) 아버지의 법의 소리가 아니고 무엇이겠는가? 그렇다면 마이클 케이의 체제에 대한 많은 반항은 그의 생각과 이 내재화된 암시된 대화자의 판단 또는 의견 사이의 상호작용으로부터 나오는 것으로 해석할 수 있다. 이 같은 상호작용의 핵심적인 결과는, 지배적인 것을 전복시키는 동시에 특정한 남성성 규정에 묵종하는, 특정한 형태의 주체성 생산이다. 확실히 이 규정은 이 소설에서 묘사되고 있는 전쟁 체제를 지배하는 분별없는 군대 규정과는 뚜렷한 대조를 이룬다. 그러나 그 규정은 역시나 인정되지 않은 남성성의 규정이다.

한번은 마이클 케이가 그의 마음에 떠오르는 생각을 자기성찰적으로 관찰하고 그에 대한 책임을 부인하여, 등장인물로서의 그와 3인칭 화자와 내러티브를 관장하는 작가 기능 사이의 구분을 모호하게 만든다. 이는 작칼스드리프 수용소에서 원치 않는 존재들을 몰살시키는 것과 관계가 있다:

이 자들이 우리를 없애 버리기를 원한다면, 그가 생각했다(이상하게도 그는 이 생각이 그의 머릿속에서 마치 식물이 자라는 것처럼 모습을 드러내는 것을 보고 있었다), 그들이 정말로 우리를 영원히 잊고 싶어 한다면, 그들은 우리에게 곡괭이와 삽을 주고 땅을 파라고 명령해야만 할 것이다. 그러면, 우리가 땅을 파다 지쳤을 때, 수용소 한가운데에 큰 구덩이를 팠을 때, 그들은 우리 보고 들어가 누우라고 명령해야만 할 것이다. 우리가, 우리 모두가 거기에 누우면 그들은 막사와 텐트 그리고 우리가 소유했던 것 마지막 하나까지 다 부숴 버리고, 우리를 흙으로 덮고, 땅을 평평하게 만들어야 한다…….

그렇게 생각하는 것은 그답다기보다는, 그가 자신을 알기에, 로버트
다웠다. 그 생각이 로버트의 생각이었는데 그저 그의 안에 자리를 잡
은 것이라고 말해야 하는 것인가 아니면 생각의 씨앗은 로버트한테서
왔지만 그 생각이 그의 안에서 성장해서 이제 그 자신의 생각이 되었
다고 말할 수 있는 것인가? 그는 알 수가 없었다.

(94~95)

공동묘지에 대한 생각은 유태인들을 죽인 나치 수용소를 상기시킨다
(소설의 다른 곳에서 다하우Dachau가[18] 언급되고 있다). 그가 그 생각이 자신
의 것이 아니라 로버트의 것이라고 부정할 때, 이는 곧 일부분 화자의 매
개 역할을 부정하는 것이다. 여기서 암시되고 있는 지식은 소설에서의
그와 같은 언급들과는 질적으로 다르며, 서술된 사건들을 잘 알려진 대
량 학살에 대한 역사적인 기록들에 연결시키기 때문에, 이 순간은 또한
역사적으로 알고 있는 주체로서의 화자를, 어쩌면, 적어도 이 순간에는,
텍스트 뒤에 있는 진짜 저자에 가까운 주체로서의 화자를 환기시킨다.
남아프리카공화국적 맥락에서의 전쟁의 배경은 소설에서 사실적인 것이
라기보다 우화적인 것으로 제시되고 있다. 왜냐하면 역사적으로는 그 전
쟁이 인종적 타자들과 그들을 돕는 자들을 상대로 치러진 반면에, 소설
에서는 적극적인 반란이 인종과 분리되어 있는 것 같아 보이기 때문이
다. 대형 무덤에 대한 언급은 남아프리카공화국을 넘어선 특정한 역사적
문맥을 환기시키며 ― 이제 우리가 그에 대해 이해하게 되어서 보니 ―

그의 능력 밖에 있는 한 가지 지식이다. 그 어느 쪽으로도 생각의 결론을 맺지 않는 것은 (생각의) 소유권에 연루된 문제를 내버려 둔 채로 종결로부터의 후퇴를 시사한다. 그 생각이 그의 것인가 아니면 로버트의 것인가 아니면 화자의 것인가?[19] 케이의 선택적 침묵에 연결되어 그 같은 순간들에 있어서의 대화체화된 대화자의 부분적임 그리고 결정을 내리지 않음은 소설에서 이 인물과 화자 사이의 담론적인 뒤엉킴을 나타낸다. 우리가 알게 되었듯이, 대화가 면밀하게 그 인물의 마음속으로 흡수되어 자연스럽게 그의 의식의 한 단면이 되었을지라도, 그 같은 뒤엉킴이 발생할 때마다 이 자폐증을 지닌 인물의 선택적 침묵이 대화 구조에 의해 훼손된다.

소설에서는 여러 번 마이클 케이가 자고 있는 것으로 묘사되고 있다.[20] 케이는 자신을 "뒤에 자국을 남긴 무거운 것으로가 아니라 오히려 개미 발의 긁기, 나비의 이가 내는 소리, 먼지가 구르는 것을 알아채기에는 너무 깊은 잠에 빠져 있는 지구 표면에 있는 작은 점으로" 생각한다(97). 흔적을 남기지 않으려는 바람은 그가 비사지Visagie 농장으로 돌아왔을 때 임시 거주지만 짓겠다는 그의 결정에 영향을 준다. 그는 "심금을 울리지" 않는 것을 원한다(101). 그러나 흔적을 남기지 않으려는 그의 바람은 그의 이야기를 더 큰 기호학적 문맥 속으로 흡수시키려는 다른 사람들의 끈질긴 시도에 의해 훼손된다. 그의 자폐증적인 침묵은 그 자신도 모르게 그의 존재의 더 큰 사회적 문맥에 위첨자superscript를 제공하는 전쟁과 폭력의 영역에서 의미를 모은다. 그의 침묵의 기호학적 과잉은 부분적으로 쉽사리 그를 은유적 해석으로 처리할 수 있음으로 해서 생긴다.

그와 같은 경우에 있어서 그가 언급하는 "흔적"은 우화와 비유의 흔적이다. 중요한 것은 이 비유적이고 우화적인 연상이 마이클 케이 화자의 묘사로서, 케이 자신의 묘사로서, 그리고 가장 결정적으로 2부 수용소 의사의 1인칭 일기 서술에서 규칙적으로 나타난다는 것이다. 예를 들어 수용소 의사에게 있어서 마이클 케이는 영적인 현현의 기회를 나타낸다:

마이클 왜 당신이 중요하냐고 묻는데. 답은 당신이 중요치 않다는 것이오. 그렇다고 당신이 잊혔다는 의미는 아니고. 아니 잊힌 건 아니지. 참새 알지요. 참새는 돈 몇 푼에 팔리지만 그들조차도 잊히진 않지요.

(136)

당신 메뚜기 먹나? 당신 서류에 의하면 당신이 오프가더, 즉 저장하는 사람이었는데, 당신이 뭘 저장했는지에 대해서는 말하지 않고 있군. 그거 만나manna였나?[21] 만나가 하늘에서 떨어져 당신이 그걸 당신 친구들이 밤에 와서 먹도록 땅속 통에 저장해 놓은 건가? 그게 당신이 수용소 음식을 먹으려 하지 않는 이유인가? 그 만나의 맛에 영원히 길들여져서?

(150~151)

당신의 수용소 생활은 그저 우화였을 뿐이오, 당신이 이 말의 뜻을 안다면. 그건 — 최고 높은 수준에서 말할 때 — 얼마나 터무니없이 얼마나 무지막지하게 하나의 의미가 한 체제 내에서 하나의 용어가 되지 않은 채 자리 잡을 수 있는지에 대한 우화였던 것이오. 내가 당신을 꼼짝 못하게 하려고 할 때마다 당신이 빠져나간 것 몰랐소? 난 알았소.

(166)

참새, 메뚜기와 만나 이 모두가 성경 이야기를 언급하고 있다.[22] 케이의 우화화 가능성은 그가 물질적 의미작용의 안과 밖 사이를 오간다는 것을 의미한다. 의사는 이것을 "터무니없는" 것으로 보는데, 이것으로 우리는 케이의 잠재적 의미를 이해하기가 어려운 것이 이 내러티브를 지배하고 있는 전쟁 기호론에 있어서는 걱정이라고 추정할 수 있다. 더 중요한 것은 그것이 적을 지명하고 일상적인 것을 자아-타자의 적대감 구조로 전환하려고 애쓰는 전쟁 기호론이 영적이며, 어떤 특정한 역사적 문맥에 한정되지 않는 의미작용 방식에 의해 대체되었음을 의미하기도 한다는 것이다. 마이클 케이가 "터무니없게" 되는 것은 바로 케이가 쉽사리 우화적 또는 비유적으로 해석될 수 있음에 있는 것이다.

마이클 케이의 침묵에 대한 일반적인 비평적 견해는 그가 영적인 존재이고, 그 위치에서 전쟁의 현재 상태에 도전을 제기한다는 것이다. 이 같은 해석은 두 가지 곤란한 점이 있다. 첫째는 그가 곤충과 동물에 대한 연상을 통하여 자신에 대하여 생각하지만 그의 마음속에서는 그 어떤 형태의 영성에도 동의하지 않는다는 것이고, 두 번째는 그가 동물에 대한 엄청난 폭력 성향을 보인다는 점이다. 비사지 농장에의 정착 초기에 그는 극심한 배고픔을 달랠 수 있는 음식을 얻기 위해 염소를 잔인하게 물에 빠트려 죽인다. 이 시도로 매우 지친 그는 그럴 만한 가치가 있는 것인지 확신이 서지 않는다. 그런데 이 사건은 그에게 동물의 삶에 대해 숙고해 볼 기회를 주는 것이 아니라 그런 크기의 동물은 죽이는 것이 아니라는 교훈을 줄 뿐이다: "교훈이라는 게 있기나 하다면, 사건에 들어 있는 교훈이라는 게 있다면, 그렇게 큰 동물은 죽이지 말라는 것 같았다. 그는 Y자 모양으로 깎은 나무와 낡은 신발 바닥과 타이어 안에 있는 고무 튜브를 가지고 나무에 앉아 있는 새를 잡을 수 있는 새총을 만들었다. 염소 시체는 묻어 버렸다"(57). 케이는 본질적으로 생존을 위해 동물과 곤충, 새를 죽이는 포식자인 듯하다. 그는 이 생물들에 대하여 감상적인 마음을 단 한 번도 보이지 않는다. 그리고 이 생물들이 그의 의식 속에 영적인 충동을 촉발시키지도 않는다. 이것은 그 사람 주위를 둘러싼 일종의 분열을 암시한다. 한편으로는, 그가 아무런 감상적인 마음 없이 육식 동물의 약탈 본능을 모두 보여 준다. 다른 한편으로 그의 침묵과 나약함이 다른 사람들로 하여금 그가 동물의 삶과 닮은 것으로 따라서 종교적인 함축 과잉의 삶과 닮은 것으로 해석하게 한다. 동물과 곤충과 새처럼 그는 인간 세계에 속해 있지 않다. 따라서 그가 자고 있는 것으로 묘사되는 여러 부분은 세상으로부터 떨어진 그의 타자성과 그가 동물의 타자성에 근접함을 표시하는 것이다. 그런데 이 같은 동물과의 연상은 또한 그가 인간 이하임을 의미한다. 소설에서 적어도 두 번 그가 언급하는 우둔함의 혼미함fog은 그의 동물성을 언급하는 것이면서도 그 같은 존재론적 상태에 대한 반발을 나타내는 것이다.

이 소설에서의 남성성에 대해 앞에서 논의한 것으로 되돌아가 그것을 전쟁의 기호학이란 문맥에서 다시 생각하면 마이클 케이가 남성적인 전쟁 규정을 회피하지만 그러한 규정의 더 난폭한 측면을 동물과의 관계로 옮겨 놓고 있다는 것을 보게 된다. 동물과 새에 대한 그의 태도 그리고 그가 그들에 대한 감상적인 마음 갖기를 거부한다는 사실이 그의 마음속에서 동물과 새가 그들이 갖는 사물성objecthood을 넘어서는 의미 없는 그저 쓸모 있는 대상으로서 취급된다는 것을 의미한다. 마치 텍스트가 **적대적인** 전쟁 규정의 회피는 동물과의 **적대적인** 관계로 이어진다고 주장하고 있는 것 같다. 이것은 결코 충분하게 의식되지 않으며, 어쨌든 그가 자주 자신을 작은 동물이나 곤충으로 지칭한다는 사실에 의해 약화된다. 그러나 전쟁이 저지르는 폭력과 그가 동물에게 저지르는 폭력 사이의 유사성이 그와 지배적인 기호 체제 사이의 불일치를 불안하게 만드는 것이다. 그러나 유사성이 대칭과 같은 것은 아니다. 왜냐하면 텍스트에 제시된 대로의 전쟁의 효과(감옥과 강제 노동 수용소 건설, 시민에게 가해지는 무심한 폭력, 소설의 마지막 부분에서 볼 수 있는 유랑과 성적 약탈의 효과)가 케이가 동물에게 저지르는 폭력과는 같은 종류가 아니기 때문이다. 우선 전쟁은 사회적 관계 자체를 재구성하는 것을 목적으로 한다. 쿳시는 조심스럽게 이 사회적 관계가 어떤 것인지가 명백하게 드러나지 않도록 하였다. 그러나 남아프리카공화국의 문맥에서 쓰인 소설이기에 국가에 의해 저질러지는 폭력이 비열한 인종 분리 체제 유지를 목적으로 하고 있다는 것은 분명하다. 이와는 대조적으로, 동물에 대한 케이의 폭력은 엄격하게 생존의 필요성에 의해 필요해진 것으로 묘사되고 있다. 내 생각에 그의 폭력에 의해서 야기되는 진짜 문제는 그 폭력이 사람으로서 그가 지니는 폭력적인 본능과 그의 주변에 모여 있으면서 그를 우화적으로 해석하기 쉽게 만드는 동물 은유 사이에 형성되는 대립이다. 달리 표현하자면, 이 대립은 배가 고픈 사람으로서의 그의 역사성 그리고 그의 몰역사화와 우화, 비유, 또는 풍유allegory 형태로의 해체 가능성 사이의 대립이다.

사실 풍유와 역사성 사이의 대립 함의는 텍스트가 마이클 케이의 장애를 만들어 낸 사회적 상황을 흐릿하게 만들고 그 대신 그의 의식에 강하게 집중한 것에서도 포착할 수 있다. 왜냐하면 마이클 케이는 노동자 계급 유색인이고, 아파르트헤이트하의 빼앗긴 자들 중의 한 사람이기 때문이다. 그의 어머니가 청소부로 일하면서 그를 데리고 다녀야만 했다는 사실이 그들의 사회 계급적 배경을 보여 준다. 역사적으로 아파르트헤이트하의 국내 무장 공격은 지배 백인들이 흑인들과 그들의 지지자들에게 가한 것이다. 그러나 마이클 케이는 그의 내적인 독백 어디에서도 인종이나 사회 계급 측면에서 생각지 않는다. 그런 식의 생각은 전혀 보이지 않는다. 더욱이 — 서열화의 긴장으로 물들고 정중함의 규정 또는 다른 것에 의해 희석된, 제대로 갖춰진 사회적 관계라는 면에서의 — 사회가 텍스트에는 존재하지 않는다. 『마이클 K의 삶과 시대』에서 사회의 축소판이 가족 단위(케이와 그의 어머니)를 통해서, 농장에서(케이와 비사지 소년), 또는 강제 노동 수용소에서 재현되고 있다. 이 모든 경우에 있어서 사회의 이미지가 축소되고 단축되어 있다. 소설에서 각 사회성의 단위는 문맥에서 빼내 의미작용의 개별적이고 자립적인 상징적 접점으로 해석할 수 있다. 사회 자체는 제거되어 있다. 이에 더하여 마이클 케이는 오로지 의미작용의 지배적인 패턴 밖에 서 있다는 넓은 풍유적 의미에서만 정치적이다. 그는 전혀 원치 않는 전쟁에 의해 여러 번 희생자가 되지만 파농Fanon[23] 식의 분노나 불안을 보이지 않으며, 인종화된 이중 의식double consciousness을[24] 갖고 있지 않다. 사실상 그의 상황은 폭력적 정권 하에서의 의사 표현을 할 수 없는 실존적인 상태에 대한 풍유적 형판으로 편리하게 해석될 수 있다. 인종과 사회 계급이 해석의 왜곡 없이 설명에서 빠질 수 있는 것이다.

　역사와 풍유 사이의 대립과 개인과 사회 사이의 대립이라는 내러티브상의 특정한 배열은, 데릭 애트리지 등과 같은 학자들이 잘 보여 주었듯이, 쿳시의 모든 작품을 읽는 데 적용되는 것이다. 그러나 본 연구가 특히 초점을 맞추고 있는 것과 관련하여, 여기서 자폐증, 장애의 재현이란 관점에서 볼 때 이 대립은 관련이 있다. 자폐증을 지닌 사람이 쉽게 풍유적 읽기로 흡수될 수가 있다면, 이는 장애를 지닌 사람들을 형이상학적인 또는 초월적인 의미에 대한 암호로서 해석하는, 너무도 잘 알려져 있는 사회적 관행을 어떤 식으로 반복하고 있는 것일까? 다시 말해서, 문학적인 글쓰기에서 장애 인물들이 지니는 즉각적인 우화화의 잠재력이 그런 장애 인물들이 손상을 지닌 사람들 주위를 맴도는 사회적 대립들을 분명하게 보여 주는 것으로서 적절하게 파악될 수도 있는 과정을 어떤 식으로 방해하는가? 나는 결론 부분에서 이런 질문들에 대한 잠정적인 답을 제시하려 한다. 우선은 남아프리카공화국의 문맥에서 계속하기로 하면서, 이번에는 로벤 섬의 역사 그리고 신체적 다름, 장애와 남아프리카공화국에서의 식민주의와 아파르트헤이트를 떠받친 이념들의 교차점으로 시선을 돌리기로 한다.

7

반복하는 섬

: 인종, 다름, 장애 그리고
로벤 섬 역사의 이질 혼합성

7. 반복하는 섬

: 인종, 다름, 장애 그리고 로벤 섬 역사의 이질 혼합성

카리브 해 지역에 대한 감명 깊은 책인 『반복하는 섬』*The Repeating Island*에서 안토니오 베니테즈-로조Antonio Benitez-Rojo는 카리브 해 지역이 중심center을 갖고 있지 않은 것으로 보아야 한다고 설득력 있게 주장하였다.[1] 그의 말로 하자면, 카리브 해 지역은 "공통의 군도가 아니라 메타 군도meta-archipelago이고, 메타 군도로서 카리브 해 지역은 경계도, 중심도 갖지 않는다는 장점을 지닌다"(베니테즈-로조 1992, 4). 다양한 시대와 장소를 포함하는 카리브 해 지역에 대한 정교한 문화적 그리고 지리적 목록을 열거함으로써 베니테즈-로조는 카리브 해 지역의 탈중심성 decenteredness을 보여 주면서 이 군도를 교차로로 생각하는 방식을 제시한다. 그의 설명 중에서 살펴보아야 할 주장은 이 군도의 경계가 오로지 지리적인 것만이 아니라는 것이다. 이 군도의 정체성은 그에 대화적으로 그리고 역사적으로 연결된 다른 다양한 문화적 현장들과 불가피하게 얽

혀 있다. 이것이 카리브 해 지역의 익숙함과 소외 둘 다를 반복하는 상징적 능력을 밝히는 데 도움을 준다.

현대의 문화적 이해에 있어서 카리브 해 군도와 같은 정도의 중요성을 환기시키지는 않지만, 로벤 섬도 아파르트헤이트 억압과 그에 대한 저항과의 관련성 때문에 나름대로 특이한 상징적 울림을 생성해 낸다. 1980년에 올리버 탐보Oliver Tambo가² 한 말처럼, "인종적 그리고 정치적 면에서의 아프리카의 비극은 아프리카 대륙의 남쪽 끝 — 남아프리카공화국, 나미비아공화국, 그리고 특별한 의미로 로벤 섬 — 에 집중되어 있다."³ 리처드 마백Richard Marback(2004)은 로벤 섬이 공간적 경험과 그것의 정치적 연관으로부터 나오는 수사적인rhetorical 권위 사이의 복잡한 상호작용에 의해서 생산된 특별한 수사적 공간이라고 주장하였다. 이 섬을 메타내러티브metanarrative와⁴ 수사적 공간으로 제시하는 것은 넬슨 만델라Nelson Mandela, 고반 음베키Govan Mbeki, 아흐메드 카타드라Ahmed Kathadra 등과 같은 아파르트헤이트하의 유명한 정치범들을 수용하고 있던 시기와 일치하도록 그 섬의 역사를 (망원경을 집어넣어 그 길이를 줄이듯) 단축하는 위험이 있다. 이러한 문화주의자적 그리고 현재주의자적 관점은 마백이 그의 논문에서 취한 관점인데, 이는 마치 인종과 정치의 교차로부터 탄생된 "공간적 경험"이 오로지 이 섬의 고도로 정치화되고 상징적인 것으로 가득 찬 역사의 단면에서만 발견될 수 있는 것처럼 (이야기를) 진행한다. 이 같은 진행 절차는 아파르트헤이트 이후의 국가 건설 과제에 중요한 것이긴 하지만, 이 정치문화주의적 접근은 궁극적으로 이 섬에 관해 연구하는 역사학자들이 반복해서 지적하는 그런 더욱 다채롭고 더욱 파란만장한 역사를 가려 버린다. 왜냐하면 그 섬이 적어도 1650년대부터 범죄인과 정치적으로 환영받지 못하는 사람들이 수감되는 곳이었지만, 19세기 중반부터는 그곳은 가난하고 병든 사람들, 한센병 환자들, 그리고 정신장애인들도 수용된 곳이다. 실제로 로벤 섬 종합 병원은 공공 보건 정책을 시행하는 수단 중 하나로 1846년부터 시작해 세 군데 의료 기관 중 한 곳, 즉 한센병 환자들을 위한 병원이 문을 닫은 1931년까지 운영되었다. 만성질환자들을 위한 병원은 1981년에 문을 닫았고, 정신장애인들을 위한 병원은 1931년에 폐쇄되었다.

문화 비평가와 평론가들에 의해 이 섬의 최근 역사가 유명해진 것에 역행하여 나는 자신들의 삶이 이 섬의 역사와 본질적으로 연관되어 있는 특정 장애인들에 초점을 맞추고, 다양한 역사적인 순간들 사이의 관계에 대하여 더 폭넓은 논의를 제시하고 싶다. 나는 이 섬이 지니는 수사성 rhetoricity의 중요도를 묵살해 버리기보다는 오히려 강화하고 싶다. 그렇게 함에 있어 나는 그 수사성을 장애를 지닌 인물들의 삶을 통하여 보도록 하려 한다. 달리 표현하자면, 나는 이 섬의 역사적 총체성과 이 섬의 공간이 지니는 수사성 둘 다를 생산적인 상호 교류의 지점으로 진지하게 다루려 한다. 장애에 집중하는 관점에서 이 섬의 역사와 문학적 재현을 읽으려 하는 경우 어떻게 될까? 그리고 여러 형태의 장애와 이 섬의 연관들을 부각시킴에 있어서, 이 섬을 정치적 투쟁의 상징으로서가 아니라 (인종, 성, 사회 계급, 그리고 장애와 관련된) 체화된 타자성의 사회적 경계들이 제시되고, 때로는 이론이 제기되는 장소로 위치시키기 위하여 그와 같은 연관들을 심화시키면 어떻게 될까? 다른 곳에서 많이 찾아볼 수 있듯이, 식민주의적 그리고 아파르트헤이트적 이념은 본질적인 다름에 대한 인식에서 나오는 바람직하지 않음undesirability이란 개념을 명시하였다. 어떤 면에서는 이 인식이 몸의 물질성을 기반으로 하였다. 따라서 바람직하지 않음의 명시가 질병, 기형, 정신 이상과 범죄를 아주 가까이 배치하였고, 때로는 이 다양한 용어들을 뒤섞어 모두를 안정적이지 못하게 만들었다. 지금 나에게 있어 방법론과 관련한 핵심적인 함의는 단순히 로벤 섬의 알려진 역사적 풍만함을 캐내려 하는 시도로는 충분하지가 않다는 것이다. 그보다는 얼마만큼 물질성과 체현의 문제들이 역사를 형성하고, 궁극적으로 아파르트헤이트 논리에 반영이 되었는지를 보여 주기 위해 그 알려진 역사를 굴절시켜야만 한다. 로벤 섬의 경우에 있어서 역사적으로 "반복된" 것은 몸의 다름에 대한 명명denomination 그리고 이 명명이 인종적 그리고 그 외 다른 서열 체계로 통합된 것이었다. 물론 내가 몸의 다름과 아파르트헤이트 이념의 진화를 연결하는 첫 번째 사람은 아니다.[5] 그러나 로벤 섬에 있어서의 물질성과 체현이란 특정 문제들과 어떻게 이 섬이 이 문제들의 초점화focalization를[6] 위한 역사적 궤도를 제공하였는지는 아직 충분히 연구되지 않았다. 완벽한 분석을 시도하려는 것이 아니고, 나는 그저 현재의 분석 노력을 추후 논의를 위한 연구 의제에 대한 개요로 제시하려는 것이다.

이 장은 이 책의 다른 장들과는 여러 면에서 다르다. 첫째, 이 장은 다른 이전 장들보다 명확하게 특정 장소와 그곳의 오랜 역사를 다룬다. 이 장은 역사 읽기에 문학적 이해를 사용하지만, 문학과는 다른 학문을 활용한다. 이 같은 간학문적 탐구는 아솔 푸가드Athol Fugard의 『섬』

The Island 분석으로부터 시작하는데, 이 텍스트는 로벤 섬을 배경으로 하고 있지만 장애 자체를 다루고 있지 않다는 점에서 지금까지 다루어진 작품들과 다르다.[7] 푸가드의 극에서 제기되는 문제들은 지금까지 설명한 미학적 불안감의 논의보다는 시민권과 정치적 심상imagery의 논의에 더 적절한 것 같다. 그렇다 하더라도 로벤 섬이 남아프리카공화국 사람들의 삶에 있어서 가장 중요한 부재한 존재absent presence였다는 푸가드의 관찰을 떠올려 볼 만하다. 이 섬은 케이프타운에서 얼마 멀지 않은 바다 가운데 진짜로, 눈에 띄게 존재하고 있지만, 아파르트헤이트가 무너지기 전에는 거의 이야기되지 않았던 섬이다(반덴브루케Vandenbroucke 1985, 126). 아파르트헤이트 시절의 감옥으로서의 그 정치적 명성 때문에 이 섬은 남아프리카공화국 사람들의 삶이 영위된 문제투성이의 정치적 영역을 나타내는 유령 같은 형상이 되었다. 나는 이 극의 사건 진행에 담겨 있는 자아의 다중 시연rehearsal이란 주제와 이 시연이 이 섬의 역사에 대하여 생각해 보는 다른 수단을 제공하는 방식에 초점을 맞춤으로써 이 극을 로벤 섬의 재현을 지배하고 있는 본질적으로 정치적인 내러티브를 탈중심화하는decenter[8] 방법으로 사용할 것을 제안한다. 푸가드의 극을 이런 방식으로 읽는 것으로부터 나오는 것은 이 섬의 동시적으로 공간적이고, 수사적이며, 이념적이고, 정치적인 이질혼합성이다. 나아가 나는 극 공연에의 이런 식의 접근을 통하여 행동하는 몸의 물질성에 주목하도록 하고자 한다. 이것은 앞에서 이루어진 베케트와 소잉카에 대한 논의에서 좀 약화된 형태로지만 이미 제시된 것이다. 극을 (공연되는 것을 보는 것이 아니라) 읽는 것 또는 역사적 설명을 읽을 때 인간을 탈

체화된 추상으로 생각하기 쉽다. 반면에 극 공연은 한숨 내쉬고, 화내고, 넘어지고, 다시 일어서고 절망으로 손을 비벼 대고, 웃고, 몸짓과 행동으로 현실 세계를 환기시켜 주는 물질적인 인간의 몸이 있는 곳에 우리를 위치시킨다. 우리는 항상 무대는 우리 눈앞에서 펼쳐지는 사건을 둘러싸고 있는 더 넓은 사회적 세계의 축소판으로 상기하도록 되어 있기 때문에, 극 공연은 일종의 원근법상의 깊이를 만들어 내기도 한다. 실제로 『섬』과 관련하여 극에 등장하는 존John과 윈스턴Winston은 남아프리카공화국의 많은 연극과 공연, 그리고 인종과 관련된 법을 위반하면 투옥될 수도 있는 실제 위험을 무릅쓴 남아프리카공화국 시민 존 카니Kani와 윈스턴 은쇼나Ntshona이다(웨트모어Wetmore 2002, 197). 극 공연과 역사적 설명 사이에는 뚜렷한 존재론적 차이가 있지만, 내가 주의를 환기시키고 싶은 것은 이 섬의 역사에서 우리가 읽게 되는 사람들을 특정한 사건의 세계 속에 위치한 개인들로 상상할 필요가 있다는 점이다.

이처럼 역사적 인물들을 행동하는 남성과 여성 들로 상상하는 접근법에 기대면서 나는 또한 여러 시기에 로벤 섬에 놓여지게 됨으로써 그들의 자유가 제한된 3명의 역사적 인물들의 생각이 어떠했을지에 대한 일련의 개방형 추측을 시도할 것이다. 이런 종류의 추측은 전통적인 역사가는 매우 불안해하는 종류의 것이다. 내가 생각하고 있는 인물들은 (유럽인들에게 해리Harry로 알려진) 오츠마토Autshumato와 (이바Eva라는 이름을 가진) 크로토아 ― 이 두 사람은 1650년대부터 이 섬과 관련되었다 ― 그리고 1890년대에 이 섬에서 한센병 환자들의 반란을 결성한 프란츠 제이콥스Franz Jacobs이다. 이렇게 함으로써 나는 뻔뻔스럽게 문학을

(여기서는 극을) 읽는 것과 같이 역사를 읽고, 역사에서 문학으로 그리고 문학에서 역사로 옮겨 다니는 것이다. 『교정 : 사회적인 것을 위한 읽기』에서 내가 주장하였듯이, 문학적 재현은 상호 한정determination 망의 일부로서만 이해될 수 있는 것이다(퀘이슨 2003, xxii~xxiv). 이 주장을 함으로써 나는 문학적-미학적 영역으로부터의 현실 효과의 추론은 문학적-미학적 영역의 범주들과 다른 곳 그리고 명백하게 관련되지 않은 문맥에서 나타나는 범주들 사이의 유사점들을 성공적으로 모으는 것에 달려 있음을 지적하려 했다. 그 책에서의 논의에서 내가 사용한 개념은 질투였는데, 그 개념을 대치하여 풍요로운 결실을 맺을 수 있는 범주들이 여러 개 있다. 이제 나는 상호 한정이란 개념이 로벤 섬과 같은 장소의 역사와 수사성을 해석하는 데도 유용하다고 생각한다. 왜냐하면 이 섬의 역사와 관련하여 환기된 어떤 요소의 의미는 이 섬이 이전에 가지고 있었지만 최근의 공적인 문맥에서 국가 건설의 압력에 포함되어 버린 많은 다른 의미들과 함께 읽지 않는 한 충분히 이해될 수 없다고 주장할 수 있기 때문이다. 상호 한정이란 개념이 우리로 하여금 로벤 섬의 남아프리카공화국 역사의 대부분을 지탱해 온 신체적 차별화의 과정과의 관계를 새로운 방향에서 읽으려는 시도에서 푸가드의 극과 같은 텍스트를 언급하게 하는 것이다. 로벤 섬에 관련되는 상호 한정의 측면에서 푸가드의 극과 같은 텍스트를 읽는 것은 따라서 이 섬의 다채로운 역사 전체를 배경으로 그 극을 읽는 것으로의 초대인 것이다. 이 같은 초점화는 양방향으로 작동하여야 한다. 왜냐하면 일단 이 극이 이 섬의 상호 한정의 기표 체제 내에 있는 한 요소로서 받아들여지면 이 극은 그 수사적, 즉 기표적 체제

의 다른 요소들이 어떻게 작동하는가에 관계가 있기 때문이다. 이와 같은 읽기에서 이 섬 역사의 그 어떤 요소도 창의적인 재해석에서 그대로 안전하게 남아 있을 수 없다.

『섬』과 자기 모습 만들기self-fashioning의' 변천

아솔 푸가드의 『섬』을 읽은 사람들은 1장의 마지막 부분에서 존이 본토에 있는 오랜 친구들 중의 한 사람과 전화 통화하는 흉내를 내는 무언극을 기억할 것이다. 그와 윈스턴은 석회 채석장의 각자의 모래더미에서 외바퀴 수레에 모래를 담아 상대방의 모래더미에 갖다 쏟는 의미 없는 일을 하루 종일 힘들게 한 후 그들의 감방으로 돌아왔다. 존의 전화상대방 쪽이 무슨 말을 했는지 정확히 알 수 없지만, 전화 대화에서 존이 한 말로부터는 이런저런 것을 끌어모아 볼 수 있다. 전화 상대방에게 그의 친구들의 안부를 묻고, 로벤 섬 감옥에서의 힘든 생활과 노골적으로 잔인한 일을 즐기는 교도소장 호도쉬Hodoshe를 상대함에 있어서의 어려움에 대해 이야기한다. 마지막으로 그는 자신의 아내 프린세스Princess에게 메시지를 전달해 달라는 부탁을 몰래 끼워 넣는다. 그러나 전화 대화가 이 지점에 이르렀을 때, 두 친구는 이 가짜 전화 놀이에 흥미를 잃는다. 무대 지시는 "그의 아내에 대한 언급이 윈스턴의 흥분과 재미를 단두대에서 목을 자르듯 잘라 버린다. 잠시 침묵이 흐른 후 그는 힘겹게 침대로 기어가 드러눕는다. 이와 비슷한 변화가 존의 기분에도 일어난다"라고 되어 있다(206). "단두대"라는 말이 참수를 의미하는데, 이것이 존이 "힘겹게 침대로 기어간다"는 묘사와 결부되어 단두대라는 말이 감정적 절단과 불구화의 여운을 지니기도 한다. 그러나 "단두대"라는 말이 지니는 힘이 무대 지시를 읽는 데에서 오는 반면에, 실제 공연에서는 연기자에 의한 전화 대화가 그에게 주는 효과의 전달이 우리로 하여금 그의 몸과 그 몸이 취하는 제스처 단계를 보게 한다는 사실에 주목해 보면 재미있다. 무대 지시를 읽을 때 단두대라는 말이 은유의 차원에서 작동하고 있는 것으로 받아들여질 수 있지만, 갑자기 두 인물의 자존심이 상하는 모습과 그들의 몸이 투옥이란 냉엄한 현실로 돌아가는 모습을 시각화해야만 한다. 정신적인 것과 육체적인 것이 서로를 덮어씌우고 있고, 자유 상실과 그와 같은 상실과 관련하여 어떻게 행동하여야만 하는가 하는 도덕적 문제가 무대 위의 인물들의 몸으로 옮겨진 것이다.

『섬』에서 이 부분까지 시사되었으면서 전화 대화 자체와 그에 대해 두 인물이 몸동작으로 보이는 반응에 거의 요약되어 있는 것이 여러 가지가 있다. 첫째가 누가 봐도 알 수 있는 그들의 자유에 대한 향수이다. 그러나 그들의 향수는 단순히 자유를 향한 향수가 아니라 자유의 투사로서의 그들 과거와 연결된 것으로서의 자유를 향한 향수이다. 달리 표현하자면, 그 향수는 특정한 형태의 자유를 향한 것인데, 이 특정한 형태의 자유는 궁극적으로 그들이 단연코 정치적인 존재였다는 사실에 의해 규정되는 것이다. 둘째가 전화 대화는 이 극의 중심에 자리 잡고 있는 역할 놀이의 다양한 양상들에 있어서의 하나에 불과하다는 사실이다. 왜냐하면 앞으로 이야기가 되겠지만, 그들은 소포클레스의 『안티고네』*Antigone*

의 특별 공연을 준비하는 과정에서 그들의 역할을 연습하고 있기 때문이다. 이 공연에서 윈스턴은 안티고네 역을, 존은 크레온Creon역을 맡는다. 윈스턴이 불신의 유예suspension of disbelief의[10] 효능을 믿도록 하는 것은 존의 감방 동료 윈스턴이 대사 연습을 하도록 설득하는 데 있어서 그가 겪는 어려움 중의 하나일 뿐이다. 더욱 시급한 것은 윈스턴이 여장을 하고 여자 역할을 해야 한다는 사실이다. 이 여장하는 일에 대해 윈스턴은 강한 반감을 보인다. 전화 대화가 이루어질 때쯤 그들은 맡은 역할을 여러 번 연습한 상태인데, 그 연습의 대부분은 그들이 연습하고 있는 극 『안티고네』와 관련이 없다. 전화 대화는 그저 이 극의 첫 부분에서 일어나는 맡은 역할 연기 중 마지막이자 가장 극적인 것일 뿐이다. 자유를 향한 향수라는 주제와 다양한 역할의 시연 위에 자리 잡고 있는 것이 이 극이 밝히고 있는 억압과 저항의 전반적인 역학 관계에 훨씬 더 중요한 의미를 지니는 것이다. 그것은 바로 조르지오 아감벤Giorgio Agamben의 말을 따르자면 벌거벗은 삶bare life이라고 할 수 있는 것, 즉 누구나 살해할 수는 있으나 종교적 희생양이 될 수는 없는 자의[11] 삶이라는 주제이다. 『호모 사케르』Homo Sacer(1998)에서 아감벤이 설명하고 있듯이, 정치 체제의 변방에 위치하고 있는 자들의 생물학적 삶은 정확하게 애초에 그 체제를 규정하는 삶이다. 예외의 예시들이 주권을 발동케 한다. 즉 배제된 예가 속해 있는 것을 규정할 수 있도록 하는 것이다. 따라서 예외는 그 자체 내의 지배 체제의 논리와 그 논리로부터 배제되는 것에 대한 정의 둘 다를 가지고 있는 극단적인 경우인 것이다. 아감벤에게 있어서 주체의 벌거벗은 생물학적 삶은 통치 조직 자체의 담론 밖에서는 무의미하기 때문에 그 삶은 정확하게 정치 체제 논리의 예가 되는 것이다(이 주장을 펼치기 위해 아감벤은 아리스토텔레스와 그리스인들에 기댔다). 여기서 흥미로운 것은 단순히 호모 사케르의 벌거벗은 삶에 대한 논의가 아니다. 왜냐하면 그가 인정하였듯이, 그가 추구한 이 연구 안건은, 예외의 법칙을 이해하는 초점 중의 하나로서의 집단 수용소와 관련하여 그가 제시한 예를 제외하고는, 이미 하나 아렌트Hannah Arendt와 미셸 푸코Michel Foucault 에 의해 제시된 것이기 때문이다. 아감벤은 집단 수용소를 "역사적인 사실과 (아직도 검증 가능하지만) 과거에 속하는 변칙으로가 아니라 우리가 여전히 살고 있는 정치적 공간의 숨겨진 모체와 관습nomos으로"[12] 정의하였다(166). 그는 수용소의 기원에 대해 추측하면서, 그것은 스페인이 1896년 쿠바에서 반란을 진압한 것 또는 19세기 말에 영국이 (네덜란드계 남아프리카공화국 사람들인) 보아인들을 몰아넣은 수용소로 거슬러 올라간다고 주장하였다. 이 두 가지 사례 모두 전체 시민을 집어삼키는 식민지 전쟁과 연결된 비상사태의 예들이다. 그러나 크로토아와 프란츠 제이콥스에 대한 논의에서 보게 되겠지만, 로벤 섬은 그 역사상 여러 번 "비상 상태"를 나타내었고, 일상적으로 정상적인 사회로부터 사회적으로 그리고 정치적으로 변칙적인 유형들을 분리시키고 예외를 규정하는 데 사용하는 장소로 이용되었다.[13]

푸가드의 극으로 돌아가서, 존과 윈스턴의 벌거벗은 삶은 그들이 감금된 상태에서 완벽하게 만든 자아의 다양한 실천들에 의해 나타나는데, 그런 실천들 중의 일부는 극에서의 역할들을 맡아 시연하는 것에서 볼 수 있다. 죄수로서 그들의 "벌거벗음"은 본토에 있는 그들의 아내, 동료,

기타 다른 정치적 대화자들로 이루어진 상상의 관객 앞에서 시연된다. 바로 이것이 전화 대화에 신랄함과 중요성을 부여하는 것이다. 왜냐하면 그들의 벌거벗은 정체성이 그 두 사람 사이에서 그리고 다양한 상상의 또는 실제 다른 사람들에 의한 반응의 기대 속에서 만들어지고 있기 때문이다. 이것은 너무 빤한 주장인 것처럼 보이지만, 존과 윈스턴 이외의 다른 묘사된 인물들 전체가 오로지 무대에 선 두 인물의 회상과 예상을 통해서만 언급되기 때문에 이 극의 언어는 예상의 굴절 언어가 된다. 윈스턴을 불안하게 만드는 것이 이 예상이다. 그는 안티고네로서의 자신에게 다른 죄수들이 어떤 반응을 보일지 정확하게 알고 있다. 그가 자아낼 웃음 너머에 귀를 기울이는 공간이 있을 것이고, 그 공간이 바로 그가 고전에 등장하는 여성 반란자의 역할을 연기함으로써 기다려야 하는 공간임을 설득해야 하는 것은 존이다.

　평론가들은 푸가드가 베케트로 거슬러 올라가는 전통에 기대고 있다고 지적하였다. 분명히 두 죄수 사이 관계의 격렬함은 3장에서 본 것과 같이 다른 베케트의 작품들처럼 암시된 대화자의 대화를 갖고 있는 『고도를 기다리며』에서의 에스트라공과 블라디미르의 세계를 떠올리게 한다. 『고도를 기다리며』와 『섬』은 예상과 기다림의 주제를 공유한다. 극의 후반부에서 존은 자신의 10년 형기가 3개월로 감형되었다고 통보받아, 3개월의 구금만 견디면 되는 상황이 된다. 이 일이 두 죄수들에게 존이 가족과 동료들이 기다리는 가운데 고향에 도착하는 것과 관련된 여러 상황들을 연습해 보는 기회를 제공한다. 베케트의 극과 푸가드의 극 사이의 한 가지 커다란 차이는 『고도를 기다리며』에서 두 부랑자는 여러 정체성을 연기하지 않는다는 것이다. 에스트라공과 블라디미르는 다양한 상황들을 상상하기는 하지만, 그 상황들에 맞도록 그들의 본질적인 성격을 바꾸지는 않는다. 그들은 다른 각본에 나오는 다른 인물들의 정체성을 연습하는 인물들이 아니다. 그들이 끌어내는 상황들은 그들의 (희미하게) 기억된 과거와 그들이 고도를 기다리면서 예상하는 미래로부터 나오고 있다. 그들의 상황에 유일하게 급격히 다른 상황은 럭키와 포조가 극에 등장할 때 마련되는데, 여기서 새로 등장한 짝 럭키와 포조에 대해 보이는 두 부랑자 에스트라공과 블라디미르의 반응이 그들의 상태를 해석할 수 있는 다른 궤도를 제공한다. 반면에 푸가드의 극에서는 존과 윈스턴이 각본들과 ― 추측상의 대화자들을 예상하면서 ― 그들이 보일 반응들을 많이 만들어 낸다. 이것이 이 극을 자아의 다양한 조정의 (표현) 수단으로 만든다. 여러 각본을 만들어 내는 것과 그런 각본들에 수반되는 연습들은 (a) 다른 대화체적 자아들의 수를 증가시키고 (b) 그와 같은 대화체적 타자들과 관련하여 새로운 표현 양식을 낳는 효과를 지닌다. 나는 모든 것들이 향하고 있는 듯한 그리고 실제로 극의 사건 진행을 끝마치는 『안티고네』의 재판 장면 공연이 아니라, 이 같은 이질성의 (표현) 수단이 이 극에 날카로운 통찰력과 급진성을 주는 것이라고 주장하고 싶다.

『섬』에서 안티고네 재판은 소포클레스의 극에서 일어나는 일에 대한 주요한 해석적인 압축이다. 소포클레스의 『안티고네』에는 재판이라는 말이 의미하는 것과 같은 재판은 없다. 극에서 일어나는 것은 안티고네와 크레온 사이의 충돌과 도시의 권리에 대립되는 가족의 권리에 대한 긴 토론이다. 크레온은 안티고네의 외삼촌이고, 그의 아들 해몬Haemon

과 안티고네가 약혼하여, 사건이 푸가드의 해석보다는 더욱 복잡하다. 『안티고네』의 의미를 국가의 권리와 비교되는 시민의 권리로 압축시키는 데 있어서 푸가드는 적어도 헤겔Hegel로 거슬러 올라갈 수 있는 해석의 전통에서 영감을 얻고 있다. 자신의 설명에서 헤겔은 기본적인 형태의 비극은 어떤 피할 수 없는 충돌에 의지하는데, 이 충돌은 꼭 시민에 정반대되는 윤리적 신념들의 충돌이라기보다는 본질적으로 서로 관여하는 신념들의 충돌이라고 주장하였다. 그리스 비극에서의 오이코스oikos(가족적) 원칙과 폴리스polis(정치적) 원칙의 복잡한 관계에 대해 논하면서 헤겔은 "대립은 …… **정치체**body politic의 대립, 즉 그 **사회적 보편성에 있어서의 윤리적 삶**과 **도덕적 관계의 자연스런 장**으로서의 가족 사이의 대립"이라고 주장하였다(헤겔 1998, 39; 강조 추가함). 헤겔이 규정한 변증법적인 상호 작용은 근본적으로 추상적인 개념인 사회적 보편성의 형태와 대인 관계의 축소판 속에서 부득이하게 구체적이고 내재적이어야만 하는 도덕적 관계의 자연스런 장(즉 가족) 사이의 상호 작용이다. 다른 종류의 변증법적 쌍을 설명하기 위해서는 헤겔의 표현에 단서를 달아야만 한다. 남아프리카공화국 같은 곳에서는 사회적 보편성이 표현되었을 수도 있는 정치 영역의 평탄치 않음 때문에 사회적 보편성의 윤리에 심각한 의문이 제기되었기에 특별히 더 그렇다(즉 단서를 달 필요가 있다). 다시 말해서, 억압의 상태하에서는 사회적 보편성을 당연한 일로 생각할 수 없다. 사회적으로 보편적인 것 자체가 논쟁과 투쟁의 장이 된다.[14] 대인 관계 영역은 도덕과 맞닥뜨리는 장을 제공하고, 동시에 그 자체가 체제를 지배하는 기본적인 논리에 의해 생산되기 때문에, 그 영역은 부자유unfreedom의 영향하에서 형성되는 문제가 많은 사회적으로 보편적인 것의 색깔을 띠게 된다.

지금까지 논의한 것을 요약하자면, 『섬』은 우리로 하여금 (a) 행동하는 몸의 물질성을 우리 마음속에서 중요하게 생각하도록 하고, (b) 예상의 지평선을 배경으로 하여 일어나는 자아의 여러 가지 시연에 집중토록 하고, (c) 도덕성 설명에 있어서의 사회적 보편성과 대인 관계적 그리고 가족적인 장 사이에 벌어지는 투쟁의 기본 윤곽을 인식하게 하며, (d) 묘사된 행동의 전경과 그 행동에 틀을 씌우는 더 넓은 사회적, 정치적 배경 사이의 왔다 갔다 하는 관계를 염두에 두도록 한다. 이 모두가 다양한 방법으로 — 다음 부분이 끝나면 이어서 살펴보게 될 — 오츠마토, 크로토아와 프란츠 제이콥스의 삶에 대한 논의와 관련이 된다.

이질 혼합적인 역사들

로벤 섬의 역사를 다시 읽는 한 가지 중요한 방식은 그 섬이 본토에서 벌어지고 있는 사회적 관계들의 다양한 굴절을 제공하는 것으로 읽는 것이다. 해리어트 디콘Harriet Deacon(2003)은 이 섬의 역사가 케이프의 식민지 영역 확장의 역사와 철저하게 얽혀 있는 것으로 보고 있다.

로벤 섬으로 보내진 정치범들의 출신을 추적함으로써 남아프리카공화국에서의 식민지 영역 확장의 지도를 그릴 수 있다. …… 로벤 섬은 식

민 국가의 권력과 안전이 달려 있는 ― 고용인-피고용인과 주인-노예

관계, 정치적 행동, 범죄, 백인들의 가난, 감염성과 정신 이상 같은 ―

내적인 경계들을 감시하는 데 이용되었다. 내적인 경계선들을 새로운

통제 지역으로 볼 수 있었다.

(154~155)

여기서, 로벤 섬의 경우에 있어서 그 섬의 명백한 탈중심성이 본토의

정치적, 사회적 경계들에 대한 감시와 밀접하게 연결되어 있다는 점만

제외하면, 카리브 해 군도의 탈중심화된 성격에 대한 베니테즈-로조 주

장의 반향을 볼 수가 있다. 그 같은 경계들은 유럽인들 사이의 내적인 구

분 그리고 백인과 흑인 사이의 구분과 연결되어 있었는데, 두 인종 간의

조우와 접촉이 모든 경계, 내적 그리고 외적인 경계, 지리적 그리고 상징

적 경계를 항상 감시할 필요성으로 이어졌다. 로벤 섬은 이 같은 경계들

이 인간들의 감금/의료화/분리와 그 섬에 세운 다양한 기관들의 특정한

공간적 위치를 통해서 정해지는 현장이 되었다. 사회적 변화는 이 섬에

있는 모든 물리적 그리고 상징적 궤도의 탓으로 돌려졌고, 본토에 있는

사람들이(백인과 흑인 모두) 이 섬에 있는 사람들을 어떻게 보는가 그리고

섬에 있는 사람들이 본토에 있는 사람들을 어떻게 보는가에 영향을 주었

다. (앞에서 인용한 문장이 온) 논문의 앞부분에서 디콘은 로벤 섬이 식민

지 개척자들이 아亞대륙에 대한 이해관계를 형성하고 방어한 안전한 곳

이었기 때문에 이 섬을 식민주의의 "어미 절점"mother node이라고 부르고

있다. "어미 절점"이란 용어는 다양한 식민지 개척자들이 아대륙으로 진

출하는 지리적인 발판을 의미하는 것 이상의 잠재력을 지니고 있다. 디콘 그리고 다른 역사학자들의 설명에 의하면 세 가지 담론이 처음부터 로벤 섬의 역사와 관련되어 오고 있다. 간략하게 말해서 이 세 가지 담론은 노동(일), 감옥 경제(감옥과 개인의 의사에 반해 자유를 잃거나 제한 당하는 과정), 그리고 케이프 방어의 마지막 보루로서 이 섬이 지니는 가치이다. 이와 더불어 간과되어서는 안 되는 것이 장애 담론이다. 실제로는 섬에 있던 사람들은 종종 자신의 자유 의지에 따라 거기에 간 것이 아니었고, 힘들고 고립된 환경에서 열심히 일해야만 했기 때문에, 노동의 담론과 감옥 경제의 담론은 항상 얽혀 있었고 서로를 보강해 주었다. 사실 이 섬의 역사에 있어서 일과 구금이 모든 사람들의 마음의 맨 앞자리를 차지하고 있지 않았던 시기는 없었다. 앞으로 살펴볼 역사적 인물들의 삶에 있어서 경계들의 변화와 감시가 그들의 주체성과 체화감sense of embodiment에 어떤 영향을 주었을까를 추측해 보는 것이 유익하다. 이것의 일부는 법원이나 병원 기록, 식민지 관료의 저널journal, 국회와 신문의 보고 등과 같은 이 역사적 인물들에 대하여 쓴 서류와 이 섬에 살았던 다양한 장애인들에 대한 선교사들의 수년간에 걸친 묘사에서 엿볼 수 있다.

우선 섬의 역사를 간략하게 살펴보자. 로벤 섬은 "바위와 모래로 이루어진 낮은 마름모꼴로 테이블 만Table Bay을 지키고 있는" 섬이다(디콘 1996a, 1). 바르톨로뮤 디아스Bartolomeu Diaz가 동인도 제도로 가는 항로를 찾기 위해 나서 여러 번 항해하던 중 1488년에 도착했을 때는 무인도였다는 것이 일반적으로 받아들여진 설이다. 그 후 200년 동안 물개와 펭귄이 많고, 마실 수 있는 물이 있고, 천연적인 항구인 이 섬은 선원들이 잠시 쉬어 가는 기지 역할을 하였다. 네덜란드 동인도 회사가 1652년 케이프에 도착하면서부터 로벤 섬의 새로운 용도가 규정되고 점차적으로 실행에 옮겨졌다.

건물 배치가 다름의 공간화spatialization와 이것이 섬의 풍경에 도입된 방식을 보여 준다. 최초의 주거지는 1654년 그 당시 모래로 뒤덮인 정박지와 해변을 장악하기 위해 섬의 북동쪽 끝에 세워졌다. 그런데 섬의 이 부분은 되풀이해서 구금과 연결되었다. 네덜란드 감옥이 1657년에 해변 바로 뒤에 지어졌는데, 이 섬으로 온 대부분의 남성들인 흑백 죄수들에게 직원들과 노예들이 가능한 한 가까이 머물 수 있도록 설계되었다. 1960년으로 거슬러 올라가는 최초의 아파르트헤이트(즉 인종 분리) 감옥도 이 부두 근처에 있었다. 이와는 대조적으로, 이 섬의 남쪽에 있는 이 섬에서 가장 높은 곳은 1650년대 네덜란드 동인도 회사 시대 이후 이 섬의 안전과 연결되었다. 그곳에서 가장 중요한 구조물은 감옥 마을로, 1840년대에 교회, 사제관, 사회계급별로 차별화된 주택이 추가되고 1863년에 등대가 설치되는 등 점차적으로 건설되었다. 1846년부터 한센병 환자, 정신 이상자와 만성 질환자들을 수용할 병원들이 설립되면서 이 남쪽에 있는 건물들이 재사용되었고, 결국 모든 병원들이 이 마을 내에 자리 잡게 되었다. 그러나 중요한 것은, 디콘(2003)이 보여 주었듯이, 그다음 한 세기 동안 이 마을이 "상징적으로 그리고 물리적으로 백인만 살 수 있는 주거 공간"의 모습을 갖추었다(157). 20세기로 바뀔 무렵에 병원 직원들의 "백인성"을 평가하였으며, 너무 흑인답다고 판단된 지원자들은 본토로 돌려보내졌다. 이 섬에서의 공간적 차별화는 19세기 말에도 계속되어 한센병 환자들을 마을 밖으로 이전시켰고, 한센병 환자 병원과 마을 사이의 경계는 "경계 도로"로 불리면서 한센병 환자들은 이 경계선을 넘을 수 없었다. 이것은 1890년대에 높아진 한센병 감염에 대한 공포에 뒤이어 이루어진 조치였다.

이미 논의하였듯이 로벤 섬의 역사는 케이프타운에서 일어난 일들과 불가분의 관계를 맺고 있다. 케이프 식민지의 초기 정착인들로는 네덜란드인 이외에도 독일인, 폴란드인, 플라망인, 프랑스인과 포르투갈인 들이 있었다. 노예들도 동아프리카, 인도, 실론 섬과 말레이 군도로부터 끌고 왔고, 말레이 군도에서 온 노예들 중 몇몇은 정치적 유배자들로 역사적인 인물들이었다. 그런데 초기에 정착한 네덜란드인들은 사회의 상층 출신의 네덜란드 동인도 회사 직원들과 그 회사를 위해 강제로 또는 불행하게도 어쩔 수 없이 일한 비교적 떳떳치 못한 배경을 지닌 사람들이 섞여 있었다. 사이먼 드 빌리어스Simon de Villiers(1971)에 따르면 그와 같은 사람들 중 다수가 본국에서 사소한 범죄로 형을 선고받고는 케이프에 있는 네덜란드 동인도 회사에서 일하도록 보내졌다.[15] 네덜란드 동인도 회사의 초대 총독인 반 리베크의 저널에서 발견되는 많은 이야기들이 정착민들 사이의 술과 범죄 풍조를 막는 일과 관련되었다. 1680년대에 식량을 요구하며 회사의 군인들이 반란을 일으켜 4명의 주동자가 체포되었는데, 이들은 교수형, 태형, 또는 쇠고랑을 찬 채 25년간의 중노동에 처해졌다. 이 네 명은 누가 살고, 누가 죽을 것인지를 놓고 제비를 뽑아야만 했다. 다른 사건에서는 하인들과 함께 두 마리의 암소를 훔쳐 도축한 한 자유민 여성이 굴레를 목에 걸고 도축한 암소의 가죽을 머리에

인 채 기둥에 묶이는 처벌을 받았다. 그녀는 이후 매를 맞고 낙인이 찍혔다(드 빌리어스 1971, 27). 이 같은 공공연한 위반과 그런 위반을 한 불운한 사람들에게 가해진 처벌이 불안과 폭력의 분위기를 만들었다. 그러한 분위기는 유럽인들 사이에 있었던 징계 체제가 그들이 무역과 생계유지를 위해 의존했으나 상존하는 위협으로 인식된 코이코이족을 다루는 데 있어서 유럽인들을 더 강한 집단으로 만들기 위해 질서 의식을 주입시키도록 고안되어 있어서 특히 더했다. 금방이라도 일어날 듯한 습격의 위협이 항상 정착민들 마음에 자리 잡고 있었고, 그들에게 부과된 징계 체제에 반영되었다. 심지어 회사가 (징계) 집행인을 고용하였고, 이 자는 상당한 보수를 받고 각종 범죄에 따른 다양한 종류의 처벌을 내렸다. 정착민들 사이에 규율을 잘 따르는 사회를 건설하는 초창기 과정에서 회사 직원들은 온갖 종류의 위반으로 인하여 로벤 섬으로 유배되었다. 죄수와 케이프와의 그리고 나중에 확대된 로벤 섬과의 연계는 영국인들에 의해 이미 만들어진 것이었다. 1611년에 영국 동인도 회사의 토마스 앨드워스Thomas Aldworth는 식민지 건설을 위하여 1년에 100명의 죄수들을 케이프 지역으로 실어 나를 것을 제안하였다. 1615년에 그보다 아주 적은 수의 죄수들이 이송되었는데, 이 실험은 영국인들이 지형도, 코이코이족도 죄수들에게 호의적이지 않다는 것을 깨달으면서 중단되었다(나이젤 펜Nigel Penn 1996, 11~12).

정착민들 내부에 존재한 변하는 경계와 이들과 코이코이족 사이의 문제 많은 관계 둘 다를 요약해 보여 주는 인물이 해리라고 알려져 있기도 한 오츠마토이다. 오츠마토는 소 떼가 부족한 코이코이 집단의 "리더"로서 테이블 만 지역 근처에 살았다. 이들은 고링하우쿠아Goringhauqua였는데, 유럽인들에게는 스트랜드로퍼Strandloper 또는 워터맨Waterman으로 알려졌다. 영국인들이 1631년에 오츠마토를 동인도로 데리고 갔다. 여기서 그는 영어를 배웠고, 돌아와 남아프리카에서 영국인들의 대리인과 통역인으로 일했다.[16] 오츠마토 스스로 그를 따르는 사람들과 함께 로벤 섬으로 보내 줄 것을 요청하였고, 그 후 그는 그곳에서 다양한 기간 동안 거주하곤 했다. 나이젤 펜(1996)은 이 요청이 일부 적대적인 반도 코이코이족으로부터의 안전을 도모하기 위해 그리고 로벤 섬의 많은 펭귄과 물개 자원을 지배하는 수단으로 이루어졌다고 주장한다. 오츠마토는 만에 들어서는 모든 배를 지켜보고 편지를 보내거나 받기를 원하는 배들에게 봉화를 올리는 일을 하여 유럽 사람들에게 중요한 존재였다. 영국인들 그리고 뒤에 네덜란드인들은 그를 존경하고 동시에 두려워하였다. 실제로 그가 네덜란드 동인도 회사를 위한 정착지를 건설하기 위하여 로벤 섬에 도착한 지 6개월도 채 지나지 않은 1652년 11월 『반 리베크의 저널』Journal of Van Riebeech에 정치범 수용소로 로벤 섬을 사용하는 가능성에 대한 첫 번째 분명한 네덜란드인들의 생각이 나타나 있다.

우리는 앞에서 말한 — 이전에는 적이었던 살단하Saldanha 부족인들에게 요즈음 붙어 지내는 — 해리가 우리에게 이익이 되도록 행동하지 않고 계략을 꾸미고 있지 않나 싶어 약간 걱정하였다. …… 만약 그가 계략을 꾸미고 있다면, 좋은 부류의 사람들로 보이는 살단하 부족인들과 더 평화롭고 만족스럽게 거래할 수 있도록, 그 그리고 그의 아내와 자식들과 워터맨들 모두를 좋은 말로 로벤 섬으로 데리고 가 거기에 두는 것도 생각해 볼 수 있겠다. 그러는 동안 더 많은 것을 알게 될 것이다.[17]

오츠마토는 유럽인들의 통역인으로 활동한 거의 12년 되는 기간 동안 유럽인들의 신임을 받았다 잃었다 했다. 오츠마토가 몇 년 전에 로벤 섬을 자신의 본거지로 사용했었기 때문에 그를 그곳으로 보내는 것이 처벌되는 것만은 아니라는 사실을 반 리베크가 알고 있었는지는 확실하지가 않다. 이 저널의 기록에서 확실한 것은 그의 자유를 제한하려고 한 생각이다. 그래서 이전에 그가 그를 따르는 사람들과 함께 로벤 섬에 편안하게 있었을지라도, 이제는 그 섬이 자유가 아니라 이동 금지의 장소가 되었었을 것이다. 또한 주목할 만한 것은 잠재적인 적과 아군에 대한 묘한 표현이다. 이 표현은 오츠마토 같은 사람들한테서 확실한 행동을 요구하고 있다. 사람들이 오츠마토가 "계략을 꾸미고" 있다고 생각했는데, 이는 제대로 통역을 하지 않는 것에서부터 자신의 이익을 위하여 정착인들의 이익을 훼손하는 것까지 그 어느 것도 다 의미하는 것일 수 있었다. 반 리베크의 마음속에 오츠마토와 살단하 부족 사이의 대립이 형성되었는데, 살단하 부족은 "좋은 부류의 사람들"로, 즉 유럽인들이 거래를 할 수 있고 그들에게 문제를 일으키지 않는 가축을 기르는 사람들로 보였다. 길게 보았을 때 가축을 기르는 코이코이 부족이 협조해 주리라는 반 리베크의 예측이 지나치게 낙관적이었음이 드러났다. 왜냐하면 오츠마토가 자신에게 유리하도록 정착민과 그 지역 부족을 서로 맞붙게 만들었기 때문이다. 그는 철저한 실용주의자였다. 어떤 사람은 그를 정치인이라고 말할 것이다. 이것이 프랑스령 세네갈의 원주민-정착인 관계에서 등장한 또 하나의 다채로운 인물인 완그린Wangrindmf을 떠올리게 한다. 아마두 앙파데 바Amadou Hampaté Bârk의 『완그린의 운명』The Fortunes of Wangrin(1999)에서 보여주고 있듯이, 완그린은 19세기 말부터 1940년대까지 프랑스 식민 행정기구 내에서 활동한 기민하고 수완이 좋은 사람이었다. 그는 통역하는 사람이었는데, 세네갈에서 자신의 부족 사람들과 프랑스 식민 행정관들 사이의 접촉을 중재하는 데 있어서 없어서는 안되는 역할 덕분에, 자신의 이익을 위하여 두 집단이 맞서도록 할 수 있었다. 그는 능수능란한 피식민지인colonized 마키아벨리였다. 식민지 관료 조직에서 일한 다른 더 잘 알려진 아프리카인들과 비교해 읽었을 때, 그는 피식민지인 행정 엘리트 형성이 갖는 애매성ambiguity에 대한 흥미로운 관점을 제공한다. 완그린처럼 오츠마토도 — 정착인들과 원주민인 코이코이족에게 유익한 결과를 가져온 — 아프리카 설화에 등장하는 트릭스터 인물의 행동을 실현하였던 것이라고 주장할 수 있다. 유럽인들의 도래에 의하여 촉발된 사회적 환경에 대한 권력과 권위의 변화가 그에게 큰 충격을 주었음에 틀림없다. 동인도로 보내져 영어를 배운 덕분에 그는 유럽인들의 세계관에 일부 동화되었다. 하지만 그는 항상 자신이, 호미 바바Homi Bhabha의 절묘한 표현을 인용하자면, "백인이지만 완전히는 아닌" 존재, 즉 원주민과 유럽인 집단에 대하여 내부인인 동시에 외부인인 위치 때문에 두 집단에서 불안을 일으키는 존재임을 의식하고 있었음에 틀림없다. 그의 자기 모습 만들기, 즉 다양한 자아의 시연이 — 그 안에서 그의 자리가 경계에 위치해 있고 때로는 위험으로 가득 찬 — 변하는 일련의 사회관계로 옮겨졌던 것이다.

크로토아의 불안 상태

오츠마토의 운과 지위의 변화는 다른 유럽인들과 원주민들에게, 그중
에서도 특히 네덜란드인들에게 에바로 알려졌던 크로토아에게, 영향을
주었다. 크로토아는 여러 코이코이 집단과 인척 관계를 맺고 있었다. 이
미 언급하였듯이 고링하우쿠아 출신이었던 오츠마토가 그녀의 삼촌이었
다. 그녀의 또 다른 삼촌은 차이노우쿠아Chainouqua 출신이었고, 어머니
는 고링하우쿠아 출신, 그리고 또 다른 "어머니"는 코초쿠아Cochoqua 출
신이었다. 뿐만 아니라 차이노우쿠아 집단의 추장 고에보에Goeboer의 아
내였던 그녀의 여형제는 전쟁에서 잡혀 코초쿠아 집단의 추장 오에다소
아Oedasoa의 가장 영향력이 큰 아내가 되었는데, 오에다소아도 크로토아
의 삶과 네덜란드인들의 일에 매우 중요한 인물이었다(엘픽Elphick 1985,
106~107). 이 집단의 사람들은 대부분 목축에 종사하였는데 다양한 시기
에 네덜란드인들과 거래 관계를 형성하였다. 오츠마토처럼 정착민에게
있어서 크로토아의 중요성은 주로 통역인으로서의 그녀 역할에 있었다.
그녀는 네덜란드어를 유창하게 구사했으며 포르투갈어도 잘하였다. 엘
픽(1985, 103~104)이 설명하였듯이, 네덜란드인들은 "통역뿐만 아니라 지
리와 민족적 정보를 얻는 데 그리고 코이코이족과 관련되는 정책을 세우
는 데" 초창기 원주민 통역인들에게 의존하였다. 따라서 통역인의 위치

가 여러 집단의 간혹 모순되는 정치적 요구에 의해 중층결정되었다. 잠시 후 보게 되겠지만, 그녀는 서로 경쟁하는 다양한 집단들을 중재해야 했는데, 때로는 다른 원주민 집단에 대응하는 특정 원주민 집단의 이익을 도모하기 위해서 중재하였지만, 항상 그 누구보다도 정착민들의 이익을 위하여 중재의 노력을 기울였던 것 같다.

크로토와는 반 리베크 가족이 1652년 4월 케이프에 정착했을 때 이 가족과 같이 살게 되었다.[18] 그녀는 그들의 가정에서 성장하면서, 그들의 언어와 생활 방식을 배우고, 기독교적 방식을 훈련받았다. 통역인인 그녀에게 사람들이 점점 더 의존하게 되었다. 그런 통역인으로는 두 사람이 더 있었는데, 오츠마토와 네덜란드인들이 바타비아Batavia로 데려가 훈련시킨 또 다른 부족 출신인 도만Doman이었다. 『반 리베크의 저널』을 기록한 사람은 항상 이 두 사람의 유럽 언어(오츠마토는 영어 그리고 도만은 네덜란드어) 구사 능력을 헐뜯었다. 정착민들은 크로토아의 네덜란드어에 대한 재능을 더 소중하게 여겼음이 분명하다. 그러나 오래지 않아 그녀는 오츠마토와 도만 두 사람 모두와 마찰을 빚게 된다. 도만과의 경우에 있어서는, 도만이 정착민들의 권위와 지역 지형에 대한 지식을 약화시키기 위하여 모든 시도를 했기 때문에, 서로가 서로에 대해 적대감을 가지고 있었다. 저널의 1658년 8월 22일 자 기록이 두 사람 사이의 증오의 강도를 충분히 느끼게 해 준다.

악질인 통역인 도만이 총독을 좌절시키려 한다. 모든 것에 따라다니고, 우리가 매일 발견하고 에바가 증언하고 있듯이, 해리가 평생 동안

했던 것보다 세 배나 더 못되고 해로운 인간이다. 에바는 공공연하게 그가 총독의 주요 적이라고 말한다. 함께 있으면, 그는 그녀를 아첨꾼이라 부르며, 그녀가 호텐토트족 사람들보다 네덜란드 사람들에게 더 유리하게 말한다고 이야기해 그녀의 부족 사람들 사이에서 그녀를 혐오스러운 사람으로 만든다. 그녀가 통역하러 오면, 그가 "봐, 저기 네덜란드 사람들 지지자 온다. 그녀는 자신의 부족민들에게 이야기를 꾸며 내고 거짓말을 늘어놓아 결국 그들을 배신할 거다"라고 소리치거나 그들에게 그녀를 혐오스러운 사람으로 만들 수 있는 건 무엇이든지 한다.[19]

이 같은 적대감에는 여러 가지 원인이 있었던 것 같다. 그러나 간과되어서는 안 되는 것은, 도만이 보기에 여자아이에 불과한 크로토아가 반 리베크 가족에 가깝다는 이유로 지나치게 높은 지위를 누리고 있었고, 그 때문에 그녀를 괴롭히려 했다는 사실이다.

1658년 9월 23일 크로토아는 요새를 떠나 내륙으로 여행을 하였다. 이 사건은 다양하게 해석되어 왔다. 말레르브Malherbe(1990, 23)는 그녀가 그해 초에 그녀의 삼촌 오츠마토가 끝내 로벤 섬으로 추방당한 것에 개입하지 못한 불만 때문에 떠났다고 생각한다. 반면에 엘픽(1985, 107)은 그녀가 15세나 16세의 사춘기에 도달해 그녀의 나이가 된 모든 코이코이족 소녀들에게 요구되는 의식을 치르기 위해 그녀의 친척들에게로 돌아간 것이라고 주장한다. 그러나 왜 반 리베크 가족 자신들이 그토록 소중하게 여긴 통역인이 그들이 이해하지도 못하고 찬성하지도 않았을 것 같은 의식을 치르러 떠나도록 허락했는지가 분명하지가 않다. 그녀가 떠난 이유가 무엇이든 간에 이 여행은 크로토아의 삶에 있어서 전환점이 되었다. 그녀는 우선 어머니를 만나러 갔고, 거기서 강도와 폭행을 당하는 불행한 일을 당했는데, 어머니가 도움을 주러 오지 않았음이 분명하다. 이 사건 뒤에 그녀는 코초쿠아 추장과 결혼한 여형제를 만나러 갔다. 크로토아는 그들에게 강한 인상을 남겼고, 여러 날 동안 밤낮없이 기도해 여형제의 열병을 낫게 했다는 명성을 얻게 되었다. 그녀는 또한 코초쿠아의 추장 오에다소아가 요새를 방문하고 정착민들과 거래를 하도록 설득하였다. 그녀의 체류 기간 후반에 극적인 반전이 일어났다. 오에다소아가 사자의 공격을 받아 심하게 다쳤고, 크로토아가 이 사건에 책임을 졌다. 크로토아의 "반복된 권유"에 따라 오에다소아와 그의 부하들이 야생마를 잡고 상아를 얻기 위해 코끼리를 사냥하였던 것이다. 말은 코이코이족보다 유럽인들에게 더 쓸모가 있었다.[20]

삼촌의 사고는 그녀에게 큰 영향을 주었다. 그녀는 그 뒤 12월 30일 식민지로 되돌아오면서, "우리의 종교에 대해 더 배워야겠다"는 소원을 표명했다. 이것은 분명 그녀의 여형제와 그 남편의 제안에 의한 것이었다. 크로토아의 여형제와 그 남편은 그녀를 통해 많은 것을 알게 되어 결국 "그녀가 하나님과 그 분의 일에 대하여 이야기해 준 것이 진실이라는 것을 마음속으로 느끼게 되었다."[21] 이 후 크로토아는 요새를 주거지로 하면서 요새와 내륙 사이를 주기적으로 오갔다.

1658년과 1659년 사이에 일어난 1차 네덜란드-코이코이 전쟁으로 이어진 사건들이 일어나기 시작하였다. 1658년 2월에 네덜란드 동인도 회사가 다수의 직원들의 계약을 풀어 주어 케이프에 자유 정착민이 될 수 있도록 하였다. 이 자유민들은 가축을 기름으로써 회사가 목축하는 코이코이 사람들과의 거래에 의존하지 않아도 되도록 하게 되어 있었다. 이들은 또한 농사를 지어 식민지가 바타비안Batavian 쌀에 의존하지 않아도 되도록 하게 되어 있었다(엘픽 1985, 220). 곧바로 이 새로운 정책의 수립으로 목초지와 물에의 접근권이 심각한 문제가 될 것이라는 것이 코이코이, 특히 유럽인들의 침략을 막아 낼 수단을 찾으려 애를 쓰고 있던 도만에게 확실해졌다. 도만이 식민지에서 달아나 민병대를 구성하여 요새를 공격하였다. 그러나 전쟁을 촉발시킨 직접적인 원인은 1658년에 식민지의 가축을 훔친 것에 대한 보복으로 정착민들이 몇 명의 코이코이 사람들을 인질로 잡은 사건이었다. 인질 잡기 방책은 크로토아가 제안했거나 적어도 그녀의 지지를 받았던 것으로 보인다. 이와 동시에 전쟁 기간 동안 그녀는 오에다소아와 네덜란드인들이 동맹을 맺도록 애를 썼는데, 그 이유 중 일부는 정착민들과 거래하는 다른 집단들보다 그녀가 속한 코이코이 집단의 영향력을 강화하기 위해서였다. 1659년 말 그녀는 요새와 요새에서 멀지 않은 곳에 있었던 오에다소아 진영 사이를 주기적으로 오갔다. 두 집단 모두 그녀를 완전히 신뢰하지는 않았던 것 같다. 동맹이 맺어질 모든 징조에도 불구하고 오에다소아가 흔들렸고, 결국 마지막 순간에 다른 코이코이 집단과 싸우는 네덜란드인들과 힘을 합하기를 거절했다.[22] 네덜란드인들은 오에다소아의 의도와 관련하여 여러 면에서 크로토아가 심하게 모순된 말을 했다고 생각하였고 분명히 그녀가 부정한 거래를 하였다고 의심하였다.

그녀의 여형제와 그 남편이 속한 집단의 사람들 사이에 이루어진 크로토아의 불운한 모험이 요새에서의 그녀 삶의 역전 궤도를 암시했다면, 그녀가 1664년에 피테르 반 미르호프Pieter Van Meerhoff와 결혼한 것은 그녀의 운이 다시는 회복하지 못하게 되는 결정적인 하향 곡선의 시작을 알리는 것이었다.[23] 그녀의 결혼 전에 그녀에게 큰 고통을 주었을 여러 사건들이 일어났다. 그녀의 여형제가 1660년 7월에 사망하였고, 1662년 5월 반 리베크 가족이 10년간 수장으로 있던 식민지를 떠났다. 그들이 떠나기 전 마지막으로 한 일은 크로토아를 네덜란드 개혁 교회인으로 세례를 받도록 하고, 에바라는 이름을 붙여 준 것이었다. 이 세례가 지금까지 그녀가 보여 온 독실한 신앙심이 충만해지는 반가운 일이었겠지만, 그녀를 가족의 일원으로 대해 주고 종종 정착민과 원주민들의 의심에 대하여 그녀를 보호해 준 반 리베크 가족의 상실은 엄청난 충격이었을 것이다. 새로 온 지휘관 자카리아스 바르기네Zacharias Wargenaer는 그녀를 차갑게 대했다. 그녀는 1664년 4월에 피테르와 결혼하였다. 이 결혼은 일부 정치적인 이유로 이루어진 것이었다. 바르기네는 그들 중의 하나와 그녀가 결혼하는 것이 네덜란드인들과 그녀가 속한 집단의 사람들 사이의 동맹을 강화해 줄 것으로 계산하였고, 다른 이유로는 그 결혼이 1663년에 그녀가 유럽인과의 사이에서 낳은 두 아이들을 수용할 수 있었기 때문이었다. 저널은 아버지가 누구였는지에 대해 침묵하였는데, 유일하게 주어진 암시는 케이프에 종종 상륙한 선원들에 의해 그 아이들을 갖게 되었을 수도 있다는 것이다.[24] 피테르는 젊고 매우 소중하게 여겨진 의사였다. 그러나 회사에 대하여 그가 지닌 소중함조차도 그가 흑인 여자와 결혼하였다는 이유로 그를 식민지에서 떨어진 곳에 있도록 하는 조치를 막지는 못했다. 그는 첫 번째 관리로서, 역시 흑인 여자와 결혼한 얀 바우터센Jan Wouterssen과 함께 로벤 섬으로 보내졌다. 섬의 환경은 아주 가혹했고, 더욱 중요한 사실은 그녀의 남편과 함께 섬으로 보내짐으로써 크로토아가 식민지의 사회적, 정치적 중심으로부터 사실상 분리되었다는 것이다. 그녀는 술을 많이 마시기 시작했고, 한 번은 정신을 잃어 땅에 머리를 세게 부닥쳐 남편을 놀라게 하였다. 그녀는 치료를 위해 본토로 보내졌고, 이후 섬과 식민지 본토 사이를 오가게 되었다. 1666년 6월 그녀의 남편이 노예사냥 원정에 참가하여 마다가스카르로 떠난 일은 사태를 악화시켰다. 18개월 뒤에 그가 노예로 잡으려고 한 사람들에 의해 살해당했다는 말이 전해졌다.

크로토아는 요새로 돌아올 수 있다는 허락을 받았다. 그러나 오래지 않아 문제를 일으키기 시작했다. 그녀의 행동은 정착민들에게 매우 당황스러운 것으로 간주되었다. 한번은 총독과 함께 앉은 식탁에서 그녀가 술이 너무 취해 계속 욕을 해 댔다. 그녀는 심하게 질책을 당했고, 그녀의 버릇을 고치지 않으면 아이들을 다른 곳으로 데려가겠다는 경고를 받았다. 총독과의 식탁에서 있었던 사건 후 크로토아는 아이들을 놓아 둔 채로 도망갔다. 또 다른 경우에는 그녀가 해변가 모래 둔덕에서 벌거벗은 채로 입에 담배 파이프를 물고 있다 발견되었다. 그녀의 병이 치료될 희망이 사라지자, 1668년 9월 로벤 섬으로 추방되었다.[25] 그녀는 1674년 서른한 살의 나이로 죽었다. 저널은 이를 다음과 같이 표현하였다: "마침내 그녀는 죽음으로 그녀의 음탕함의 불꽃을 끄면서, 본성은 아무리 철저하게 각인된 원칙들에 의해 재갈이 물려질지라도 제멋대로 모든 규율들을 어기고서 다시 타고난 성질로 되돌아간다는 명백한 본보기를 제공하였다."[26] 이처럼 노골적으로 원주민을 동물과 연결하는 인종차별적인 태도에 대해서는 조금 뒤 더 논의가 될 것이다.

엘픽과 셸(1979, 184)은 네덜란드인들의 정착 초기에 코이코이족과 네덜란드인들 사이의 경계를 점차적으로 약화시킨 다수의 과정들이 있었다고 주장하였다. 이 과정들은 다음과 같은 것들을 포함하였다: (1) 유럽인들이 지배하는 사회로 코이코이 부족민들을 네덜란드 법에 따르는 임금 노동자로 포함시킴, (2) 노예와 자유 흑인들을 기독교나 이슬람교로 개종시킴, (3) 흑백 사이 또는 여러 집단 사이의 결혼, (4) 노예 해방과 그 결과로 생긴 중요한 집단인 자유 흑인들의 대두, 그리고 (5) 여러 집단 사이의 문화적 교류. 크로토아의 생애에 대한 이야기에서 나오는 여러 가지 것들이 그녀가 여러 가지 방식으로 이 다양한 과정들의, 특히 엘픽과 셸이 제시한 범주 1, 2, 3과 5에서 이야기하고 있는 측면들의 틈새에 놓여져 있었음을 시사하고 있다. 그러나 주목해야 할 것은 크로토아의 "가족"에 대한 의식이 그녀가 입양된 반 리베크 가족과 그녀가 그토록 동일시하였던 코이코이족의 가족 사이에 철저하게 갈라져 있었음에 틀림이 없어서, 그녀의 유럽 문화에의 "동화"라는 문제를 대단히 문제가 많은 것으로 만들고 있다는 것이다. 그녀에 대해 글을 쓴 모든 역사학자들이 유럽인들의 눈에는 믿을 수 없는 자로 보인 오츠마토에 대한 그녀의 강한 애착을 지적하고 있다. 오츠마토가 최종적으로 로벤 섬으로 추방되었을 때, 그녀는 거기로 그를 방문할 기회를 엿보았다. 바다가 너무 거칠어 배가 방향을 잃었고, 24시간 이상 섬에 닿지를 못하였다. 크로토아가 너무나 뱃멀미를 심하게 해 사람들은 그녀가 죽을 거라고 생각했는데, "바다가 가라앉자 완전히 회복되었다."[27] 우리는 이미 그녀가 자신의 여형제의 남편 오에다소아가 사자에게 물렸을 때 큰 충격을 받은 것을 보았다. 그녀는 네덜란드인들이 그와 거래를 하도록 설득하기 위하여 모든 수단을 동원했고, 항상 이 두 집단 사이에 특사 역할을 하였다. 그리고 그녀는 분명히 여형제와도 강한 유대감을 가지고 있었다. 그녀가 오에다소아와 네덜란드인들 사이의 사절 역할을 하는 동안 여형제를 다시 만나게 되는 기회를 갖게 되었을 때 크로토아는 무한한 기쁨을 맛보았다. 처음 만나게 되었을 대 그녀는 기쁨으로 말을 할 수가 없을 정도였다고 보고되어 있다: "이 두 여성의 첫 만남에 있어서 기쁨 때문에 에바는 여형제를 부를 수가 없었고, 같은 이유로 그녀는 우리 사람들의 통역인 역할을 할 수가 없었다. 그녀는 끊임없이 오에다소아의 아내인 그녀의 여형제의 어깨를 팔로 감싸 안았는데, 이는 함께 하고 있다는 것을 두 사람 모두 기뻐하고 있다는 징표였다. 마침내 그녀가 말을 할 수 있게 되었다."[28]

도덕적 관계가 형성되는 주요 토대로서의 가족에 대한 헤겔의 명제를 돌이켜 보면, 이 "가족"에 대한 이중적 개념을 갖게 된 것은 크로토아의 생각에 커다란 혼란을 야기시켰을 것이라는 점을 추측할 수 있다. 네덜란드어를 사용하며 네덜란드인들과 아주 가깝게 지내면서 성장한 그녀는 그녀의 부족인 코이코이 사람들에 대한 네덜란드인들의 진정한 견해를 놓쳤을 리가 없다. 저널 전체에 걸쳐 정착민들이 원주민들에 대해 갖고 있던 의심에 대한 언급이 수도 없이 많이 있다. 코이코이족은 교활하고, 더럽고, (특히 스탠드로퍼인들은) 굶주리고, 나쁜 짓을 많이 하는 것으로 묘사되었다. 초기 자유 정착민들은 목초지와 물을 두고 경쟁해야 한 원주민들에 대해 깊은 증오심을 가지고 있었다. 이와 동시에 유럽계 정착민들은 피에르 부르디외Pierre Bourdieu(1991)가 상징 자본symbolic capital이라고 부른 것을 제공하는 저장소였다는 것도 분명하다. 유럽인들과의 관계에 있어서 자신들의 지위를 강화시키는 방식과 관련한 오츠마토의 많은 술책과 다양한 목축 집단들 사이의 계략과 대항 계략들이 유럽계 정착민들과 관계를 맺는 것이 얼마나 유용한지를 확실히 증명해 보였다. 이미 유럽인들의 언어를 구사하는 것 그리고 반 리베크 가족과의 직접적인 관계가 주는 특권을 누리고 있었기 때문에 크로토아는 그녀의 지위에 백인 가족이 얼마나 소중한지를 느끼고 있었다. 이 같은 이중적인 가정이 추측할 수밖에 없는 방식으로 그녀의 자아감에 영향을 끼쳤을 것이다. 자신은 예외적인 존재로 취급을 받는 반면에 그녀의 주위에서는 그녀가 속한 부족의 사람들을 악하고 미개한 것으로 묘사되고 있는 것을 알고 있던 그녀는 어떤 느낌을 가졌었을까?

깊어지는 신앙심도 그녀의 정체성의 중요한 그러나 분열적인 부분이었다. 그녀의 죽음에 대해 언급한 저널 부분에서 보았듯이, 그녀가 기독교를 믿는다는 것조차도 원주민으로서의 그녀가 짐승 같은, 구제받을 수 없는 본성에 가깝다는 정착민들의 시각을 막을 수가 없었다. 의심할 여지없이 이 같은 구제 불능의 담론은 반 리베크 가족이 떠나면서 더 강해졌다. 하지만 그녀가 가끔 술 취한 회사 사람들, 특히 그녀 같은 원주민이 그들 가까이에 있는 것을 두려워한 자들로부터 인종차별적인 조롱을 당한 적이 없다고 상상하기는 어렵다. 그녀가 믿는 기독교가 그녀를 완전하게 보호해 주지는 못했다. 그녀의 비극적인 사망은 부분적으로나마 그녀의 기독교/원주민 자아가 그녀에게 준, 특히 그녀가 정착민 사회의 더 힘 있는 자들의 눈 밖에 나기 시작할 때 그녀에게 주어진 심리적 분열과 관련이 있었을 수 있다. 그녀의 남편이 그녀가 상실감에 빠지도록 섬에 남겨 둔 채로 여러 번 내륙으로 원정을 떠난 것도 사태를 악화시켰다. 처음에는 남편과 함께 그리고 남편이 죽은 후에는 그녀 혼자 로벤 섬으로 사실상 추방된 것은 그녀가 구제 불능이라는 정착민들의 인식과 그들의 눈에 비친 그녀의 주변화에 대한 증거였다. 1671년에 삶의 대부분을 유럽인들 사이에서 하녀 또는 첩으로 살았던 또 다른 흑인 여자 새라Sara가 24세의 나이로 자살하였다. 그리고 프레더릭 아돌프라는 이름으로 세례를 받고 1707년에 네덜란드에 갔다 온 코이코이족 남자가 돌아와 너무도 비도덕적이라고 여겨진 삶을 살아서 나머지 생을 로벤 섬에서 보내도록 추방되었다(엘픽 1985, 203). 네덜란드인들을 위해 일하게 된 초기 기독교로 개종한 코이코이 사람들은 엄청난 심리적 압박을 분명히 받았다. 크로토아가 살아가면서 신경쇠약에 걸렸다고 추측해도 무리는 아닐 것이다. 이 병을 앓기 시작했을 때 그녀는 의지할 곳, 도움을 청할 사람이 없었고, 1664년부터 계속된 그녀의 심각한 알코올 중독이 그러한 그녀의 절망적인 상태를 보여 주는 징표였다.

크로토아가 피할 수 없었던 첩 제도가 있었다는 생각으로 일부 역사학자들이 그녀가 반 리베크나 다른 정착민들 중의 하나와 피테르와 결혼하기 전에 성관계를 갖지 않았을까 추측해 보고 있다. 이베트 에이브러햄스Yvette Abrahams(1996)에게 있어서 크로토아는 백인 정착민들에 의해 광범위하게 저질러진 흑인 여성 성폭행의 전형적인 예인 반면에 줄리아 C. 웰스Julia C. Wells(1998)는 반 리베크가 원주민 여성들의 신체성을 칭찬한 증거가 있는 것으로 볼 때 크로토아와 성적인 관계를 유지했다고 주장한다. 그렇다면 그녀와 피테르의 결혼은 — 피테르가 그녀와 4년간 알고 지내면서 원주민들 사이에서 정착민들의 이익을 도모하려는 그녀의 충동을 공유한 덕분에 그녀를 차지하게 된 — 대단히 복잡한 일련의 상징적 교환의 일부였던 것으로 볼 수 있다. 이 모든 추측들은 진실 여부를 알 수 없어 감질나게 하는 가능성으로 간주되어야만 한다. 그러나 분명한 것은 기록들이 그녀의 모성 문제를 그녀의 섹슈얼리티 문제로부터 분리해 그녀가 다양한 역할들을 해 나감에 있어 그녀의 작용 주체를 흐려버리려 시도하였다는 것이다. 그녀의 첫 두 아이는 누구와 낳은 것인지, 사실 전부 몇 명의 아이들을 낳은 것인지 하는 문제가 확실하게 밝혀진 적이 없다. 뿐만 아니라 바르기네가 새 총독으로 오면서 그녀는 여러 번 "더러운 년" 또는 "창녀"로 — 이런 지칭을 『반 리베크의 저널』에서는 찾아볼 수 없다 — 언급되었다. 다시 말해서 그녀가 정치적인 신임을 상실한 것이 그녀의 섹슈얼리티에 대한 점점 더 부정적인, 때로는 지독한 언급과 동시에 일어났다는 것이다. 이 같은 언급들은 (그들이 크게 의존한 통역인으로서의 그녀 역할 같은) 그녀의 지성에 반해 (성욕 과잉 여자 따라서 관리와 통제가 필요한 여자로서) 그녀의 육체성을 강조하도록 의도된 것이었다.

잠시 그녀가 해변가에서 입에 파이프를 물고 나체로 있었던 것에 대한 언급을 살펴볼 필요가 있다. 왜냐하면 그녀의 몸의 "나체"가 여러 가지 함축된 의미를 지녔기 때문이다. 저널의 1656년 1월 12일 항목에 에바(크로토아)가 "옷을 입고, 총독의 집에서 상당 기간 살았는데, 거기서 네덜란드어를 좀 배웠다"라고 적혀 있다.[29] 이것이 문서에 나타나는 그녀에 대한 초기 언급 중의 하나이다. 그러나 말레르브(1990, 8)가 지적하였듯이, 그녀가 옷을 입고 있는 것에 관한 언급은 옷을 입고 있는 것이 네덜란드 사람들의 눈에 비친 그녀의 지위를 나타내는 중요한 지표였기 때문에 매우 의미심장하다. 그 후 그녀가 요새를 떠나 여행할 때 유럽인들 정착지 경계에서 멈춰 유럽식 옷을 벗고 원주민식 옷차림을 하였다. 한번은 그녀가 요새의 끝에 도착해 동물 가죽으로 된 옷으로 갈아입고서 입고 온 옷은 "여행하는 동안 총독의 집에서 배워 알게 된 주님을 잊지 않겠다"라는 확언과 함께 반 리베크의 집으로 보냈다.[30] 그녀가 원주민에 속한다는 것을 보여 주는 외적인 표시를 입고 있는 바로 그 순간에 그녀의 신앙심을 들먹인 것은 네덜란드인들이 자신들의 명분에 대한 그녀의 충성에 대하여 그들이 가지고 있는 의구심을 누그러뜨리기 위해 계획된 것이었다고 할 수 있다. 그러나 옷을 입는 문제는 그녀에게 있어서 꽤 중요한 문턱이었다. 따라서 그녀가 벌거벗은 채로 입에 담배 파이프를 물고 해변가에 앉아 있었다는 것은 서양화Westernization 또는 원주민성을 나타내는 기표들을 몸에 걸치는 것에 대한 그녀의 반발을 확실하게 보여 주는 표시였다. 이 사건에서, 비록 문제가 있는 방법으로이긴 하지만, 그녀는 벌거벗은 몸이 자신의 것임을 주장하고 있었던 것이다. 그런데, 이와 동시에, 해변가에서 벌거벗고 있었던 것은 고통스런 정신적 상태를 나타낸 표시로 간주되어야 한다. 특히 바다는 그녀가 케이프에 온 선원들과 맺은 (성적인 또는 다른) 관계들의 변화를 가슴에 사무치도록 상기시켜 주는 것이었다. 이 선원들은 잠시 머물다 갔기 때문에 그녀가 맺은 관계들은 필연적으로 일시적인 것이었다. 그러나 그녀가 실제로 선원들 중의 한 사람과 사랑에 빠진 것이 아니고, 반 리베크 가족이 왔던 모국으로 가기를 바란 것이 아니었는지는 알 수 없는 것 아닌가? 그녀가 선원들과 무슨 이야기를 나누었을까? 그녀는 그들에게 어떤 나라들에 대해서 물었을까? 어떤 사고와 모험 이야기로 그들은 그녀를 즐겁게 해 주었을까? 그들에게 그녀는 어떤 바람을 말해 주었을까? 그리고 끝으로 해변가에 입에 파이프를 물고 벌거벗은 채로 앉아 있었을 때 그녀의 마음에 무슨 생각이 떠올랐을까?

마지막으로, 2장에서 카산드라, 이오, 오필리아, 베이비 석스 등과 같은 비극적인 인물들과 관련하여 논의한 설명하기 어려운 비극적 통찰로서의 장애 범주를 상기해 보자. 이 문학적 인물들처럼 크로토아도 말로 표현하기 어려운 비극적 지식을 그녀가 갖고 있었다는 사실을 보여 주는 증상인 신경 질환을 앓고 있었다. 그녀가 이런 사실을 가까운 사람들에게 말해 줄 수 있었는지는 알 수가 없다. 예를 들자면, 그녀의 자식들에게 자신에 대해서 그리고 그녀가 유럽인들과 살게 된 상황에 대해서 어떤 이야기를 해 주었을까? 우리가 알고 있는 것은 그녀의 알코올 중독 그리고 뒤에 신경쇠약이 매우 영리하고 활동적인 여성의 몰락을 나타내었다는 것이다. 식민지 시대의 기록에서 그녀는 자신의 목소리로 이야기를 한 적이 없기 때문에 우리가 찾아볼 수 있는 것은 다른 사람들이 그녀에 대하여 남긴 흔적뿐이다. 하지만 이런 흔적에서도 우리는 그녀의 활력의 점차적인 감소, 깊어지는 고독, 그리고 유럽인들뿐만 아니라 자신이 속해 있는 부족의 사람들 사이에서의 지위 상실이란 끔찍한 경험을 확인할 수 있다.[31]

크로토아를 『섬』에서 존과 윈스턴이 하는 여러 자아들의 시연과 연결시켜 재위치시켜 보는 경우 큰 질문이 하나 생긴다. 짧지만 다채로웠던 크로토아의 생애에서 그녀가 시연하려고 한 자아들은 무엇이었을까? 그녀는 무엇보다도 한 문화가 다른 문화를 지배하려고 하는 상황에서 이 두 문화 사이에 통역을 하는 사람이었다. 그녀가 시연한 자아들은 그녀의 정체성을 위하여 무엇이 더 시급한가에 대한 그녀의 판단에 달려 있었고, 이는 간단하지도 않고 예측할 수 있는 것도 아니었다. 그녀는 통역인, 하인, 아내, 연인, 어머니, 그리고 사절 역할을 시연하였다. 또한, 현지 풍경과 사람들에 대한 민족지적인 지식을 가지고 있는 것으로 유명했던 사람으로서 그녀는 눈에 보이는 것 뒤에 놓여 있는 깊이를 번역해 주는 사람이었다. 그녀가 네덜란드인들에게 나누어 준 포착하기 어려운 민족지적 지식은 부분적으로만 민족지적이었다. 그것은 또한 그녀의 변하는 — 그녀가 속한 부족의 사람들에 대해 그녀가 가지고 있는 지식에 압축되어 있는 상태로의 — 자기 인식의 저울에 대한 지도이기도 하였다. 크로토아는 분명 외로운 사람이었지만 동시에 — 사회적 경계들이 요동치는 상태에 있고, 그 역사적 순간이 과잉된 문화적 의미를 공급한 — 식민지 세계의 틈새에 끼인 사람이었다. 유럽인들의 관점에서 볼 때 그녀는 변칙적이고 혼란스러운 범주를 나타냈다. 그들에게는 그녀가 매력과 혐오의 구조를 동시에 나타내는 것이었다. 따라서, 조금 전에 본 것처럼,

그녀의 몸을 감시하는 수단으로서 야생성과 다루기 어려움의 담론이 그녀의 몸에 투사되었다. 정착민들은 가족 구조의 재생산과 사회적 관계의 재생산이라는 측면에서 사회적 재생산을 걱정하였다. 따라서 그들에게 크로토아 같은 사람은 진짜 노예이지만 기독교인, 기독교인이지만 만성 알코올 중독자, 그들 중의 한 사람과 결혼하였지만 성생활이 난잡한, 유럽적인 방식에 동화되었지만 정착지의 평판이 좋지 않은 사람들의 행동 유형을 반영하고 있는 존재였다. 그녀는 공공장소에서 욕설을 내뱉고, 토하고, 두 자식을 놔두고 가출해 버리고, 비바람에 나체를 드러내었다. 따라서 크로토아는 — 로벤 섬의 후기 역사에서 여러 차원과 크기로 그 모습을 드러낸 — 젠더gender와 인종과 질병과 다루기 힘든 "타자성"의 비극적인 교차점을 나타낸 것으로 간주될 수 있다. 이런 의미에서 그녀가 역사적으로 중요한 것이다.

인종 분리와 1892년 한센병 환자의 반란

남아프리카공화국에서의 인종 분리는 완전하면서도 복잡한 것으로, 19세기가 그 과정의 중대한 시기였다. 케이프타운의 체제 안팎에서의 분리가 1890년 이후 점점 인종적인 색깔을 띠게 되었다(디콘 1996b). 1900년대부터 질병과 건강에 대한 관심의 인종화된 은유들이 합쳐져 의료법을 생산하게 되었고, 이 법은 다시 분리를 정당화하는 데 이용되었다. 베인스Baines(1990, 77)가 주장하듯이, "식민지 상황에서 질병의 사회적 은유는 아프리카 원주민들을 백인 거주 지역으로부터 멀리 떨어져 있도록 하는 대단히 효과적인 수단이 되었다." 따라서 19세기 후반에 공중보건법이 여러 식민지 마을에서 엄격한 거주 분리를 장려하고 나중에는 정당화하는 데 이용되었다(디콘 1996b, 289). 인종과 질병의 교차는 전염병에 대한 공중보건 담론에 의해 심화되었는데, 1870년대에 박테리아가 질병을 옮긴다는 사실의 발견에 토대를 둔 공중보건 담론은 흑인 문화와 사회생활이 대부분의 질병의 원인을 설명해 준다고 생각한 유럽인들의 자세로 이어졌다.[32] 특히 한센병은 불결함과 연결되었고, 불결함은 다시 흑인들의 습관, 생활방식과 연결되었다. 1883년 이후 유럽인들 사이에 도시 소상인이나 흑인 농장 하인으로부터 한센병에 걸리는 위험에 대한 공포가 점차 만연하게 되었고, 흑인 이주자나 도시 이민자들이 그 병을 옮기는 병균의 근원으로 언급되었다. 1896년에 출판된 『한센병 편람』*Handbook on Leprosy*에서 로벤 섬의 한센병 병원 의사였던 사무엘 임페이Samuel Impey는 한센병의 확산을 전적으로 다양한 흑인 집단들의 — 그중에서 가장 잘 알려진 집단이 "부시먼Bushman" — 탓으로 돌렸다(디콘 1994, 61~62).

1846년 로벤 섬에 종합병원이 설립되면서 만성병 환자와 한센병 환자, 정신장애인에 대한 인종 분리가 실시되었다. 이 병원은 원래 1840년대 케이프의 식민지 장관이었던 존 몬터규John Montagu에 의해 일을 할 수 없는 가난한 병자들을 구금하기 위한 기관으로 설치된 것이었다. 그러나 그의 병원 건립 요구는 다른 부류의 사람들도 수용하기 위해서였다. 그의 원래 계획은 비장애인 죄수들이 제공할 수 있는 "공짜" 노동력을 이용하는 것이었다. 이것은 본토의 감옥들과 정신장애인들과 만성질 환자들을 위한 소머셋 병원을 소개시키는 일을 포함하였다. 이 집단의 사 람들은 모두 로벤 섬으로 보내져 거기에 있는 오래된 죄수용 건물에 수용 되도록 되어 있었다. 몬터규는 자신의 계획을 전체적으로 비준해 줄 의료 위원회를 구성하였다. 노동의 담론과 질병과 구금의 담론의 결합은 한센 병 환자들을 어떻게 보는가 그리고 그들이 자신들을 어떻게 보는가와 관 련하여 중요한 의미를 지녔다. 초창기에 이 병원으로 보내진 한센병 환자 들은 헤멜-앙-나아르드Hemel-en-Aarde와 선데이스 리버Sunday's River 같 은 오래된 한센병 환자들을 위한 병원들로부터 왔다. 그들 중 일부는 말 기 환자들이었고, 헤멜-앙-나아르드에서 온 환자들은 1861년에 이르러 3명을 제외하고는 모두가 죽거나 떠났다. 1846년에 이 섬으로 이송된 환자는 총 54명이었고, 이후 이송 환자 수가 갑자기 413명으로 치솟은 1892년까지 이송 환자 수는 계속해서 100명 이하에 머물렀다. 1915년 에 이르러 섬에 있는 한센병 환자들의 수가 613명에 이르렀다(디콘 1994, 66). 중요한 것은 첫 몇 해 동안 조기 사망이나 퇴원으로 생긴 공백은 지 역 판사와 의사의 요구를 통해 주로 농장 노동자들로 채워졌다. 1887년 까지 한센병 환자들은 만기 출소 죄수라는 것을 근거로 로벤 섬으로부 터 풀려났다. 이런 의미에서, 디콘(1994, 67)이 주장하였듯이, "법적인 징 역형 기간이 병의 기간보다 우선했기 때문에 일찍 병원에 들어가는 것이 유리했다." 달리 표현하자면, 한센병을 앓는 사람들과 죄수들에 대한 관 료들의 태도에 겹침이 있었는데, 두 집단 모두에 따르는 범주가 일할 수 있는 능력이었다. 인종이 한센병을 앓는 사람들, 정신장애인들과 가난한 병자들에 대한 기관의 태도에 영향을 주어, 백인들과 부유한 환자들과 비교하여 (대부분의 흑인 환자들은 가난했다) 여러 병동에서 그들이 차지하는 특정한 지리적 장소와 다양한 유형의 환자들에게 주어진 음식의 종류를 결정하였다(디콘 1996b; 2001).

1891년 한센병 진압법Leprosy Repression Act과 1894년 수정법이 사실상 한센병을 앓고 있는 사람들의 인권을 모두 박탈해 버렸다. 그들은 더 이상 섬을 떠나거나, 투표를 하거나, 그들을 찾아온 사람들에게 키스나 다른 방식으로 접촉하거나, 식민지법에 의거하여 불륜을 범한 아내를 고소하거나 할 수 없었다. 법의 눈에 그들은 "죽은 거나 마찬가지였다"(디콘 1994, 70). 바로 이와 같은 추정상의 감금이란 사회적 분위기 속에서 섬에서의 한센병 환자들의 첫 번째 반란이 일어난 것이다. 이 반란은 1887년에 한센병 병원에 감금된 프란츠 제이콥스가 이끌었다. "흑인 아프리카너"colored Afrikaner였던 그는 잘 교육받은 네덜란드 개혁교회 신도였고 교사였으며 한센병 환자들을 위한 전도사로 활동하였다. 애초에 제이콥스는 자신이 가족과 떨어져 지내면 아내가 일자리를 찾을 가능성이 더 커질 것이라고 생각하기 때문이라고 말하면서 자신의 자유의사로 병원에 가기로 결정하였다. 그의 결정은 한센병 환자가 있는 가족에게 주어지는 사회적 낙인에 대한 실용적인 대책이었다. 처음에 제이콥스와 다른 한센병 환자들은 본토를 방문할 수 있었지만, 한센병 진압법 이후에는 그것이 허락되지 않았다. 1892년 말 무렵에 제이콥스는 일단의 흑인 남성 한센병 환자들을 이끌고 섬에서의 그들에 대한 처우에 항의했다. 그는 케이프 행정부, 법무 장관과 영국 여왕에게 편지를 보내 그들이 사회로부터 추방당하고 일반 죄수들처럼 취급받고 있다고 항의하였다. 그는 자신이 섬에 5년 11개월 동안 갇혀 있는데 1891년 한센병 진압법 이전에는 본토의 우드스톡에 있는 그의 아내, 5명의 의붓자식들과 2명의 친자식들을 방문할 수 있었다고 항의하였다. 한센병 환자들을 대표하여 그는 그들이 집단적으로 "섬에 죽은 사람으로 버려져 있다"고 주장하면서 흑인 한센병 환자들과 백인 한센병 환자들 사이의 차별 대우에 항의하였다. 그들은 담배 배급을 받기 위해 강제로 일해야 했고, 음식은 엉망으로 준비되었고, 옷도 형편없었다. 제이콥스는 영국 여왕이 1834년에 노예를 해방시켰으므로 1892년에는 한센병 환자들을 해방시켜야 한다고 분명하게 주장하였다. 그는 그들이 영국 국민인데 그 지위에 필수적인 자유를 누리지 못하고 있다고 주장하였다.[33]

당국으로부터 긍정적인 반응이 오지 않자 제이콥스는 불복종과 비협조 운동을 전개하면서, 편지에서 그들의 요구가 충족되지 않으면 "섬에 전쟁과 반란이 있을 것"이라고 위협하였다. 한센병 환자들은 여성용 병동과 마을로 쳐들어가 여자들을 성폭행하겠다고 위협하였다.[34] 제이콥스는 비정통적인 방법으로 한센병 환자들을 위한 인권이라는 더 큰 표현 양식 내에서 권리 담론을 펼친 반면에, 당국은 그를 정신적 능력이 의심되는 사람으로, 다시 말해서, 제이콥스는 정말로 미쳤고, 그가 요구하는 것은 과대망상에서 나온 것이라고 제시하기 위하여 애를 썼다. 지사 겸 고등 판무관이었던 헨리 로크Henry Loch는 마퀴스Marquis 경에게 쓴 편지에서 다음과 같이 말했다.

불만을 터뜨리도록 선동했다고 하는 제이콥스는 …… 케이프타운에 있는 병원으로 이송되자 로벤 섬으로 돌아가기를 원했다. 그는 거기가 더 편하다 그리고 말썽을 부리지 않겠다고 하였고, 두 번째로 그를 케이프타운으로 이송하여야만 했을 때도 로벤 섬이 좋다고 하였다. 이것과 그가 여왕에게 보낸 편지들의 스타일이 그가 제정신이 아니라는 의견을 지지하고 있다. 아마도 광신도인 듯하다. 이 나라에서(즉 영국에서) "이 문제"가 대중의 관심을 끌지 않았으니까 이 문서를 출판할 필요가 없다.[35]

한센병 환자들이 죄수들보다 더 열악한 대우를 받는다는 제이콥스의 주장은 당국에 의해 "비유적인 표현"에 불과한 것으로 묵살되었다. 그 당시 섬의 의사였던 사무엘 임페이는 더 부정적인 견해를 가지고 있어서 다음과 같이 말하였다.

프란츠 제이콥스가 …… 그들 중 우두머리고, 그를 달래기보다는 감옥에 넣어야 마땅하다. 현재 그는 특히 양념병대, 손가락 씻는 유리 그릇, 식탁용 냅킨, 그리고 다양한 별미들 같은 것들을 요구하고 있다. 어제 그들은 간호사들에 저항해 상처 치료를 거부하였다. 간호사들이 현명하게 상처를 치료하려는 시도를 중단하지 않았더라면, 그들이 간호사들을 목발로 때리겠다고 위협하였기 때문에 유혈 사태가 일어났을 것이다.[36]

임페이는 병원 직원들을 보호하기 위하여 무장한 경찰들의 파견을 요청하였다. 그는 한센병 환자들이 섬에 있는 죄수들과 합세해 간수들을 제압하고 큰 혼란을 일으킬까 봐 걱정하였다. 다른 한센병 환자들과 격리 수용된 뒤에 제이콥스는 자신의 고발을 철회하였다. 이 한센병 환자들의 소요 사태 이후 사태를 직접 파악하기 위하여 정부 파견단이 로벤 섬을 방문하였는데, 1893년 7월 일단의 국회의원들이 방문한 다음 한센병 환자들의 시각에 호의적인 보고서를 펴냈다. 식민지 정부가 병원 음식을 개선하고, 방문객들에게 자유 통행권을 발급하였으며, 환자들을 위하여 네덜란드 개혁 교회 목사를 파견하였다. 제이콥스 본인은 철저히 감시하기 위하여 본토의 소머셋 병원으로 이송되었고, 1893년에 잠깐 동안 로벤 섬으로 돌아왔지만 그해 말에 사망하였다.

식민지 시대의 남아프리카공화국에서 여성의 정신 질환 기록을 찾아보는 것과 관련하여 샐리 스와츠Sally Swartz(1999)는 그런 기록에 내제되어 있는 담론 형태가 역사가가 그런 여성들을 독특한 개성을 지닌 인간으로서 이해하는 데 영향을 준다고 주장한다. 환자 사례 연구 기록들은 동일한 궤도를 따랐으며, 개별 환자들 사이의 차이를 인정하지 않았다. 환자들은 사례이지 사람이 아니었다. 식민지 시대의 기록에서 이 같은 형태로 망각된 것은 여자만이 아니었다고 주장할 수 있다. 신체적이든 정신적이든 병든 것으로 지정된 자는 즉각 치료 기관을 수반하는 특정 담론 속으로 삽입되었다. 이러한 치료 제도는 "과학적"인 것만은 아니었다. 이 제도는 특정한 병의 원인에 대한 믿음, 제한된 의학 지식, 의학 담론으로 반영되어 논의가 되고 있는 "사례"를 형성하는 데 기여하는

(인종적, 사회 계급적, 젠더적인 의미로 읽어야 하는) 문화적 스테레오타입들이 반영된 것이었다. 따라서 공식 담론이 프란츠 제이콥스의 반란을 도덕적 분개의 표시로서가 아니라 정신 이상의 표시로 해석하는 방식을 읽게 될 때, 그의 한센병이 그의 정신 작용까지 포함하도록 확장되어 보편화되었다는 것에 주의해야 한다. 장애학 학자들이 자주 주장하듯이, 이 같은 보편화가 장애에 대한 전형적인 사회적 반응인데, 제이콥스의 경우에 있어서는 반란 전체를 묵살하고 병적인 현상으로 만들려고 노력한 특정 상황에 위치한 식민지 담론 내에서 형성되었기 때문에 악화된 것이다. 그러나 제이콥스의 경우에 있어서는, 당국이 종교적 교육뿐만 아니라 자신의 위치와 유럽인들의 위치를 해석할 수 있도록 해 준, 더 큰 역사적 과정에 대한 이해에 의해 자아감이 형성된 사람과 싸워야 했다는 것도 분명하다. 그가 노예 폐지론의 언어에 기댔다는 사실이 그가 한센병 환자들의 불만족스런 상황이, 모두가 인정한 악습에 대한 대중적인 도덕적 분개를 성공적으로 집합시킨 다른 종류의 투쟁과(즉 노예 제도 폐지 운동과 — 옮긴이) 유사한 것으로 간주될 수 있는 그런 더 큰 도적적 호소를 하고 있었던 것이라는 사실을 가리키고 있다.

다시 푸가드의 극 『섬』의 존과 윈스턴과 관련지어서 우리는 한편으로는 한센병 환자들의 집단 그리고 다른 한편으로는 식민지 당국의 접점에서 프란츠 제이콥스는 어떤 자아들을 시연하고 있었던 것일까를 추측해 보아야 한다. 그가 생각하기에 자신이 한센병을 앓고 있다는 것이 백인 한센병 환자들보다 못한 대우를 받아야 할 근거가 되지 못하였다. 더욱 중요한 것은 그의 마음속에서는 그의 섹슈얼리티와 가정적 충동에의 호소 때문에(그는 무엇보다도 그의 아내와 가족을 보고 싶어 했다) 그의 병이 유보되었던 것이다. 이 같은 충동에의 호소가 그를 정상화하는 데 기여하였다. 왜냐하면 그 호소가 지닌 함축은 그가 자신보다 더 운이 좋은 그리고 더 개화되었다고 하는 그의 유럽계 대화자 그 누구와도 다를 것이 없다는 것이었다. 그러나 제이콥스가 인간으로서의 그의 권리 주장과 다른 사람들의 인간성을 훼손한다고 밖에 말할 수 없는 방법과 도구를 사용하겠다는 위협(예를 들면 마을 여자들을 성폭행하겠다는 위협) 사이를 오간 사실도 무시할 수 없다. 그가 당국에의 고발을 "철회"했을 무렵에 그는 선동가/대변인, 존엄권 청구인/다른 사람들의 존엄성 위협, 영국 국민/식민지 시민, 노예/자유민과 같은 다양한 주체와 주체적 위치들을 시연하였다. 불행하게도 프란츠 제이콥스 같은 사람의 마음속에서 일어난 대로의 이 같은 오고감의 성격과 강도를 기록물에서는 찾아낼 수가 없다. 우리가 찾아낼 수 있는 것은 그가 비록 제한되고 문제가 많은 것으로 드러나긴 했지만, 그가 가지고 있는 모든 수단을 동원하여 자신 그리고 다른 사람들을 구속하려하는 모욕적인 법률에 공격을 가할 만큼 대담했다는 사실이다.

본 연구의 보다 더 넓은 관점에서 볼 때 가장 관련성이 높은 것은 로벤 섬과의 관계 속에서 이루어진 오츠마토, 크로토아와 제이콥스 같은 사람들의 삶이 정상 상태의 경계들을 결정하는 수단으로서 예외를 만들어 내는 담론과 관례들을 드러내 보여 준다는 것이다. 세 인물들의 경우, 모두가 경계들을 결정함에 있어서 정체성의 여러 궤도들이 불안하게 근접하였다는 것을 보여 준다. 식민주의와의 접촉에 있어서 인종 그리고 그 주위에 형성된 사회적 긴장은 그것들 중의 하나일 뿐이다. 못지않게 중요한 것은 질병과 (정신적 그리고 신체적) 장애, 섹슈얼리티, 그리고 체현의 교차점에 대한 재현 그리고 뒤에 따라온 논쟁이었다. 로벤 섬의 역사에 대한 간략한 논의가 보여 주려고 한 것처럼 실생활에서의 사회적, 정치적 불안감의 중심에는 바로 벌거벗은 물질성으로서의 몸이 있는 것이다. 우리가 만난 3명의 역사적 인물들의 삶을 통하여 은유적으로 로벤섬의 역사를 읽는 것은 현실이 문학적-미학적 영역에 대응하는 방식 그리고 문학적-미학적 분야가 현실을 굴절해 보여 주는 방식을 밝혀내기위하여 문학적 분석과 역사적 분석이 서로를 가로지르는 — 풍요로운 결실을 맺을 수 있는 — 방법을 지적해 보이는 것이다. 궁극적으로 나의 희망은 보편적인 정의의 문제, 마지막 사례에서 우리가 지지하고 있는 몸그리고 장애를 지닌 사람들의 세계 속에서 그 다양한 형태들을 볼 수 있는 그런 몸으로부터 분리될 수 없는 정의의 문제에 대한 우리의 의식을깨울 수 있는 수단을 제시하는 것이었다.

결론

: 윤리적 핵심을 찾아서

결론

: 윤리적 핵심을 찾아서

2006년 7월 6일, 민주발전센터는 가나의 수도 아크라에서 가나의 장애인법 통과를 기념하는 행사의 일환으로 대중 강연을 주최하였다. 다양한 장애 관련 시민 단체들과 민주발전센터가 국회의 관련된 위원회로 하여금 법안을 심의하도록 하는 데 12년이 걸렸다. 예상치 못한 우여곡절로 가득 찬 기나긴 투쟁이었다. 가나의 저명한 언어학 교수 크웨시 얀카 Kwesi Yankah가 회장을 맡아 "언어와 태도 변화 : 장애 입법을 넘어서"라는 주제하에 마련된 이 강연회는 나에게 내가 하는 작업의 일부를 가나 장애인 연합회Ghana Federation of the Disabled, 여러 장애 관련 시민 단체들, 국회의 고용, 복지, 국영기업 위원회, 언론과 장애 문제에 가족과 관련된 관심을 가지고 있는 사람들로 구성된 다양한 청중들과 함께할 수 있는 기회를 제공하였다.

내 강연에서 나는 주로 장애의 사회적 모델이 제시하는 통찰들의 중요성을 요약하고, 이것을 장애를 지닌 사람들을 비하하고 때로는 그들을 보이지 않게 만들거나 가나의 부정적인 문화적, 사회적 스테레오타입으로 쉽사리 흡수되도록 만드는 고질적인 문화적, 언어적 태도들에 대한 논의로 연결시키는 데 집중하였다. 가나 사람들 사이에서 일반적으로 다음과 같은 세 가지 요소가 그런 부정적인 태도들을 뒷받침하고 있다. 첫째가 신체적인 온전함과 아름다움, 그리고 문화적 지위 사이에 형성되어 있는 문화적인 상관관계이다. 예를 들어서, 아칸 문화에서는 족장이나 왕대비가 되려는 사람은 "흠이 없어야 한다"고 주장한다. 이것이 장애가 있는 사람이 추장이나 왕대비가 되는 데 있어 다른 문화적 자격 여부에 상관없이 절대 넘어서는 안 되는 장벽이 되었다. 그리고 장애인이 있는 가족은 심각한 장애에 부가된 낙인 때문에 결혼 시장에서 고통받는다는 것도 잘 알려져 있다. 그와 같은 문화적 태도를 뒷받침하는 두 번째 요소는 신체적인 온전함과 경제적 자립의 연계이다. 아크라 같은 도시에서 이 같은 생각은 교차로와 길모퉁이에서 구걸하는 사람들의 대부분이 다양한 형태의 장애를 지닌 사람들이라서 비장애인의 마음에 두 집단 사이의 연계가 자연스러운 것으로 자리 잡게 된다는 사실에 의해 시각적인 뒷받침을 받게 된다. 실제로 아칸족의 속담 "e ti se bafa ne fom"(장애인과 땅 같다)는 — 두 가지 실체 사이의 불가분성을 전달하기 위해 사용되는 속담은 — 중증 운동기능 손상을 가진 장애인들이 종종 길모퉁이 등과 같은 곳에서 땅에서 기면서 구걸하는 것을 본 것에서 유래한 것이다. 이 같은 속담에 함축되어 있는 편견을 통해 손상이 사회적 풍경의 일부로 자연화되고 인정되는 것이다. 크웨시 얀카가 청중들에게 말해 준

다른 속담은 "Onykopon nim odwan a o be ye dwan tro enti na omaa no eni baako"(신은 남을 못살게 굴 염소를 알아 그에게 눈을 하나만 주신다)라고 한다. 이 속담은 장애가 도덕적 결함을 나타내는 휘장이고, 비장애인에게 경고를 보내는 신의 섭리를 보여 주는 표시라고 주장하고 있는 것이다. 역시 여기서 부정적 스테레오타입의 형성 과정을 분명하게 볼 수 있다. 가나에서 장애에 대한 태도를 뒷받침하는 데 관련된 세 번째 요소는 장애와 눈에 보이지 않는 형이상학적인 질서 사이를 별 생각 없이 연결하는 것이다. 이것은 종종 중요한 사업적 거래를 하러 가는 사람들이 구걸하는 장애인에게 "나에게 행운을 달라"는 말과 함께 적선하는 것처럼 특이하게 표출되기도 한다. 다시 말하자면, 적선을 베푸는 자에게 주요 사업의 성공을 보장한다면 구걸하는 장애인에게 몇 푼의 돈을 주는 것은 괜찮다는 것이다. 이는 구걸하는 장애인을 행운의 부적으로 보는 것이며, 만약 행운이 따르지 않으면, 그에 대한 비난을 받을 수 있는 것이다. 1장에서 보았듯이, 앞서 언급한 이 모든 태도들이 다양한 문화에서 장애인들이 어떤 취급을 받아 왔는지와 관계된다. 가나의 상황에서 흥미로운 것은 그와 같은 태도들이 연결되어 그토록 오랫동안이나 포괄적인 장애인법의 통과를 좌절시켜 왔다는 사실이다.

　민주발전센터가 마련한 강연에서 지적된 문제들이 통과된 장애인법에서 다루어지고는 있지만, 이것이 완전하게 실현되기 위해서는 더 큰 문화적 감수성을 필요로 하는 많은 분야가 있다는 것을 보여 주었기 때문에 이 행사의 분위기는 축하적인 동시에 진지한 것이었다. 예를 들어 장애 아이를 둔 어머니는 이웃들이 마법을 쓴다는 비난을 퍼부을 때 어떻게 해야 하는가? 장애인법 4조 39항은 장애인들에게 차별 대우나 비하의 말을 할 경우 벌금, 구류, 또는 둘 다로 처벌할 수 있도록 하고 있다. 그러나 마법을 쓴다는 비난이 노파와 집안일을 시키려고 데려온 아이들, 문화적 이방인들, 그리고 장애인들 등과 같이 사회적으로 주변화된 사람에게 향할 때 이 조항을 어떻게 실행에 옮길 수 있는가? 장애인들을 향한 마법을 쓴다는 비난을 어떻게 그런 비난들이 지니고 있는 — 애당초 사회문화적 영역의 심각한 모순들에서 파생된 — 사회적 억제와 징계의 함축과 구분할 수 있겠는가? 공무원들의 장애 의식화conscientization는[1] 어떻게 하겠는가? 공무원들 모두가 장애의 사회적 모델에 대해서 알아야만 하는 것인가? 장애인법은 교육, 보건, 경찰 분야의 공무원들을 교육하여 장애 문제에 민감하게 대응하도록 규정하고 있다. 그러나 강연 도중 한 질문자가 끼어들어 물었듯이 사법 제도는 어떻게 하는가? 미래의 장애인법 조항들의 시행에 영향을 미칠 민감한 장애 관련 사건에 대하여 해석적 선례를 남겨야 하는 판사는 어떻게 해야 하는가? 국가 추장 회의를 통하여 역사적으로 문화적 그리고 정치적인 문제들에 막강한 영향력을 행사해 온 추장들은 어떤가? 이제 추장들로 하여금 자신들도 모르는 사이에 그들이 장애인들에 대한 편견들의 옹호자 노릇을 해 왔다는 사실을 인정하도록 해야 할 때가 아니겠는가? 이런 그리고 다른 여러 문제들이 매우 활발한 토론을 이끌어 내었고, 나아가 장애 문제가 가나 사회의 다양한 사람들에게 주요 관심사라는 사실을 보여 주었다.

이 강연 동안 그리고 그후 나는 계속해서 내 자신에게 묻는다. 『미학적 불안감』과 이와 같은 행사의 관계, 문학에서의 장애의 재현에 대한 논의와 내가 자라난 도시의 길거리에 있는 장애인들의 삶의 관계는 무엇일까? 간략히 말해서 **요점**이 무엇인가? 토빈 지버스Tobin Siebers의 『비평의 윤리』*Ethics of Criticism*(1988)가 요점이 무엇인지를 밝혀 준다. 폭력과 관련하여 그는 다음과 같이 주장하였다.

> **여기서도 나는 정치적 그리고 심리적 문맥에서 인간에게서 권리를 빼앗는 범주나 사고를 만들어 냄으로써 인간에게 상처를 입히는 그런 형태의 폭력에 관심을 갖는다.** …… 폭력의 문제는 인류학적 문맥 밖에서 적절하게 정의될 수 없고, 인간의 세계는 현기증 날 정도로 복잡하다. 폭력은 인간적인 문제이다. 폭력은 조종하는 사람이 없는 시한폭탄이 아니다. 그것은 희생자가 없는 경우가 절대로 없다. 그것이 조직적이라고 불릴 수 있다면 그것은 그것이 사람들에 의해 반복될 수 있는 언어와 행동 양식을 만들어 내기 때문이다.
>
> (7; 강조 추가)

문학 이론과 비평이 윤리적 문제로부터 분리될 수 없다는 것을 보여 주려는 지버스의 끊임없는 충동의 힘이 그의 저서를 나에게 대단히 매력적인 것으로 만든다. 하지만 내가 『미학적 불안감』에서 보여 주려 한 것처럼, 문학적 재현 내에서 장애가 함축하는 윤리적 핵심은 대충 읽어서는 모습을 드러내지 않는다. 장애가 지닌 함축에 민감한 철저한 읽기의 실천만이 그 윤리적 핵심의 모습을 드러낼 공간을 제공하는 것이다. 본 연구의 각 장은 그러한 읽기가 어떤 모습을 지니는지 대한 실제 예를 보여 준 것이다. 그러한 읽기는 특히 장애를 문학적인 미학 영역 내에 있는 독립된 실체로서가 아니라 텍스트적인 재현의 총체성의 일부로서 읽는 것을 필요로 한다. 이 총체성에서는 모든 것이 모든 것과 연관되어 있기 때문에, 분석하기 위하여 장애에 대한 한 세부 사항을 분리함에 있어서 장애를 단순히 특정한 세부 사항으로 간주하는 것이 아니라, 다른 텍스트적인 그리고 윤리적인 문제들로 나아가는 문턱으로 간주해야 하는 것이다. 이 문턱 효과threshold effect가[2] 바로 지배적인 재현의 규약들이 우회되는 모습을 드러내는 곳이다. 따라서 문턱으로서의 장애는 텍스트상의 긴장을 나타내는 기표이기도 하다. 내 비평에서 나는 장애의 이 같은 문턱 특징에 지렛목, (중심)축, 퍼져 나가는 지점 등과 같은 여러 가지 이름을 부여하였다. 토니 모리슨을 다룬 장에서 나는 장애가 그녀의 작품에서 다양한 텍스트적 협상들이 일어나는 경첩hinge으로 작동하는 것을 보여 주었다. 또한 모리슨의 작품과 관련하여, 그녀의 작품이 집요하게 우리로 하여금 최종 판단을 내림에 있어서 항상 대안적인 판단을 예상하도록 한다는 점을 고려하면서, 장애의 지위에 대한 최종적인 판단을 연기delay할 필요성도 보여 주었다.

그러나 윤리적 문제가 연기 과정에도 달려 있기 때문에 최종 판단의 연기가 그 같은 판단을 무한히 뒤로 미루기 위한 핑계로 간주되어서는 안 된다. 따라서 사무엘 베케트를 논의함에 있어서 나는 그의 글쓰기에 함축되어 있는 부정과 연기가 부재, 즉 베케트가 그의 작품에서 고통에 부여한 애매한 위치에서 확인할 수 있는 부재의 주위에 구성되어 있다고 주장하였던 것이다. 거기에서 보았듯이, 고통은 인식론적인 입증을 위해 목격자를 필요로 하기 때문이다. 많은 말실수, 종잡을 수 없는 말, 그리고 그의 많은 장애 인물들에 대한 확실한 준거 기준 마련의 어려움 등 이 모든 것이 이 장애 인물들이 고통을 받고 있어야만 하는데 명백히 고통을 받고 있지 않다는 사실을 감춰 버린다. 이와 같은 고통의 부재를 확인하는 것은 근본적으로 그의 텍스트들의 윤리적 함축이 깃들어 있는 곳을 발견해 내기 위하여 그 텍스트들의 논리에 반하여 읽는 것을 의미한다. 베케트의 작품의 다양성과 뉘앙스를 두고 볼 때 이 같은 정상적이지 않은 읽기는 그의 작품을 현실적인 것으로부터 분리하여 자율적인 것으로서 읽는 것이 아니라 — 추정상의 현실과 거리를 두려는 부단한 노력에도 불구하고 — 현실 구성의 일부로서 읽는 것이다.

베케트 텍스트의 어려운 부분들의 매듭을 푸는 일은, 월레 소잉카가 아프리카 문학에서 가장 정치적인 작가 중의 한 사람이었다는 사실에도 불구하고, 소잉카의 작품을 읽는 것과도 관련된다. 소잉카의 작품에서는 의례가 장애 인물들을 형이상학적인 것의 영역으로 흡수하여 — 그의 글쓰기에서 — 의례와 정치 사이에 있는 틈새로 이어진다. 그러나 이 틈새는 그의 장애 인물들이 폭력의 대상인 것 못지않게 그들 자신이 폭력과 희생을 일으키는 과정에 연루되어 있기 때문에 지속가능하지 않은 것으로 제시되고 있다. 따라서 그들의 의례화는 그들을 극작가 소잉카와 비슷한 뛰어난 통찰력의 화신으로서 낭만적으로 묘사하는 것이기도 하다. 대단히 정치적인 작가인 소잉카의 작품에서 장애에 대한 읽기는 장애가 그의 정치적 과제에 얼마나 중요하였는지를 보여 주도록 의도되었다. 이 같은 읽기는 그의 작품에 대한 비평에서 영웅 오군에 대한 지나친 강조를 바로잡게 해 준다.

J. M. 쿳시의 글쓰기는 앞서 논의한 3명의 작가들에게서 이야기된 다양한 비평적 궤도들을 함께 묶는 수단으로서의 역할을 하였다. 특히 중요한 것은 의심하는 대화자라는 개념이다. 이 개념은 베케트에 대한 논의에서 처음 소개되었고, 뒤에 모리슨과 소잉카의 논의에서 더 상술되었다. 쿳시와 관련하여 이 개념이 중요한 이유는 쿳시도 우리로 하여금 다음과 같은 내러티브의 본질에 대한 비평적인 이론적 논제를 제기할 수 있도록 하기 때문이다. 글쓰기의 존재론적 본질에 의하여 침묵이 사실상 파기될 때 발화와 침묵의 관계는 어떤 것인가? 그리고 내러티브의 본질에 의해 우리가 자폐증을 지닌 인물들을 읽음에 있어서, 내러티브 자체의 피할 수 없는 측면인 암시된 대화자와의 변화하는 일치화를 통해, 그들이 선택한 침묵에서 반향을 읽어 낼 때 그 발화와 침묵의 관계는 무엇을 의미하는가? 우리가 자폐증을 지닌 사람들을 대변하고 있다는 것을 어떻게 알 수 있는가? 따라서, 본 연구는 결코 목적론적인 궤도를 따르지는 않았지만, 이 다양한 작가들에 의해 점차 더 많이 반복된 것 같은 그리고 쿳시의 작품으로부터 이끌어 내려는 내러티브의 본질에 대해 특히 풍요로운 결과를 낳는 통찰을 가질 수 있도록 하는 일단의 문제들을 전경화시킬 수 있었다.

로벤 섬과 그 섬의 역사를 수놓은 다양한 장애인들의 삶을 살펴본 것은 비평적인 문학 작품 읽기의 여러 특징들이 비문학적 문맥에서의 장애 문제를 이해하는 데에도 사용될 수 있다는 것을 보여 주기 위해 의도된 것이었다. 그러나 로벤 섬을 다룬 장에 있어서 다른 더 큰 목적은 이 역사적인 인물들을 되살려 내어 식민주의, 사회 계급, 장애, 그리고 — 크로토아의 경우에 있어서는 — 젠더가 교차하면서 생산된 편견을 경험하는 것이 어떠한 것이었을까를 상상해 보는 것이었다. 달리 표현하자면, 단순한 역사가 아니라 문학적인 장애학과 역사를 결합하여 접근할 때 로벤 섬과 같은 곳의 다채로운 역사에 대한 읽기가 매우 다른 관점을 생성해 낼 수 있겠는가?

『미학적 불안감』의 전반에 걸쳐 제기된 이 같은 그리고 다른 문제들이 가나나 다른 곳에서의 장애 문제와 이 책의 관계가 무엇일까에 대해 곰곰이 생각해 보도록 한다. 나에게 있어서 민주발전센터가 마련한 행사에서 이루어진 숙의로부터 분명하게 나온 것은 언어적 그리고 문화적 스테레오타입들이 사람들의 인간성을 부정하는 가장 치명적인 도구라는 것이었다. 문학적 텍스트의 자세히 읽기를 통하여 그 같은 스테레오타입들의 본질적으로 폭력적인 단면을 드러내 보일 수 있는 도구를 제공하는 것은 그와 같은 스테레오타입 관행 뒤에 도사리고 있는 태도를 바로잡는 방향으로 조금이나마 나아가는 것이다. 더욱 중요한 것은 그것이 우리가 살고 있는 세상에 존재하는 불의의 특수한 사항들에 대해 고민하는 것이 문학 비평가로서의 우리의 궁극적인 의무라는 것을 보여 주는 데 기여한다는 것이다. 우리의 도덕관념을 기르기 위하여 추상화abstraction가 필요할 수 있지만, 결국 우리의 윤리적 성향의 정당성을 입증해 주는 것은 우리가 상상하고 지지하는 사회적 세계의 본성인 것이다. 지버스의 책의 첫 문단이 보여 주는 통찰이 문학을 공부하는 사람으로서 우리가 하는 일에 크게 관련된다는 말을 덧붙이면서, 그 첫 문단으로 이 책을 마치려 한다. "비평의 성격은 비평적 선택으로부터 나오고, 비평적 선택의 본질은 문학 비평이 불가분하게 윤리와 연결되어 있다는 사실을 보여 준다. …… 윤리적으로 비평하는 것은 비평가를 특별한 행동 영역, 즉 인간적 행동과 인간적인 것에 관계되는 믿음의 영역으로 인도한다."

역자 후기

지난 일 년 동안 역자는 여러 번 『미학적 불안감』을 번역하기 힘들다는 하소연을 주위 사람들에게 하였다. 가장 큰 이유는 원서에 사용된 영어가 역자가 익숙한 영어, 즉 영어를 모국어로 하는 미국인이나 영국인 등이 사용하는 그것과는 상당히 달랐기 때문이다. 저자 아토 퀘이슨은 영어를 (모국어가 아닌) 공용어로 사용하는 아프리카 국가인 가나 출신이다. 따라서 그가 습득 사용한 영어는 영어를 모국어로 하는 사람들의 그것과는 차이가 있는 독특한 것이다. 자주 긴 명사절을 주어나 목적어로 사용한다든지, 단문 대신 관계절을 이용하여 선행 명사를 수식하는 복문을 사용하는 것이 그 예의 일부이다. 이 같이 독특한 방식의 영어 사용에 역자의 능력 부족이 겹쳐져 힘들고 까다로운 번역 작업이 되었다. 물론 번역의 결과에 대한 책임은 전적으로 역자의 몫이다.

그러나 이 같은 형식적인 문제가 그에 담겨져 있는 내용의 가치에 그림자를 드리울 수는 없다. 이 책은 1990년대부터 많은 관심을 끌고 있는 인문학적 장애학이 내세울 수 있는 대표적인 연구이다. 그동안 우리에게 익숙한 용어가 된 여성학이 성(性)이라는 사회적으로 구성된 정체성이 문학적 표현에 영향을 줄 뿐만 아니라, 그에 초점을 맞추고 접근하는 경우 이전에 깨닫지 못한 방식으로 문학적 표현들의 의미를 이해할 수 있게 된다는 것을 보여 주었다. 인문학적 장애학은 (성처럼 사회적으로 구성된) 장애도 문학 연구나 비평에 포함되어야만 하며, 그런 경우 기존의 접근 방법으로는 깨닫지 못한 새로운 의미를 파악해 낼 수 있다고 주장한다. 이 같은 주장을 잘 증명해 주는 연구 중의 하나가 바로 『미학적 불안감』인 것이다.

이 책은 우선 논의 대상이 세계적이라는 특징을 지니고 있다. 이 책은 노벨 문학상을 받은 미국 작가 토니 모리슨, 아일랜드 작가 사무엘 베케트, 나이지리아 작가 월레 소잉카, 그리고 남아프리카공화국 작가 J. M. 쿳시에 의해 생산된 문학적 텍스트와 장애가 만나는 접점에 초점을 맞추고 있어 보통 미국이나 영국 작가들이 생산한 텍스트를 분석 대상으로 하는 기존 연구와는 차별화된다. 그리고 이 같은 세계적인 시각은 장애의 문학적 재현이 세계적으로 그리고 대단히 빈번하게 이루어져 왔다는 사실을 잘 보여 주면서 동시에 그에 대한 깊은 관심의 필요성을 효과적으로 부각시켜 준다.

뿐만 아니라 이 책은 장애인의 부정적 이미지에 대한 확인이나 장애의 재현과 관련된 사회적, 정치적 맥락 등에 대한 연구 같이 자주 접할 수 있는 기존의 연구와는 차별화되는 접근 방법을 사용하고 있다. 이 책은 "미학적 불안감"이란 개념을 핵심으로 하여 자세히 읽기를 통한 새로운 의미 파악을 시도하고 있다. 퀘이슨의 설명에 따르면, 미학적 불안감이란 문학적 텍스트에 장애 인물이 등장하는 경우 미학적인 것, 윤리적인 것 그리고 사회문화적인 것 사이를 오락가락하게 되는 상태를 말한다. 이 상태는 "정상적인" 재현의 규약들을 우회하도록 만들며, 그 결과 자주 텍스트적인 교착 상태를 야기시킨다. 달리 표현하자면 미학적 불안감이란 장애의 문학적 재현에 항상 따라다니는 일종의 위기의식 같은 것으로서, 주로 장애 인물을 "정상적"인 인물들과 동일하게 제시할 수 있는 것인가 아니면 장애 인물은 항상 비하된 위치를 차지하도록 해야 하는 것인가, 장애 인물을 은유 목적으로만 사용해야 하는가 아니면 다른 형태로 제시할 수 있는 것인가, 그리고 장애 인물에 접하게 되는 경우 독자는 윤리적인 고려 없이 미학적인 판단만을 할 수 있는 것인가와 같은 문제들과 관련하여 확인할 수 있다.

이 책은 결국 이 핵심 개념인 미학적 불안감이 작동한 경우를 앞서 언급한 작가들의 작품과 남아프리카공화국의 아파르트헤이트와 관련된 역사적 인물들의 경험 속에서 읽어 내고 있는 것이다. 이 같은 저자의 시도는 그의 엄청난 배경 지식과 대단히 세밀한 분석의 힘을 입어 인문학적 장애학이 대표적인 연구로 내세울 만한 결과를 생산하였고, 동시에 여성에 초점을 맞춘 여성학이 새로운 이해와 의미 파악, 새로운 이론과 방법 창출에 기여한 것과 비슷한 성과를 인문학적 장애도 낼 수 있다는 가능성을 보여 주고 있다.

예상되는 한 가지 문제는 이 책이 지나치다고 생각될 수 있을 정도로 자세히 읽기에 치중하고 있어, 이런 속성의 문학 연구와 글에 익숙하지 않은 사람들에게는 너무 현실과는 동떨어져 있는 추상적인 따라서 읽기 힘든 책으로 다가올 수도 있다는 점이다. 따라서 이렇게 독자가 제한될 수도 있는 (그 결과 상업성이 전혀 없을 수도 있는) 내용을 담고 있는 책을 번역해 국내에 소개하기로 결정한 한국장애인재단의 혜안과 용기에 찬사를 보내지 않을 수 없다. 우리가 장애와 관련된 문제에 관심을 갖는 궁극적인 목표 중의 하나는 장애에 대한 우리 생각과 태도의 변화이다. 때문에 우리의 생각과 태도에 큰 영향을 끼치는 문학 속에 등장하는 장애(인)에 대해 적극적이고도 깊은 관심을 가져야 하는 것은 당연하고도 마땅한 것이다. 그것을 실천한 것이 『미학적 불안감』이다. 더불어 이 책은 장애의 문학적 재현에 접근하는 방법이 그 깊이와 폭에 있어서 매우 다양할 수 있다는 것을 분명하게 보여 주는 책이다.

끝으로 이 책을 번역하는 동안 격려를 아끼지 않은 한국장애인재단 특히 서인환 사무총장님과 박민정 선생님, 번역에 관련된 문제들을 꼼꼼하게 지적해 준 출판사 디오네의 정규보 선생님, 그리고 번역하는 동안 역자의 건강을 사랑으로 지켜 준 아내 육청민 교수에게 깊은 감사를 드린다.

금호강이 보이는 곳에서

손홍일

후주

서문

1 [옮긴이] 원서에는 Hisafrica로 되어 있는데 원저자의 설명에 의하면 His는 East가 변질된 말임.

2 [옮긴이] 푸푸는 카사바, 옥수수 등의 가루로 만드는 음식으로 아프리카 여러 나라에서 주식으로 먹는다.

3 [옮긴이] 상대방에게 알리고자 하는 것을 목소리, 몸짓, 글, 그림, 음악 등 다양한 수단을 이용하여 재미있고 생생한 이야기로 설득력 있게 전달하는 행위.

4 [옮긴이] 아칸은 서아프리카 가나의 한 종족 이름이다. 사사본삼은 아프리카 가나의 아산티족 설화에서 유래하여 서아프리카 구비문학에 자주 등장하는 괴물로, 온몸에 털이 나고 커다란 충혈된 눈과 긴 다리를 가졌다. 이 괴물은 높은 나뭇가지 위에 앉아 긴 다리를 내리고 있다가 부주의한 사냥꾼을 옭아매는 장난을 좋아하는 것으로 묘사된다. 트릭스터는 속임수나 장난을 통해 도덕과 관습을 무시하고 사회 질서를 어지럽히는 신화/설화 속의 신, 인간, 동물 등을 이르는 말이다. 아난세는 아칸족 언어로 거미를 뜻하며, 아칸족 설화에 보통 거미, 사람의 얼굴을 하거나 옷을 입은 거미, 또는 거미처럼 다리가 여덟 개인 사람으로 등장한다. 이 같이 거미 형상을 한 아난세는 책략, 교활함, 지혜 등으로 자신을 억압하는 힘센 상대방에게 보복하는 것을 특징으로 한다. 아난세 이야기는 아칸족에서 서아프리카 전체로 그리고 노예무역과 함께 서인도제도로 퍼져 나가면서 노예의 생존과 저항의 상징이 되기도 하였다.

5 [옮긴이] 탈식민주의는 대체로 과거 제국주의 유럽의 식민지였던 국가/공동체에 여전히 남아 있는 제국주의의 잔재를 확인 제시하면서 극복하려는 노력이다. 탈식민주의는 지리적인 식민지 상황뿐만 아니라 문화적인 또는 정신적인 식민지 상황에 많은 관심을 보인다. 이와 연관되는 탈식민주의 문학은 유럽의 식민지화 담론에 대응하는 글쓰기를 가리킨다. 탈식민주의 문학은 주로 탈식민지화의 결과나 그에 따르는 문제점, 이와 관련된 개인의 삶에 수반되는 갈등과 모순에 초점을 맞춘다. 탈식민주의 문학은 보통 탈식민주의 비평을 포함한다. 탈식민주의 비평은 식민지를 경험한 국가의 정치, 경제, 문화적 영역에 끼친 제국주의의 지배와 그 영향의 정도가 문학을 포함한 예술 분야에 각인되어 있는 정도를 비평한다.

6 [옮긴이] 이 구절은 셰익스피어의 『햄릿』Hamlet에 나오는 대사의 일부임("slings and arrows of outrageous fortune").

1. 서론

1 [옮긴이] 스코프('기회'라는 의미의 영어 단어)는 1952년 뇌성마비 장애를 지닌 아이를 둔 3명의 부모가 시작한 자선 단체로, 1994년 단체 이름을 현재의 스코프로 정하였다. 원래 뇌성마비 장애에 주력하였으나 현재는 다른 여러 형태의 장애도 지원하고 있다.

2 [옮긴이] 언어행위란 일상적 발화를 통하여 사회성을 띤 행위를 수행하는 것을 의미한다. 언어행위 이론에 의하면 우리는 말을 통하여 명령, 요구, 기원, 질문, 요청, 감탄 등의 행위를 달성한다.

3 [옮긴이] 문학성literariness이란 어떤 글을 문학적인 글로 만드는 특성을 말한다. 문학성은 보통 예술적 장치를 이용하여 문학적인 글을 다른 보통의 글과 차별화한다.

4 [옮긴이] 랠프 엘리슨(1914~1994)은 대표적인 미국 흑인 소설가, 비평가 겸 학자이다. 그의 작품으로 가장 널리 알려진 것은 소설 『보이지 않는 사람』이다. 이 소설은 1930년대를 배경으로 인종 차별이 팽배한 미국 사회에서 살아가는 흑인의 정체성과 사회적 지위 문제를 다루고 있다. 이 소설의 핵심인물인 화자는 다른 사람들이 그를 보려 하지 않기 때문에 "보이지 않는 사람"이 된다.

5 [옮긴이] 동지회는 『보이지 않는 사람』의 화자가 뉴욕 할렘에서 가입하게 되는 일종의 공산당 같은 조직이다. 이 조직의 우두머리인 잭 동지는 백인이며, 한쪽 눈에 유리로 된 의안을 하고 있는 시각 장애인이다.

6 [옮긴이] 내러티브는 실제적으로 또는 허구적으로 인과론적인 경로에 따라 의미 있게 연결된 사건들을 글이나 그림 같은 기호를 이용하여 구술하거나 기술하는 것을 의미함.

7 이런 시각에 입각한 설명은 차발과 달로즈Chabal and Daloz(1999)를 볼 것. 그리고 일반적인 통치권 개념에 적용할 수 있는 더 상세한 설명은 아쉴 음벰베Achille Mbembe, "Necropolitics," *Public Culture*(2002)를 볼 것.

8 [옮긴이] 유니언 카바이드 공장 가스 누출 참사는 1984년 12월 미국의 다국적 기업으로 화학 약품 제조회사인 유니언 카바이드가 운영하던 인도 보팔 현지 공장에서 일어난 화학 가스 누출 사고를 가리킨다. 이 사고로 2,800여 명의 지역 주민이 사망하였고, 12만 명 이상이 실명, 호흡곤란, 위장장애 같은 만성질환이나 중추신경계나 면역체계 이상으로 인한 중병을 앓고 있으며, 유전자 변형으로 인한 기형아 출산이 빈번한 것으로 알려져 있다.

9 [옮긴이] 문화적으로 구성된 정상인이란 신조어는 로즈메리 갈런드 톰슨이 그녀의 저서 『보통이 아닌 몸』*Extraordinary Bodies*(1997)에서 사용한 용어로, "정상에서 일탈한 여러 가지 타자들에 의해 윤곽이 그려지는 인물"을 가리킨다(8).

10 [옮긴이] 프레임 만들기에서 프레임은 원래 사진을 찍을 때에 피사체를 파인더의 테두리 안에 적절히 배치하여 구성한 화면을 가리키는 개념인데, 어빙 고프만의 『프레임 분석』*Frame Analysis*(1974)에서 사회학에 도입되었다. 고프만에 의하면 프레임은 경험을 구성하고 (개인이나 집단이나 사회의) 행위를 인도하는 일련의 개념과 이론적 관점을 가리킨다. 따라서 프레이밍은 종종 어휘나 개념이나 지식 등을 선택적으로 사용하여 어떤 사건이나 상황의 발생을 특정한 방법으로 인식하도록 유도하는 행위를 가리킨다.

11 [옮긴이] 고전고대는 그리스의 호머가 시를 쓴 시기(기원전 7~8세기)부터 기독교의 등장과 로마제국의 쇠퇴까지를 가리키며, 성경시대는 성경에서 언급되고 있는 시대로, 천지창조부터 예수의 부활까지를 가리킨다.

12 [옮긴이] 생활세계는 철학에서 우리가 직접 경험할 수 있는 일상적인 삶의 세계를 가리킨다.

13 [옮긴이] 세비야의 이시도르는 30년 이상 세비야의 대주교로 지낸 사람으로서, 그가 쓴 『어원사전』*Etymologiae*은 고전고대에 나온 많은 책들로부터 발췌한 다양한 내용을 싣고 있어 중요한 저서로 인정받고 있다.

14 [옮긴이] 신플라톤주의는 3세기부터 6세기에 걸쳐 로마에 등장한 철학 사조를 말한다. 플라톤, 아리스토텔레스, 스토아학파 등과 같은 그리스 철학뿐만 아니라 동양, 이집트의 신비학의 영향도 받았다. 고대 그리스 학술의 계승과 함께 수학, 천문학 등 자연과학의 발전에 크게 기여하였다.

15 [옮긴이] 중세 시대의 빈민 구호는 주로 수도원을 중심으로 이루어졌는데, 수도원이 해산되면서 교구가 빈민 구호를 책임지게 되었고, 구빈세救貧稅가 부과되었다. 이어서 여러 번 구빈법이 제정되었고, 이 법에 의해 지역의 행정과 세금에 기초하여 빈민을 도울 수 있는 체계가 마련되었다.

16 [옮긴이] 도덕적 공황은 사회 질서를 위협하는 것처럼 보이는 문제에 대하여 사람들이 보이는 강한 감정을 말한다.

17 14세기 영국에서의 장애에 대한 사회적 태도에 대한 설명으로 나는 주로 마거릿 펠링 Margaret Pelling이 엘리자베스 여왕 시대 영국의 사회 상황에 대해 쓴 흥미로운 논문집인 『대중』*The Common Lot*을 참고하였다. 그러나 폴 슬랙Paul Slack의 『영국 구빈법』*The English Poor Law, 1531~1782*(1995)도 참고하고, 영국의 다른 지방에 대한 참고 자료를 위해서는 폴 그리피쓰Paul Griffiths와 마크 제너Mark Jenner가 편집한 『거대한 도시 런던』*Londinopolis*(2000)을 참고할 것. 앙리 자크 스티커Henry Jacques Stiker의 『장애의 역사』*History of Disability*(1999)는 유럽에서의 장애에 대한 태도에 관한 푸코Foucault적 방법에 가

까운 연구로서, 태도와 제도적 관행과 사회관계의 결합으로부터 생겨나는 장애에 대한 사회
적 태도들이 변화하는 모습을 설명하였다. 이 같은 계보적 연구 방법으로 스티커는 장애에
대한 20세기적 태도가 이전의 태도에서 유래하였지만 그와는 크게 차별화되었다는 것을 보
여 주려 하였다. 그가 주장하는 논의의 핵심 전제는 장애에 관한 현대적 생각의 기저에 모든
사람들을 비슷한 것으로 보려는 욕구가 흐르고 있다는 것이다. 스티커는 이에 체계적으로 도
전하였다. 스티커의 연구는 내가 생각할 수 있는 최고의 설명을 제시하였다. 그의 연구는 광
기분만 아니라 육체적 다름에 대한 더 폭넓은 문제들에도 초점을 맞췄다는 점에서 푸코를 능
가하였다.

18 [옮긴이] 미학적 미aesthetic beauty는 도덕적 미moral beauty와 대조되는 개념으로, 육체적 미
   에 가깝다고 할 수 있다.

19 [옮긴이] 로맨스romance는 주로 여성 독자들을 위하여 여성을 존중하는 기사도 정신과 아기
   자기한 연애 사건이 펼쳐지는 설화 문학의 일종이다. 아서왕 이야기가 중세 영국 로맨스의
   대표적인 예이다.

20 [옮긴이] 방앗간 주인과 법정 소환인은 초서의 『캔터베리 이야기』*The Canterbury Tales*에 등
   장하는 인물임.

21 [옮긴이] 19세기 이후 만들어진 용어 sexuality는 우리말로 옮기기 어렵다. 보통 성적 욕망, 제
   도나 관습에 의해 규정되는 사회적 요소까지 포함한 "성적인 것 전체"를 가리키는 개념으로
   이해되고 있다.

22 [옮긴이] 암포르타스는 「파르지팔」에 등장하는 주요 인물임.

23 [옮긴이] 쿤드리는 「파르지팔」에서 마법에 걸려 자신의 의지와는 무관하게 기사들을 유혹하
   는 역할을 맡고 있는 인물임.

24 제국이 유럽의 다양한 담론을 더 분명하게 다듬은 실험실이었다는 생각은 앤 로라 스톨러
   Ann Laura Stoler(1995)에게서 온 것이다. 제국과 범죄자 프로파일링 사이의 관계에 대해서는
   파블로 무커지Pablo Mukherjee(2003)를 볼 것. (유럽 제국의) 본국과 유럽 밖 나라의 현실 사이
   의 맞물림에 대해서는 에드워드 사이드Edward Said(1994)나 로버트 영Robert Young(1995), 베
   니타 페리Benita Parry(2004) 같은 탈식민주의 학자들이 잘 기술하였다.

25 스나이더와 미첼이 제작한 흥미로운 비디오 다큐멘터리 『몸이 없는 세계』*A World without
   Bodies*(2001)를 볼 것. 나치가 장애를 지닌 사람들을 말살하려 한 것에 대해서 방대한 양의 학
   문적인 글이 써져 있다. 이 말살 시도에 대한 좋은 개관은 스티븐 쿨Stephen Kuhl(1994)과 헨
   리 프리드랜더Henry Friedlander(1995)가 제공하고 있는데, 쿨은 1920년대 미국에서 일어난

우생학 관련 논의들이 궁극적으로 나치 실험의 악몽이 된 것(즉 유태인과 장애인 말살에 한 기여)에 대해서도 검토하였다. 우르술라 헤기Ursula Hegi의 소설 『강에서 온 돌들』*Stones from the River*(1994)은 반유태주의와 장애 차별주의의 만남이 이 소설의 감수성이 예민한 주인공이자 성장 장애인인 트루디 몬타크Trudi Montag의 의식 성장에 끼친 영향을 감동적으로 그려 낸 문학적 기술이다.

26 [옮긴이] 영국 출신의 축구 선수였으며, 1998년 월드컵에서는 매니저 자격으로 영국 팀을 결승전까지 이끌었다.

27 이 같은 경향의 전형적인 예가 다른 사람들에게 얼마나 불쾌한지에 상관없이 자신의 종교적 신념을 표현할 권리가 호들에게 있다고 강력하게 그를 옹호하고 나선 오스트레일리아의 데이비드 밀리컨David Millikan의 주장이다. http://www.shootthemessenger.com.au/u_feb_99/c_soccer.htm을 보라. 이런 측면에서 또한 관련 있는 것이 케빈 캐리Kevin Carey의 글로, http://www.g21.net/do59.htm에서 찾아볼 수 있다. 그의 웹페이지에서 캐리는 "철저한 사회 분석과 콘텐츠 생성을 통한 정보 통신 기술 학습에 대한 실험적인 현장 프로젝트를 결합한 영국 자선 단체인 휴먼ITHumanIT의 원장. 케임브리지대학과 하버드대학에서 교육받고, 영국 BBC 방송에서 잠깐 일하고, 제3세계 발전Third World Development이란 단체에서 15년간 일한 캐리는 국제 문제에 독특한 시각을 제공한다. 그는 정치 이론가, 도덕 철학자, 고전 음악 비평가 그리고 작품을 출판한 시인이다"라고 소개되어 있어, 분명히 고등 교육을 받은, 중산층이며, 세상사에 관심이 많은, 전에 공무원이었던 사람으로서 그의 견해를 순간의 변덕에 의한 것으로 일축해 버릴 수는 없다.

28 리처드 다운즈Richard Downes가 「가디언」지 편집장에게 보낸 편지(*The Guardian*, February 3, 1999).

29 [옮긴이] 문제틀은 쿤Kuhn이 주장한 패러다임과 비슷한 개념으로 (루이 알튀세르Louis Althusser의 철학에서) 어떤 소정의 문제가 제기되도록 해 주는 일정한 이론적 조건들의 집합을 일컫는다. 알튀세르에 의하면 단어나 개념은 그 자체만을 고립시켜 생각할 수 없으며, 그것이 사용되는 문제틀 속에서 파악해야 그 총체적 의미를 규명해 낼 수 있다.

30 [옮긴이] 저자는 short-circuit란 말을 진행 중인 과정이 중간 단계를 우회함으로써 자연스런 결과에 도달하기 전에 중단되는 것을 의미하는 것으로 사용하고 있음.

31 [옮긴이] 남아프리카공화국의 공용어 중의 하나인 아프리칸스어로, 분리를 의미하는 아파르트헤이트는 남아프리카공화국의 극단적인 인종 차별 정책과 제도를 지칭함.

32 [옮긴이] 무표/유표는 언어학에서 유래한 용어로, 대체로 무표는 보통의, 규칙적인 또는 "정상적인" 형태를 가리키고, 유표는 특이하거나 불규칙적이거나 "비정상적인" 것을 가리킨다.

33 장애와 관련하여 비장애인이 갖는 아찔한 두려움에 대한 주장을 처음 생각해 냈을 때, 나는 주로 라캉Lacan의 거울 단계에 대한 논의 그리고 정신적 스트레스를 받고 있는 사람들에게 나타나는 그의 절단의 원상imago에 대한 탐구에 집중하였다. 이로부터 나는 내가 장애인과 비장애인의 만남의 원초적 장면이라고 부른 것을 발전시켰는데, 이미 논의했듯이 원초적 장면은 그 구성 요소인 감정적 애매성에 의해 분열되어 있다. 나는 이 관점이 여전히 설득력 있다고 생각하지만, 현재의 논의에서는 정신분석학적 해석의 여러 모양에 대하여 이야기하는 것을 중단하고, 그 대신 이 문제에 대해 생각해 보고 글을 쓴 철학자와 장애학 학자들의 저작물을 언급하고자 한다. 나의 초기 주장에 대해서는 내가 쓴 책 『교정 : 사회적인 것을 위한 읽기』Calibrations : Reading for the Social(2003)에 포함되어 있는 「장애와 우연성」Disability and Contingency을 보라. 어쨌든, 내가 그때는 몰랐지만, 라캉과 장애의 원초적 장면에 대한 논의는 이미 레너드 데이비스(1995, 140~142)가 매우 설득력 있게 했기 때문에 여기서 다시 반복하지 않겠다.

34 [옮긴이] 기대, 경험. 문화적 규범 등과 같은 것으로 구성되는 기대지평horizon of expectations을 근거로 독자는 문학 텍스트를 이해하고 해석한다.

35 [옮긴이] 미국의 철학자 존 듀이John Dewey의 인식론에서 유래한 도구주의에 의하면 인간은 다른 동물과 마찬가지로 환경에 적응하며 살고 있는데, 그 적응을 보다 유효하게 하기 위해 개념을 만들어 사용해 왔다고 한다. 따라서 지적 도구로서의 개념의 의의는 환경에서 생긴 여러 가지 문제를 해결할 수 있는 힘이 있는가 없는가에 의해서 결정되고, 개념은 불변하는 것이 아니라 인류의 생활 경험의 발전과 더불어 변화한다.

36 [옮긴이] 여기서 평균적인 시민은 평균인average man을 가리킨다. 평균인은 1835년 벨기에의 통계학자인 람베르트 케틀레Lambert Quetelet가 제창한 용어로, 사람 개개인이 가지는 각종 지표의 측정값에서 계산해 낸 평균값을 가지는 가상적인 개인을 가리킨다.

37 [옮긴이] 신체화는 심리적 상황이 통증 등과 같은 신체적 증상으로 나타나는 것을 말함.

38 내가 기대고 있는 숭고한 것과 아름다운 것에 대한 논의는 앨리슨Allison(2001), 크로켓(2001), 애쉬필드와 드 볼라Ashfield and de Bolla(1996), 캐루스Caruth(1988) 그리고 드 만de Man(1990)을 볼 것. 숭고한 것이 윤리적 인식을 촉발하는가 하지 않는가는 논쟁거리 문제라서 아직 어느 쪽으로도 결론이 나지 않았지만, 애쉬필드와 드 볼라가 숭고한 것에 대한 윤리적 논쟁이 18세기 이후 영국 문학사에서 어떻게 전개되었는지에 대해 잘 설명하였다.

39 [옮긴이] 정상화는 규범화로 번역되기도 하는데, 푸코의 『감시와 처벌』Discipline and Punish에서 온 개념으로 허용되는 것과 금지되는 것을 규범으로 정해 놓고, 그 규범을 어기는 경우

처벌함으로써 규범을 자연스러운 것, 당연한 것, 정상적인 것으로 만드는 과정을 말한다.

40 [옮긴이] 『군주론』 *Il Principe*(영어로는 *The Prince*)을 쓴 니콜로 마키아벨리Niccol Machiavelli의 이름에서 유래한 말. 마키아벨리는 『군주론』에서 지배자가 권력과 성공을 쟁취하기 위해서는 비도덕적인 방법 동원이 필요하다고 주장함. 이와 관련하여 마키아벨리즘은 목적 달성을 위하여 교활함과 표리부동을 서슴없이 사용하는 행위를 가리킴.

41 [옮긴이] 리처드 3세는 셰익스피어의 극에서뿐만 아니라 역사적으로도 실제 척추가 휘고 한 쪽 다리가 불편했다.

42 『리처드 3세』를 장애학적 시각에서 아주 통찰력 있게 읽은 예로는 미첼과 스나이더(2000, 95~118)와 레너드 데이비스를 볼 것. [옮긴이 : 여기서 원저자가 무엇인가 착각을 일으킨 듯 함. 참고 문헌에서 제시된 레너드 데이비스의 저서 『정상 강요』 *Enforcing Normalcy*(1995)와 논문 「누가 The Novel에 정관사 The를 붙였는가?」 "Who Put the *The* in the Novel?"(2002)에서는 『리처드 3세』에 대한 논의를 찾을 수 없음.]

43 [옮긴이] 나이지리아의 남부에 거주하는 대부족.

2. 장애 재현의 유형 분류

1 [옮긴이] 흔히 모세 오경 또는 모세 율법이라고도 하며 유대교에서 가장 중요한 문서.

2 여기서 나는 주로 프라이의 『비평의 해부』 *Anatomy of Criticism*(1957)와 『정체성의 우화』 *Fables of Identity*(1963) 그리고 아우어바흐의 『미메시스』 *Mimesis*(1953)를 생각하고 있는데, 이 연구들은 문학사와 텍스트의 빈틈없이 자세히 읽기를 결합한 문학적 종합의 본보기들이다.

3 때로는 문학적 텍스트가 지니고 있다고 가정된 숭고함이 비평가로 하여금 (표현할 수 있는) 말을 갈망토록 하였다. 이런 느낌을 월리스 스티븐스Wallace Stevens의 시 「한 군인의 죽음」 The Death of a Soldier에 대해 "이 같은 시에 주석을 다는 것은 무례한 짓이다"라고 쓴 R. P. 블랙머R. P. Blackmur의 논문에서 받게 된다(2003, 116). 입을 다물라는 명령은 장애의 문학적 재현에 대한 논의에서는 분명 받아들일 수 없는 명령이라, 현재 이 책이 하고 있는 일과 뉴크 리티시즘 비평가들의 글 사이에 비평적 거리가 있을 수밖에 없다. 분명하게 이념적인 입장을 취하는 것과 관련하여, 이제 "위하여 말한다"는 것이 지금까지 지배적이었던 일, 즉 문학적 텍스트에 "대하여 말하고" 논의의 대상인 텍스트 영역에만 집중하는 일만큼이나 문학적-비평적 영역의 일부가 되었다. 비평에 있어서의 이 같은 변화에 대한 꼼꼼한 논의는 앤드류 드 보이스Andrew DuBois가 『자세히 읽기』 *Close Reading*(2003)에 붙인 서문을 보라. 이 책에 앞서 인용한 R. P. 블랙머의 논문이 들어 있다.

4 [옮긴이] 호세 아르까디오 부엔디아는 『백년의 고독』에서 자신의 꿈에 따라 마콘도라는 이상 향적인 나라를 세우는 인물. 한편 이 소설의 저자 가브리엘 가르시아 마르케스는 『백년의 고 독』을 높이 평가받아 1982년 노벨 문학상을 받음.

5 [옮긴이] 마술적 사실주의는 환상적, 주술적, 신화적인 요소들을 사실적인 사회적, 역사적 배 경을 토대로 제시하는 예술적 경향을 가리킨다. 이 용어는 원래 후기 표현주의의 한 양식을 가리키는 용어였지만 지금은 라틴 아메리카의 문학적 경향을 나타내는 용어처럼 인식되고 있다.

6 [옮긴이] 에르제는 벨기에의 만화가로, 조르주 레미Georges Remi의 필명이다. 에르제가 그린 『땡땡의 모험』*Adventures of Tintin*을 바탕으로 「땡땡」 연속극이 제작되었다.

7 마크 트웨인Mark Twain의 작품에 나타나는 청각과 희극의 관계에 대한 통찰력 있는 논문인 Christopher Krentz, "Exploring the 'Hearing Line': Deafness, Laughter, and Mark Twain"(2002) 도 참고할 것.

8 로즈메리 갈런드 톰슨(2002)도 유용한 재현의 유형을 제시하였는데, 이 유형에서 톰슨은 경 이로운 것, 감상적인 것, 이국적인 것과 사실적인 것의 수사법을 열거하였다. 그녀의 논의는 주로 20세기 광고와 미술 전시회에 사용된 장애인들의 사진에 의존했다. 톰슨의 설명과 여 기서 내가 제시하는 것 사이의 차이는 문학 작품에서는 더 많은 점차적인 (유형상의) 변화 들이 확립되어야 한다는 것이다. 다양한 범주들은 종종 겹치며 실제로, 톰슨의 말을 인용하 자면, 하나 이상의 수사법 사이를 옮겨 다닌다. 따라서 장애 재현의 유형 분류는 더 유연하 고 잠정적이어야만 한다. 문학적 표현의 다양성이 모두를 아우르는 방식의 설명에 이르는 것 을 불가능하게 만들기 때문이다. 영화에 있어서의 장애 재현의 유형에 관한 논의는 Martin Norden(1994)을 볼 것.

9 [옮긴이] 원소를 하나도 갖지 않은 집합을 의미함.

10 추한 귀부인의 변형된 형태들은 다양한 출처에서 찾을 수 있다. 가장 잘 알려진 것이 초서 Chaucer의 바스의 부인Wife of Bath이 말한 이야기이다. 바스의 부인이 말한 이야기는 「가웨 인 경과 래그넬 부인의 결혼」The Weddynge of Sir Gawen and Dame Ragnell에서 유래한 것 인데, 이 후자는 『초서의 캔터베리 이야기의 출처와 유사체』(Bryan and Dempster 1941)에서 찾아 볼 수 있다. 이 이야기의 좀 더 현대적인 버전은 로즈메리 서트클리프Rosemary Sutcliff가 쓴 『검과 원탁』 *The Sword and the Circle*(1981)이 제공하는데, 이것은 또한 토머스 맬러리 경Sir Thomas Malory이 쓴 『아서왕의 죽음』 *Le Morte D'Arthur*에 의존하고 있다. 기본적으로 아동 을 위하여 쓰인 서트클리프의 이야기는 분위기와 관련된 특정 부분들을 강조하고, 목소리가

지닌 달콤한 음색이나 입은 의상이 보여 주는 사회 계급 표시와 같은 추한 귀부인의 개인적 특징들에 관련된 세세한 부분들을 강조하였다. 특히 효과적인 것은 추한 귀부인을 성으로 데려왔을 때, 그녀의 장애가 기사들로 하여금 얼어붙은 듯 말도 못하고 움직이지도 못하게 만드는 결과를 낳는 부분이다. 이것이 톰슨이 『보통이 아닌 몸』(1997)에서 이야기하고 있는 불안감으로, 비장애인들이 장애를 지닌 사람들을 처음 접하게 될 때 보이는 사회적 불안감을 보여 주는 아주 흥미로운 예가 되는 것이다.

11 [옮긴이] 월러스틴은 모든 국가가 세계 시스템 내에 있고 어느 중심 국가가 생산, 유통, 금융의 모든 면에 다른 국가들을 압도하고 있는 경우 그 국가를 패권 국가라고 불린다고 했다. 세계 시스템에서 패권은 네덜란드, 영국, 미국의 순서로 이어졌다고 한다.

12 이런 만화들에 대한 흥미로운 논의는 L 페리 커티스L. Perry Curtis의 『원숭이와 천사: 빅토리아 시대 풍자만화에 등장하는 아일랜드인』Apes and Angels: The Irishman in Victorian Caricature(1997)을 볼 것.

13 [옮긴이] 1966년에 발표된 이 소설은 샬럿 브론테의 『제인 에어』에 대한 문학적 응답이라 할 수 있는 작품으로, 『제인 에어』에 "다락방의 미친 여자"로 등장하는 버사 메이슨에 대한 재해석이다.

14 스피박 주장의 가치를 충분히 이해하기 위해서는 그녀의 논문을 베니타 패리의 비평/응답과 함께 읽는 것이 최선이다. 편리하게도 두 논문 모두 다이애너 브라이던Diana Brydon이 편집한 『탈식민주의: 문학과 문화 연구에서의 비평적 개념』Postcolonialism : Critical Concepts in Literary and Cultural Studies 2권(2000)에 포함되어 있다.

15 [옮긴이] 『보물섬』의 주인공.

16 그러나 여기서 도리의 심한 형태의 건망증이 영화에서 그녀를 두드러지게 만들지만, 그녀가 장애를 지닌 유일한 인물은 아니라는 점을 밝혀야만 하겠다. 니모 자신도 지느러미 하나가 다른 지느러미보다 작으며, 치과 의사의 수족관에 있는 흑백색 물고기는 훼손된 지느러미를 가지고 있다. 이 흑백색 물고기도 특이한 등장인물로서, 그의 성격묘사는 빛과 어둠의 상호작용을 지니고 있다. 이 물고기는 갇혀 있는 수족관으로부터 자신과 다른 물고기들을 탈출시켜 다시 바다로 가게 하려는 여러 번의 실패로 끝나는 시도를 하는데, 그중 한 시도에서 니모를 거의 죽음으로 몰고 간 이후에야 비로소 유순해진다.

17 손상이 직접적으로 악을 나타내는 휘장이 되는 경우가 문학에는 많다. 『피터 팬』Peter Pan의 후크 선장, 많이 논의된 허먼 멜빌의 『모비 딕』Moby Dick에 등장하는 에이햅Ahab, 나기브 마흐푸즈Naguib Mahfouz의 『미다끄 골목』Midaq Alley의 자이타Zaita, 그리고 파트리크 쥐스

킨트Patrick Suskind의 『향수』*Perfume*의 주인공이 몇 가지 예이다. 드림웍크Dreamwork의 최근작 「슈렉2」*Shrek 2*는 다양한 장애 인물들로 가득 찬 술집을 보여 준다. 영화에서 이 술집은 악한들의 소굴로 되어 있다(그러나 이들은 결국 그리 나쁘지 않은 자들로 밝혀진다). 후크 선장이 이 술집에 등장해 피아노를 연주한다.

18 [옮긴이] 일상적인 대상 속에서 갑자기 경험하게 되는 통찰을 의미.

19 여기서 탐정 소설에서 휠체어를 사용하는 탐정들이 그들의 이동성을 방해하는 장애물(예를 들면 계단 같은 것)을 맞닥뜨렸을 때 불평하는 일이 드물다는 어빙 졸라Irving Zola(1987)의 말을 상기해 볼 만하다. 그들의 손상이 이야기로부터 갑자기 사라진다. 졸라의 논문 「두드러진 특징이 있는가?—범죄-추리 장르에서의 장애 묘사」Any Distinguishing Features?—The Portrayal of Disability in the Crime-Mystery Genre를 볼 것.

20 이런 종류의 현현적 장애에 대해 일반화하기 어렵지만 그와 같은 장애의 담론적 전개는 다양한 탈식민주의적 텍스트에서 발견할 수 있다는 것을 밝혀야만 하겠다. 그러한 탈식민주의적 텍스트의 예로는 아룬다티 로이Arundhati Roy의 『작은 것들의 신』*The God of Small Things*(불운한 벨루사Velutha의 남자형제 쿠타펜Kuttapen이란 인물과 관련하여)과 치누아 아체베 Chinua Achebe의 『모든 것이 무너져 내리다』*Things Fall Apart*가 있다. 아체베의 『모든 것이 무너져 내리다』는 처음에 오콩코Okonkow의 말더듬기가 문화적 결핍의 표시로 제시된 다음, 이야기가 그의 족장으로서의 자격을 확립하면서 그 결핍이 완전히 지워진다. 이야기의 마지막에 그가 지방 행정관의 심부름꾼을 살해하는 장면에 이르러서야 갑자기 우리는 그의 언어기능 부족이 실제로 심각한 결핍이라는 것을 알게 된다. 그는 백인에게 최근에 당한 모욕에 대해 이야기하려고 모여든 부족민들 앞에서 그 심부름꾼을 살해한다. 마체테machete(무기로 사용하는 날이 넓고 무거운 칼날이)를 내려치는 것은 그에게 있어 (그가 늘 보상을 받아 온) 남자다운 전사의 가치 체계를 행동으로 옮기는 것이었다. 그러나 모여든 부족민들에게는 마체테를 내려치는 것이 식민지적 접촉 때문에 모르는 사이에 변해 버린 사회와의 최종적인 단절이었다. 여기 이 내러티브의 절정적인 순간에 이르러서야 비로소 우리는 그의 말더듬기가 실제로 그가 사회로부터 주변화되도록 만드는 심각한 문화적 결핍이었다는 것을 알게 되는 것이다. 그다음 우리가 오콩코를 만나게 될 때 그는 나무에 목을 매달아 자살하였다. 4장에서 보게 되겠지만, 토니 모리슨의 작품이 이처럼 장애에 연결된 다양한 현현들을 보여 준다.

21 [옮긴이] 서아프리카의 나이지리아 서남부에 사는 부족.

22 [옮긴이] 요루바 신화에 등장하는 신/정령 중의 하나로 생과 사를 관장한다.

23 [옮긴이] 에토스는 사람에게 도덕적인 감정을 갖게 하는 이성적인 요소를 말함.

24 벨러코트Vellacott가 번역한 『포박된 프로메테우스』 561~630쪽을 볼 것.

25 [옮긴이] 정신분석 용어로 특정 감정을 중심으로 집합된 여러 정신적 요소 및 이로부터 연상되는 집합 요소로 이루어진 관념 복합체를 가리킴.

26 [옮긴이] 브레히트의 극 『억척 어멈과 그 자식들』에 나오는 언어 장애가 있는 인물.

27 [옮긴이] 마이클 온다체는 캐나다 작가로서 『영국인 환자』로 널리 알려짐. 이 소설에는 영국인 환자라고 불리는 인물이 등장하는데, 이 자는 원래 헝가리 백작으로 영국군에서 근무하다 얼굴을 알아볼 수 없을 정도로 화상을 입음.

28 장애를 수수께끼 또는 해석적 난관으로 사용하는 다른 예들로서는 여러 다양한 것 중에서도 특히 에른스트 호프만Ernst Hoffman의 『모래 사나이』 The Sandman, 카프카Kafka의 『변신』 Metamorphosis, 케리 흄Keri Hulme의 『뼈의 사람들』 The Bone People, 아솔 푸가드의 『해럴드 나리와 하인들』 Master Harold and the Boys과 쿳시의 『야만인을 기다리며』 Waiting for the Barbarians가 있다. 여기서 기억해야 할 것은 장애 재현의 다양한 궤도를 설명하고는 있지만 이 같은 설명에 핵심적인 것은 그것이 보이든 보이지 않든 간에 손상을 둘러싸고 있는 수수께끼 같은 분위기라는 것이다. 이 분위기는 독자들뿐만 아니라 등장인물들에게 있어서 열린 해석의 문제를 야기토록 고안되어 있다. 전쟁에서 다친 사람들과 관련하여 이와 비슷한 논의를 한 것으로 『에일 비평 저널』 Yale Journal of Criticism에 실린 아만다 클레이보Amanda Claybaugh(2005)의 훌륭한 논문을 볼 것. 이 논문은 미국의 남북 전쟁이 끝난 직후의 시대를 배경으로 하고 있는 딘 하월스Dean Howells의 『신흥 졸부의 기화』 A Hazard of New Fortunes에 등장하는 장애 인물 버톨트 린다우Berthold Lindau에 대한 반응을 논하고 있다.

29 [옮긴이] 삶의 글쓰기로 번역된 life writing은 비교적 최근에 자주 사용되기 시작한 용어로, 본인의 또는 다른 사람의 삶, 경험, 기억 등에 대한 기록을 가리킨다. 따라서 삶의 글쓰기는 자서전, 전기, 회고록, 일기, 편지, 증언록, 개인적인 수필, 심지어 블로그 등과 같이 다양한 장르와 글쓰기 수법을 포함하는 넓은 개념의 용어이다.

30 헬렌 도이치Helen Deutsch는 여러 작가들 중에서도 특히 알렉산더 포프Alexander Pope, 바이런 경Lord Byron, 새뮤얼 존스Samuel Johnson 같은 작가들이 지니고 있었던 손상이 그들의 작품에 특정한 자질을 부여하였다고 주장하였다(이 주장은 주류 학자들에 의해 오래전부터 부정되어 온 것이다). 도이치는 이 같은 자신의 주장을 『유사함과 수치 : 알렉산더 포프와 문화 기형』 Resemblance and Disgrace: Alexander Pope and the Deformation of Culture(1966)에서 펼쳤다. 스나이더 외Snyder et al.(2002)에 실린 그녀의 논문도 볼 것. 낸시 메어즈Nancy Mairs(1996), 앤 핑거Anne Finger(1990), 오드레 로드Audre Lorde(1982) 그리고 기타 다른 사람들이 본인이 장

애인인 사람의 시각으로부터 허구적 또는 반자서전적 성격의 감성적인 작품들을 썼다. 반면에 비장애인 작가에 의해서 써진 예를 두 가지만 들자면 윌키 콜린스Wilkie Collins의 『가엾은 핀치양』 *Poor Miss Finch*과 우르술라 헤기의 『강에서 온 돌들』이 있다.

31 [옮긴이] 1장에서는 머피Murphy(1990)와 같이 저자의 성과 출판연도만 밝히고 있어 겉으로는 이 자서전이 소개되었다고 느낄 수 없음.

32 인지 부조화 이론을 제시한 레온 페스팅거Leon Festinger에 의하면 인지 부조화는 행동, 태도, 신념 사이에 불일치가 있을 때 발생하는데, 그 결과 생긴 인지적 부조화는 스트레스를 주기 때문에 사람들은 행동이나 태도나 신념 중 하나를 바꾸는 방법으로 이를 해소하여 심리적 안정을 찾고자 한다.

3. 사무엘 베케트 : 해석적 난관으로서의 장애

1 여기서 『승부의 끝』은 2004년 3월 10일부터 5월 1일까지 공연되었다.

2 [옮긴이] 보드빌은 노래, 춤, 만담, 연기가 합해진 공연 형태를 가리킴.

3 [옮긴이] 『리어 왕』에서 버림받은 리어 왕 편을 들었다는 이유로 리어 왕 둘째 딸의 남편에게 두 눈을 뽑히는 인물.

4 케이트 배시트의 평은 2004년 3월 14일자 「인디펜던트」 *The Independent*지, 마이클 빌링턴의 평은 2004년 3월 11일 자 『가디언』지, 앨리스테어 맥컬리의 평은 2004년 3월 12일 자 『파이낸셜 타임즈』지, 그리고 수잔나 클랩의 평은 2004년 3월 14일 자 『옵저버』 *The Observer*지에서 각각 온 것임.

5 탈근대주의자/해체주의자로서의 베케트에 대한 논의는 특히 이합 하산Ihab Hassan, 스티븐 코너Steven Connor, 스탠리 캐벌Stanley Cavell 그리고 리처드 베감Richard Begam을 볼 것. 일반적인 현상학적 시각에서 베케트를 실존주의적 인본주의자로 다룬 논의는 특히 트레비즈Trevise, 세인트 존 버틀러St. John Butler, 데이비드 헬사David Hesla 그리고 스탠튼 가너 Stanton Garner를 볼 것. 이 두 가지 커다란 평가 기준 내에서는 일반적인 방법과 상호텍스트적 방법 같은 두 가지 방법론이 두드러진다. 일반적인 접근 방법은 베케트가 다양한 철학자들로부터 받은 영향을 밝혀내려 하는 반면에 상호텍스트적 접근 방법은 얼마나 그의 생각과 실천이 데리다Derrida, 들뢰즈Deleuze, 가타리Guattari, 바디우Badiou, 메를로-퐁티 등과 같은 철학자들의 생각과 실천에 가까운지를 보여 주려고 한다. 이 같은 접근 방법들에 대한 논의는 레인Lane(2002)을 볼 것.

6 실제로 여러 사람이 다른 목적을 위해서이지만 그런 목록을 작성하였다. 예를 들어 피에르

샤베르(1982), 머리-클로드 휴버트Marie-Claude Hubert(1994), 캐서린 M. 그레이(1996)와 존 월 John Wall(2000)을 볼 것. 이 같은 목록에는 『머피』 『고도를 기다리며』 『승부의 끝』 『삼부작』 *The Trilogy*(『몰로이』, 『말론 죽다』 *Malone Dies*, 『이름 붙이기 어려운 것』 *The Unnamable*)(1958), 『연극 I 을 위한 초안』 *Rough for Theatre I*(1950s), 『쓰러지는 모든 것들』 *All That Fall*(1956), 『크라프의 마지막 테이프』 (1958), 『행복한 날들』(1961) 그리고 『극』(1963) 같은 작품들이 포함되었다.

7 곤타르스키Gontarski(1985, 242)가 베케트의 작문 스타일에 대한 연구에서 주장하였듯이, 베케트의 천천히 진행되는 글쓰기 과정은 보통 다음과 같은 방식으로 진행되었다. 초기 이미지나 사건이 (종종 기억이나 무의식으로부터 바로) 기록된 후 다음 과정들을 포함하는 형성 과정이 뒤따랐다: (1) 세부 사항, 설명, 그리고 때로는 연결의 삭제, (2) 인위적인, 인공적인, 비본질적인 연대와 인과 관계 시스템의 거부와 의식적인 파괴, 그리고 (3) 순서가 아니라면 패턴을 강조하는 대안적인 배열이나 내적 관계의 창조. 따라서 어떤 전기적 사항이 베케트의 인물을 해석하는 데 직접적으로 관련되는 것으로 읽어 내려 하는 것은 매우 위험한 일이다. 전기적 사항들은 순전히 추측 정도로 머물러 있어야만 한다.

8 [옮긴이] 칸트의 설명에서 가언적 명령은 어떤 목적 달성을 조건으로 하는 명령을 가리킨다.

9 『몰로이』에서 제시되는 감시라는 주제에 대한 더 자세한 논의는 울만Uhlmann(1999)을 볼 것.

10 [옮긴이] 피카레스크 형식은 독립된 여러 가지 이야기가 모아지면서 동일한 인물과 배경이 반복되는 형태를 가리킴.

11 [옮긴이] 모란은 소설의 후반부에 등장해 몰로이를 찾아다니는 탐정임.

12 기계화된 응시와 기술적인technological 대화 상대도 이용된다. 이것은 연기하려는 충동 그리고 보여져야만 하는 필요성과 공포와 결합된다. 그래서 『크라프의 마지막 테이프』에서 그는 자신의 여러 부분과 소통하는 수단으로 테이프 녹음기를 껴안고 열심히 듣는다. 이 녹음기는 대화 상대이면서 동시에 그의 목소리 보정 장치prosthesis가 된다. 또한 『극』에서는 조명이 관객을 위한 보정 장치 역할을 하지만, 동시에 이 기술적인 대화 상대의 지위 확인이 불가능한 탓에 불안감을 형성하기도 한다. 그 직접적인 효과를 서술하도록 자극하는 것이다.

13 이와 비슷한 문제를 『머피』에 대해서도 제기할 수 있다. 이 소설에서 머피는 의식적으로 몸보다 마음을 선호하지만, 그의 마음을 해방시키기 위하여 그의 몸을 진정시키는 반복적인 의식을 완성하여야만 하는 필요성을 깨닫게 된다. 그는 이 소설의 한 부분에서 이것을 큰 세계 대작은 세계라 부르는데, 그의 선택은 확실히 작은 세계이다. 그러나 『머피』는 3인칭 화자의 역할 때문에 또 다른 차원의 어려움을 제기한다. 이 화자는 내러티브 기교 차원에서 언제나 빈틈을 (그것이 과거의 사건을 보고하는 것과 관련되든 아니면 다양한 인물들의 묘사나 플롯을

전개하는 데 관련되든 간에) 양산해 낸다. 따라서 텍스트의 모든 차원이 변화하는 빈틈으로 뒤덮여 있는 것 같고, 이 모든 빈틈들은 전체 소설에서 사용되는 언어의 난해한 때로는 라틴어에서 온 사용역register의 도움을 받지 못한다.

14 이들에 대한 개관과 이 극을 우화적으로 읽은 다른 단독 연구에 대해서는 스티븐 코너(1992)에 실려 있는 제인 앨리스 헤일Jane Alice Hale의 논문을 볼 것.

15 사실 여기에서 말할 것은 아니지만, 『승부의 끝』에서의 움직임/움직일 수 없음의 변증법을 2장에서 간략하게 다룬 아이스킬로스의 『포박된 프로메테우스』에서 볼 수 있는 움직임/움직일 수 없음의 변증법과 비교해 보는 것이 흥미로울 것이다. 이 두 극 사이의 주요 차이점은 프로메테우스의 극의 다른 인물들의 다양한 입장이나 퇴장과 대조되는 정지를 둘러싸고 있는 서사시적인 상투적 문구topos의 구성에 있다고 할 수 있다. 『승부의 끝』의 "지형도"는 완전히 가정적이라서 그것을 넘어선 상상적인 설명을 하지 않기 때문에 그와 같은 서사시적인 상투적 문구가 없다. 더욱이 아이스킬로스의 극이 프로메테우스에게 이야기하러 오는 인물들의 (오케아누스Oceanus, 이오 그리고 미움받은 헤르메스Hermes) 입장으로 어느 정도의 지형학적 확장을 도입하고 있는 반면에, 『승부의 끝』에서는, 모든 인물들이 신체적인 상황에 있어서 그리고 그들의 상상력의 한계에 있어서 제약받고 있는 것 같아, 엄밀하게 말하자면 그 같은 지형학적 확장이 허용되지 않고 있다. 무대 밖에 있는 "자연"이 이야기에 도입되는 경우에도 인식론적인 진실 또는 존재론적인 유지로서의 그 지위가 허물어지도록만 도입되고 있다.

16 사회구조의 결정적인 구속력에서 독립적으로 기능하는 행위자의 힘을 의미함.

17 [옮긴이] 방어기제의 한 형태로, 어떤 소원이나 감정을 더 바람직하고 받아들여질 수 있는 소원이나 감정으로 바꾸어 놓음으로써 그에 수반되는 걱정을 줄이려는 시도를 가리킴.

18 [옮긴이] 디시램브는 도주의 신 디오니소스를 찬양하기 위한 노래와 춤이 섞인 찬가였는데, 테스피스에 의해 독백, 대화, 가면 사용 등의 요소가 첨가되면서 그리스 비극 형태로 발전하였다 함.

19 [옮긴이] intradiegetic이란 용어는 플라톤이 논의한 "디에게시스"diegesis에 접두사 intra를 붙인 다음 형용사로 만든 것이다. 따라서 intradiegetic은 "디에게시스 내적인" 정도로 옮길 수 있다. 내러티브 이론에서 중요하게 다루어지는 개념 중의 하나인 디에게시스는 어떤 이야기와 그 이야기에 관련된 실제의 말하기를 구분하기 위해 사용하는 용어로서 서술된 이야기 속의 사건들이 일어나는 허구 세계를 가리킨다.

20 [옮긴이] 1618~1648년 사이에 독일에서 개신교와 가톨릭교 사이에 벌어진 종교 전쟁.

21 [옮긴이] 1967년 나이지리아에 비아프라 지방에서 발발한 독립 전쟁. 소잉카는 비아프라 반

군에 동조했다는 죄목으로 옥살이를 함.

22 [옮긴이] actantial은 행위자actant의 형용사형인데, 구조주의적 내러티브 이론가들에 의해 집중적으로 논의된 행위자는 내러티브의 보편적인 범주 안에 놓인 행위의 주체를 가리킨다. 따라서 행위자는 그가 수행하는 행위에서 특성들을 추출해 낼 수 있다. 행위자는 보통 이분법적 대립, 예를 들면, 영웅과 악당 또는 도움을 주는 자와 해치려 드는 자 같이 대립적인 짝으로 제시되어 내러티브의 전개에서 핵심적인 기능을 수행한다. 행위자는 등장인물이란 개념과는 달라 한 등장인물이 두서너 가지의 행위자가 될 수도 있다.

23 시신 정치의 기이한 논리에 관해서는 아쉴 음벰베의 2003년 논문 「시신 정치」를 볼 것.

24 셰익스피어로 돌아가 이와 비슷한 의심을 『햄릿』의 3막 4장에서 일어나는 오필리아의 죽음에 대한 거트루드Gertrude의 묘사에 관해서도 해 볼 수 있다. 내가 아는 한 물에 빠져 죽으면서 동시에 노래를 부른다는 것은 인간에게 불가능한 일이지만, 이것을 오필리아가 물에 빠져 죽을 때 했다고 거트루드가 주장하는 것이다. 거트루드의 묘사는 분명히 젊은 여성 오필리아의 죽음에 관한 것만은 아닌 것이다. 그것은 에크프라시스ekphrasis [옮긴이 : 그림이나 조각 같은 시각 예술 작품을 생생하고 극적으로 묘사하는 것]의 흥미로운 예가 되는 것 이외에도, 분명히 자살의 책임을 정신 질환을 앓고 있는 오필리아로부터 주위 환경으로 전가하려는 시도가 된다. 그러나 이 같은 책임 전가는 그 이상의 의미를 지니고 있다. 그것은 미쳐 버린 오필리아가 자연과 일체가 되었을 때 그녀의 정신이상을 명예 회복시켜 미학적으로 초월의 순간으로서 다시 쓰려는 시도이기도 한 것이다. 이것이 분명하게 미학적 불안감의 징표인 것이다. 장애가 부과하는 사실주의에 대한 도전에 관한 설명은 범죄/추리 소설의 역사에 있어서 손상을 지닌 탐정의 재현에 대한 졸라(1987)의 설명을 볼 것.

25 하나의 명제에 대해 증거와 반증이 동시에 존재해 그 진실성을 확정키 어려운 상태.

26 어떤 사물이나 현상이 지니고 있는 심리적 매력 또는 심리적으로 끄는 (긍정적 또는 부정적인) 힘의 정도.

4. 토니 모리슨 : 장애, 애매성과 관점의 변조

1 『어둠 속의 유희』에서 모리슨이 주의를 기울이고 있는 텍스트들은 다음과 같다(장애와 관련될 때는 괄호 안에 주어짐). 마리 카디널Marie Cardinal의 『그것을 말할 수 있는 말들』*The Words To Say It*(정신 장애, vi~xii), 윌라 캐더Willa Cather의 『사피라와 노예 소녀』*Sapphira and the Slave Girl*(노예 소유자로 휠체어를 사용하는 사피라, 18~28), 에드거 앨런 포Edgar Allan Poe의 『아서 고든 핌의 이야기』*The Narrative of Arthur Gordon Pym*(31~32, 51~54), 허먼 멜빌의 『모비 딕』

(다리 한 쪽을 잃은 편집광 에이헵), 버나드 베일린Bernard Bailyn의 『윌리엄 던바에 대하여』On William Dunbar(39~44), 마크 트웨인의 『허클베리 핀』Huckleberry Finn(리자베스'Lizabeth, 짐 Jim의 언어 청각 장애인 딸, 그리고 언어 장애인인 척하는 듀크Duke, 54~57), 어니스트 헤밍웨이Ernest Hemingway의 『가진 자와 못가진 자』To Have and Have Not(핵심 인물 해리Harry는 팔 한쪽이 절 단되었다, 58, 70~80), 그리고 헤밍웨이의 『에던 동산』The Garden of Eden(81~90).

2 [옮긴이] 『솔로몬의 노래』에서 나오는 이 단체는 흑인들에 대한 차별과 불의를 복수하기 위해 백인들을 살해하는 단체임.

3 [옮긴이] 눈에 보이지 않는 힘이 작용하는 공간.

4 사실 내러티브에 등장하는 3인칭 화자와 각각의 인물들과 관련하여 내러티브상의 한 지점을 파편적인 회상들을 뒤섞는 지점으로 사용하는 기교는 모리슨의 여러 소설에서, 특히 이 기교가 가장 두드러지게 사용된 『솔로몬의 노래』 이후에 나온 소설에서 볼 수 있는 특징이다. 『솔로몬의 노래』는 소설을 시작하는 사건으로서 보험회사 건물 모서리에서 "날려고" 시도하는 보험회사 직원의 자살을 그려 낸다. 이 시작 순간이 내러티브가 전개되는 과정에 등장하는 다양한 다른 순간들이 교차하게 되는 지점이 된다. 『빌러비드』에서는 그 같은 순간으로 세스의 끔직한 선택이 있고, 모리슨의 또 다른 소설 『사랑』Love은 여러 인물들이 과거를 회상하고 그들의 현재 상황을 재구성하려 시도하는 토대로서 히드Heed가 코지Cosey와 결혼한 때로 되돌아간다. 때로는, 밀크맨이 아버지와 어머니한테서 그들의 사랑이 식은 결혼 생활에 대해 듣게 되는 상충되는 설명, 필레이트의 집 서까래에 매달려 있는 뼈 사건, 또는 루비 마을의 남자들이 수녀원을 쳐들어 간 일을 둘러싼 사건들에서처럼, 교점node을 이루는 이야기는 등장인물들에게 있어서 해석적 난관의 지점이 되어, 다중적이며 상충되는 해석 그리고 이 인물들 사이의 일반적인 의사소통 실패로 이어진다. 독자에게 있어서는 읽고 있는 것의 의미를 파악해 내는 과정이 『재즈』Jazz에서 걸을 때 도로에 있는 갈라진 틈으로 빠지지 않도록 특별히 주의를 기울여야만 하는 바이올렛Violet의 경우에서 볼 수 있는 것과 비슷한 주의를 필요로 한다(23, 그리고 『가장 푸른 눈』 35~36을 볼 것). 그렇다면 이것이 모리슨 자신이 사용하고 있는 서술 기교를 통해 의미를 추구하는 과정에 있어서 우리 모두가 해석적 망상에 시달리는 자들이라고 주장하는 것일까?

5 [옮긴이] 화자의 생각이나 정서를 보여 주는 외적 대상.

6 이 같은 새의 날개 이미지는 『빌러비드』의 세스의 경우에서도 홀린 상태를 나타내는 신호로 작동한다. 네 명의 말을 탄 사람들이 그녀와 자식들을 잡으러 왔을 때 세스는 갑자기 벌새의 이미지로 담아낸 주체할 수 없는 감정에 사로잡힌다: "작은 벌새들이 바늘 같은 부리를 그녀

의 머리에 쓴 두건을 뚫고 머리카락 속으로 박고서는 날개를 퍼덕였다. 그리고 뭘 생각하고 있었다면 그건 아니야였다. 아니야. 아니야아니야. 아니야아니야아니야. 간단했다. 그녀는 그저 날았다."(163).

7 [옮긴이] 여기서 Mother를 원장 수녀님으로 번역하였는데, 어머니라고 번역할 수도 있다.

8 [옮긴이] 짐승의 앞다리와 새의 날개처럼 발생학적으로나 진화론적으로 공통 조상에서 유래하였다고 볼 수 있는 것을 가리킴.

9 [옮긴이] 그리스 신화에 등장하는 테베스의 시력을 잃은 예언자.

10 [옮긴이] "또는"이라는 논리적 언어로 연결한 명제 같은 것.

11 여러 비평가들이 에바의 신 같은 기능에 대해서 언급하였는데, 그중에서 호텐스 스필러스 Hortense Spillers(2003, 112)에게는 에바가 "자신이 마치 신의 불가해한 의지를 실행하는 유일한 도구인 것처럼" 행동하는 것으로 보였다.

12 장애가 있는 자식에 대하여 부모들이 가지고 있는 상충되는 문제들은 사회복지사와 장애학 학자들에 의해 많이 논의되었다. 이에 대한 대표적인 견해는 바이스Weiss(1994)와 리드 Read(2000)를 볼 것.

13 recuperation은 cultural appropriation, 즉 문화적 전용이라 할 수 있는 개념으로 급진적이고 전복적인 작품이나 생각을 주류 문화 속으로 끌어들여 사용하는 것을 일컫는다.

14 이 소설에서 플럼의 마음속에 무엇이 자리 잡고 있는지가 분명히 밝혀지지 않고 있고, 따라서 그가 마약에 중독된 이유를 적절히 평가할 수 있는 것이 충분히 주어지지 않고 있지만, 그를 이 소설에 등장하는 다른 귀환 군인 섀드랙Shadrack에 비교하는 것이 그리 지나치지 않다고 보인다. 전쟁에서 끔찍한 경험을 한 섀드랙은 메달리온 마을로 돌아와 마을의 끝에 자리 잡은 오두막에서 은둔자로 살아간다. 그는 일반적으로 정신적 장애가 있는 사람으로 간주된다. 섀드랙은 1920년 "전국 자살의 날"이란 행사를 시작해 매년 1월 3일에 행사를 치른다. 이 날 이 엉망인 모습의 예언자는 소설의 마지막 부분에서 거대한 터널 속에서 얼음이 녹아 흙이 무너져 내려 여러 사람들이 죽는 진짜 종말이 일어날 때까지 종을 치고 다니면서 마을 사람들에게 종말에 대한 생각을 일깨운다(160~162). 이런 면에서, 한 사람은 매년 치르는 공동체적 제의를 통해서 표출하고 다른 사람은 완전히 내재화하여 자기 파괴 욕망으로 표출하는 종말감에 대한 증인으로서 섀드랙이 플럼과 같은 선상에 놓이게 되는 것이다. 현대 문학에서의 종말감에 대한 논의는 프랭크 커모드Frank Kermode(1968)를 볼 것.

15 [옮긴이] 이 용어는 프로이트가 처음 사용했으나 1960년대에 프랑스 철학자 루이 알튀세르에 의해 널리 알려지게 된 용어이다. 일련의 다양한 사회적 힘들이 합해져 하나의 사건을 만들

어 내는 경우 그 사건은 중층결정되었다고 한다.

16 세스의 재기억이란 개념은 테레사 브레넌Teresa Brennan이 그녀의 책 『감성의 전달』*The Transmission of Affect*(2004)에서 제공한 체계를 통하여 이해될 수 있다. 브레넌은 복잡한 감정 (사랑, 증오)은 단순하게 감정으로 구성되어 있는 것이 아니라 판단을 포함한다고 주장한다. 따라서 그녀는 개인의 정체성이 독립되어 있는 것과는 거리가 멀고 오히려 다공질이라 본질적으로 다른 사람들의 감정들에 의해 범해진다고 주장하기 위하여 감정적 전달의 개념을 상세히 논하고 있다. 세스의 재기억의 경우에 있어서 전달된 감정은 필연적으로 개인적이라기보다는 공동체적이다. 왜냐하면 부정적인 감정이 역사로 새어 들어가 그 새는 순간을 흠뻑 적셔서 그 순간을 알맹이들이 모여 이루어진 순간으로 다시 만든다는 것을 세스가 암시하고 있는 것이기 때문이다. 정신적 외상과 해석의 관계에 대해서는 캐시 캐루스Cathy Caruth(1996)를 볼 것. 현재 시제로 역사의 평가와 알맹이화된 현실이란 일반적인 개념에 대해서는 퀘이슨(2003, 76~82, 125, 135)을 볼 것.

17 문학에 있어서의 현현에 대하여는 마틴 비드니Martin Bidney의 『현현의 유형』*Patterns of Epiphany*(1997)을 볼 것.

18 이것과 관련하여 베이비 석스의 원색에 대한 명상을 윌리엄 블레이크William Blake가 그의 시 「호랑이」Tiger에서 신의 창조에 내재된 모순들에 대하여 암시적으로 제기한 질문에 비교해 보는 것도 흥미로울 것이다. 블레이크가 제기한 질문 "그 어떤 불멸의 손과 눈이 / 너의 전율스러운 균형을 빚어낼 수 있었던가?"에는 답을 할 수 없다. 이 질문은 베이비 석스의 철회에 의해 암시적으로 제기된 질문과 다르지 않다. "하나님은 그녀를 어리둥절하게 만들었고 그녀는 주님이 그렇게 말씀하셨다는 것이 너무도 부끄러웠다. 대신 그녀는 스탬프에게 침대에 가 사물의 색깔에 대해 생각해 보겠다고 말했다… 낯선 사람들 그리고 친지들이 어떻게 되었는지 한 번 더 듣기 위해 그녀의 집에 들리고 있었는데, 갑자기 그녀가 조용히를 외쳤다. 그녀는 그렇게 갑자기 그만두었다. 세스가 풀려났을 때 그녀는 지쳐서 얼굴이 파란색에서 노란색으로 변하고 있었다"(177).

5. 월레 소잉카 : 장애, 불구가 된 의식과 체계상의 기이한 느낌

1 [옮긴이] 1933~1945년 사이 히틀러 치하의 독일을 가리킴.

2 [옮긴이] faction은 실제 인물이나 사건을 마치 허구인 것처럼 사용하는 문학이나 영화 또는 실제 사람과 사건을 허구적인 이야기에 사용하는 문학이나 영화를 가리킴.

3 [옮긴이] 기이한 느낌uncanny은 특이하다고 느껴지는 낯익은 것과 낯선 것의 혼합을 가리키

는 용어. 친숙하지만 동시에 그 상황에 맞지 않음으로서 기이한 느낌은 인지적 불협화를 일으키는 것으로 알려짐.

4 [옮긴이] 1967~1970년 나이지리아의 동남부 지방에 있던 주가 정치적 갈등으로 인해 비아프라 공화국을 세우고 나이지리아로부터 분리 독립을 시도하려다 실패한 전쟁. 나이지리아의 동남부 지역은 석유가 나는 곳으로 중앙정부로서는 절대 포기할 수 없는 지방이었다. 가장 참혹한 전쟁 중 하나였던 비아프라 전쟁에서 100만~300만 명이 전사 또는 아사한 것으로 추정된다.

5 오군의 영웅적 이상형에 대해서는 『신화, 문학과 아프리카 세계』*Myth, Literature, and the African World*에 있는 소잉카 자신의 논의 그리고 케투 카트락Ketu Katrak(1986)과 퀘이슨 (1997, 67~78)을 볼 것.

6 [옮긴이] 파라마카는 파르마콘pharmakon의 복수형으로 파르마콘은 약물, 약품, 치료, 독, 마술, 물약 등의 상반된 의미를 갖고 있는 용어, 달리 표현하면, 해로우면서 동시에 유익한 것이라는 이중적 의미를 지닌 용어임.

7 [옮긴이] 그리스어로 열정이나 고통, 기타 일반적으로 깊은 감정을 뜻함.

8 여기에서 이루어지는 나의 그리스 용어들에 대한 논의는 G. E. R. 로이드G. E. R. Lloyd의 『질병에 시달리는 : 그리스 상상력에 대한 연구』*In the Grip of Disease: Studies in the Greek Imagination*(2003)에서 온 것이다.

9 [옮긴이] Egungun은 Egun의 복수형. 에군은 넓은 의미에서는 모든 형태의 요루바 가면극 인물을 일컫고, 좁은 의미에서는 조상 숭배와 연결된 요루바 가면극 인물을 가리킨다.

10 극의 끝에서 교주와 마을의 나머지 사람들이 의기양양함과 자유를 느끼는 것이 아니라 절망감과 불길한 예감을 느끼게 된다는 것이 사실이다. 죄의식이 기쁨과 해방감을 대신하게 되었다. 하지만 이것에 대하여서도 불만족스러운 것이 있다. 마음에 (적어도 나의 마음에) 뚜렷이 남아 있을 만한 강력한 시적인 대사가 에만에게는 주어지지 않았다는 것이다. 따라서 마을 사람들이 죄책감을 느끼는 것은 극도로 긴장되고 어려운 의례 과정 탓이 더 크다라고 추측하는 것이 틀리지 않은 것이다.

11 [옮긴이] 애니미즘적 사실주의는 상상적인 조상의 존재, 전통적인 종교, 특히 아프리카 문화의 애니미즘(모든 대상에 영적인 능력이 있다고 믿는 세계관)을 바탕으로 쓴 아프리카 문학을 개념화하기 위해 사용되는 용어.

12 [옮긴이] 여기서 choric(합창풍의)은 그리스극에서 사용된 chorus(합창)와 관계된 용어임. 합창의 역할은 극의 배경을 관중에게 알려 주고 사건들에 관해 해석을 붙여 작가의 의도나 생각을

전달하거나, 주인공의 생각을 말해 주는 독백이나 방백의 기능을 하는 것이었다.

13 [옮긴이] 생체권력biopower이란 용어는 미셸 푸코가 사용한 것으로 이전의 군주가 휘두르는 죽음의 위협에 토대를 둔 권력 형태와는 대조되는 현대의 정치 공학을 일컫는다. 푸코의 설명에 의하면 이제 권력은 주도권, 정치적 기술, 그리고 신체와 정신의 구체화를 통해 작동한다. 이 같은 새로운 양태의 권력을 생체권력이라 한다.

14 프로이트의 설명에서 기계적인 것과 신체적인 것 사이의 경계가 흐려지는 것이 unheimlich(기이한) 느낌을 생산하는 주요 방법 중의 하나이다. 그의 잘 알려진 논문 「기묘한 느낌」Uncanny (1919)을 볼 것. Neil Hertz(1985)를 참고할 것. 이 장의 후반부에서 프로이트에 대해 논의하게 될 것임.

15 고이에게 꼭두각시로서의 역할을 주었을 수도 있다. 그가 그런 식의 역할이 주어졌다는 증거가 이 극의 공연에 대한 현존하는 설명에는 존재하지 않기 때문에, 이것은 순전히 추측이라는 것은 인정해야만 하겠다. 그러나 이것이 열게 될 주제적 가능성은 대단히 유혹적이다.

16 [옮긴이] 여기서 As는 (뒤에서 설명이 되고 있지만 이해를 돕기 위해 미리 설명하자면) 성경 구절 As it Was in the Beginning, so Shall it Be in the End의 맨 첫 글자에서 온 것이다. 따라서 소리 나는 대로 옮김.

17 생체권력에 대한 가장 긴 논의는 물론 푸코가 『감시와 처벌』Discipline and Punish과 『성의 역사』The History of Sexuality에서 제시한 논의다. 하지만 생체권력, 신성한 것의 개념, 그리고 정치적 주권 사이의 관계에 대하여는 조르지오 아감벤의 『호모 사케르』(1998)도 참고할 것. [옮긴이: 호모 사케르는 "벌거벗은 생명"이란 의미인데, 권력이 죽여도 죄가 안 되는 정치 외적 존재를 가리키는 개념임. 2차 세계대전에서 유태인이 그 전형적인 예임.]

18 극의 거의 마지막 부분까지 표출되지는 않는 폭력의 위협은 소잉카 극의 특징적인 장치이다. 이런 장치의 가장 좋은 예들이 『길』과 『콩기의 수확』이다. 이 두 극은 이미 보았듯이 수수께끼 같은 결말 미확정성의 분위기로 끝을 맺기도 한다.

19 [옮긴이] 모래사람은 밤에 아이들의 눈에 모래를 뿌려 잠이 들게 만든다는 유럽 설화에 등장하는 인물이다. 이 인물이 호프만의 소설에서는 착하지 않은 아이들에게서 밤새 눈을 빼 가는 무서운 귀신으로 자리 잡게 되고, 이 귀신 이야기가 너대니얼을 공포로 몰고 간다. 프로이트는 이 공포를 아버지에 의한 거세 공포의 예로 읽었다.

20 [옮긴이] 내사는 방어기제의 하나로서, 외부의 대상을 자기 내면의 자아 체계로 받아들이는 것을 말함.

21 체계상의 기이한 느낌을 이해하는 데 있어서 최상의 역사적 상황은 전쟁, 전쟁에 대한 소문,

그리고 일반적인 사회 격변과 관련 있는 상황이다. 르완다 집단 학살과 뉴욕의 9월 11일 테러 공격이 그 적절한 예들이다. 나는 이 글을 런던에서 적어도 37명이 죽고 여러 명이 다친 7월 7일 자살 폭탄 테러가 일어난 하루 뒤에 쓰고 있다. 모든 언론 매체가 이 폭탄 테러에 의해 촉발된 공포와 불확실성에 대해 보도하였다. 폭력과 외상과 기이한 느낌에 대한 좋은 논의는 로벤과 수아레즈-오로코Robben and Suarez-Oroco(2000)에 포함된 논문들을 보라. 특별히 내가 여기서 설명하고 있는 체계상의 기이한 느낌을 일으킬 수 있는 아프리카의 삶에 특유한 혼돈과 모순의 사례들을 다루고 있는 흥미로운 논의는 음벰베(2001, 3장과 4장)와 차발과 달로즈(1999)를 볼 것.

22 [옮긴이] 에리어 보이는 나이지리아 라오스의 깡패 집단을 일컫는 말. 에리어 보이들은 강도, 마약 판매, 불법 경비원 노릇 등으로 생활하는 것으로 알려짐.

23 문학적 정신분석, 특히 작가와 그의 작품을 근접시키는 것의 위험에 대한 논의는 브룩스 Brooks(1988)를 볼 것.

24 장애의 중심적인 역할에 대한 주장을 입증해 주는 보강 증거는 그의 시를 읽음으로서 발견할 수 있다. (벤 오크리Ben Okri의 『굶주린 길』The Faminished Road에 영감이 된) 「아비쿠」Abiku 그리고 좀 더 최근 시 「조작된 비전」Doctored Vision(2002) 같은 시들은 장애가 그에게 준 창의적 보상을 형성해 내는 방법을 압축 표현하고 있다. (옮긴이 : 아비쿠는 사춘기 이전에 죽은 사람과 그런 죽음을 몰고 온 귀신 모두를 지칭하는 요루바 말임.)

6. J. M. 쿳시 : 말, 침묵, 자폐증과 대화

1 [옮긴이] 이 장에서 저자는 autistic spectrum을 autism과 함께 사용하고 있는데, 엄밀하게 말하자면 autistic spectrum은 (저자가 뒤에서 논의하고 있듯이) 고기능 자폐증high-functioning autism, 야스퍼거 증후군Asperger's syndrom과 저기능 자폐증lower-functioning autism으로 구분할 수 있는 자폐 증상을 가리키는 것으로 자폐증 범위로 해석할 수 있다. 그러나 본 번역에서는 이 같은 구분을 명시할 필요가 있는 경우를 제외하고는 autistic spectrum을 autism과 같이 자폐증으로 번역한다.

2 『추락』, 『포』와 관련하여 이 소설에 등장하는 장애 인물들의 의사 표현을 하지 못함이 단순히 개인 사이의 의미 만들기 문제를 제기하기 위해서만이 아니라 그보다 더 복잡한 이 두 소설이 교묘하게 지향하고 있지만 아직까지 다뤄지지 않고 있는 탐정 소설 장르에 내재되어 있는 진실을 밝히는 과정의 문제를 제기하기 위하여 이용되고 있다는 점에 주목하는 것도 중요하다.

3 [옮긴이] 푸코의 주장에 의하면 작가 기능이란 담론의 기능으로서의 작가를 가리킨다. 즉 작

가 기능은 작가가 구성된 사회적 위치임을 강조하는 용어라 할 수 있다.

4 「레인 맨」*Rain Man*(베리 레빈슨Barry Levinson 감독, 1988), 「싸일런트 폴」*Silent Fall*(브루스 베레스 포드Bruce Beresford 감독, 1994), 「머큐리」*Mercury Rising*(해롤드 벡커Harold Becker 감독, 1998) 같은 영화들 모두가 이와 같은 자폐증의 특징들 중의 일부를 보여 준다. 그러나 그 같은 영화적 재현에 대하여 자폐증을 지닌 사람이 지니는 감상적이고 감정적으로 현현적인 가치 이상의 것이 자폐증이 재현된 내러티브와 영화 담론의 다양한 차원들의 구조에 고유한 자폐증의 특징들을(예를 들어 연결하는 인물, 서술적 관점, 또는 일반적인 서술과 자폐증을 지닌 사람의 재현 사이의 관계 등) 포착하는 것이 가능한가 하는 문제이다.

5 원래 리즈대학교University of Leeds의 스튜어트 머레이Stuart Murray가 작성한 다음 목록이 그와 같은 해석의 틀이 잘 알려진 문학적 텍스트들을 다시 읽는 데 도움을 줄 수 있는 잠재력을 보여 준다. 찰스 디킨스Charles Dickens의 『바나비 러지』*Barnaby Rudge*(1841), 허먼 멜빌의 『필경사 바틀비』*Bartleby, the Scribner*(1853), 조지프 콘래드Joseph Conrad의 『비밀 요원』 *The Secret Agent*(1907), 윌리엄 포크너의 『소음과 분노』(1929), 거트루드 스타인Gertrude Stein 의 『엘리스 B.토클러스의 자서전』*The Autobiography of Alice B. Toklas*(1933), 존 스타인벡의 『생쥐와 인간』(1937), 켄 키지의 『뻐꾸기 둥지 위로 날아간 새』(1972), 아니타 데사이Anita Desai의 『낮의 밝은 빛』*Clear Light of Day*(1980), 케리 흄의 『뼈의 사람들』(1983), 도리스 레싱 Doris Lessing의 『다섯째 아이』*The Fifth Child*(1988), 수 밀러Sue Miller의 『가족 사진』*Family Pictures*(1990), 폴린 멜빌Pauline Melville의 『복화술자의 이야기』*The Ventriloquist's Tale*(1997), 닉 혼비Nick Hornby의 『어바웃 어 보이』*About a Boy*(1998), 데이비드 로지David Lodge의 『생각하기를…』*Thinks*…(2001), 사이먼 아미티지Simon Armitage의 『녹색 소인』*Little Green Man*(2001), 엘리자베스 문Elizabeth Moon의 『어둠의 속도』*Speed of Dark*(2003), 질 도슨Jill Dawson의 『와일드 보이』*Wild Boy*(2004), 엘리 고틀리브Eli Gottlieb의 『떠나 버린 아이』*The Boy Who Went Away*(2004). 이 목록에 베케트의 작품에 등장하는 몰로이, 위니Winnie, 머피, 클로브, 크라프, 블라디미르와 에스트라공 같은 여러 명의 인물들을 추가할 수 있겠다. 이들 모두가 자폐증의 여러 측면들을 보여 준다.

6 [옮긴이] 크리스토퍼는 『한밤중에 개에게 일어난 의문의 사건』의 주인공으로서 자폐증을 지니고 있는 소년임.

7 마지막 주장은 제임스 버거James Berger에 의해 소설에 나오는 스윈던 마을의 암시된 사회적 자폐증이란 측면에서 아주 설득력 있게 제시되었다. 그의 흥미로운 논문 「타자성과 자폐증 : 신경학적 스펙트럼에 있어서의 마크 해던의 의문의 사건」Alterity and Autism : Mark

Haddon's Curious Incident in the Neurological Spectrum(2005)을 볼 것.

8 마그다의 서사성에 관한 주장은 브라이언 매카스킬Brian Macaskill이 그의 논문 「J. M. 쿳시의 중간 목소리 파헤치기 : 『나라의 심장부에서』」 Charting J. M. Coetzee's Middle Voice : In the Heart of the Country에서 간단명료하게 제시하였다. "『나라의 심장부에서』는 – 안팎으로 – 비교할 수 없는 명령들 사이에서 말하려고 시도하는 작용 주체의 행위가 된다고 말할 수 있다 – 쿳시는 마그다를 '진짜' 사람으로서 그리고 동시에 종이상의 존재가 되도록 글을 써서, 사적 유물론이 중요시하는 핍진성이 요구하는 것과 후기구조주의적 언어 이론에 의해 실천된 담론적 극 사이에서 마그다의 모습을 형성한다 – 그리고 그녀 스스로 자신을 형성하도록 하고 있다. 때문에 마그다의 목소리의 '내부적' 특징들이 – 적절한 발화에 대하여 충돌하는 개념들을 의식하고 있고 그에 휘말린 작가에 의해 – 그녀를 말하게 만드는 '외부적' 상황을 반영하고 있다"(1998, 73).

9 쿳시의 『추락』은 남아프리카공화국의 문학적 글쓰기에서 아파르트헤이트의 종식 이후 등장한 진실과 화해의 장르 범주에 속한다. 질리언 슬로보Gillian Slovo의 『붉은 먼지』 Red Dust, 제인 테일러와 윌리엄 켄트리지Jane Taylor and William Kentridge의 『위뷔와 진실위원회』 Ubu and the Truth Commission, 이반 블라디슬라비치Ivan Vladislavic의 『복어 먹는 사람들』 The Fugu Eaters, 마이크 니콜Mike Nicol의 『따오기 태피스트리』 The Ibis Tapestry, 아크마트 당거Achmat Dangor의 『쓴 열매』 Bitter Fruit, 그리고 신디위 마고나Sindiwe Magona의 『엄마가 엄마에게』 Mother to Mother처럼 『추락』은 충격적인 과거에 대한 요구로 여전히 젖어 있는 아파르트헤이트가 끝난 이후 시대에서의 정체성의 재구성 문제를 다시 찾았다. 이 텍스트들 중 일부는(슬로보, 마고나, 니콜, 테일러와 켄트리지) 직간접적으로 진실 화해 위원회의 일에 대하여 생각해 보고 있는데, 때로는 이 기구를 작품 구조의 일부로서 주제화하였다. 쿳시의 『추락』에서는 진실과 화해의 과정이 등장인물들의 삶의 위기들이 펼쳐지는 배경 속에 자리 잡고 있다. 이와는 대조적으로 당거의 『쓴 열매』에서는 등장인물들의 삶의 위기가 분명하게 진실과 화해의 존재 여부와 직결되고 있다. 『쓴 열매』와 『추락』 둘 다 정치적 폭력을 주제화하는 수단으로서 성폭력 사건에 초점을 맞추고 있지만, 이 두 소설은 오늘날의 의미로서의 자아 구성과 관련하여 이 성폭력 사건에 주어진 위치에 있어서 매우 다르다. 『추락』은 성폭력의 영향을 약화시키는 반면 『쓴 열매』는 성폭력이 지니는 파괴적인 성격을 강화한다. 따라서 이 두 소설은 충격적인 경험과 그것이 아파르트헤이트가 끝난 후의 정체성 구성에 준 영향에 대한 다른 개념적인 해석을 나타낸다고 할 수 있다.

10 폴 레이먼트의 비장애 여성을 향한 "위반적인" 그리고 궁극적으로 짝사랑이 된 욕망을 『야만

인을 기다리며』(1980)에 등장하는 판사와 시각 장애인인 바베리언 걸 사이에서 볼 수 있는 것에 비교하는 것이 유용하다. 『야만인을 기다리며』에서 판사는 바베리언 걸을 혼란스런 지리적 통과의례라고 말할 수밖에 없는 것을 통하여 그녀의 부족에게 되돌아가도록 한 다음에야 비로소 그녀를 향한 성적 욕망을 채울 수가 있다. 그가 기울인 노력은 그녀의 몸에 흉터를 남기고 그녀의 눈이 보이지 않도록 만든 끔찍한 역사 너머에 있는 온전함으로 그녀를 되돌려 놓는 것이었다: "나는 그녀가 약속하는 황홀감 때문이 아니라 다른 이유들로 그녀와 함께하는데, 그 다른 이유들이 나에게는 여전히 불분명하다. 어둠 속 침대에서는 그녀를 고문한 자들이 그녀에게 남긴 흉터들과 비틀어진 발과 거의 안 보이는 눈을 쉽사리 잊을 수 있다는 사실이 나를 떠나지 않았다는 것을 제외하고는. 그렇다면 내가 원하는 것이 온전한 여자, 그녀의 몸에 난 흉터들이 지워져 그녀가 원상회복될 때까지 그녀에 대한 나의 쾌락이 망쳐지는 그런 경우인 것인가 아니면 (나 멍청하지 않으니 이 말을 하겠어) 그녀의 몸에 난 흉터가 나를 그녀에게로 끌어당기는 데 실망스럽게도 그 흉터가 충분히 깊지 않은 그런 경우인가? 너무 과하거나 너무 적거나이다. 내가 원하는 것이 그녀인가 아니면 그녀의 몸이 품고 있는 역사의 흔적인가"(64). 이것은 장애가 욕망을 우회한다는 것을, 이 경우에 있어서는 판사가 제국의 충복이 됨으로써 무심결에 가담하게 된 국가적인 폭력과 고문 체제로 그 계통을 추적해 올라갈 수 있기 때문에 우회한다는 것을 암시한다. 요점은 『야만인을 기다리며』와 『느린 사람』 둘 다에서 비장애인과의 성적인 만남을 생각하는 장애인에게 또는 장애인과 그 비슷한 것을 생각하는 비장애인에게 있어서 장애가 불가능의 구조를 생산한다는 것이다.

11 데릭 애트리지Derek Attridge가 마이클에 대한 해석을 둘러싼 논의의 주요 방향을 제시하고 있다. 마이클 케이는 중요한 정치적 상황에 대한 은유로 간주되거나 또는 명확하게 은유화를 거부하는 인물로 간주되어야 한다. 애트리지의 생각에 이 두 시각이 생성해 내는 해석은 정반대가 되며 때로는 논쟁적으로 반대가 되는 것 같다. 특히 『J. M. 쿳시와 읽기의 윤리학』 *J. M. Coetzee and the Ethics of Reading*(2004)에 실린 「우화에 반대하여」 Against Allegory를 볼 것.

12 그에게 던져진 질문 그리고 다른 사람들이 그에게 한 말을 해독하지 못하는 예는 특히 48, 51, 64, 78쪽을 볼 것.

13 [옮긴이] 지시대상이 발화상황과 밀접하게 관련된 표현

14 [옮긴이] 프로이트는 오이디푸스 콤플렉스를 설명하면서 "아버지는 아들이 그의 어머니와 잠자리를 하려는 무의식적인 욕망을 금한다"고 하였는데, 이것이 아버지의 법과 관련된다.

15 [옮긴이] unheimlich(운하임리히로 발음)는 낯익은 것과 낯선 것이 혼재되어 있어 기이하게 느껴지는 것을 의미하는 독일어 단어로 이 단어에서 프로이트가 말한 기이한 느낌uncanny이 옴.

16 [옮긴이] 남아프리카공화국 화폐 단위.

17 [옮긴이] 여기서 의견에 해당하는 영어의 첫 글자가 대문자로 되어 있어, 즉 Opinion으로 되어 있어 앞서 이야기한 "아버지의 법"과 관련된 의견이라고 해석되어야 할 것으로 보임.

18 [옮긴이] 독일 뮌헨 부근에 있는 도시로 나치의 강제 포로수용소가 있던 곳임.

19 이 부분적으로 실현된 대화자에 대한 다른 예들은 특히 79, 89, 140쪽에서 찾을 수 있음.

20 남아프리카공화국 문학 그리고 다른 곳에 마이클 케이에 대한 매우 중요한 기질적 간텍스트 (intertext: [옮긴이] 여러 텍스트와 텍스트 사이에서 파생되는 의미)가 존재할 수도 있다는 그레이엄 페셰이의 지적이 큰 도움이 된다. 페셰이는 잠이라는 모티프가 슈라이너Schreiner의 『아프리카 농장 이야기』 *The Story of an African Farm*의 첫 문단에서 그리고 등장인물 왈도Waldo와 관련하여서도 발견된다고 주장하였는데, 페셰이가 적적하였듯이, 왈도는 졸려 하고, 땅에 뿌리를 내리고 있으며, "날지 못하는 새" 타조를 키운다. 페셰이는 또한 쿳시가 잠이 판에 박힌 듯 죽음으로 연결되는 것으로부터 구제되어 삶의 수용성으로 연결된 릴케Rilke의 오르페우스 Orpheus 소네트 중의 하나를 생각하고 있었음이 거의 틀림없다고 주장하였다(페셰이와의 개인적 대화로부터 옮).

21 [옮긴이] 이스라엘 민족이 40일 동안 광야를 방랑하고 있을 때 여호와가 내려 주었다고 하는 양식.

22 메뚜기에 대해서는 다른 여러 출처 중에서도 출애굽기 10장 4절 12~14, 신명기 28장 38절, 열왕기상 8장 37절, 시편 78장 46절, 105장 34절과 109장 23절을 볼 것. 유명한 만나는 이집트를 탈출하는 이스라엘 민족과 연계되지만(출애굽기 16장) 다른 신약 성서적 해석으로는 여호수아 5장 10~12절과 요한복음 6장 31절, 48~51절을 볼 것. 참새와 다른 새들이 성경 이야기에 많이 등장하는데, 의사의 의견과 가장 관련되는 원천은 마태복음 10장 19~33절이다.

23 [옮긴이] 프란츠 파농Frantz Fanon : 서인도제도의 한 섬인 마르티니크에서 태어난 흑인으로 프랑스에서 정신과 의사로 교육을 받음. 프랑스의 식민 지배에 대항한 알제리의 독립운동이 한창일 때 그곳으로 가 정신분석의로 활동함. 이 경험을 바탕으로 식민지배가 피식민지인들에게 남기는 정신적 상처를 분석하면서 독립 쟁취의 수단으로 폭력을 정당화하는 『대지의 저주받은 자들』 *The Wretched of the Earth* 같은 저서를 썼음.

24 [옮긴이] 미국 흑인 학자 드보이스W.E. B. DuBois가 『흑인의 영혼』*The Souls of Black Folk*에서 처음 사용한 용어로, 미국 흑인이 흑인으로서 갖는 의식과 미국인으로서 갖는 의식을 가리킴. 인종 차별 때문에 (미국) 흑인이 갖게 되는 이 두 가지 의식, 즉 이중 의식은 하나로 합해지기 어렵고, 그 결과 여러 가지 정신적인 문제를 일으킨다고 함.

7. 반복하는 섬 : 인종, 다름, 장애 그리고 로벤 섬 역사의 이질 혼합성

1 로벤 섬의 역사를 연구하는 학자 중 가장 중요한 학자인 해리어트 디콘에게 특별히 감사를 드리고 싶다. 이 장을 쓰는 데 있어 그녀의 조언을 받기 위해 접근했을 때 그녀는 관대하게 그녀의 통찰력을 제공하였으며, 그녀의 자료 일부도 제공해 주었다. 이 장은 로벤 섬에 대한 그녀의 폭 넓은 연구에 대단히 많이 의지하고 있다. 여기서 나는 그녀의 연구가 로벤 섬을 최근의 정치적 과거에만 결부시키는 현재의 통설에 도전하는 데 매우 중요한 역할을 하였다는 점을 강조하고 싶다.

2 [옮긴이] 올리버 탐보(1917~1993)는 남아프리카공화국의 아파르트헤이트에 반대하는 운동의 핵심 인물로서, 아프리카민족회의African National Congress의 최초 흑인 총재였음.

3 이 같은 그리고 그와 비슷한 정서를 애들레이드 탐보Adelaide Tambo(1987)가 편집 출판한 탐보의 연설문 모음집에서 찾을 수 있다.

4 [옮긴이] 메타내러티브란 역사적 의미, 경험 또는 지식에 대한 내러티브들에 대한 내러티브로서. 간혹 거대담론으로 번역되기도 함. 메타내러티브는 개별적인 경험을 정당화해 주는 기능도 함.

5 이에 대한 좋은 논의는 솔 듀보Saul Dubow의 『인종 분리와 남아프리카공화국 아파르트헤이트의 기원』Racial Segregation and the Origins of Apartheid in South Africa(1989)을 볼 것. 더 특정적으로 체현에 대한 일반적인 이론적 시각에 관해서는 엘리자베스 그로츠Elizabeth Grosz의 통찰력 있는 저서, 특히 『불안한 몸』Volatile Bodies(1994)에서 힌트를 얻었음.

6 [옮긴이] 초점화는 한 인식 주체가 어떤 대상을 인식하는 행위, 즉 인식적 지향뿐만 아니라 그 대상에 대한 감정, 관념적 지향 등을 포함하는 폭넓은 개념임.

7 푸가드의 작품에서 장애를 찾으려면 『해럴드 나리와 하인들』을 보는 것이 최선이다. 이 극에서 백인 핼리Hally의 아버지는 불구에 알코올 중독자, 인종차별주의자로 나온다. 아버지-아들의 힘든 관계가 핼리가 흑인 인물들 중의 한 사람인 샘Sam에게 제공하려 애쓰는 긍정적인 역할에 의해 부분적으로나마 상쇄된다. 로벤 섬과 관련하여 이 극은 주로 데니스 부르투스Dennis Brutus(1963, 1973)의 작품 같은 항의와 감옥 문학 그리고 가장 잘 알려진 것으로는 고반 음부키(1991), 넬슨 만델라(1994)와 아흐메드 카타드라(2005) 등의 자서전에 영감을 주었다. 내가 아는 한 이 푸가드의 극이 로벤 섬을 사건 진행의 주요 배경으로 삼은 유일한 창작물이다.

8 [옮긴이] 자크 데리다Jacques Derrida의 해체 이론의 핵심 용어 중의 하나로, 있다고 상정하는 중심이나 근원에 대한 환상으로부터 벗어나는 것을 가리킴.

9 [옮긴이] 스테픈 그린블라트Stephen Greenblatt가 만든 용어로, 일련의 사회적으로 받아들여

지는 기준에 맞추어 자신의 정체성과 공적인 모습을 만드는 과정을 가리킴.

10 [옮긴이] 불신의 유예란 예술의 감상을 위하여 예술의 비사실적인 전제를 받아들이는 것을 말함.

11 [옮긴이] 여기서 "누구나 살해할 수는 있으나 종교적 희생양이 될 수는 없는 자"는 뒤에 나오
는 호모 사케르homo sacer에 대한 정의이다. 호모 사케르는 라틴어로 저주받은 자라서 아무나
죽일 수 있는 그러나 종교적인 의례에서 희생물로 사용될 수는 없는 자를 가리킴.

12 [옮긴이] 여기서 관습으로 번역된 nomos는 고대 그리스에서 관습. 규칙, 법의 의미로 사용되
었으며, 그 외 넓은 의미로 인위적으로 만들어진 것의 의미로도 사용됨. 자연physis과 대립되
는 개념.

13 식민주의의 땅과 재산 몰수의 상황 아래서는 엄밀하게 말해 정상 상태가 파기된 것이고, 오로
지 다양한 형태의 투쟁을 통해서만 다시 얻을 수 있는 것이라는 점을 고려할 때 "정상적인 사
회"라는 문구가 신경에 거슬릴 것이다. 정상 상태는 자유의 표현과 연결되어 있을 때만 볼 수
있는 것이다. 식민지 시대의 그리고 아파르트헤이트하의 케이프 사회는 어떤 의미에 있어서
는 로벤 섬의 문화보다 더 정상적이었다고 할 수 있지만, 식민 지배의 영향하에서는 완전히
비정상적이었다. 그리고 식민 지배 자체는 유럽인들과 그들이 지배한 원주민들을 위한 다채
로운 정상 상태의 기준들을 만들어 내었다. [옮긴이 : 여기서 케이프는 남아프리카공화국 남
부의 옛 주명으로, 1652년 네덜란드의 식민지로 건설되었으나 1814년 영국령 케이프 식민지
가 되었으며, 1910년 남아프리카연방에 합병되었음.]

14 사회적으로 보편적인 것과 도덕적 관계의 장으로서의 가족 사이의 연관성에 대한 헤겔의 생
각에 대한 더 자세한 설명과 확대는 호네트Honneth(1996)를 볼 것.

15 드 빌리어스의 『로벤 섬 : 힘이 미치지 않으면 마음에서도 멀어진다』Robben Island : Out of
Reach, Out of Mind(1971)는 케이프 식민지의 초대 네덜란드 총독 반 리베크Van Riebeeck와
초기 유럽인 정착에 대해 지나치게 칭찬 일색으로 서술하고 있다. 때때로 드 빌리어스의 현
지인들에 대한 태도는 충격적인데, 같은 이유로 이 초기 정착민들 사이에 존재한 잔혹한 환
경에 대한 대담한 설명을 제공하고 있다. 나는 그토록 칭찬으로 가득 찬 서술조차도 우리로
하여금 발견하게 하는 케이프의 초기 식민주의의 성격에 관련된 피할 수 없는 그늘에 대한
감을 잡기 위하여 그의 서술의 숨은 뜻을 읽으려고 노력하였다.

16 오츠마토가 영국인들이 훈련시키기 위하여 데리고 간 첫 번째 사람은 아니다. 그보다 먼저
1613년에 영국인들이 코리Coree라는 이름의 코이코이족 사람을 납치하여 영국으로 데리고
갔다. 그는 1년 뒤에 돌아와 영국인들을 위한 중개인으로 행동하며 그들의 이익을 위해 일하
도록 되어 있었다. 하지만 그는 비협조적이고, 1626년 음식 제공을 거부했다는 이유로 네덜

란드 선원들의 손에 죽었다는 기록이 남아 있다. 펜(1996, 12~13)과 엘픽(1985, 78~82)을 볼 것.

17 『반 리베크의 저널』, 1:103. (이후 JVR로 표기; [옮긴이] 번역에서는 줄임말 사용치 않음). 이 저널에는 오츠모토에 대하여 다른 많은 언급들이 있는데, 모두가 한결같이 의심하는 성격을 띤 언급들이다. 특히 그가 공공연하게 자신의 이익을 추구하였기 때문에 정착민들은 매우 그를 불신했다. 그와 같은 언급들을 더 보려면 특히 『반 리베크의 저널』 1:76, 1:104, 1:119, 1:183을 볼 것.

18 반 리베크 가족과 함께 살도록 크로토와를 데리고 온 이유에 대해서는 여러 추측들이 있는데, 내가 찾은 가장 설득력 있는 추측은 줄리아 C. 웰스(1998)의 추측이다. 웰스는 그녀가 "고아"였고, 그리고 그녀가 반 리베크 집에 가 있는 것이 자신과 리베크 가족과의 관계를 강화해 줄 것임을 안 그녀의 삼촌 오츠마토가 크로토아를 반 베이크에게 주었다고 주장한다. 웰스는 또한 반 리베크는 크로토아와 비슷한 나이의 질녀와 함께 살았다고도 주장한다. 이 두 질녀 중하나인 에바 반 오프도르프Eva Van Opdorp는 수년 뒤에 크로토아가 로벤 섬에서 투옥되었을 때 그녀의 아이들을 받아들였다. 웰스의 추측은 크로토아가 정착민들의 부정적인 견해에 맞서 옹호해 준 오츠마토에게 대해 보인 그녀의 강한 애착을 설명해 주기도 한다.

19 『반 리베크의 저널』 2:328.

20 『반 리베크의 저널』 2:404~405, 3:1.

21 『반 리베크의 저널』 2:406.

22 『반 리베크의 저널』 3:71~78, 3:83~85, 3:91.

23 웰스(1998)는 피테르와 크로토아의 관계에 대하여 비교적 더 긍정적인 의견을 제시한다. 그 관계에서 웰스는 남아프리카공화국 역사에서 평탄치 않으나 생존 가능한 인종 관계의 최초의 예를 읽어 낸다. 웰스가 제대로 설명하지 못하는 것은 크로토아와 결혼한 피테르가 어떻게 노예사냥 원정을 정당화할 수 있었는가라는 점이다. 피테르는 이 같은 원정 중의 하나에서 때 이른 죽음을 맞이하였다.

24 라이브란트Leibbrandt(1990~1902, 1:80~81); 말레르브(1990, 48).

25 라이브란트(1990~1902, 1:252; 1:266~267).

26 라이브란트(1990~1902, 1:2:209).

27 『반 리베크의 저널』 2:307, 2: 209.

28 『반 리베크의 저널』 3:70~75, 3:77~80.

29 『반 리베크의 저널』 2:4.

30 『반 리베크의 저널』 2:342~343; 3:307~308.

31 나는 "비극"이라는 용어를 패배나 피해를 의미하는 것으로 해석하지 않는다는 말을 첨가해야 겠다. 비극은 그것보다 더 복잡하다. 나는 나의 비극에 대한 견해를 켄 사로-위와Ken Saro-Wiwa와 관련하여 제시한 적이 있다. 퀘이슨(2003)에 있는 「비극의 프리즘을 통해 본 아프리카의 식민지 해방 후 관계」African Postcolonial Relations Through a Prism of Tragedy를 볼 것.

32 남아프리카공화국 그리고 다른 상황에서의 질병, 전염병이란 개념과 인종 사이의 관계에 대하여는 특히 M. W. 스완슨M. W. Swanson(1977), 굿소(1989), 티모시 버크Timothy Burke(1996), 샌더 길먼Sander Gilman(1985)을 볼 것.

33 케이프는 1795년부터 1803년까지 그리고 다시 남아프리카연방(옮긴이 : 남아프리카공화국의 옛 이름)에 가입한 1806년부터 1910년까지 영국 지배하에 있었다.

34 「식민지 차관에 의해 마련된 로벤 섬에의 한센병 환자들의 정착에 관한 각서」(1893년 8월 29일), 공공 기록 보관소, 총독 48/522 Memorandum by the Under Colonial Secretary on the subject of the Leper Settlement on R(August 29, 1893), PRO, CO 48/522에서 온 것임. 이 자료를 제공해 주고 본인의 출판될 프란츠 제이콥스에 대한 논문을 보여 준 해리어트 디콘에게 감사드린다.

35 1893 9월, 편지 94 : 로벤 섬의 상황에 관하여 헨리 B. 로크Henry B. Loch가 마퀴스 경에게 보냄. 공공 기록 보관소, 총독 48/522.

36 앞의 주와 같음.

결론 : 윤리적 핵심을 찾아서

1 [옮긴이] 의식화는 브라질의 민중교육가인 P. 프레이리P. Freire가 제시한 개념으로, 한 개인 혹은 집단이 그가 처한 상황에 맹종하는 태도에서 자각을 통한 비판적 시각으로 여러 현실적 모순에 대항해 그것을 극복하려는 태도로 변화하는 과정 또는 그러한 변화를 유도하는 작업을 일컬음.

2 [옮긴이] 어떤 것에 일정한 한도를 넘는 자극이 가해질 경우 새로운 현상이 나타나는 것을 가리킴.

참고문헌

주 텍스트 Primary Texts

Beckett, Samuel. 1986. *The Complete Dramatic Works*. London: Faber. (Main texts referred to: *Waiting for Godot, Endgame, Krapp's Last Tape*, and *Play*)

―――. 1936. *Murphy*. New York: Grove Press, 1957.

―――. 1958. *The Trilogy* (*Molloy, Malone, The Unnamable*). New York: Grove Press.

Coetzee, J. M. 1977. *In the Heart of the Country*. London: Penguin.

―――. 1980. *Waiting for the Barbarians*. London: Penguin.

―――. 1983. *Life and Times of Michael K*. London: Penguin.

―――. 1987. *Foe*. London: Penguin.

―――. 2002. *Disgrace*. London: Vintage.

―――. 2003. *Elizabeth Costello: Eight Lessons*. New York: Secker and Warburg.

―――. 2005. *Slow Man*. New York: Secker and Warburg.

Morrison, Toni. 1970. *The Bluest Eye*. New York: Holt, Rinehart & Winston.

―――. 1974. *Sula*. New York: Knopf.

―――. 1977. *Song of Solomon*. New York: Knopf.

―――. 1987. *Beloved*. New York: Knopf.

―――. 1998. *Paradise*. New York: Knopf.

Soyinka, Wole. 1973~1974. *Collected Plays*. 2 vols. Oxford: Oxford University Press. (Vol. 1 contains *A Dance of the Forests, The Swamp Dwellers, The Strong Breed, The Road*, and *The Bacchae of Euripides*. Vol. 2 contains *The Lion and the Jewel, Kongi's Harvest*, and *Madmen and Specialists*.)

―――. 1975. *Death and the King's Horseman*. London: Methuen.

참조 References

Abrahams, Yvette. 1996. "Was Eva Raped? An Exercise in Speculative History." *Kronos: Journal of Cape History* 23: 3~21.

Adams, Rachel. 2001. *Sideshow U.S.A.: Freaks and the American Cultural Imagination*. Chicago: University of Chicago Press.

Adorno, Theodor. 1985. "Trying to Understand *Endgame*." In *Samuel Beckett*, ed. Harold Bloom, 51~81. New York: Chelsea House.

Aeschylus. 1961. *Prometheus Bound and Other Plays*. Trans. Philip Vellacott. London: Penguin.

Agamben, Giorgio. 1998. *Homo Sacer: Sovereign Power and Bare Life*. Trans. Daniel Heller-Roazen. Stanford, Calif.: Stanford University Press.

Albrecht, Gary L. 2002. "American Pragmatism, Sociology, and the Development of Disability Studies." In *Disability Studies Today*, ed. C. Barnes et al., 18~37. Cambridge: Polity Press.

Albrecht, Gary L., Katherine D. Sleeman, and Michael Bury, eds. 2001. *Handbook of Disability Studies*. London: Sage.

Allison, Henry E. 2001. *Kant's Theory of Taste: A Reading of the Critique of Aesthetic Judgment*. Cambridge: Cambridge University Press.

Altaman, Marbara M. 2001. "Disability Definitions, Models, Classification Schemes, and Applications." In *Handbook of Disability Studies*, ed. G. Albrecht et al., 97~122. London: Sage.

Amuta, Chidi. 1983. "The Nigerian Civil War and the Evolution of Nigerian Literature." *Canadian Journal of African Studies* 17, no. 1: 85~100.

———. 1986. "The Ideological Content of Wole Soyinka's Writings." *African Studies Review* 29, no. 3: 43~54.

Ashfield, Andrew, and Peter de Bolla. 1996. *The Sublime: A Reader in British Eighteenth-Century Aesthetic Theory*. Cambridge: Cambridge University Press.

Attridge, Derek. 2004. J. M. *Coetzee and the Ethics of Reading: Literature in the Event*. Chicago: Chicago University Press.

Attwell, David, ed. 1992. *Doubling the Point: Essays and Interviews*. Cambridge, Mass.: Harvard University Press.

———. 1993. J. M. *Coetzee: South Africa and the Politics of Writing*. Berkeley: University of California Press.

Auerbach, Erich. 1953. *Mimesis: The Representation of Reality in Western Literature*. Princeton, N.J.: Princeton University Press.

Baines, Graham. 1990. "The Origins of Urban Segregation: Local Government and the Residence of Africans in Port Elizabeth, c. 1835~1865." *South African Historical Journal* 22: 61~81.

Bakhtin, Mikhail. 1984. *Problems of Dostoevsky's Poetics*. Ed. and trans. Caryl Emerson. Manchester: Manchester University Press.

Bapsi, Sidhwa. 1991. *Cracking India*. Minneapolis: Milkweed Editions.

Barnes, Colin, Mike Oliver, and Len Barton, eds. 2002. *Disability Studies Today*. Cambridge: Polity Press.

Baron-Cohen, Simon. 2000. "Is Asperger's Syndrome Necessarily a Disability?" *Development and Psychopathology* 12: 489~500.

Begam, Richard. 1996. *Samuel Beckett and the End of Modernity*. Stanford, Calif.: Stanford University Press.

Belmonte, Michael. 2005. "Human, but More So: What the Autistic Brain Tells Us About the Process of Narrative." Paper presented at conference on "Autism and Representation: Writing, Cognition, Disability." Available online at http://www.case.edu/affil/sce/Texts_2005/representingautism/html.

Benitez-Rojo, Antonio. 1996. *The Repeating Island: The Caribbean in Postmodern Perspective*. 2nd ed. Durham, N.C.: Duke University Press.

Bennett, A., ed. 1978. *Recent Advances in Community Medicine*. London: Heinemann.

Berger, James. 2005. "Alterity and Autism: Mark Haddon's *Curious Incident* in the Neurological Spectrum." Paper presented at conference on "Autism and Representation: Writing, Cognition, Disability." Available online at http://www.case.edu/affil/sce/Texts_2005/representingautism/html.

Berube, Michael. 1996. *Life as We Know It: A Father, a Family, and an Exceptional Child*. New York: Pantheon Books.

Bidney, Martin. 1997. *Patterns of Epiphany: From Wordsworth to Tolstoy, Pater, and Barrett Browning*. Carbondale, Ill.: Southern Illinois Press.

Blackmur, R. P. 2003. "Examples of Wallace Stevens." In *Close Reading: The Reader*, ed. Frank Lentricchia and Andrew Du Bois, 111~135. Durham, N.C.: Duke University Press.

Bloom, Harold, ed. 1985. *Samuel Beckett*. New York: Chelsea House.

————, ed. 1990. *Toni Morrison*. New York: Chelsea House.

Boulter, Jonathan. 1998. " 'Speak No More': The Hermeneutical Function of Narrative in Samuel Beckett's *Endgame*." In *Samuel Beckett: A Casebook*, ed. J. Jeffers, 39~62. New York: Garland Publishing.

Bourdieu, Pierre. 1991. *Language and Symbolic Power*. Cambridge, Mass.: Harvard University Press.

Braddock, David L., and Susan L. Parish. 2001. "An Institutional History of Disability." In *Handbook of Disability Studies*, ed. G. Albrecht et al., 11~68. London: Sage.

Brennan, Teresa. 2004. *The Transmission of Affect*. Ithaca, N.Y.: Cornell University Press.

Briganti, Chiara. 1988. " 'A Bored Spinster with a Locked Diary': The Politics of Hysteria in *In the Heart of the Country*." In *Critical Essays on J. M. Coetzee*, ed. S. Kossew, 84~99. New York: G. K. Hall.

Brooks, Peter. 1988. "The Idea of a Psychoanalytic Literary Criticism." In *The Trials of Psychoanalysis*, ed. Francois Meltzer, 145~159. Chicago: Chicago University Press.

Brutus, Dennis. 1968. *Letters to Martha and Other Poems*. London: Heinemann.

————. 1973. A *Simple Lust: Selected Poems*. London: Heinemann.

Bryan, William Frank, and Germaine Dempster, eds. 1941. *Sources and Analogues of Chaucer's Canterbury Tales*. Chicago: Chicago University Press.

Brydon, Diana. 2000. *Postcolonialism: Critical Concepts in Literary and Cultural Studies*. 5 vols. New York: Routledge.

Burke, Timothy. 1996. *Lifebuoy Men, Lux Women: Commodification, Consumption, and Cleanliness in Modern Zimbabwe*. Durham, N.C.: Duke University Press.

Butler, Lance St. John. 1984. *Samuel Beckett and the Meaning of Being: A Study in Ontological Parable*. London: Macmillan.

Caruth, Cathy. 1988. "The Force of Example: Kant's Symbols." *Yale French Studies* 74: 17~37.

Chabal, Patrick, and Jean-Pascal Daloz. 1999. *Africa Works: Disorder as Political Instrument*. Oxford: James Currey; Bloomington: Indiana University Press.

Chabert, Pierre. 1982. "The Body in Beckett's Theatre." *Journal of Beckett Studies* 8: 23~28.

Claybaugh, Amanda. 2005. "The Autobiography of a Substitute: Trauma, History, Howells." *Yale Journal of Criticism* 18, no. 1: 45~65.

Coetzee, Carli. 1998. "Krotoa Remembered: A Mother of Unity, A Mother of Sorrows?" In *Negotiating the Past: The Making of Memory in South Africa*, ed. S. Nuttal and C. Coetzee, 112~119. Oxford: Oxford University Press.

Coetzee, J. M. 1988. *White Writing: On the Culture of Letters in South Africa*. New Haven, Conn.: Yale University Press.

Cohn, Bernard. 1987. *An Anthropologist Among Historians and Other Essays*. Oxford: Oxford University Press.

Connor, Steven. 1992. *Waiting for Godot and Endgame—Samuel Beckett*. New York: St. Martin's Press.

Corker, Mairian, and Sally French, eds. 1999. *Disability Discourse*. Buckingham: Open University Press.

Crockett, Clayton. 2001. A *Theology of the Sublime*. London: Routledge.

Cunningham, David. 2002. "Trying (Not) to Understand: Adorno and the Work of Beckett." In *Beckett and Philosophy*, ed. R. Lane. London: Palgrave.

Curtis, L. Perry. 1997. *Apes and Angels: The Irishman in Victorian Caricature*. Washington, D.C.: Smithsonian Institution Press.

Dangor, Achmat. 2001. *Bitter Fruit*. Cape Town: Kwela.

Davis, Lennard J. 1995. *Enforcing Normalcy: Disability, Deafness, and the Body*. London: Verso.

———. 2002. "Who Put the The in The Novel?" In *Bending Over Backwards: Disability, Dismodernism, and other Difficult Positions*, 79~101. New York: New York University Press.

De Man, Paul. 1990. "Phenomenality and Materiality in Kant." In *The Textual Sublime*, ed. H. Silverman and G. Aylesworth, 87~108. Albany, N.Y.: SUNY Press.

De Villiers, Simon A. 1971. *Robben Island: Out of Reach, Out of Mind*. Cape Town: C. Struik.

Deacon, Harriet. 1994. "Leprosy and Racism at Robben Island." *Studies in the History of Cape Town* 7: 54~83.

———. 1996a. *The Island: A History of Robben Island, 1488~1990*. Cape Town: David Philip.

———. 1996b. "Racial Segregation and Medical Discourse in Nineteenth-Century Cape Town." *Journal of Southern African Studies* 22, no. 2: 287~308.

———. 2001. "Racism and Medical Science in South Africa's Cape Colony in the Mid- to Late Nineteenth Century." *Osiris*, 2nd ser., 15: 190~206.

———. 2003. "Patterns of Exclusion on Robben Island, 1654~1992." In *Isolation: Places and Practices of Exclusion*, ed. C. Strange and A. Bashford, 153~172. London: Routledge.

Deutsch, Helen. 1996. *Resemblance and Disgrace: Alexander Pope and the Deformation of Culture*. Cambridge, Mass.: Harvard University Press.

———. 2002. "Exemplary Aberration: Samuel Johnson and the English Canon." In *Disability Studies: Enabling the Humanities*, ed. S. Snyder et al., 197~210. New York: MLA.

Douglas, Mary. 1966. *Purity and Danger*. London: Routledge, 2004.

Dovey, Teresa. 1988. *The Novels of J. M. Coetzee: Lacanian Allegories*. Cape Town: A. D. Donker.

———. 1996. "Waiting for the Barbarians: Allegory of Allegories." In *Critical Perspectives on J. M. Coetzee*, ed. G. Huggan and S. Watson, 138~151. London: Macmillan.

Dubow, Saul. 1989. *Racial Segregation and the Origins of Apartheid in South Africa, 1919-1936*. London: Macmillan.

Durkheim, Emile. 1912. *Elementary Forms of Religious Life*. Trans. Karen E. Fields. New York:

Free Press, 1995.

Ellison, Ralph. 1992. *Invisible Man.* New York: Modern Library.

Elphick, Richard. 1985. *Khokhoi and the Founding of White South Africa.* Johannesburg: Ravan Press.

Elphick, Richard, and Robert Shell. 1979. "Intergroup Relations: Khokhooi, Settlers, Slaves, and Free Blacks, 1652~1795." In *The Shaping of South African Society, 1652~1840,* ed. R. Elphick and H. Giliomee, 184~242. Middletown, Conn.: Wesleyan University Press.

Ezeigbo, Akachi T. 1991. *Fact and Fiction in the Literature of the Nigerian Civil War.* Lagos: Unity Publishing.

Foucault, Michel. 1977. *Discipline and Punish.* Trans. Alan Sheridan. New York: Vintage, 1995.

―――. *The History of Sexuality.* 1978. Trans. Robert Hurley. New York: Vintage, 1990.

Freud, Sigmund. 1919. "The Uncanny." In *Standard Edition of the Complete Psychological Works of Sigmund Freud,* trans. under the general editorship of James Stratchey in collaboration with Anna Freud, assisted by Alix Stratchey and Alan Tyson, vol. 17. London: Hogarth.

―――. 1926. *Beyond the Pleasure Principle.* In *Standard Edition of the Complete Psychological Works of Sigmund Freud,* vol. 18. London: Hogarth.

―――. 1938. *Moses and Monotheism.* In *Standard Edition of the Complete Psychological Works of Sigmund Freud,* vol. 23. London: Hogarth.

Friedlander, Henry. 1995. *The Origins of Nazi Genocide: From Euthanasia to the Final Solution.* Charlottesville: University of North Carolina Press.

Frye, Northrop. 1957. *Anatomy of Criticism: Four Essays.* Oxford: Oxford University Press.

―――. 1963. *Fables of Identity: Studies in Poetic Mythology.* New York: Harcourt and Brace.

Fugard, Athol. 1993. *The Island. In Township Plays,* 193~227. Oxford: Oxford University Press.

Garland, Robert. 1995. *The Eye of the Beholder: Deformity and Disability in the Graeco-Roman World.* Ithaca, N.Y.: Cornell University Press.

Garner, B. Stanton, Jr. 1994. "Beckett, Merleau-Ponty, and the Phenomenological Body." In *Bodied Spaces: Phenomenology and Performance in Contemporary Drama,* 18~38. Ithaca, N.Y.: Cornell University Press.

Gates, Henry Louis, Jr. 1988. *Signifying Monkey: A Theory of Afro-American Literary Criticism.* Oxford: Oxford University Press.

Genette, Gerard. 1980. *Narrative Discourse: An Essay in Method.* Trans. Jane E. Lewin. Ithaca, N.Y.: Cornell University Press.

Gilman, Sander. 1985. *Difference and Pathology: Stereotypes of Sexuality, Race, and Madness.*

Ithaca, N.Y.: Cornell University Press.

Goffman, Erving. 1959. *Stigma: Notes on the Management of Spoiled Identity*. New York: Simon and Schuster.

Gontarski, S. E., ed. 1986. *On Beckett: Essays and Criticism*. New York: Grove Press.

Gray, Katherine M. 1996. "Troubling the Body: Toward a Theory of Beckett's Use of the Human Body Onstage." *Journal of Beckett Studies* 5, no. 1/2: 1~17.

Griffiths, Paul, and Mark S. R. Jenner. 2000. *Londinopolis: Essays in the Cultural and Social History of Early Modern England*. Manchester: Manchester University Press.

Grosz, Elizabeth. 1994. *Volatile Bodies: Towards a Corporeal Feminism*. Bloomington: Indiana University Press.

————. 1996. "Intolerable Ambiguity: Freaks as/at the Limit." In *Freakery: Cultural Spectacles of the Extraordinary Body*, ed. R. Thomson, 55~66. New York: New York University Press.

Gussow, Zachary. 1989. *Leprosy, Racism, and Public Health: Social Policy in Chronic Disease Control*. Boulder, Colo.: Westview Press.

Haddon, Mark. 2003. *The Curious Incident of the Dog in the Night-Time*. London: Jonathan Cape.

Hampate Ba, Amadou. 1999. *The Fortunes of Wangrin*. Trans. Aina Pavolini Taylor. Bloomington: Indiana University Press.

Harper, Stephen. 2003. *Insanity, Individuals, and Society in Late-Medieval English Literature: The Subject of Madness*. Lewiston, Me.: The Edwin Mellen Press.

Hays, Peter. 1971. *The Limping Hero: Grotesques in Literature*. New York: New York University Press.

Head, Dominic. 1997. *J. M. Coetzee*. Cambridge: Cambridge University Press.

Hegel, G. W. F. 1998. "Tragedy as Dramatic Art." In *Tragedy*, ed. John Drakakis and Naomi Conn Liebler, 23~52. London: Longman.

Hegi, Ursula. 1994. *Stones from the River*. New York: Scribner.

Hertz, Neil. 1985. *The End of the Line: Essays on Psychoanalysis and the Sublime*. New York: Columbia University Press.

Hesla, David. 1971. *The Shape of Chaos: An Interpretation of the Art of Samuel Beckett*. Minneapolis: University of Minnesota Press.

Heywood, Annemarie. 2001. "The Fox's Dance: The Staging of Soyinka's Plays." In *Perspectives on Wole Soyinka: Freedom and Complexity*, ed. B. Jeyifo, 130~138. Jackson: University Press of Mississippi.

Hillyer, Barbara. 1993. *Feminism and Disability*. Norman: Oklahoma University Press.

Hirsch, Marianne. 1989. *The Mother/Daughter Plot: Narrative, Psychoanalysis, Feminism.* Bloomington: Indiana University Press.

Holmes, Martha Stoddard. 2000. *Fictions of Affliction: Physical Disabilities in Victorian Culture.* Ann Arbor: University of Michigan Press.

————. 2002. "The Twin Structure: Disabled Women in Victorian Courtship Plots." In *Disability Studies: Enabling the Humanities*, ed. S. Snyder, 222~233. New York: MLA.

Honneth, Axel. 1995. *The Struggle for Recognition: The Moral Grammar of Social Conflict.* Cambridge: Polity Press, 1995.

Hubert, Marie-Claude. 1994. "The Evolution of the Body in Beckett's Theater." *Journal of Beckett Studies* 4, no. 1: 55~65.

Huggan, Graham, and Stephen Watson, eds. 1996. *Critical Perspectives on J. M. Coetzee.* London: Macmillan.

Hutcheon, Linda, and Michael Hutcheon. 1996. *Opera: Desire, Disease, and Death.* Lincoln: University of Nebraska Press.

Ingstad, Benedicte, and Susan Reynolds Whyte, eds. 1995. *Disability and Culture.* Berkeley: University of California Press.

Jeffers, Jennifer M. 1998. "A Place Without an Occupant: Krapp's Rhizome Identity." In *Samuel Beckett: A Casebook*, ed. J. Jeffers, 63~79. New York: Garland Publishing.

Jeyifo, Biodun. 2004. *Wole Soyinka: Politics, Poetics, and Postcolonialism.* Cambridge: Cambridge University Press.

Kane, Leslie. 1984. *The Language of Silence: On the Unspoken and the Unspeakable in Modern Drama.* London: Associated University Presses.

Kant, Immanuel. 1960. *Observations on the Feeling of the Beautiful and Sublime.* Trans. John T. Goldthwait. Berkeley: University of California Press.

————. 1987. *Critique of Judgment.* Trans. Werner Pluhar. Indianapolis: Hackett.

Kathadra, Ahmed. 2005. *Memoirs.* Johannesburg: Stuik.

Katrak, Ketu. 1986. *Wole Soyinka and Modern Tragedy: A Study of Dramatic Theory and Practice.* New York: Greenwood Press.

Keith, Lois, ed. 1994. *"What Happened to You?": Writing by Disabled Women.* London: Women's Press.

Kermode, Frank. 1968. *The Sense of an Ending.* Oxford: Oxford University Press.

Klein, Melanie. 1997. *Envy and Gratitude and Other Works, 1946~1963.* London: Vintage.

Knowlson, James. 1996. *Damned to Fame: The Life of Samuel Beckett.* New York: Touchstone.

Knowlson, James, and John Pilling. 1979. *Frescoes of the Skull: The Later Prose and Drama of Samuel Beckett.* London: John Calder.

Kossew, Sue, ed. 1998. *Critical Essays on J. M. Coetzee.* New York: G. K. Hall.

―――. 1998. " 'Women's Words': A Reading of J. M. Coetzee's Women Narrators." In *Critical Essays on J. M. Coetzee,* ed. S. Kossew, 166~179. New York: G. K. Hall.

Krentz, Christopher. 2002. "Exploring the 'Hearing Line': Deafness, Laughter, and Mark Twain." In *Disability Studies: Enabling the Humanities,* ed. S. Snyder et al., 234~247. New York: MLA.

Kuhl, Stefan. 1994. *The Nazi Connection: Eugenics, American Racism, and German National Socialism.* Oxford: Oxford University Press.

Lacan, Jacques. 1948. "Aggressivity in Psychoanalysis." In *Écrits,* trans. Alan Sheridan. London: Routledge, 1995.

―――. 1949. "The Mirror Stage as Formative of the Function of the I as Revealed in Psychoanalytic Experience." In *Écrits,* trans. Alan Sheridan. London: Routledge, 1995.

Lane, Richard, ed. 2002. *Beckett and Philosophy.* London: Palgrave.

Leibbrandt, H. C. V., ed. 1900.1902. *Precis of the Archives of the Cape of Good Hope.* 5 vols. Cape Town: J. C. Juta.

Lee, Harper. 1960. *To Kill a Mockingbird.* Philadelphia: J. B. Lippincott.

Lentricchia, Frank, and Andrew Du Bois. 2003. *Close Reading: The Reader.* Durham, N.C.: Duke University Press.

Lindfors, Bernth. 1996. "Ethnological Show Business: Footlighting the Dark Continent." In *Freakery: Cultural Spectacles of the Extraordinary Body,* ed. R. Thomson, 207~218. New York: New York University Press.

Linton, Simi. 1998. *Claiming Disability: Knowledge and Identity.* New York: New York University Press.

Lloyd, G. E. R. 2003. *In the Grip of Disease: Studies in the Greek Imagination.* Oxford: Oxford University Press.

Macaskill, Brian. 1998. "Charting J. M. Coetzee's Middle Voice: *In the Heart of the Country.*" In *Critical Essays on J. M. Coetzee,* ed. S. Kossew, 66~83. New York: G. K. Hall.

Magona, Sindiwe. 2000. *Mother to Mother.* London: Beacon.

Mahfouz, Naguib. 1992. *Midaq Alley.* Trans. Trevor Le Gassick. New York: Anchor Books.

Malherbe, V. C. 1990. *Krotoa, Called 'Eva': A Woman Between.* Cape Archives 19. Cape Town:

Centre for African Studies.

Mandela, Nelson. 1994. *Long Walk to Freedom*. London: Jonathan Cape.

Marback, Richard. 2004. "The Rhetorical Space of Robben Island." *Rhetoric Society Quarterly* 34, no. 2: 7~21.

Mbeki, Govan. 1991. *Learning from Robben Island*. Oxford: James Currey.

Mbembe, Achille. 2002. *On the Postcolony*. Berkeley: University of California Press.

————. 2003. "Necropolitics." *Public Culture* 15, no. 1: 11~40.

Melville, Herman. 1851. *Moby Dick*. New York: Norton, 2002.

Merleau-Ponty, Maurice. 1962. *The Phenomenology of Perception*. Trans. Colin Smith. London: Routledge and Kegan Paul.

————. 1964. *The Primacy of Perception*. Evanston, Ill.: Northwestern University Press.

Mitchell, David T., and Sharon L. Snyder. 2000. *Narrative Prosthesis: Disability and the Dependencies of Discourse*. Ann Arbor: University of Michigan Press.

Morrison, Toni. 1992. *Playing in the Dark: Whiteness and the Literary Imagination*. Cambridge, Mass.: Harvard University Press.

Mukherjee, Pablo. 2003. *Crime and Empire: The Colony in Nineteenth-Century Fictions of Crime*. Oxford: Oxford University Press.

Murphy, Robert. 1990. *The Body Silent*. New York: Norton.

Nabokov, Vladimir. 1995. "Signs and Symbols." In *Collected Short Stories*. London: Penguin.

Ndebele, Njabulo S. 1994. *South African Literature and Culture: Rediscovery of the Ordinary*. Manchester: Manchester University Press.

Nicol, Mike. 1988. *The Ibis Tapestry*. New York: Alfred A. Knopf.

Norden, Martin. 1994. *The Cinema of Isolation: A History of Physical Disability in the Movies*. New Brunswick, N.J.: Rutgers University Press.

Obafemi, Olu. 1992. *Nigerian Writers on the Nigerian Civil War*. Ilorin: J. Olu Olatiregun Company.

Oliver, Michael. 1990. *The Politics of Disablement*. London: Macmillan.

Ondaatje, Michael. 1992. *The English Patient*. London: Bloomsbury.

O'Sullivan, Ellie. 1994. "The Visit." In *"What Happened to You?": Writing by Disabled Women*, ed. L. Keith, 13~17. London: Women's Press.

Parry, Benita. 1996. "Speech and Silence in the Fictions of J. M. Coetzee." In *Critical Perspectives on J. M. Coetzee*, ed. G. Huggan and S. Watson, 37~65. London: Macmillan.

————. 2000. "Problems in Current Theories of Colonial Discourse." In *Postcolonialism:*

Critical Concepts in Literary and Cultural Studies, ed. Diana Bryden, 2: 714~747. New York: Routledge.

————. 2004. *Postcolonial Studies: A Materialist Critique*. London: Routledge.

Pelling, Margaret. 1998. *The Common Lot: Sickness, Medical Occupations, and the Urban Poor in Early Modern England*. London: Longman.

Penn, Nigel. 1996. "Robben Island, 1488~1805." In *The Island: A History of Robben Island, 1488~1990*, by H. Deacon, 9~32. Cape Town: David Philip.

Pierre-Vernant, Jean. 1980. *Myth and Society in Ancient Greece*. Trans. Janet Lloyd. New York: Zone Books.

Pilling, John, ed. 1990. *The Cambridge Companion to Samuel Beckett*. Cambridge: Cambridge University Press.

Porter, Roy. 2002. *Madness: A Brief History*. Oxford: Oxford University Press.

Propp, Vladimir. 1958. *Morphology of the Folktale*. Trans. Laurence Scott. Bloomington: Indiana University Press.

Quayson, Ato. 1997. *Strategic Transformations in Nigerian Writing: Samuel Johnson, Amos Tutuola, Wole Soyinka, and Ben Okri*. Oxford: James Currey; Bloomington: Indiana University Press.

————. 2003. *Calibrations: Reading for the Social*. Minneapolis: Minnesota University Press.

————. 2004. "Symbolization Compulsions: Testing a Psychoanalytic Category on Postcolonial African Criticism." *University of Toronto Quarterly* 73, no. 2: 754~772.

Read, Janet. 2000. *Disability, the Family, and Society: Listening to Mothers*. Buckingham: Open University Press.

Ricks, Christopher. 1993. *Beckett's Dying Words*. Oxford: Clarendon.

Robben, Antonio C. G. M., and Marcelo M. Suarez-Orozco, eds. 2000. *Cultures Under Siege: Collective Violence and Trauma*. Cambridge: Cambridge University Press.

Said, Edward. 1994. *Culture and Imperialism*. New York: Knopf.

Sandblom, Philip. 1997. *Creativity and Disease: How Illness Affects Literature, Art, and Music*. New York: Marion Boyars.

Scarry, Elaine. 1985. *The Body in Pain: The Making and Unmaking of the World*. New York: Oxford University Press.

Siebers, Tobin. 1998. *The Ethics of Criticism*. Ithaca, N.Y.: Cornell University Press.

————. 2002. "Tender Organs, Narcissism, and Identity Politics." In *Disability Studies:*

Enabling the Humanities, ed. S. Snyder et al., 40~55. New York: MLA.

Slack, Paul. 1995. *The English Poor Law, 1531~1782*. Cambridge: Cambridge University Press.

Slovo, Gillian. 2000. *Red Dust*. London: Virago.

Snyder, Sharon, and David Mitchell. 2001. *A World Without Bodies*. Video documentary. Syracuse: Program Development Associates.

Snyder, Sharon L., Brenda Jo Brueggemann, and Rosemarie Garland Thomson, eds. 2002. *Disability Studies: Enabling the Humanities*. New York: MLA.

Soyinka, Wole. 1975. *Myth, Literature, and the African World*. Cambridge: Cambridge University Press.

Spillers, Hortense J. 2003. *Black, White, and in Colour: Essays on American Literature and Culture*. Chicago: Chicago University Press.

Spivak, Gayatri. 2000. "Three Women's Texts and a Critique of Imperialism." In *Postcolonialism: Critical Concepts in Literary and Cultural Studies*, ed. Diana Bryden, 2:694~713. New York: Routledge.

Stiker, Henri-Jacques. 1997. *A History of Disability*. Trans. William Sayers. Ann Arbor: University of Michigan Press. First published in French in 1982.

Stoler, Ann Laura. 1995. *Race and the Education of Desire: Foucault's History of Sexuality and the Colonial Order of Things*. Durham, N.C.: Duke University Press.

Suskind, Patrick. 1986. *Perfume: The Story of a Murderer*. Trans. John E. Woods. New York: Knopf.

Sutcliff, Rosemary. 1981. *The Sword and the Circle: King Arthur and the Knights of the Round Table*. London: Bodley Head.

Swanson, M. W. 1977. "The Sanitation Syndrome: Bubonic Plague and Urban Native Policy in the Cape Colony, 1900~1909." *Journal of African History* 18: 387~410.

Swartz, Sally. 1999. "Lost Lives: Gender, History, and Mental Illness in the Cape, 1891~1910." *Feminism and Psychology* 9, no. 2: 152~158.

Tagliaferri, Aldo. 1985. "Beckett and Joyce." In *Samuel Beckett*, ed. H. Bloom, 247~261. New York: Chelsea House.

Tambo, Oliver. 1987. "Mandela and Nehru." In *Preparing for Power: Oliver Tambo Speaks*, comp. and ed. Adelaide Tambo, 193~200. London: Heinemann.

Taylor, Jane, and William Kentridge. 1998. *Ubu and the Truth Commission*. Cape Town: University of Cape Town Press.

Thiher, Allen. 1999. *Revels in Madness: Insanity in Medicine and Literature*. Ann Arbor:

University of Michigan Press.

Thom, H. B., ed. 1954. *Journal of Jan van Riebeeck*. 3 vols. Cape Town: A. A. Balkema.

Thompson, Robert Faris. 1983. *Flash of the Spirit: African and Afro-American Art and Philosophy*. New York: Random House.

Thomson, Rosemarie Garland, ed. 1996. *Freakery: Cultural Spectacles of the Extraordinary Body*. New York: New York University Press.

———. 1997. *Extraordinary Bodies: Figuring Physical Disability in American Culture and Literature*. New York: Columbia University Press.

———. 2002. "The Politics of Staring: Visual Rhetorics of Disability in Popular Photography." In *Disability Studies: Enabling the Humanities*, ed. S. Snyder et al., 56~75. New York: MLA.

Trezise, Thomas. 1990. *Into the Breach: Samuel Beckett and the Ends of Literature*. Princeton, N.J.: Princeton University Press.

Turner, Victor. 1967. *The Forest of Symbols*. Ithaca, N.Y.: Cornell University Press.

———. 1982. *From Ritual to Theatre*. New York: Performing Arts Journal Publications, 1982.

Uhlmann, Anthony. 1999. *Beckett and Poststructuralism*. Cambridge: Cambridge University Press.

UN Landmine Monitor Report. 1999.

Van Gennep, Arnold. 1908. *The Rites of Passage*. Trans. Monika B. Vizedom and Gabriele L. Caffe. London: Routledge and Kegan Paul, 1960.

Vandenbroucke, Russell. 1985. *Truths the Hands Can Touch*. New York: TCG.

Vaughan, Megan. 1991. *Curing Their Ills: Colonial Power and African Illness*. Cambridge: Polity Press.

Vladislavic, Ivan. 1998. "The Fugu-Eaters." In *A Writing Life: Celebrating Nadine Gordimer*, ed. Andries Oliphant, 200~206. London: Viking.

Wall, John. 2000. "Murphy, Belacqua, Schopenhauer, and Descartes: Metaphysical Reflections on the Body." *Journal of Beckett Studies* 9, no. 2: 21~61.

Wasserman, David. 2001. "Philosophical Issues in the Definition and Social Response to Disability." In *Handbook of Disability Studies*, ed. G. Albrecht et al., 219~251. London: Sage.

Wells, Julia, C. 1998. "Eva's Men: Gender and Power in the Establishment of the Cape of Good Hope, 1652~74." *Journal of African History* 39, 417~437.

Wendell, Susan. 1996. *The Rejected Body: Feminist Philosophical Reflections on Disability*. London: Routledge.

Wetmore, Kevin J., Jr. 2002. *The Athenian Sun in an African Sky*. Jefferson, N.C.: McFarland.

Wiess, Meira. 1994. *Conditional Love: Parent's Attitudes Toward Handicapped Children.* Westport, Conn.: Bergin and Garvey.

Williams, David. 1996. *Deformed Discourse: The Function of the Monster in Mediaeval Thought and Literature.* Montreal: McGill Queen's University Press.

Williams, Gareth. 2001. "Theorizing Disability." In *Handbook of Disability Studies*, ed. G. Albrecht et al., 123~144. London: Sage.

Williams, Raymond. 1977. *Marxism and Literature.* Oxford: Oxford University Press.

Wills, David. 1995. *Prosthesis.* Stanford, Calif.: Stanford University Press.

Wood, P., and N. Bradley. 1978. "An Epidemiological Appraisal of Disablement." In *Recent Advances in Community Medicine, No. 1*, ed. A. E. Bennett, 149~174. London: Heinemann.

Worton, Michael. 1994. "*Waiting for Godot and Endgame*: Theatre as Text." In *The Cambridge Companion to Beckett*, ed. J. Pilling, 67~87. Cambridge: Cambridge University Press.

Young, Robert. 1995. *Colonial Desire: Hybridity in Theory, Culture, and Race.* London: Routledge.

Zipes, Jack. 1979. *Breaking the Magic Spell: Radical Theories of Folk and Fairy Tales.* Austin: University of Texas Press.

Zola, Irving. 1987. " 'Any Distinguishing Features?'—The Portrayal of Disability in the Crime-Mystery Genre." *Policy Studies Journal* 15, no. 3: 487~513.

찾아보기

한국장애인재단 번역출간사업 소개

한국장애인재단의 번역출간사업은 국내에는 소개되지 않은 해외 우수 장애관련 서적을 발굴하고 번역하고 있습니다. 이에 기존의 장애극복 등 대중의 감성을 자극하는 스토리보다는 장애인 당사자와 장애실무현장, 그리고 장애학계가 변화하고 발전할 수 있는 주제를 중점으로 다루고 있습니다. 이렇게 제작된 기획총서를 통해 한국장애인재단은 장애학계 및 장애실무현장에 새로운 관점을 제시하고, 문화·사회 등 전반적인 대중장애인식개선을 이루고자 노력하고 있습니다.

◉ 기획총서 소개

『장애와 사회 그리고 개인』 [e-book]

[기획총서 5]

이미 미국에서 장애학 교과서로도 출간된 적이 있으며, '장애의 정의, 장애인에 대한 사회적 반응, 장애경험'이 어떻게 연관되는지에 대한 설명을 담았습니다. 또한, 편견, 차별, 박인, 선천적 장애와 후천적 장애, 초월, 장애경험 등 다양한 현장 중심의 실질적 내용을 담고 있어 장애에 대한 바른 이해를 확산하고 장애인식 개선에도 기여할 것으로 보입니다.

- 지은이 : 줄리 스마트
- 옮긴이 : 윤삼호
- 발행일 : 2015년 1월 6일

   ※ 이 책은 전자도서로 제작되었습니다.

『장애인과 전문가의 파트너십』

: 정책과 실천현장에 적용된 사회모델

[기획총서 4]

장애에 관한 사회모델을 이론적 기반으로 삼아 장애인에게 서비스를 지원하는 것에 대한 비판적 성찰을 담고 있는 이 책은, 특히 '특수함'을 넘어서서 일상적인 주류서비스를 볼 것을 강조하면서 보다 더 개인이 원하는 대로 할 수 있는 서비스를 제공하기 위한 파트너십과 기관 간 협력에 초점을 두고 있습니다.

- 지은이 : 샐리 프렌치, 존 스웨인
- 옮긴이 : 신은경, 이캐롤, 이한나
- 발행일 : 2014년 11월 25일

『장애인 중심 사회서비스 정책과 실천』

: 서비스 현금지급과 개인예산

영국의 정책 변화와 경험을 중심으로 서비스
현금지급과 개인예산이라는 두 제도의 기원과
발전과정, 장점과 장애요소까지 두루 다루면서
시행 과정의 주요한 발전 경향을 개괄적으로 설

[기획총서 3]

명하고 있습니다. 사회복지시스템이 개별화된 현금지원의 형태로 변화
하는 것은 세계적인 추세이므로 많은 참고가 될 것입니다.

– 엮은이 : 존 그래스비, 로즈마리 리틀차일드

– 옮긴이 : 김용득, 이동석

– 발행일 : 2013년 3월 11일

『장애 문화 정체성』

문화 헤게모니가 어떻게 장애를 규정하는가
하는 문제에서부터 장애인들이 그들의 정체성
을 어떻게 인식하는가, 장애인 예술 문화가 왜
탄생하고 중요한 역할을 하는가, 노인·정신장
애인·농인·학습장애인·소수인종의 입장에서

[기획총서 2]

보는 장애 정체성은 무엇인가 하는 문제에 이르기까지, 장애에 관한 광
범위한 부문을 사회학적 접근 방법으로 연구한 내용을 담았습니다.

- 엮은이 : 쉴라 리델, 닉 왓슨

- 옮긴이 : 양원태, 윤삼호

- 발행일 : 2012년 10월 9일

『WHO세계장애보고서』

장애에 대한 이해 그리고 장애가 개인과 사
회에 미치는 영향에 대한 이해에 커다란 기여
를 하고 있는 책으로, 장애인들이 직면하는 태
도적, 물리적, 재정적 장벽들을 강조하며 대응
책에 대한 분석을 다루고 있습니다. 장애분야

[기획총서 1]

에 관여하는 정책결정자들, 연구자들, 실천가들, 옹호자들 및 자원봉사
자들에게 유용한 도구가 될 것입니다.

- 엮은이 : 세계보건기구

- 옮긴이 : 전지혜, 박지영, 양원태

- 발행일 : 2012년 4월 5일

- 한국장애인재단 홈페이지(www.herbnanum.org)에서 국문/영문으로 무료 다운

  로드 가능합니다.

한국장애인재단 논문지원사업 소개

한국장애인재단의 논문지원사업은 '장애'를 다양한 관점에서 새로운 시각으로 재해석하여 여러 학문분야에서 장애관련 연구의 활성화를 도모하고 장애인식 개선에 앞장서고자 2010년부터 시작한 사업입니다. 논문지원사업은 지금껏 기존의 복지·재활에 초점을 맞춘 장애관련 논문을 지양하고, 내면화된 장애에 대한 편견과 고정관념을 넘어 장애를 이해하고 소통 가능한 공동체가 될 수 있도록 기여하는 데 노력하고 있습니다.

◉ 『장애의 재해석』 논문집 소개

2015 논문집

- [우수 논문] '장애인 수급자다움'이라는 아비투스 형성에 관한 연구 : 장애인 기초생활수급자의 해외여행 사례를 중심으로
- 미디어 소비자로서의 시청각장애인을 위

한 방송편성의 다양성 개선방안 연구

- 보편적 학습 설계 실현을 위한 통합신체표현활동 실천전략개발 : 움직임 변형 전략과 접촉즉흥을 중심으로
- 돌봄 역할의 전환과 교환 : 성인장애인의 기여가 가족관계에 미치는 영향을 중심으로
- 장애위인전에 반영된 지배이데올로기의 비판적 고찰

2014 논문집

- [우수 논문] '누구를 위한 특수교육인가? : '장애학생'들이 갖는 특수교육의 의미를 고찰하기 위한 내러티브 탐구
- 존재의 확인과 주체의 발화 – 소수자로서의 장애인 문학을 중심으로
- 장애학생의 공교육 접근성 보장을 위한 교육 과정 제안 : 보편적설계에 기반한 학습(Universal Design for Learning) 사례연구를 중심으로
- 소셜 네트워크를 이용한 지적 장애인의 사회적 커뮤니케이션과 자기 정체성 구성에 대한 연구

2013 논문집

- [우수 논문] 장애 뉴스 : 틀 짓기 이론과 심리적 언어 분석 프로그램을 이용한 주 시청 시간대 공중파 장애인 뉴스 분석

- 장애를 넘어 춤추는 사람들 : 춤추는 장애인 개념과 실태, 가능성 탐색
- 장애의 일상성 탐구 : 청각장애를 중심으로
- 신문사설을 통해 살펴 본 장애인에 대한 미디어 담론분석 : 조선일보와 한겨레신문의 사설을 중심으로

2012 논문집

- [우수 논문] 이미지, 정체성 그리고 행위 : 직장 내 장애인의 정체성 형성에 대한 사회심리학적 접근
- 헌법과 장애인 정책 : 규범적 요청 및 실현구조를 중심으로
- 중증장애를 가진 자립생활센터 유급 활동가의 직무에 대한 개념화 연구 : 개념도 연구법을 활용하여
- 지배담론과 저항담론의 갈등과 절충 그리고 디커플링 : 장애인등에 대한 특수교육법 제정과정과 시행을 중심으로
- 여성, 장애 그리고 성담론 연구 : 이문열의 '아가'를 중심으로

2011 논문집

- [우수 논문] 장애이론의 확장 : 장애학의 다원주의적 적용은 가능한가
- 장애인 교육권의 재해석

- 장애 관련 정보디자인과 장애 인식
- 선택과 권리를 넘어서 장애여성의 재생산
  권 확보를 위한 시론 : 신체장애여성의 경
  험에 나타난 재생산 정치
- 탈시설 여성장애인의 생애체험 : 대상에서
  주체로

2010 논문집

- [우수 논문] 장애인 가구의 빈곤화 메커니즘 :
  편중된 계급분포와 계급의 하강이동
- 장애인관련 세법상 규정정리 및 세제 개편안
  제시
- 한센인의 거주이전의 자유에 관한 연구 : 장
  애인 권리 협약 제18조, 제19조를 중심으로
- 자살은 질병인가 : 한국 사회 자살의 의료화 현상에 대한 소고小考

※ 논문지원사업『장애의 재해석』논문집은 한국장애인재단 홈페이지(www.herbnanum.org)에서
  무료 다운로드 가능합니다.

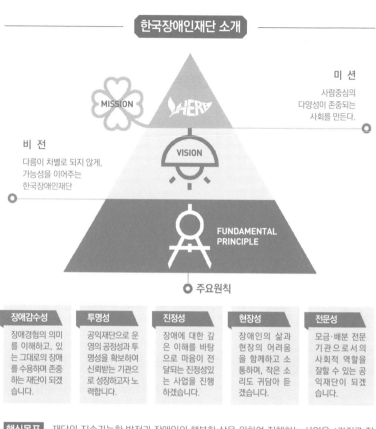

미 션
사람중심의
다양성이 존중되는
사회를 만든다.

MISSION

VISION

FUNDAMENTAL PRINCIPLE

비 전
다름이 차별로 되지 않게,
가능성을 이어주는
한국장애인재단

주요원칙

장애감수성	투명성	진정성	현장성	전문성
장애경험의 의미를 이해하고, 있는 그대로의 장애를 수용하며 존중하는 재단이 되겠습니다.	공익재단으로 운영의 공정성과 투명성을 확보하여 신뢰받는 기관으로 성장하고자 노력합니다.	장애에 대한 깊은 이해를 바탕으로 마음이 전달되는 진정성있는 사업을 진행하겠습니다.	장애인의 삶과 현장의 어려움을 함께하고 소통하며, 작은 소리도 귀담아 듣겠습니다.	모금·배분 전문기관으로서의 사회적 역할을 잘하는 공익재단이 되겠습니다.

핵심목표 재단의 지속가능한 발전과 장애인의 행복한 삶을 위하여 진행하는 사업을 4가지로 정의하고 각 전략 방향을 도출하여 사업의 효과를 극대화하고자 하였습니다.

H Harmony
조화, 화합
조화롭게 공존하는 사회 조성
• 장애인식 개선
• 장애인과 비장애인의 통합 사회 구축

E Empowerment
역량, 권한(증진)
장애인 삶의 행복한 변화
• 장애인 리더 양성 및 역량 강화
• 생애주기별 장애인 평생 교육·훈련

핵심목표(H.E.R.B)

R Raising donation
기부(모금) 확산
나눔 문화 확산과 가치 공유
• 시민사회의 올바른 소통 통로
• 진정성을 바탕으로 후원자 증대

E Barrier free
장애 없는 환경
장애인 자립기반 환경 조성
• 장벽 없는 사회 환경 구축
• 장애인의 완전한 사회 참여

재단 CI 한국장애인재단

'사람과 사람'이 서로 의지하고 서 있는 모습을 형상화 한 것으로
장애인과 비장애인의 구분없는 연대와 화합을 통한 더 나은 사회로의 전진을 의미합니다.

재단 BI

각기 다른 고유의 모양, 향기, 효능을 가지는 허브처럼, 장애의 다양성과 고유성이 존중
되는 사회를 기대하며, 향기를 은은하게 퍼트려 많은 사람들에게 행복을 전하듯 허브사
업(장애인공익사업)을 위한 나눔의 향기를 널리 퍼뜨려 행복을 전달함을 의미합니다.

미학적 불안감

초판 1쇄 인쇄 2016년 3월 22일
초판 1쇄 발행 2016년 3월 29일

지은이 아토 퀘이슨
옮긴이 손홍일

펴낸이 이성규·김연홍
펴낸곳 (재)한국장애인재단
　　　　주소 서울특별시 중구 통일로 86, 207호
　　　　전화 02-6399-6234 팩스 02-6399-6238

　　　　(주)디오네
　　　　주소 서울시 마포구 방울내로7길 45(망원동)
　　　　전화 02-334-3887 팩스 02-334-2068

출판등록 2004년 3월 18일 제313-2004-00071호

ISBN 979-11-5774-312-4 03330

※ 이 책의 수익금 전액은 한국장애인재단 번역출간사업을
　위한 기금으로 조성됩니다.